2013

晋陕豫冀博物馆

理论与实践研讨会论文集

山西省文物局 编

山西出版传媒集团
山西人民出版社

图书在版编目（CIP）数据

晋陕豫冀博物馆理论与实践研讨会论文集／山西省
文物局编.—太原：山西人民出版社，2015.12
ISBN 978-7-203-09384-8

Ⅰ.①晋…　Ⅱ.①山…　Ⅲ.①博物馆学—文集　Ⅳ.
①G260-53

中国版本图书馆CIP数据核字（2015）第276856号

晋陕豫冀博物馆理论与实践研讨会论文集

编　　者：	山西省文物局
责任编辑：	魏　红
助理编辑：	张志杰
装帧设计：	刘彦杰
出 版 者：	山西出版传媒集团·山西人民出版社
地　　址：	太原市建设南路21号
邮　　编：	030012
发行营销：	0351-4922220　4955996　4956039　4922127（传真）
天猫官网：	http://sxrmcbs.tmall.com　电话：0351-4922159
E－mail：	sxskcb@163.com　　发行部
	sxskcb@126.com　　总编室
网　　址：	www.sxskcb.com
经 销 者：	山西出版传媒集团·山西人民出版社
承 印 厂：	山西臣功印刷包装有限公司
开　　本：	787mm×1092mm　1/16
印　　张：	27.25
字　　数：	460千字
印　　数：	1-1000册
版　　次：	2016年4月 第1版
印　　次：	2016年4月 第1次印刷
书　　号：	ISBN　978-7-203-09384-8
定　　价：	45.00元

如有印装质量问题请与本社联系调换

编 委 会

序

　　晋陕豫冀四省,作为中国华北、中原、西北地区的结合带,具有承东启西、沟通南北的地理区位优势;作为华夏文明的主要发祥地,又具有富庶多彩、得天独厚的文物资源优势,在中国文化格局中具有十分独特而重要的地位。

　　自古以来,因着特殊的地缘、人缘、亲缘关系,晋陕豫冀四省在政治、经济、文化等领域早就形成了紧密的往来和交流,比如发生在春秋时期的"秦晋之好"的典故,至今依然脍炙人口,广为流传。在21世纪这个历史发展的新天地,晋陕豫冀四省的合作与交流不但密切如故,且更臻全面。在文物保护方面,四省已轮流举办了六届博物馆理论与实践研讨会,对博物馆建设与发展在省际层面上形成了合作机制,做出了有益探索。

　　2013年10月,第六届晋陕豫冀四省博物馆理论与实践研讨会在历史文化名城大同召开,来自四省博物馆界的百余位同行,以"博物馆与公共服务"为主题,从理论与实践两个层面,进行了广泛深入的交流。

　　此次研讨会共收到论文103篇,我们选取了65篇收入文集。文章大都能够从新时期博物馆事业发展的高度立论,有理论探讨、有概念辨析、有实践探索、有案例分析,涉猎广泛,论证详实,表现出较强的思辨能力和较高的专业素养,体现了博物馆人勇于担当、勤于思考、善于探索和自强不息的奋斗精神。

　　晋陕豫冀四省历史悠久,人文厚重,同为全国重要的文物资源大省。巩固四省文博事业的长期有效合作,保持这一省际交流平台的旺盛生命力,分享保护文化遗产的好做法和成功经验,不仅有利于文物事业的优势互补,而且对于促进这一区域的经济社会文化发展也将发挥积极的作用。

在第六届晋陕豫冀四省博物馆理论与实践研讨会论文集付梓之际，诚挚希望四省博物馆工作者，励志以求，不断创新，用理论指导实践，以实践丰富理论，推动博物馆事业的健康发展。衷心祝愿四省文博界精诚合作，增进友谊，不懈进取，共谋发展，为我们共同的神圣事业续写辉煌，为中华民族伟大复兴多做贡献。

是为序。

宁立新

2014 年 10 月于并州

目　录

理论与探索

展览与创新

社教与服务

开发与利用

博物馆与新媒体

后　记

理论与探索

博物馆构建社区的多元视角
——以陕西三座博物馆为例

陕西历史博物馆　　呼　啸

内容提要：伴随着我国社会的发展,让博物馆"走出馆舍天地,走向大千世界"已经成为当今社会对博物馆的强烈呼唤以及博物馆完善自身发展的必然趋势。因此,今天的博物馆开始将它的目光逐步投向了社区。然而在方兴未艾的博物馆社区工作浪潮中,许多博物馆仅仅采取了单一的社区工作方式,即通过文物、宣讲进社区的方式开展宣传或服务工作。本文旨在解决三个问题。首先通过详细分析"社区"这个概念的演变,揭示出社区内涵的丰富性与社区类型的多样性,从而开拓博物馆对社区层次的认识,丰富博物馆进行社区工作的方式;其次,通过解读陕西三座博物馆以不同的方式开展社区工作的典型案例,阐明博物馆开展社区工作的原则是:充分发掘自身拥有的优势社区资源,利用优势资源开展社区工作;最后,以上面的分析为基础最终提出博物馆由单一的走进社区到构建社区的工作目标。

关键词：博物馆　社区　构建

"社区"一词自从 1887 年被德国社会学家费迪南·滕尼斯(社区理论的创建者)引入社会学以来[1],就成了社会学中最热门的词汇之一。关于它的定义现在已经超过了一百四十个[2]。社会学者们也早已习惯了以社区为研究对象从不同的视角探讨社会问题。但当这个红得发紫的名词一旦离开了社会学语境而进入我国普

---

[1]"社区"又译为"共同体",其名称来自滕尼斯的社会学名著《Gemeinschaft und Gesellschaft》。此书被翻译为英文时书名为《Community and Society》,1932 年美国社会学家罗伯特·E·帕克应燕京大学邀请来华讲学,首次向中国介绍了滕尼斯的这本书。后来费孝通先生在将其翻译为中文时译为《社区与社会》,现多译为《共同体与社会》。

[2]早在 1971 年,社会学家克林·贝尔和霍华德·纽拜就已经收集到了关于'社区'的 98 个定义,至 21 世纪初经有关专家统计关于'社区'的定义已超过了 140 个。参见:娄成武,孙萍:《社区管理》,北京:高等教育出版社,2003 年。

通大众的生活时,却仅有简单、泛化的内涵,即"社区"是一个行政区划,是政府最基层的社会治理机构,是'区'的更下一级派出机构。

当我们以这样一种理解为基点开展博物馆的社区活动和工作时,我们往往会将博物馆的社区工作单一地理解为博物馆进社区、文物进社区、宣讲进社区等形式。当然,通过将展板、讲解(有时还有文物)带入社区,使社区群众了解博物馆,减少博物馆与社区群众的距离感和隔膜感,确实是让博物馆走出馆舍小天地走向广阔大社会的一种方式,也是让广大群众共享社会发展、文化繁荣成果的一条途径。但如果博物馆的社区工作仅通过这种形式,显然既忽视了博物馆与社区联系的多元化现实,也放弃了博物馆掌握的层次丰富的社区资源,更限制了博物馆构建社区的多种可能。所以笔者认为,要全面了解博物馆与社区的联系,首先还应当从对"社区"这个概念的深入理解开始。

一、"社区"的核心要素

关于"社区"的定义,正如笔者前文所说的,至今已有超过一百多种,而且每一种定义都有各自不同的着眼点与侧重点。那么它们有没有共同点呢?要定义一个社区,有没有哪些要素是不可或缺的呢?这就需要回到社会学家对"社区"概念的初期研究中,因为这一时期"社区"概念的内涵更单纯、更集中。

"社区"理论的创始人滕尼斯虽然引入了"社区"的概念,但是却并没有选择给社区下一个标准性的定义,在他那里,"社区"更多地被视为一种存在于工业社会之前(或工业社会之外)的,由具有浓郁血缘纽带、共同价值取向的同质人口所组成的关系密切、守望相助、富有人情味的社会关系和社会利益共同体(即农业文明中的礼俗社会/礼法社会)③。然而随着工业文明的兴起与全球化进程的加快,由于工业发展而产生的大量新兴城市社区开始出现,并逐渐成为社会学关注与研究的主体。新兴城市社区的非血缘化、非排他性(异质性)与滕尼斯的温情脉脉的"社区"描述格格不入,这就使得社会学家们必须扩展"社区"的内涵才能包括新型社区。1936年,美国芝加哥大学的教师,后来成为芝加哥学派代表人物的罗伯特·E·帕克在其所著的《人类生态学》一书中将滕尼斯的"社区"概念扩展,形成了社会学上关于社区的经典定义,他指出:"被接受的社区的本质特征包括:1.按区域组织起来的人口;2.这些人口不同程度地完全扎根于他们赖以生息的土地;3.社区中的

---

③秦瑞英:《城市社区演变与治理》,北京:经济科学出版社,2012年,第1页。

每个人都生活在相互依赖的关系中。"④帕克的这个关于社区的描述就排除了滕尼斯社区定义中的"血缘纽带"与"同质性"特点,而更加切近本质地指向了形成社区的基础,帕克认为这个基础就是"一定地域内的人口""人与社区的依存关系"以及"社区中的人际互动"。到了1955年,美国社会学家希勒里(G.A.Hillery)发表了《社会定义:共识的领域》一文,在文中他收集了有关社区的94个定义并进行了统计分析,最后得出结论"除了'人'包含于社区这一概念内之外,有关社区的性质,没有完全相同的解释",并进一步归纳出了在社区的各种定义中出现频率最高的(69次出现)三个核心要素,即:1.一个特定地点;2.共同的关系;3.社会互动。⑤如果再加上他所发现的唯一的必备要素"人",则我们可以看出,"社区"概念就是由这四点组成的。

二、博物馆构建社区的三种模式

当我们用这四点要素去观察与定义社区时就会发现,社区的类型是如此的丰富。作为行政机构的社区或者管理学意义上的社区都只是广泛社区类别中的一种,除此之外还有种族社区(比如广泛存在于美国各大城市的"黑人社区""唐人街"等)、职业社区(比如警察社区、科学家社区、教师社区等)、网络社区(比如各种网络论坛、专题贴吧等)、趣缘社区(比如驴友协会、健身俱乐部、博物馆之友等)等等。像这样依照人群的聚合原因来划分社的方式正是从滕尼斯开始的社会学划分社区的经典模式⑥。而随着我们对"社区"眼界的放宽,博物馆与社区的联系层次也就显得更加丰富与多元了。举例来说:一个具有一定规模的博物馆与社区的联系通常至少会有以下几种:首先,一个博物馆从现实存在来说,其馆舍必然建设于某一社区之中,这是博物馆与行政性社区的天然联系,而且我们许多博物馆所坚持的博物馆进社区的活动也是直接与行政性社区对口的工作方式;其次,现阶段我国国家级、省级与市级博物馆大都已经建立了或正在建立博物馆志愿者组织与博物馆之友组织,这说明博物馆与趣缘性社区的联系正在建立;最后,北京故宫、陕博等很多博物馆还通过完善官方网站、建设数字博物馆、开通微博微信客户

④夏建中:《城市社会学》,北京:中国人民大学出版社,2010年,第77页。

⑤徐琦等:《社区社会学》,北京:中国社会出版社,2004年,第4页。

⑥滕尼斯最初按照社区的形成方式将社区划分为:地缘社区、血缘社区与精神社区三类。参见娄成武,孙萍:《社区管理》,北京:高等教育出版社,2003年,第8页。

端等措施开始了网上平台的建立,这是博物馆与网络社区联系。当然,除了以上三种之外,博物馆与社区之间还存在着更多的联系方式。从这个例子我们可以看出,既然社区有这么多不同的种类,博物馆与社区的联系有这么多不同的方式,那么博物馆的社区工作又怎么能只盯着行政性社区呢?

而当我们承认与正视博物馆与社区之间的这种多元化的联系时,我们也就必须要思考另一个问题:既然博物馆与社区的联系是多层次多元化的,那么每一个博物馆所拥有的优势社区资源是否是一样的? 换句话说,每一个博物馆如何选择其最适合的社区工作方式?通过观察与分析,笔者认为,现阶段我国博物馆界的各类博物馆所拥有的社区资源大致可以分为三类,即经济共生型、场地共享型以及兴趣共建型。下面我们就以陕西的三座博物馆为例去具体的看一下这三种利用优势资源构建社区的模式。

(一)经济共生型

所谓经济共生型的博物馆与社区关系,是指博物馆通过创造或吸引相关文化产业及从事产业的人员落户周边从而形成社区,这些社区一方面在经济上对博物馆有相当程度的依附关系,另一方面又在一定程度上成为博物馆的文化背景,提高了博物馆的知名度,并与博物馆一同形成了其所在城市的文化名片。最终形成了博物馆与社区的这种在经济上互补共生的关系。

这种模式特别适合于那些利用古建筑、古遗址等古代遗留的不可移动文物建设的博物馆。由于这些被博物馆保护与利用的古建筑、古遗址等古物的存在时间均比博物馆的历史久远得多,在其漫长的历史当中,这些古物一直作为当地的文化地标承担着城市中的相关文化功能。因此,它们往往从诞生之日起就通过自身的文化力量吸引着相关的产业,创造着周边的社区,使得这些社区成为文化产业的聚集地,也成为这些文化产业从业者的聚居地。当时代进入近代,博物馆开始逐步出现时,这些古物与周边的历史街区已经形成了天衣无缝的共存体。这时,利用这些古物建设的博物馆,不仅不会削弱这些古物与周边社区的联系,反而可以通过对古物的保护、陈展、开发更进一步为周边的社区吸引商业机会。

我们以西安碑林博物馆为例来具体看看这种经济共生模式。关于西安碑林博物馆,用碑林史研究专家路远先生的话说“西安碑林作为一个收藏历代碑刻的特定场所,并不是在一个具体时间和地点,按照某种规划和设计一次性建成的……碑林的出现是一个逐步形成的过程,而这一过程自唐末韩建缩建长安城、迁置唐石经时起,便已经开始。"⑦唐天祐元年(904年)宣武军节度使朱温拆毁长安,强迫唐昭宗东迁之后,以原华州(今陕西华县)镇国军节度使韩建为佑国军节度使、京兆尹,留守长安。由于长安城破坏过于严重,人口锐减,所以韩建选择放弃原来长安城的郭城和宫城,以原皇城城垣为基础,缩建长安城。这个缩建后的城市被称为"新城",这座新城便是五代到元代的长安城。而在缩建新城的过程中,韩建还将部分唐代《开成石经》的刻石由原长安城务本坊的国子监内(相当于今西安市南关正街与文艺北路之间的北半部),迁移至新城内存放。在此之后数年即五代后梁开平三年(909年)永平军节度使刘鄩在书生尹玉羽的劝说下将剩余的《开成石经》挪至新城内原唐尚书省之西隅(今西安市北广济街附近),并在此建立文宣王庙以保存石经,这便是西安碑林的初创。此后至北宋崇宁二年(1103年),在知永兴军府事虞策的主持下,将五代以来收集的历代名碑与长安府学、文庙一同迁移至"府城之东南隅"⑧,至此,作为长安府学附庸的碑林遂与府学、文庙一并正式确立,在此后的九百多年里,府学和碑林一直保持在这里,就是今西安城南门内以东至文昌门内以西的三学街一带。至明代初年,徐达攻取奉元路,改奉元城为西安城,由于西北地区还有蒙元残余势力的盘踞,西安城的战略地位重要,因此朱元璋封次子朱樉为秦王镇守西安,修建秦王府并扩建西安城,今日西安城城墙以内的基本格局从那时起便确立下来了。明成化七年(1471年),陕西巡抚马文升将西安府所辖的长安、咸宁两县的县学一并迁至府学、文庙旁,遂最终形成了今日碑林、书院门附近这一"一庙三学"的历史街区。

自北宋将府学、文庙、碑林迁移于此,这里就成了西安的文化标志与金石研究中心,宋元明以来不仅有大量三秦学子在此读经学史,也有不少文人墨客到此拓求墨宝,因此在碑林附近遂逐步形成了与文房、拓印、金石有关的产业链。至清代金石学大盛,这里的碑拓、金石相关产业更为繁盛。今天的书院门延续了明清以来的基本格局,随着文化产业与旅游的火热,书院门内除了少量房屋还有居民自住之外,大量的房屋均已辟为门店经营各种文化产品,这些文化产品包括:陕西特色

---

⑦路远:《西安碑林史》,西安:西安出版社,1998年,第23页。

⑧关于碑林何时迁移至现址有两种说法,一说认为是北宋元祐二年(1087年)陕西转运副使的吕大忠主持迁移至现址,一说认为是北宋崇宁二年(1103年)知永兴军府事虞策主持迁移至现址,本文同意路远先生考证的后一种说法。参见:路远:《碑林史话》,西安:西安出版社,2000年,第40~49页。

皮影、剪纸、年画等民间艺术品,画廊、书道馆,文房用具专营店,古玩市场,文物复仿制品商店,字画装裱店以及碑帖店等。而这些门店的经营内容几乎都与碑林、文庙、府学甚至碑林博物馆密切相关。笔者曾经调查走访过部分店面,比如经营碑帖的商店,其中均有相当部分源自碑林的拓本(或自称源自碑林的拓本),虽经笔者考察其中绝大部分为翻印或是非等级文物的拓本,但店家往往声称自己的祖上有(或现今仍有)亲戚、朋友在碑林工作,曾获得现在已经不允许拓印的诸多名碑、墓志、造像的弥足珍贵的拓本;而字画装裱店则也多声称他们的装裱技术来自珍藏有大量字画的老碑林的那些大有名头的装裱师傅;至于画廊、书道馆更是强调他们与碑林的天然联系——他们的从业者均受到来自碑林专家的指点或直接就有碑林专家的参与;甚至就连古玩市场实际上也是利用了碑林和书院门历史文化街区的文化氛围、文化权威以及它们吸引的大量游客资源来增加自己商品的可信度与生意。正是借助碑林,周边的文化产业得以繁荣发展,而这些相关产业链的兴旺又反过来烘托了碑林的文化地位,加深了人们对碑林作为文化符号的印象,增加了政府对碑林的重视与文物保护资金的投入,并最终形成了典型的经济共生型的社区模式。

而这样的经济共生社区正是碑林博物馆拥有的独具优势的社区资源。数百年的共同成长使得碑林与周边的历史街区完全融合,碑林博物馆几乎不用费什么力气就能获得周边社区居民对它的认同感与依赖感,并成为周边社区居民生活中不可或缺的重要组成部分,这是其他一些类型的博物馆即使费尽全力也很难实现的。既然拥有这样得天独厚的资源,碑林博物馆开展社区工作时也可以更加有侧重地利用并提升这一资源。而碑林博物馆这两年陆续开展的工作也正是沿着这样的方向不断推进的。

首先,碑林博物馆从服务社区的角度出发,为社区居民开展了一系列活动。比如为社区居民"迎新春义写春联"活动⑨;面向社区周边中小学校开展的"走进碑林、亲近汉字"活动⑩;与开通巷小学共同开发了《可爱的家乡——守望千年遗产"碑林"》的校园教材,并派讲解员担任了该校的校外辅导员等等⑪。这些活动都有

⑨http://www.wenwu.gov.cn/contents/520/22953.html
⑩http://www.wenwu.gov.cn/contents/520/24189.html
⑪http://www.zjww.gov.cn/news/2013-06-22/744177798.shtml

力地密切了博物馆与社区的联系,特别是针对学校学生开展的活动,非常有意义。由于碑林周边中小学的学生们很多从小就受父母工作影响或家庭环境熏陶对书法艺术有着比较浓厚的兴趣,这些活动的举办既让孩子们喜欢上了博物馆,通过博物馆加深了对我国书法艺术及悠久历史的理解;又充分发挥了碑林博物馆在研究书法方面的专业特长,为孩子们送去了欢乐与有益的指导;更重要的是,这些活动为博物馆培养了新一代相对稳定的观众群体。相信在不久的将来,这些孩子中的一些人也会因为父辈的影响和对书法艺术的热爱而成为这个社区中继续与碑林守望共生的人。其次,碑林博物馆近几年来大力推进文化产品开发,正是呼应这种经济共生模式的举措。由于碑林与周边社区形成的是经济共生模式,因此碑林博物馆的价值,特别是馆内开发的文物副产品(比如拓片、文物复仿制品、文化艺术礼品)的价值就得到了周边社区产业链的利用与放大。碑林博物馆开发的许多文物副产品(比如碑拓的书籍、文化礼品、复仿制品等)和那些在开发过程中形成的创意点都受到周边社区的追捧与跟风,纷纷生产了许多类似的产品。而同时这些产业在利用这些创意点时往往也会迸发出许多新的创意,生产出一些颇受游客喜爱的文化产品,这些创意又可以反过来为博物馆所吸收用于开发自己的文化产品。这样恰可以在经济上达成双赢的局面。关于这种经济共生模式我们还将进行更加深入的调查与研究。

(二)场地共享型

西安博物院是西安市属的重点博物馆,位于今西安市友谊西路与朱雀路的交汇处,其前身是1980年正式对外开放的小雁塔文物保护区。新馆由张锦秋院士主持设计,并于2007年5月18日正式对外开放。西安博物院所处的位置在唐代即是长安城著名的佛寺荐福寺位于安仁坊内的塔院部分所在地。荐福寺最初于唐睿宗文明元年(684年)由长安城开化坊内的英王李显(中宗)旧宅改建而成,是睿宗李旦为其父高宗李治死后献福而建的佛教寺院,最初名献福寺。武则天天授元年(690年)改名为荐福寺。公元705年中宗李显复位后对其进行了翻修,并于中宗景龙年间在开化坊以南的安仁坊内扩建了荐福寺塔院,还在塔院中修建了一座十五层的塔——荐福寺塔,用以存放高僧义净从天竺带回来的佛教经卷、佛图等,这座塔就是今天仍然存在的小雁塔[12]。唐朝末期战乱频繁,荐福寺屡遭破坏,寺院毁

---

⑫申秦雁:《唐代荐福寺》,《文博》,1991年第4期。

废,只有塔院和小雁塔得以保存,后来荐福寺便迁入塔院内。明、清两朝对荐福寺和小雁塔进行过多次修缮,现存的荐福寺古建筑群为明、清时期重修,寺内的古建筑群大体延续了明代正统年间重修时的布局。

西安博物院在建设期间不但建设了新的文物陈列展馆,还将荐福寺、小雁塔纳入馆区,最终形成了现在独具特色的以文物展馆、小雁塔以及荐福寺为核心,集博物馆、名胜古迹、城市公园为一体的历史文化休闲场所。

西安博物院作为免费的城市公园与充满魅力的名胜古迹的双重身份正是其所拥有的最具优势的社区资源。西安博物院以往由于博物馆的文物安全要求、门票收入压力等原因,仅向前来参观的付费游客开放,其博物馆园区一直处于与周边社区基本隔绝的状态。自从免费开放以来,这种状态发生了根本的转变,笔者曾对此进行了询问式的调查,发现现在每天早上都有很多周边社区的居民(以夏家庄、友谊路西路等地的老年人为主)通过排队领票的方式进入博物院,利用博物院公园区宽广的场地与优美的环境进行身体锻炼与休闲养生。而每到周末,就会有很多周边社区的居民携家带口来到博物馆参观、在公园区散步休闲。由此我们可以看出,西安博物院对周边社区最大的吸引力来自于它所拥有的面积广大、环境优美的公园场地,它为周边社区的居民提供了锻炼养生、休闲娱乐以及学习交流的场地。那么既然拥有这样的社区资源和吸引力,怎么样通过利用好这个场地来开展具有自己特色的社区服务呢?笔者认为,可以试着从以下几种思路进行尝试。

首先,西安博物院近两年来利用场地优势和文化优势开展的一系列活动都取得了不错的效果,比如西安博物院2012年2月5日农历上元节时举办的旨在重现唐代上元节热闹场面、复活古代节日的"上元节灯会",开展了包括投壶、蹴鞠、提灯夜游、放河灯等传统的游艺项目,吸引了很多周边群众前来体验[13]。此外,还有已经做出品牌的,每年正月里举办的"荐福大庙会"活动,将赏花灯、猜灯谜等群众性活动与秦腔、长安古乐、陕北大秧歌、锣鼓社火等演出活动,还有陕西洋县皮影、木偶、陕北说书等非物质文化遗产展演,高空走钢丝、变脸、吐火、中华武术等杂技绝活汇聚一堂[14],为群众提供了好看好玩的节日好去处。其次,西安博物院的场地每天都为周边群众提供了锻炼休闲的场所,但是由于博物馆每天的开放量是有限

[13]http://www.wenwu.gov.cn/contents/520/23040.html
[14]http://www.wenwu.gov.cn/contents/520/22955.html

的，这些周边群众每天通过排队领票的方式进馆势必挤占了其他游客的参观机会，但实际上这些前来锻炼的群众并不是每天都到博物馆陈列展览区进行参观。那么是否可以通过博物馆与周边社区的行政管理部门进行联系，为周边社区的老年人(比如 60 岁以上的老人)办理登记，发给入园证，这样既方便其入馆锻炼也不会挤占其他游客的有限资源。同时对入馆的锻炼群众进行适当的场地控制，引导他们合理利用场地，这样既保证了群众开展锻炼的安全，又保证了馆区环境尽量不受破坏。最后，还可以通过对社区群众开展广泛的兴趣调查，了解周边群众的兴趣爱好，在馆区内专门开设一些吸引周边社区群众的活动，比如象棋、围棋社，秦腔京剧票友会、自乐班等等，真正让博物馆成为社区居民生活中的重要组成部分。其他博物馆只要具有类似于西安博物院这样的场地优势和开放条件，也可以采取这种场地共享的思路开展社区工作。

(三)兴趣共建型

除了上面谈到的两类博物馆之外，在我国博物馆界也有这样一批博物馆，他们是新建成的或'空降'而来的，因此不具有类似碑林博物馆这样与周边社区相依共生的血肉联系；同时限于历史沿革、馆区面积或者设计思路等方面的制约，它们也不具有西安博物院这样宽广优美的公园化开放区可以与周边社区共享。那么这样的博物馆该以何种方式开展社区工作呢？笔者认为，我们的思路仍然是要寻找到这样的博物馆所拥有的优势社区资源是什么。这里我们以陕西历史博物馆为例试着进行一下具体探讨。

陕西历史博物馆的沿革最早可以追溯到 1944 年 6 月民国时期陕西省政府利用西安碑林、西京图书馆所藏的历史文物、西安民教馆的工艺陈列品和前考古会收藏的各种文物成立的陕西省历史博物馆。当时的馆址就设在西安碑林，之后几经变更，到新中国成立后，1955 年 6 月定名为陕西省博物馆，馆址依然设在碑林。此后直到 1983 年，依照周恩来总理生前指示，新馆筹建工作正式全面启动。1986 年 1 月，国家计委确定了新建馆的馆名为"陕西历史博物馆"，位置选在距离大雁塔不远的翠华路与小寨东路的交汇处。1986 年 11 月 28 日，工程正式奠基。1991 年 6 月 20 日，正式建成对外开放。开放后，原陕西省博物馆所在地的碑林成立碑林博物馆。从这样的沿革可以看出，对于陕西历史博物馆周边的社区来说，陕博是一个飞来馆，它与周边的社区在建成之前几乎没有任何联系。而且因为保护文物安全的需要以及周边四条马路的分割，在建成之后，陕博也几乎一直处在一个完全独立的地块单元中,仿佛一座孤岛。此外,虽然陕博的整体面积有 7 万多平方米,但其中光是展厅、办公区、库房等建筑的面积就有 5.6 万多平方米,再加上道路、停车场、绿化带等,留给观众的非持票活动区域其实非常狭小。因此也基本不具备向周边社区居民开放共享场地的条件。

陕西历史博物馆所掌握的优势社区资源是大学生志愿者群体与网络社区这种由相同志向、兴趣而组成的趣缘社区。陕博开展大学生志愿者工作已经有十多年的时间,在这十多年时间里,参与的学校由最初的 4 所发展到现在的 12 所;选拔培训的大学生志愿者从最初的每年几十名发展到现在每年 700 余名;仅 2013 年上半年就为游客提供了 4522 人次、10925 批次的志愿讲解服务。陕博已经成为广大在校学子们向往的接触社会、学习知识、实现自身价值的重要殿堂,而志愿者也已经成为陕博为游客提供优质服务,感受历史文明的重要途径。强大的号召力、广泛的社会影响、稳定的志愿者队伍以及系统的学习培训,这些都是通过十多年的不断发展积累才逐渐形成的。而这样一个志愿者群体恰恰是陕博与广大学子们一道,以博物馆为平台、以文物历史知识为核心、以志愿精神为取向、以实现自我价值为目标所共同构建的趣缘社区。做好志愿者工作,为广大学子提供更多的学习、锻炼、成长的机会,让志愿者组织在学校这个特殊社区中发挥更多的作用本身就是博物馆开展社区工作的重要方向。

除了志愿者组织之外,网络社区也是在新的时期博物馆开展社区工作的新的方式。网络社区(虚拟社区)是指通过电脑与互联网技术的媒介所形成的新型社区,它与传统社区不同,不是基于血缘或地缘的关系形成的,而是网民基于兴趣、个体意愿和沟通的动机在跨地域(跨语言)的更广阔范围内所形成的社会关系和社会团体⑮。网络社区的形成关键在于有共同的兴趣,这一点对于博物馆构建网络社区来说主要是来自于广大网民对于历史、文化、文物与公共服务的兴趣与关注。但是,由于网络社区的组成非常松散,再加上社区话题具有分散性,因此社区成员对社区的感兴趣程度和关注度相比现实社区要微弱与短暂很多,所以要使这种兴趣与关注长久地保持下去就需要充足的现实资料准备、大量的专业知识支持,通过持续不断的创造让网民感兴趣的相关话题,才能形成相对稳定的网络社区。在这一点上,陕博丰富、精美的数十万件藏品,精彩的基本陈列,不断更新的专题展

---

⑮夏建中:《美国社区的理论与实践研究》,北京:中国社会出版社,2009 年。

览,多方位的历史、文化、文物研究以及大量的社会服务都能吸引对历史文化文物有兴趣的网民长期关注。另外,陕博还拥有一点本地其他博物馆所不具备的优势,那就是陕西省唯一的一个数字博物馆制作团队就设在陕博,它能使广大网民更加方便地跨越地域阻隔,自由全面地在网上欣赏展览与文物。也能为网络社区制造更多的兴趣点与话题。当然,网络社区的构建对于博物馆来说还是一个具有挑战性的新颖课题,在这方面还有许多问题需要进行细致的研究与分析。但是它以后一定会成为许多博物馆开展社区工作的一个重要方向。

三、从参与走向构建博物馆社区工作的方向

伴随着我国博物馆的发展,我们能够看出,走出馆舍天地走向大千世界既是当今社会对博物馆的强烈要求,也是博物馆完善自身、发挥更重要作用的必然趋势。因此,今天博物馆已经日益将它的目光投向了社区,通过接触社区、走进社区的方式开展了许多的社区工作。然而通过我们上面的分析可以看出,走进社区只是博物馆开展社区工作中的一个部分,我国现代城市的社区由于地产开发、70年产权政策以及人口流动加快等多种原因会出现不断的变动,很难形成类似改革开放之前的相对稳定的单位社区与传统社区。这就意味着博物馆走进社区的工作形式很难形成真正稳定的具有忠诚度的受众群体。因此笔者认为,博物馆开展社区工作的目标应当是在坚持开展走进社区工作的同时把最终目标放在构建以博物馆为主导,以优势资源为基础,以服务社区为核心的社区模式上。逐步建立并完善类似经济共生型、场地共享型、兴趣共建型等稳定的社区模式。博物馆为社区提供的服务越多,在建设和谐社会中发挥的作用就越大,博物馆的社区工作这一指标也将成为国家进一步肯定博物馆价值、继续加大对博物馆投入的重要考量内容。

军事类纪念馆对社区文化的影响

八路军太行纪念馆　　郝雪廷

内容提要：军事类纪念馆是以陈列战争史、历史事件、军事人物文物而兴建的专题性纪念馆，其中，多半是表现在中国共产党领导下，人民军队不怕牺牲、浴血奋战、艰苦奋斗取得的丰功伟绩。是不可或缺的重要社会文化教育机构，是爱国主义教育的重要场所。八路军太行纪念馆就是以八路军坚持八年抗战并取得民族独立解放战争的胜利为主题，而建立的一所纪念馆。在大众旅游的兴起中，纪念馆得到了大发展，特别是军事类纪念馆除发挥其在爱国主义教育中的优势作用，为当今社会服务，同时也服务于社会的多元发展，多方面发挥社会功能。成为社区建设的文化主流，推进和谐社会的构建与社会各个阶层的和谐健康发展。这也给军事类纪念馆着力融入文化大繁荣、大发展，对社区文化产生影响，提出了新的挑战和新的命题。对于如何加快军事类纪念馆融入社会的步伐，本文将结合八路军太行纪念馆近年来的工作实际，提出几点做法。

强化陈列与文物的感染力

纪念馆的文化多样性，表现出了鲜明的时代特征。要使之成为全体公众的文化需求，纪念馆的本体如果一直处于不变的形态是不行的。多少年来，纪念馆以图片加文物的手段作载体，向公众展示历史，就八路军太行纪念馆而言，以多年来征集的文物、图片，小到钢笔、匕首、子弹头，大到大炮、飞机、装甲车，成为全面、立体、真实地反映和诠释中国抗战历史的生动教材和最好见证，是名副其实的"八路军抗战博物园"。这些文物如何通过陈列，与观众进行物语交流，就成了最重要的问题。

美国的博物馆界有这样一种理念，在条件允许的情况下，应当尽可能地让更多的藏品与公众见面，如纽约大都会博物馆采用密集陈列方式，常年上陈的文物达 100 万件。而就在美国也有另一种观点，纽约古根海姆博物馆则以精品陈列为主,每一个展览的展品数量不多,但是强调每一件展品带给观众震撼的冲击力。

那么,在文物的展示与陈列的相互配合方面,我们又该如果来进行呢?陈展除了系统、立体、全面地展现八路军抗战这一主题,还特别注意营造爱国主义教育氛围。八路军太行纪念馆在改陈过程中,一方面吸收了国内外博物馆界的最新成果,另一方面也结合自身的实际,采用了"加大数量、突出精品、部分轮换、常变常新"的手段,即:常年展出文物数量达到万件以上;对精品文物不仅在陈列中以突出位置加灯光效果处理,并配以生动的故事讲解;还要按照季节变换,结合参观对象等因素,对部分文物进行轮换与调整,使得观众在重复参观时感觉到细微的变化,每一次参观都有一种新鲜感。使陈列与文物的展示,给予观众非常丰富的感染力。

拓展馆所与游客的互动性

军事类纪念馆可以用丰富的展览手段,多角度、多方位地对广大人民群众进行爱国主义教育,发挥其社会功能。但这种教育作用,如果仅仅是以灌输的方式,肯定是达不到目的的。

英美等国博物馆的公众服务内容十分丰富。既有一般博物馆所常见的语音导览、讲解等方式,还有配合某一特展进行的专家导览、专题讲座等多种方式。如美国大都会的语音导览不仅提供有英、法、德、日、中等多个语种的导览服务,同时,语音导览的内容还分为馆长推荐展品、专家推荐展品、儿童展线等多个层次的服务,对历史进行详实、生动、具体地反映。

八路军太行纪念馆不仅采用了国内外博物馆界的先进手段,同时也吸收了一些娱乐性质的旅游景点的特点,不仅重点开创了抗战史陈列馆、八路军将帅馆、半景画演示馆、碑林公园等,也有临时展馆、窑洞战模拟景观、游乐场等参与性较强的活动场所,同时,还经常开展专家讲座、你问我答、再现抗战、一起跳舞、篝火晚会、征文比赛、信函沟通、在线交流等互动性极强的服务项目。比如通过网络交流、QQ对话等形式,就引来了大批游客,他们都是在网络交流中对这段历史产生了深厚的兴趣,再通过参观来加深对八路军抗战历史的认知与理解的。

爱国主义教育的基地,国防教育的载体,革命传统教育的课堂,弘扬先进文化的阵地,是军事类纪念馆的共同定位。要使这一定位得以充分发挥,首要问题是观众人数,如果观众寥寥无几,那么这个载体的教育效果就会大打折扣。而八路军太行纪念馆正是针对这一问题,以拓展馆所与观众的互动性来引起观众对纪念馆的极大兴趣,使得纪念馆融入了社会,爱国主义教育有声有色地开展起来,其教育效果也"入境、入心、入脑",功能与作用得到了很好的发挥。

突出历史与现实的结合点

宣传历史,说到底是要使之为现实服务。纪念馆在提高国民素质、弘扬社会主义先进文化和推动经济社会快速发展等方面的作用是不可低估的。但这一切需要通过陈列、讲解、讲座、互动等多种形式的配合,才能达到历史与现实的结合,让观众在历史与现实的交汇点上,寻找到闪光的答案。数年来,我们在宣教活动中,从以下几方面努力,以达到爱国主义教育的最佳效果:

一是提高国民素质。文化素质在经济发展中的作用日趋显著,要实施以经济建没为中心的方针,就必须坚持经济建设和文化建设一体化。国民素质的提高,重在思想素质的提高,我馆从革命传统的弘扬入手,促进观众思想文化素质的提高。

二是传承先进文化。世界范围内多元文化的相互渗透与市场经济的双重效应,以及构建社会主义和谐社会的战略任务,也给纪念馆提出新的任务,就是要引导得力、措施得当、运用得法。纪念馆大力继承、发扬和创新祖国的优秀传统文化,以八路军精神、太行精神为载体,让广大公众从中汲取营养,成为服务的力量。我们不仅坚持阵地宣传,同时组织宣讲小分队深入机关、厂矿、乡村、军营、学校,送展览、开讲座、送温暖、献爱心,把宣传历史与繁荣文化结合起来,将宣传教育转化为丰富的精神食粮。

三是推进社区建设。建设和谐社区,是构建和谐社会的一个重要内容。纪念馆利用重大的节庆、赛事或纪念日活动,组织开展志愿者服务活动,并定期有序地组织深入周边社区,为社区居民提供更多更好的富有纪念馆特色的内容,或者为周边社区的文化建设提供帮助乃至指导,还对市场经济环境下的新事物、新观念、新规则、新行为,进行研究与探讨,给予咨询协助、理性指导,使之贴近群众生活,纪念馆的服务可以深入到社区、乡镇等社会各个角落。

建设社区与社会的文化营

纪念馆在对观众进行社会教育时,本着自然渗透的原则,充分利用陈列资源对公众进行艰苦朴素、集体主义和革命优良传统的教育。将正确的世界观、人生观,这些无形的道德遗产孕育在有形的文化遗产之中表达、表现出来。

作为军事类纪念馆,及"红色旅游"的主体项目,八路军纪念馆已经被列为全国爱国主义教育示范基地,并列入全国 30 条"红色旅游精品线路"、100 个"红色旅游经典景区"名录向全国推荐。使其成为产品项目成熟、红色旅游与其他旅游项目密切结合、交通连接顺畅、选择性和适应性强、受广大旅游者普遍欢迎的热点游线中的著名景点,同时也成为一个区域的文化中心。大量客流带动着第三产业的发展,从而带动了该地区的经济发展,使之成为社区与社会的文化营。

在这样的形势下,纪念馆处于新的历史时期,时代的要求,不能仅仅把自已定位在只是一个展出机构,特别是免费开放以后,认为游客多少与经济效益无关,而应把业务扩展或延伸,逐渐兼有收藏品的寄存、文物代保管的功能,甚至可以是藏品养护、修复等专业知识的传播、咨询与帮助的窗口。将纪念馆打造成融教育、文化、旅游、商贸、休闲与观光为一体的历史文化营,成为带动社区以至整个社会的文化龙头。

从呆板到活化

——浅论博物馆的文化传播力

中国文字博物馆　杨　焱

摘要：博物馆以其特有的文化艺术形式面向社会公众传播文化信息。在当今文化改革发展的"三贴近"原则下，博物馆的文化传播已经由单向传播转变为双向传播，同时，博物馆文化形态与传播方式恰当地运用了传播学语言，在丰富展览手段，搭建沟通展览与观众的桥梁，增强互动性、趣味性，提高传播效果等方面起到了重要作用。博物馆还肩负传统文化"传承"与"扩展"的重要使命，通过运用传播学理论让博物馆的历史性、社会性、艺术性、科学性更为凸显，使博物馆在文化传播和文化教育中发挥更为重要的作用。

关键词：博物馆　传播　文化传播　文明

每一座博物馆都是一部物化的社会发展史，通过陈列、展出、宣传、服务、研究等作用，让人们在穿越时空的对话中，了解源远流长的历史文化。因此，博物馆对于人类文化遗存的保护、管理和研究起到了重大的作用，同时也成为一个国家、一个民族团结统一的精神纽带。

博物馆作为综合体现我国悠久历史和灿烂文化文明的重要窗口，其内在文化越来越体现了国家的"文化软实力"和民族的"精神家园"。相对于现代社会中，学校、传媒等在文化传播中的运用，博物馆具有不可替代的作用。随着社会的不断发展进步，人们越来越意识到博物馆的文化传播更能激励民族自豪感、自信心并强化民族凝聚力，它不仅在行为方式上影响受众，更将在潜移默化中起到"意见领袖"的作用。目前，国家非常重视博物馆的建设与发展，因此，我们应当开拓思维，将社会科学中与博物馆建设发展交叉的学科理论广泛应用其中，探索现代博物馆建设发展新的理论支撑。

一、博物馆的文化形态与传播方式

1. 博物馆文化传播形态

（1）博物馆的展示内容、展示方式与人类传播的发展进程具有一致性。

美国社会学家库利在 1909 年出版的《社会组织》中为"传播"下了一个广为人知的定义："传播指的是人与人关系赖以成立和发展的机制——包括一切精神象征及其在空间中得到传递、在时间上得到保存的手段。"①而这一定义也彰显出，目前博物馆的陈列展示中的所有藏品（实物或者精神的）所具有的特性。因此，博物馆的展示内容与传播学的特点具有一致性。

人类传播的发展进程分为四个阶段，分别是：（一）口语传播时代；（二）文字传播时代；（三）印刷传播时代；（四）电子传播时代。而这四个过程恰恰是人类文化文明的发展过程。特别是 2009 年建成开馆的中国文字博物馆，正是以汉字为主干，以少数民族文字为重要组成部分，以翔实的资料、严谨的布局、科学的方法和现代化的展示手段充分展示中华民族一脉相承的文字、灿烂的文化和辉煌的文明，荟萃历代中国文字样本精华，讲解汉字的构型特征和演化历程的专题性博物馆。该博物馆从刻画符号开始，一直到印刷术与信息时代，通过九个展厅详细介绍了汉字发展演变过程。翔实的展览内容不仅展示了中华文化文明的一脉相承，同时也与人类传播发展进程相一致。

其次，博物馆通过语言、文字、图像、图形、动画等有机配合，并采取数字化的展示手段将静态的文物活灵活现地展示在观众面前。这些展示手段的运用正是恰当地运用了传播学语言，通过声音符号、图像符号、数字符号等不同符号的编码，让受众了解传播者的意图，并转化为内在的意识。

（2）博物馆文化是整个社会文化的有机组成部分，具有社会文化传播的共同特点。

文化的传播主要表现为"传承"和"扩展"。一方面表现为文化信息在时间上的传承和延展，另一方面意味着在空间上的扩展和流行。20 世纪末以来，随着中国社会的多元化发展以及博物馆界对自身文化定位的重新审视，博物馆对社会普通受众的态度从"俯视"转化为"平视"，博物馆的文化传播也由单向传播向多元化、互动式传播模式发展，文化传播显现出大众化倾向。从文化形态上看，大众化传播是一种非常复杂的社会精神现象，它虽然不具有主流文化传播的强制性，但是它

---

①⑤⑥参见郭庆光著，《传播学教程》，第 2 页、第 209 页、第 226 页中国人民大学出版社，1999 年 11 月第 1 版。

将所要传递的文化内容以大众所习惯接受的方式潜移默化地渗透到生活的每一个角落,使之染习相承,世代因袭,最终沉淀为社会习俗的组成部分。

2. 博物馆的传播方式

(1)语言传播。讲解是博物馆语言传播的重要表现形式。同时,辅助以陈展语言、媒体语言等。博物馆对文化的传播是有选择性的,是把不同历史时期的精华、不同地域的文化浓缩在一起,这不同于大众媒体中的文化传播。大众媒体中的信息传播具有受众的不确定性,精英文化与草根文化并存性,文化传播的间断性、无序性。但是,博物馆传播的文化是一种升华了的具有系统性的文化,受众从中接触到的是具有较高品味、高保真的文化。

(2)行为传播。博物馆的陈列是以一种文化礼仪、社会行为为线索来展开其陈展内容,其文物信息、陈展方式、文化仪式等成为行为传播的重要组成部分,通过这种行为传播方式实现了文化历史纵向传递。博物馆文物展览、陈展设计以及各种展示手段,代表着特定历史时期的社会思想、科学发展水平、技术发展水平、审美观念等等精神层面的内涵。通过博物馆人员的工作,这种内涵得以外显,并以一种感性的方式表达出来,使受众在欣赏文物、观看展览的同时接受熏陶,这一过程就实现了物质向精神的转化。受众从而成为文化的载体,并通过自身的行为表现并传达出来,从而实现了文化的接受、理解、掌握、传递、激活的过程。

(3)艺术传播。主要通过艺术语言的形式将文化内涵展示出来,并为受众留下深刻的印象。由于生活水平的提高,人们的艺术鉴赏能力普遍提升。随着大众美学素养的提高和科学技术水平的发展,博物馆陈列展览的艺术性、科学性也越来越完善,受众能够在最舒适的环境中,从最佳的角度来欣赏文物,这对受众来说是一种最大的文化享受。博物馆举办的各种文物展览、书画展览、艺术品展览,可以让受众得到更为广泛的艺术熏陶,也从而培养了人们高尚的艺术情操。

二、博物馆承载着文化传播的重要作用

博物馆是一个地域历史和文化积累的总和,它使众多文物、艺术品汇集在一起,传播历史文化,给人们以美的享受。生活在城市中的人们所接触到的一切都和博物馆里所展示的相关,人们就自然会感受到博物馆的巨大震撼力量,从而显现出博物馆在城市中的重要文化地位。

1. 资源的整合使博物馆成为城市"文化家园"

"我们究竟需要一个什么样的生存空间?我们究竟在追求怎样的生活?当人们

试图以全新的、理性的眼光审视扑朔迷离的城市形态时,不约而同地选择了文化的视角。"②博物馆作为城市文化公共设施的重要组成部分,承载并影响着在城市中生活着的人们的文化需求,也沉淀出一座城市的文化内涵和生命力。

博物馆通过对一座城市文化遗产的收集、整理、研究,将城市文化的精华展示出来,并呈现出文化发展的脉络,这些都成为一座城市文化发展的根基。随着博物馆免费开放,博物馆文化不断走进寻常百姓家,影响着百姓的日常生活,并成为提高民众文化素质、个人修养,提升整座城市文化品位和整体文化素质的积极力量。博物馆通过对城市文化的沉淀、传承和创新,实现对城市文化的再塑造。

2. 业务的发展使博物馆成为传播文明的窗口

随着时代的发展,人们的文化素质、文明程度越来越成为一座城市发展的关键因素。市民是城市文明的创造者,同时也是受益者。

博物馆通过利用自身的资源和地域资源,向市民传播历史、考古、艺术、科技、学术研究成果和综合人文理念,这是人们获取科学文化知识,提高文化修养,丰富业余生活的重要场所。博物馆在发挥教育、娱乐等基本功能的同时,不断开拓业务范围,加强经济、政治、科技、教育、文化、社会等多方面协调发展,形成一个多层面、立体型的结构,从而形成参与性更强、影响范围更大的文化生态圈。在丰富市民文化生活之余,陶冶情操,培养人文理念,增强社会责任感和使命感,博物馆以深厚的人文积累,以无与伦比的文化优势,成为我们了解过去、认识当前、影响未来的重要场所,它不仅仅是一个建筑,更重要的是一座城市的文化认同感形成和民众文明化建设的过程。

3. 发挥宣传作用使博物馆成为"城市会客厅"

从传播学角度,文化是人和人的行为的总称。文化是人类的特殊产物,只有人类才有文化;文化是活动的,随着人类生活的变化而变化着,人类生活自始即是文化的生活,产生永远创造、永远进化的文化史。文化需要通过传播得以延续和发展,传播也需要文化得以丰富和生动。③一座城市,经历上千年的积累,形成独特的城市文化特色。在全球化、城市化、工业化的浪潮中,城市文化的特色正在消退,城市一旦没有了文化特色,就如同人失去了灵魂和精神一般,失去活力、失去未来。

②孙家正,《建设形神兼备的城市家园》,在城市文化国际研讨会上的发言,2007年6月9日。
③戴元光、金冠军主编,《传播学通论》,第126页,上海交通大学出版社,2000年8月第1版。

文化遗产是一座城市最宝贵的文化遗存,发挥文化遗存作用的重担就落在了博物馆的身上。博物馆主动融入社会生活,建立和完善博物馆公众参与体制,为广大民众提供文化服务。当博物馆作为一座城市的地标,被广大受众所认同并成为自己的一种休闲方式、生活方式时,人们就会不自觉地向外地客人宣传自己的博物馆,展示自己的精神家园,从而成为公众交往的重要场所、城市交流的舞台。

三、运用传播学理论不断提升博物馆发展中的文化传播力

1. 博物馆作为体现中华文化软实力的窗口之一,要做好"意见领袖"

文化是国家的软实力。党的十七大报告明确指出:"文化越来越成为民族凝聚力和创造力的重要源泉,越来越成为综合国力竞争的重要因素,丰富精神文化生活越来越成为我国人民的热切愿望。"博物馆作为公共文化设施,要更好地发挥在文化传承和文化创新中的重要作用;发挥在建设中国特色社会主义新文化中的重要作用;发挥在满足人民群众精神文化需求,陶冶人们情操,提高民族文明素质中不可替代的作用;发挥在促进对外文化交流、提升和扩展国家软实力中的积极作用。④

在传播学中,活跃在人际传播网络中,经常为他人提供信息、观点或建议并对他人施加影响的人物,我们称为"意见领袖"。⑤"意见领袖"并非传统意义上的"领袖",而是为我们所熟悉并广泛接触的对象,与受影响者处于平等的关系,他在某一领域很精通,拥有一定声望,并拥有广泛的信息渠道,对大众传播的接触频度高、接触量大。

博物馆作为集科学、历史、文学、艺术、考古等于一身的知识宝库,蕴藏着丰富历史文化资源和人文资源。博物馆通过一系列的展览方式,增强与其他博物馆之间的互动,与大众传播媒介之间传播大量的信息,与公众进行广泛的接触,吸引公众对文化的关注,并融入大众生活。而这种文化传播,不仅实现了"媒介—博物馆—公众"的"两级传播",也实现了文化传播的社会沟通功能、教化功能和文化增值功能。

2. 博物馆在传播社会主流文化的同时应发扬"培养"理念

传播学中"培养"理论的基本观点是,社会作为一个统一的整体存在和发展下去,就需要社会成员对该社会有一种"共识",也就是对客观存在的事物、重要

④《于幼军到故宫博物院、国家博物馆等直属单位调研》,http://www.gov.cn,2007年10月15日。

的事物以及社会的各种事物、各个部分及相互关系要有大体一致或接近的认识。只有在这个基础上,人们的认识、判断和行为才会有共同的基准,社会生活才能实现协调。⑥

国家之所以能够产生强大的凝聚力,主要是由于人们对社会核心价值的认同,社会核心价值在整个文化建设中居于统摄地位,决定着文化的主旋律和发展方向,并努力在全社会形成统一的指导思想、共同的思想理念、强大的精神支柱和基本的道德规范。当代中国的主流文化是一种全新的、开放性的、群众性的、具有鲜明时代特征的文化。博物馆是中华传统文化和优秀文化集中展示、传播和传承的平台,具备了中国主流文化的基本特征,其教育功能的实现,着力于全民族思想文化素质的提高,这是建设中国特色社会主义文化的主旋律。

博物馆在传播文化的同时应发扬"培养"理念,坚持以中华传统优秀文化为根基,吸收外来优秀的文化,按照面向现代化、面向世界、面向未来的要求,大力繁荣和发展具有中国传统特色、中国气派的优秀文化,不断提高中华文化的影响力,形成强大的民族凝聚力。

3. 博物馆在促进社会文明建设顺利进行的同时要运用"议程设置"理论

议程设置理论是大众传播媒介影响社会的重要方式。该理论认为,传播往往不能决定人们对某一事件或意见的具体看法,但可以通过提供信息和安排相关的议题来有效地左右人们关注哪些事实和意见以及关注的先后顺序。传播无法左右人们怎么想,却可以左右人们想什么。

博物馆收藏的文物、研究工作的新成果、陈列展览以及博物馆行业的最新信息和学术活动等等都可以通过"议程设置"理论,得到公众的广泛关注,获得广泛的社会影响,提高博物馆的知名度。博物馆免费开放后,与公众的关系越来越密切,要想通过"议程设置"理论获得较好的传播效果,主要还是在"人"上下功夫。一是博物馆的馆藏陈展、研究、服务等工作的理念要根据观众不断求新的心理,使观众充分认识博物馆的意义、内涵和价值;二是充分利用各种社会资源,调动观众广泛参与博物馆建设的意识,利用观众探究新知识的心理,有目的地引导他们积极投身到博物馆的各项活动和科学研究中;三是建立公众反馈信息制度,为博物馆的后续发展提供借鉴,为符合观众的兴趣制订下一步工作方案;四是利用大众传播媒介,根据传播途径、方式和优势,制订传播策略,扩大博物馆行业的社会影响力。

参考文献：

1.单霁翔：《博物馆的社会责任与城市文化》,《中原文物》,2011 年第 1 期。

2.单霁翔：《博物馆的社会责任与改善民生》,《南方文物》,2011 年第 1 期。

3.单霁翔：《博物馆的社会责任与社会发展》,《四川文物》,2011 年第 1 期。

4.王学敏：《博物馆的宣传工作与观众需求》,《中国博物馆》,2003 年 4 月。

5. 唐贞全：《从信息传播到注意力传播——当代博物馆展示理论的变迁与思考》,《东南文化》,2011 年第 1 期。

6.刘卫华：《博物馆与文化的传递》,《中国博物馆》,2003 年 4 月。

7. 陈浩：《打造博物馆文化宣传平台 树立博物馆文化品牌形象》,《中国博物馆》,2012 年 2 期。

8.李文儒：《博物馆文化与新媒体传播》,《中国文物报》,2010 年 2 月 24 日,第 6 版。

9.陈尚荣：《博物馆文化资源与城市形象传播》,《南京理工大学学报》,2012 年 12 月。

10.黄洋：《博物馆信息传播模式探讨》,《博物馆研究》,2012 年第 2 期。

11. 秦文萍：《从参观到有效参观——谈谈后免费开放时期博物馆的宣教工作》,《群文天地》,2012 年第 2 期。

12. 李志雄：《文化大发展背景下文化传播学研究对象的思考》,《河池学院学报》,2012 年 6 月。

13.郭秀媚：《试析当代博物馆的文化传播问题》,《南方文物》,2006 年第 2 期。

从博物馆定义看博物馆公共服务

延安凤凰山革命旧址管理处　　　高慧琳

内容提要:目前中国博物馆界通常的认识是博物馆属于文化教育机构,但是按照国际博物馆协会给出的博物馆定义,博物馆的首要职能是公共服务,包括为社会教育提供服务。它是通过征集、保护、研究、传播和展示,为社会公众提供服务——为社会教育主体提供教育资源服务,为教育客体即受教育者提供教育内容。至于博物馆的教育,是融合在社会教育的总体结构中的。而且《中共中央关于深化文化体制改革推动社会主义文化大发展大繁荣若干重大问题的决定》对博物馆提出的要求,正合于博物馆的定义。因此,博物馆要准确地找到自己的位置,以公共服务为第一要务,避免以居高临下的教育者姿态面对社会公众,防止削弱服务意识和降低服务质量。

关键词:博物馆定义　职能　公共服务

博物馆究竟是什么机构?现在我们的定性,最常见的提法是"爱国主义教育基地",恐怕也是宣传最多、最被社会所重视和认同的定性。而博物馆定义中的其他属性,更多是在行业内部"小众"认同,一般大众是不尽了解的。

但是,按照国际博物馆协会给出的博物馆定义,一个更加重要的职能,是公共服务。这一点,似乎不但行业外的公众将它看成从属于教育功能,而且业内也有意无意将它的定位放在了"教育"上。

我们从国际博物馆协会章程给出的定义来分析一下,就会发现,这定义在某种程度上被误读了。让我们重新来解读国际博物馆协会章程,品味其对于这个问题的表述,来进一步理解公共服务对于博物馆的意义。

一、服务还是教育?

国际博协最早于1946年成立之初就提出了章程,其中对博物馆的定性就有规定,但后来经过多次修改,现在大家公认,1974年版和2007年版章程比较有代表性。国际博物馆协会第二十一届全体大会于2007年8月24日在维也纳通过的最新版本章程对博物馆的定性是这样的：

英文版：A museum is a non-profit, permanent institution in the service of society and its development, open to the public, which acquires, conserves, researches, communicates and exhibits the tangible and intangible heritage of humanity and its environment for the purposes of education, study and enjoyment.

中文版：博物馆是一个为社会及其发展服务的、非盈利的永久性机构，并向公众开放。它为研究、教育、欣赏的目的，征集、保护、研究、传播并展出人类及其环境的物质和非物质遗产（翻译文本有不同版本）。

按照章程规定，所有文本以法文文本为标准。按照法文文本比对，这个英文版定义中最后的"education, study and enjoyment"（"教育、研究和欣赏"）应该是"study, education and enjoyment"（"研究、教育和欣赏"），英文文本把"教育"放到了"研究"的前面，不符合法文原文了，是翻译上的一个差错。可是，中文文本却是符合法文原文的。

讨论这个问题的意义在于，如果我们仔细考察一下国际博协的博物馆定义，就可以发现，它给博物馆规定的功能，它的各项功能之间，有着我们尚未真正理解，或者说理解上有所偏差的内容。

首先，我们不难发现，在中文版里出现了一个语言上的问题：在这短短的一句话定义里，出现了两个"研究"。这个翻译多少有点不是很精准，至少在中文读者中是可以产生疑问的：成了"为研究……的目的……研究"，是说不通的。实际上，这两个"研究"在英文文本里是两个不同的单词（法文文本里应该也是）：research（研究、分析）和 study（学习、钻研）。这样矛盾就小多了，因为这两个单词的含义是有区别的。为什么这样表述呢？我们在后面再说。

现在我们来看这个定义里的另一个问题。这个定义把博物馆的功能定为"为研究、教育、欣赏的目的"而"征集、保护、研究、传播"（我们已经了解到，两个"研究"是有不同内涵的），前面三项是博物馆的服务对象，后面四项才是博物馆的本职工作。它做后面四项工作的目的是为前面三项活动提供服务。也就是说，博物馆为社会公众的研究、教育和欣赏活动而开展本身的征集、保护、研究、传播活动。要不然，也不用在一个定义里出现两个内涵不完全相同的"研究"（research 和 study）了。博物馆做的是 research，更专业；而社会公众做的是 study，更带有学习的含义。博物馆是为社会公众的 study 而做 research。

第三，我们可以发现，在这个定义里，对博物馆本身工作范围的界定，并没有"教育"这一项，而恰恰是在它的服务对象里出现了。这就是说，博物馆本身是做征集、保护、研究、传播和展示的，目的是为社会的研究、教育和欣赏活动服务。姑且不论别的国家怎样界定自己的博物馆任务，以及在我国特定的环境和话语系统中怎样理解这个定义，但国际博协的定义本身的含义就是这样，也是不可否认的。

二、怎样理解教育

但是，英文版国际博协章程把教育放在了研究的前面，或许不是没有原因的。事实上，美国博物馆界对博物馆的定位就是带有教育功能的。他们认为博物馆属于文化教育机构。美国博物馆协会将教育视为博物馆的核心要素之一。其首席执行官爱德华·埃博（Edward H.Able）明确指出："博物馆第一重要的是教育，事实上教育已成为博物馆服务的基石。"协会下设的"新世纪博物馆委员会"的研究成果《新世纪博物馆》（Museums for A New Century）一书认为："如果说藏品是博物馆的心脏（heart），那么教育工作则称为博物馆的灵魂（spirit）。"

另外，在中国，当1912年中华民国教育部成立时，其中就设立了社会教育司，而博物馆、图书馆就属于这个司主管。而教育部筹备国立历史博物馆的时候，也是由社会教育司来筹办的。可见在中国人的理解中，博物馆就是属于教育部门的。

问题出在怎样理解这里的"教育"。

让我们来设想这样的场景：当一个成年讲解员对一群孩子讲述博物馆里的藏品故事时，我们可以说他是在进行教育。然而，当一个年轻的讲解员，对一个作为观众的资深学者进行讲解，这是教育吗？同样，对陈列展览涉及的很多专业知识和专业问题，也许观众会比讲解员更专业。但是，博物馆的有些内部情况，包括收藏状况、流传经过、修复经过等等，或许是观众所不了解的。即使是专家，也未必都能了解。但是，讲解员讲解这些藏品的情况，与其说是教育，不如说是一种传播。实践中常常有这样的情况：一个观众比讲解员知道得更多，或者虽然讲解员知道更多相关的背景，但是其内涵与意义，其原理与学术价值，或许观众了解得更深入，理解得更深刻，在这种时候，可能是观众教育讲解员，同时也教育了别的观众。

因此，在这时候，博物馆讲解员所做的，正是国际博协定义中的"传播"；而观众做的，是与讲解员共同完成了"教育"的活动。你可以说，这时候，这座博物馆里发生了教育活动。但是博物馆所做的，是为这种教育提供了一种服务、一种基础和场域。如果我们注意一下就会看到，埃博说的是"教育已成为博物馆服务的基石"，博物馆做的还是服务。

当然,学校在博物馆里举行各种活动,对学生进行爱国主义教育和传统文化教育,各种社会组织、机关团体,在博物馆里通过参观、讲座、仪式、学术研讨、专题活动等等,对员工、成员进行各种教育活动,更是社会教育。这也就是"社会教育"的一种形式。

这里说的当然是"社会教育"。博物馆毕竟不是专门教育部门,无论怎样说,它毕竟只是具有教育功能而非专门教育部门。而且这里说的教育功能,也是社会教育而非学校教育。那么,什么是社会教育?这有两种理解。一种是广义的,指一切社会生活影响个人身心发展的教育;狭义的则指学校教育以外的一切文化教育设施对社会人群的各种教育活动。当然,博物馆教育是狭义的社会教育。教育部设立社会教育司的理念,也是出于社会教育的理念。当然,社会教育与学校教育有很多的区别:社会教育的主体是"社会",由教育机构和社会机构、设施、环境等等综合组成,它的教育方式不是说教,而是在传播文化中潜移默化陶冶人的情操。很多时候,这种教育更多是一种欣赏、享受的过程。而博物馆,就是这种教育的良好主体。

现在我们回过头来看国际博协的章程。仔细阅读,其实章程明确的是:博物馆的本职工作,实际上是"征集、保护、研究、传播和展出",而这些是为社会公众的"研究、教育、欣赏"活动服务的。我们再仔细推敲一下章程的原文,就会发现,它的文本原意是说,"向社会开放为研究、教育、欣赏的目的,而开展的征集、保护、研究、传播和展出……"

其实,相对于教育来说,博物馆首先要做的是传播。

三、主体还是支持?

现在让我们再回到博物馆的定义。1974 年 6 月,国际博物馆协会于哥本哈根召开第 11 届会议,首次明确将博物馆定义为"一个不追求营利,为社会和社会发展服务的公开的永久机构。它把收集、保存、研究有关人类及其环境见证物当作自己的基本职责,以便向公众展示,为他们提供受教育和欣赏的机会"。阅读这个中文版本,就会发现,它明确指出了博物馆要做的是把"收集、保存、研究""当作自己的基本职责,以便向公众展示,为他们提供受教育和欣赏的机会",这就更加明确,博物馆要做的只是为公众提供受教育和欣赏的机会。这之后,经过多次修改,到2007 年版,增加了"有形的和无形的"(通常翻译为"物质和非物质的")历史遗产。但是,从 1974 年的中文版本中,我们可以更加清晰地看到国际博协对博物馆功能与性质的表达方式。首先,我们看到它定义为"为社会及其发展服务"的机构。它向公众展示,是"为他们提供受教育和欣赏的机会"。这就很清楚,博物馆不是在"教育"社会公众,而只是在为公众服务,为他们提供受教育的机会。如果说,人们在博物馆里受到了某种教育,那也不能说是博物馆人员在"教育"公众,而是"社会"(包括整个博物馆环境、展品、参观组织者、讲座举办者、讲授者等等)教育了观众,这就是"社会教育"的发生机制。而博物馆人员,作为博物馆员工,他有双重身份:作为"社会"的一分子,他与其他人共同发生了教育作用,成为社会教育的主体。而其他人发挥教育主体作用,有个前提,这就是博物馆人员提供了条件。换句话说,如果说博物馆向公众提供了"受教育的机会",那么,博物馆向教育者提供了"教育的机会"。这就是博物馆人员的另一个身份:社会教育条件的创造者、提供者,社会教育的服务者。当博物馆人员作为教育主体的时候,他是整个主体中的一分子;而作为提供者、服务者的时候,他是唯一的主体。让我们把三者排列一下:

博物馆人员:向社会教育者提供教育条件(服务),然后与他们一起教育(服务)观众;

社会教育者:一方面接受博物馆人员的服务,另一方面教育、服务观众;

社会公众:受到教育,享受博物馆和教育者的服务。

由此可见,博物馆人员作为教育主体时,居于次要、从属的地位,而作为服务者时,居于唯一主体地位。

最后,还需要说明,在社会教育活动中,还应当包括公众的自我教育。实际上,博协定义中的"受教育和欣赏",包含了公众在博物馆接受教育和自我教育的双重作用。"欣赏"事实上就是一种自我教育。当然,它也得到了博物馆的支撑——提供资源,提供设施、场所和便利以及各种服务。可以说,博物馆在公众自我教育的过程中也扮演了幕后支持的角色。

四、怎样准确定位

现在我们看到,从国际博协为博物馆下的定义看,博物馆的首要使命是当好服务者,为社会教育当好服务者,为社会公众当好服务者和教育者。这里需要指出的是,博物馆要准确地找到自己的位置,不能片面、狭隘理解博物馆作为社会教育机构的功能。长期以来,由于把自己单纯定位为教育者,造成很多博物馆对观众居高临下,以教育者自居,服务观念不强,以致闭门造车,开展工作成了自娱自乐,展示活动不亲民,管理不亲近,设施不亲和,态度不亲切。

　　细读国际博协的博物馆定义,可以给我们很多启示。我们不否认博物馆的教育功能,也不否认博物馆从业人员的教育职能,但是,博物馆的首要任务是服务,甚至主要职能是服务,是通过征集、保护、研究、传播和展示,为社会公众提供服务——为社会教育主体提供教育资源服务,为教育客体即受教育者提供教育内容。至于博物馆的教育,则是融合在社会教育的总体结构中的。观众受到的教育,主要是通过博物馆提供的服务资源和社会教育主体的传播来实现的。对此,博物馆应当有更为清醒的认识,不然就会走偏。

　　在中共十七届六中全会通过的《中共中央关于深化文化体制改革推动社会主义文化大发展大繁荣若干重大问题的决定》中有一段针对博物馆等文化机构的话特别具有启示意义:"加强文化馆、博物馆、图书馆、美术馆、科技馆、纪念馆、工人文化宫、青少年宫等公共文化服务设施和爱国主义教育示范基地建设并完善向社会免费开放服务……各类公共场所要为群众性文化活动提供便利。"这段话几乎就是为加强博物馆服务功能、提高博物馆人员服务意识而量身定制的。"既要让人民过上殷实富足的物质生活,又要让人民享有健康丰富的文化生活。""在社会生活中汲取素材、提炼主题,以充沛的激情、生动的笔触、优美的旋律、感人的形象,创作生产出思想性艺术性观赏性相统一、人民喜闻乐见的优秀文艺作品。"

　　如果稍加归纳,其要点如下:

　　1. 把博物馆等文化机构定位为"公共文化服务设施";

　　2. 强调要"完善向社会免费开放服务";

　　3. 要为群众自己开展文化活动提供便利。

　　从这里我们看到,《决定》对博物馆职能的理解非常到位:它首先是公共文化服务设施。这就决定了博物馆工作要围绕这一定位及其中心来开展工作。也就是第二点:完善向社会免费开放服务。这也非常到位,首先再次强调"服务"职能,同时要求"完善向社会免费开放",向群众提供优秀文化产品,正与博物馆定义中"向社会开放"、提供文化资源的要求完全等同;更加发人深思的是,《决定》要求博物馆"为群众性文化活动提供便利",实际上,这是要求为社会教育的主体提供开展社会教育的便利条件,甚至为公众的欣赏、享受文化(自我教育、相互教育)活动提供便利。可以看到,这里强调的就是"服务"二字,这与国际博协对于博物馆的定义是完全一致的!

　　综上所述,从博物馆的定义出发,我们不难得出结论:博物馆是一个把自己征集、保护,并经过研究的人类及其环境的物质与非物质历史遗产提供给社会公众进行研究、教育和欣赏的永久性非营利机构,它的核心功能是服务。这种服务有三个要素:首先是在社会的文化和教育活动中提供优秀文化产品和项目,为社会教育创造条件;然后是参与到这种社会教育活动中去,以更贴近公众,更为亲民、亲和、亲近、亲切的态度提供优质服务;最后,按照《决定》提出的要求,博物馆还要把自己的设施、场所和环境提供给公众,为他们的自我教育、相互教育提供便利,在这个要素中,博物馆已经退到配角的位置上了。满足这三个要素,博物馆才能真正实现自己的功能和使命。对于前二者,一般博物馆从业人员通常能够理解,而对第三个要素,我们还需要进一步学习领会,并探索其规律,以便做得更好,或许这也正是《决定》要求"完善"的内容吧!

城市文化浪潮与中国博物馆发展

陕西省文物鉴定研究中心　　权　敏　　王　宏

西北大学文化遗产学院　　　胡　刚

内容提要: 当前我国城市建设中掀起了一股发展城市文明、弘扬城市文化的浪潮,这必然会给博物馆发展造成一定的影响。在良好机遇与巨大挑战面前,博物馆该如何发展,成为一个需要探讨的问题。

关键词: 城市文化浪潮　中国博物馆　发展

博物馆是城市历史文明的象征,是反映城市文化发展程度的重要参数。在当前我国城市形态由功能性城市向文化性城市的转型中,博物馆与城市文化的关系就变得愈加密切了,使得我们必须要考虑城市文化浪潮下中国博物馆的发展问题。

一、城市文化浪潮的出现及其表现

城市文化的定义有很多种。从形成上讲,城市文化是城市市民在长期生活过程中,共同创造的具有城市特点的文化模式,是城市人为环境、生活方式和生活习俗的总和[1]。从内涵上讲,不仅包括教育、科技、文学、艺术、体育、服务业的服务质量、居民素质、企业管理及政府形象等非物质实体,而且还包括建筑艺术风格、街景美化、广场规划和设计、雕塑装饰、公共设施、环境卫生状况等物质实体[2]。从构成上讲,它由物质文化、制度文化和精神文化三个层次组成,这三个层次互动共生,构成了一个有机联系的城市文化系统[3]。从功能上讲,城市文化起着保存城市记忆、明确城市定位、决定城市品质、展示城市风貌、塑造城市精神、支撑城市发展的作用[4]。

---

[1] 刘国光主编:《中外城市知识辞典·城市文化》,中国城市出版社,1991年,第477页。

[2] 杨章贤,刘继生:《城市文化与我国城市文化建设的思考》,《人文地理》2002年第4期。

[3] 王承旭:《城市文化的空间解读》,《规划师》,2006年第4期。

[4] 单霁翔:《关于“城市”、“文化”与“城市文化”的思考》,《文艺研究》2007年第5期。

当前我国城市文化浪潮的出现,有着特定的历史背景和原因。随着我国工业化、现代化、信息化的步伐逐步加快,在当今城市社会中,各种各样的城市病也随之而来,如城市规模的畸形发展、城市人口的迅猛增加、城市交通的极度拥挤、城市环境的深度恶化、城市生态的巨大破坏等等。与此同时,一些不和谐的因素也在与日俱增,比如市民不断丰富的物质文化生活与日益增长的精神文化需求之间的矛盾在加剧,现代城市建筑的大规模涌现与城市记忆、历史传统大量丢失的矛盾在上演,社会主义的核心价值观、道德观与利己主义、拜金主义、享乐主义等思想的矛盾在激战等等,这些因素已经越来越多地给城市的发展带来了障碍,给城市生活和社会的安定有序带来了挑战。如何发展,如何让人与人、人与社会、人与自然和谐相处,让城市生活变得更加美好,已经成为各地政府努力探求的一个时代主题,而城市文化建设浪潮就是在这样的背景下应运而生的。

城市文化浪潮的表现有以下几个方面:

一是中央和地方政府高度重视,通过举办城市文化发展论坛、研讨会等形式,邀请世界各国的相关科研院所、知名教授参与,积极探求城市文化建设的方向和模式,倡导发展可持续的、和谐的、创新的、健康而富有生命力的城市文化。

二是近年来国务院及其有关部门连续出台了多个政策和文件,加大对历史文化遗产保护的力度,通过实施大遗址保护规划,推动了国家文化遗产保护良性、有序的发展,各地政府主动将文化遗产规划纳入城市发展建设规划中去,探索多种形式的文化遗产保护模式,使得城市自然环境和人文环境得到了很大程度的改观,城市历史文化得到了最大限度的保留和修复,文化遗产保护与规划正成为城市文化繁荣发展的助推器。

三是以深化文化体制改革为契机,积极发展城市文化产业。党的十七大从中国特色社会主义事业"四位一体"总体布局的战略高度,提出"兴起社会主义文化建设新高潮、推动社会主义文化大发展大繁荣"的战略任务。2009年7月,《文化产业振兴规划》由国务院常务会议审议通过,这标志着文化产业已上升为国家战略性产业。在国家大力提倡发展文化产业的推动下,在一些城市中,国家级、省市级文化产业示范基地纷纷建立,许多骨干文化企业在政府的大力扶持下重新焕发生机,文化创意产业园、动漫基地如雨后春笋,拔地而起,各种形式的文化会展活动精彩纷呈,引人入胜。

四是地方政府大力促进"文化城市"和城市文化建设,越来越多的城市对发展做出"文化定位"或者提出"文化城市"目标,城市文化建设充分发挥出保存城市记忆、体现城市特色、提升城市品质、展示城市风貌、塑造城市精神、支撑城市发展的巨大作用,已经成为一些城市的核心竞争力。一个个有鲜明个性的城市品牌不断涌现,如"国际都会"北京市、"美丽之都,智慧之都"杭州市、"设计之都"深圳市、"凤凰之都"唐山市、"冰城夏都"哈尔滨市、"中国新盐都"淮安市、"满城尽是牡丹花"的洛阳市、"中华文明多媒体——西安·亚欧国际都会"西安市、"苏式生活"苏州市、"天下泉城"济南市、"绿城 水城"南宁市、"中国药都"石家庄市、"白酒文化之都"宜宾市等等。

五是加强城市文化公共服务体系建设,注重市民的参与度与共享性,使得城市文化休闲、娱乐设施得到很大程度的改善,比如大规模兴建城市公园、广场、文化娱乐场所等,让市民切实享受到城市发展的成果。

二、城市文化浪潮给博物馆带来的机遇与挑战

博物馆不仅是城市文明的标志,也是展现现代城市文化魅力的窗口,在城市发展过程中担负着弘扬历史文化、普及公众文物考古知识、为城市经济发展提供精神动力的重任。同时,博物馆作为城市文化环境的组成部分,对于增强一座城市的认同感、归属感、凝聚力起着重要作用,也是城市参与国际竞争、彰显城市地位的重要文化竞争力。当前我国掀起的城市文化浪潮,既给博物馆的发展带来了难得的外部环境和重大机遇,也带来了不小的压力和挑战,是否能主动融入这股城市文化浪潮中,完成一座博物馆与城市文化发展的对接,是不少博物馆当前面临的重大课题。

城市文化浪潮的出现,使越来越多的城市开始从"功能城市"走向"文化城市",说明政府已经认识到城市的地位和影响力不是工业、商业产值的简单相加,也不以城市规模、人口数量来衡量,而是需要重视文化生态建设,发展城市文化。这种转变,毫无疑问给博物馆的发展带来了良好的外部环境。而以往在很多城市里,博物馆常常被认为是古物收容所,除了收藏一些考古发掘出土的文物外,基本就是一个养闲人的地方。那时无论是博物馆的场馆建设、周边环境治理,还是博物馆展品陈设、展览,政府有关部门给予的关注度都不够,使得博物馆的功能和价值得不到应有的发挥。例如宝鸡市青铜器博物院,在20世纪90年代,由于在馆址建设、馆藏文物保管和藏品展陈上,政府给予的投入均不够,使得原本在青铜器、玉器、铜镜、古钱币、字画上拥有得天独厚优势的该馆经营管理困难,各项事业举步维艰,专业人才大量流失,使得原本是陕西省文物强市的宝鸡在城市知名度上要落后于延安、铜川和咸阳。新世纪伊始,宝鸡市政府大力打造全国青铜文明的故乡,将宝鸡市青铜馆迁入城市的中心地段,并正式更名为宝鸡青铜器博物院,在博物馆建筑设计、藏品陈列上,政府也投入大量的经费予以支持。在一个良好的外部环境的衬托下,该馆发展上了一个新的台阶,一跃成为全国最大的青铜器博物院,气势恢宏的新馆也成为该市城市文明建设中一颗璀璨的明珠。

同样,我们也能体会到城市文化浪潮给博物馆发展带来的一些新的变化,这集中表现在以下几个方面:

一是大遗址保护与规划的实施,促进了地方城市兴建遗址类博物馆、遗址公园的高潮。在大遗址规划中采取的一些新的展陈理念、手段,为博物馆陈列设计增添了一些新的元素,在如何实现人类文明与自然、历史文明与现代文明的和谐相处上,大遗址规划也为博物馆树立了一个可供参考与借鉴的模型。以西安为例,近几年该市的大遗址保护与规划走在了全国的前列,先后建成或正在兴建的有汉阳陵遗址博物馆、曲江池遗址公园、唐城墙遗址公园、唐慈恩寺遗址公园、大明宫遗址考古遗址公园、汉长安城遗址公园、杜陵遗址公园、秦始皇陵遗址公园(秦始皇帝陵博物院)等,这些以考古遗址、历史遗迹为依托而建立的遗址类公园,扩大了遗址博物馆的外延,将遗址本身及周边自然、地理、人文环境进行保护与利用,这本身就是一种创新。而在遗址公园的建设中,大批考古类遗址博物馆纷纷建立。如2010年正式对外开放的秦始皇陵遗址公园由秦始皇兵马俑博物馆和丽山园两部分组成,其中,丽山园包括已经建成开放的百戏俑坑博物馆、文吏俑坑博物馆以及秦始皇陵地上建筑等,相信随着秦始皇陵考古工作的不断深入,一些新的遗迹也会以建立博物馆的形式加以保护与利用。在展陈的手段与方法上,博物馆也能从中获取养分。例如在汉阳陵遗址保护与展示中,根据遗址不同的性状采取了多种实践形式,例如对高出地面的高台建筑遗址采取防风、防雨、防紫外线的保护与展示,对已发掘的建筑遗址采用覆土回填、地面复原遗址、玻璃罩防风防雨、小体量木结构立体局部复原展示,对帝陵外藏坑采取全地下、全封闭式展示,对园区不同区域出土文物标本的陈列展示、对封土的复原展示等①,这些不同的展陈手段与方法,为全国遗址类博物馆陈列设计提供了可以借鉴的经验。

---

① 王保平,《论北方黄土地区大遗址的保护与展示——以汉阳陵博物馆为例》,《四川文物》2010年第5期。

二是城市文化产业蓬勃发展的同时,也客观上带动了公立博物馆、民营博物馆、行业博物馆的大发展,无论是从所有制形式、管理模式上,还是从营销策略、文化服务产品的设计上,都有了许多新的变化。例如 2010 年西安市启动了"博物馆之都"建设,计划用 3 年的时间使西安市的博物馆数量达到 100 家 ,尤其是民营博物馆得到了前所未有的发展。如秦砖汉瓦博物馆、青铜盉博物馆、古陶艺术博物馆、牛文化博物馆、关中民俗博物馆等,均是在西安市文化产业发展浪潮中新建而成的。在原唐西市遗址之上建立的大唐西市博物馆,是一座由民营企业投资兴建的,秉承文物保护、文物展示、商旅开发为一体,以反映盛唐商业文化和丝路文化为主题的私营博物馆,是文化产业与文物、博物馆结合的典范。同时,文化旅游产业的兴起,使得博物馆丰富的文物资源得到了开发与利用,集公司、博物馆、手工艺品、餐饮娱乐为一体的营销模式成为带动文化旅游产业发展的重要力量。例如陕西文旅集团通过与秦始皇兵马俑博物馆、乾陵博物馆、法门寺博物馆等的联合,实现了文化旅游产业发展的一条龙。

三是城市文化观念的更新,以及市民文化生活需求的增加,也给博物馆的发展带来了机遇,使得博物馆在发挥其社会功能方面的重要性与日俱增。博物馆的历史往往是一座城市发展缩影的真实写照,保留着这座城市前进中的每一个脚印,而在沧桑巨变中,城市的面貌发生了很大的改变,城市记忆变得越来越模糊,这种心灵的无所寄托与失去归属的感觉让越来越多的市民陷入了精神上的恐惧与空虚。城市人口密度的增加,生活节奏的加快,工作强度的加大,使得人们的生活空间不断被缩小,人们的幸福指数受到了来自于城市生活压力的挑战。在各种腐朽思想、西化思想的侵蚀下,在不良文化的感染下,在个人主义、利己主义以及普世价值、金钱至上等观念的影响下,一些丑恶的社会现象层出不穷,城市思想道德素质亟待提高,而这些城市发展中所产生的种种社会问题,使得城市观念发生了很大的改变,由过去单纯发展经济规模与总量,注重吃穿住用行等生活指标过渡到注重经济、政治、社会、文化的协调发展,发展城市软实力,关心市民身心健康与精神状态,弘扬丰富多彩的城市文化,这无疑给博物馆的发展带来了机遇。例如南通市是我国近代史上最早的一座现代化的城市,也是我国博物馆的发祥地。近年来南通市大力弘扬"中国近代第一城"的城市理念,围绕"江海文化""近代文化""博物馆文化"等城市个性文化,动员社会各方面力量投资兴办博物馆,以南通博物苑为龙头,兴建环濠河文博馆群,继而塑造"博物馆城"新形象。到目前为止,

"环濠河文博馆群"共有各类博物馆(纪念馆)17座,市区平均每不到5万人就拥有1座博物馆,这一指标达到了发达国家水平,南通因此被誉为"博物馆城"①。

当然,在当前城市文化浪潮的冲击下,我国博物馆的发展也面临诸多的考验,主要面临以下几个问题:(一)博物馆如何融入到城市文化建设的浪潮中去,如何做到博物馆不掉队、不超前,紧贴时代主题,把准城市文化发展脉络。20世纪末至21世纪初,我国国有博物馆建设的高潮已基本结束,绝大多数省、市、县博物馆的场馆已经建立起来,有的已经免费开放,而随着国家"十二五"计划纲要的颁布以及深化文化体制改革的推进,城市文化浪潮才刚刚开始,今后可能成席卷之势,对整个城市文化发展产生深远影响。(二)如何准确定位一座博物馆在城市文化服务中的作用,制定符合博物馆实际的发展目标,充分发挥其社会功能。不同级别的博物馆、不同所有制形式的博物馆以及不同类型的博物馆,在一座城市文化中的影响力是不同的,在文化宣传的主题、形式上也可能有所差异,所吸引的观众在年龄、知识结构、身份等方面也会有所区别,这就需要准确定位一座博物馆在城市文化服务中的地位与作用。一座城市,随着博物馆数量的增多、类型的多样化,可供参观的地方也越来越多,若一座博物馆没有特色,吸引不了观众,就会逐渐湮没在博物馆海洋之中。(三)大遗址保护与规划的实施,就地而建的遗址类博物馆纷纷建立,这使得很多室内博物馆在充实藏品数量、举办新的展览上面临难题。协调馆际之间利益,丰富藏品征集途径,刻不容缓。(四)如何在市场经济条件下坚持博物馆的公益性、服务人民群众的宗旨,做好文物的保护工作,抵制因发展文化旅游产业而对博物馆及其环境的破坏,防止文博单位文物所有权与经营权被变相卖掉。(五)大多数博物馆在陈列设计水平、文物保护手段、藏品管理科学化上,都需要改进与提高,以适应观众的需求和科学研究的需要。

三、在城市文化浪潮下中国博物馆的应对之策

城市文化浪潮来得如此迅猛,其发展速度之快、影响之深远,已经极大地改变了许多城市的整体面貌,也给博物馆发展带来了新的机遇和挑战。在新的时代背景下,博物馆若要适应城市文化发展的需要,不妨从以下几个方面入手:

首先,博物馆应当更加自觉关心城市文化的进步,主动融入到当前城市文化

---

① 黄振平:《博物馆:城市记忆、标志及通向未来文化的桥梁——以江苏南通市为例》,《江南论坛》2005年第11期。

发展浪潮中,承担更多的社会责任。"博物馆应成为'精神的家园''文化的绿洲'、'知识的殿堂''城市的客厅''文明的窗口',承担更多的社会责任,更加自觉地关心城市文化的进步,以推动社会发展为己任,注重自身业务活动与人居环境改善的内在联系,塑造公平、公正、民主、法治的价值观,鼓励人们创造更加和睦与和平的生存环境,从而使民族文化薪火相传,人类文明赓续绵延"①。

其次,博物馆要转变思想观念,响应"和谐城市"建设的号召,努力建设博物馆的和谐文化。具体来讲,就是要在博物馆文化属性上实现科学与人文的和谐,在博物馆文化职能上实现收藏与展示、教育与娱乐(欣赏)的和谐,在博物馆文化理念上实现"以物为核心"和"以人为本"的和谐,在博物馆文化目标上要实现主旋律与保护多样性的和谐②。

再次,博物馆要转变服务态度,坚持以人为本的服务理念,关注观众的愿望,尽可能将地域文化的展示与观众需求结合起来。一般而言,博物馆和公众交流的主要途径是陈列展览,所以,陈列展览水平的高低,是否能得到观众的认可,就会直接影响到人们对一座博物馆的评价。以往的博物馆在陈列展览方面很少花心思,一个展览可以一年甚至几年都不更新,这种缺乏新意的展览,不仅不能抓住观众心理,给观众带来深刻的印象,而且也间接地影响了博物馆在观众心目中的形象。近些年来,随着人们思想观念的改变和思维的逐渐开阔,电视节目对观众文物考古知识的普及,越来越多的人对古文化、古文物产生了浓厚的兴趣。博物馆作为一个古文化和古文物集中的地方,无疑就成了广大人民群众满足猎奇心理和学习文物知识的地方。这就要求博物馆关注观众的心理需求,认真策划好每一个展览,认真研究确定符合时代特点和大众需求的主题思想,认真编写陈列展览大纲,并且在展览的形式设计上有所突破和创新,举办几次有一定水平、有较高观赏性、有一定轰动效应的好展览,通过自身不断的努力来吸引观众,拉近与观众的距离。

第四,博物馆应该与当地的旅游相结合,在发展当地文化产业中发挥自身的优势和特色,为城市的文化建设贡献力量。尽管博物馆本身不一定能带来多大的经济效益,但因博物馆有着巨大的潜在观众群体,如果将博物馆与旅游结合起来,定能促进当地城市消费,带来不菲的旅游收益。在我国的一些城市,博物馆已经成

---

① 单霁翔:《博物馆的社会责任与城市文化》,《中原文物》2011年第1期。
② 陈卫平:《建设博物馆和谐文化的思考》,《中国博物馆》2008年第2期。

为发展当地文化产业的重要支撑点，以文博旅游为特点的文化旅游正如火如荼，吸引了成千上万的游客慕名而来。比如西安市已经将博物馆作为该市文化旅游的主体和支撑旅游业发展的支柱之一，许多旅游线路都是由众多的历史人文景观和博物馆组成的。2010 年"十一"长假 7 天，西安共接待游客 320.39 万人次，同比增长 40.72%，旅游总收入为 15.06 亿元，同比增长 44.96%，其中，秦始皇帝陵博物院接待游客 27.3 万人次，华清池接待 16.97 万人次，西安城墙接待 11.40 万人次，西安博物院接待 2 .07 万人次，陕西历史博物馆接待 5.67 万人次，大量的游客还促进了西安餐饮、服务行业的发展①，这说明博物馆在带动城市经济发展中所起的作用不容小觑。

最后，博物馆要加强学习，通过不断吸收与借鉴成功经验来完善与发展自己。当前大遗址保护与规划确实有许多先进的理念值得学习，也有很多成功的规划案例值得研究。比如在一些大遗址保护与规划案例中，往往注重历史文化遗产保护与城市规划、城市生态环境建设的和谐发展，注重遗址开发利用与遗址区居民生活水平改善的对接，在遗址展示中，将一些国外新的展示理念、手段引入到国内，做到了展示效果的人性化、大众化、娱乐化，这些都是博物馆可以学习和借鉴的。再比如在博物馆宣传与策划上，可以借鉴一些优秀的文化传媒公司、有影响的文化企业的做法，打造更具魅力的博物馆形象等等。

---

① 沈亮:《2010 年西安十一黄金周旅游接待创最好水平》,http://www.chinadaily.com.cn/dfpd/2010−10/08/content_11384029.htm,2010/10/08.

浅谈当代博物馆的公共性

山海关长城博物馆　　李　解

内容摘要：从 1683 年英国阿什莫尔博物馆向公众开放以来，现代博物馆已经有 300 多年的历史。博物馆的公共性是随着现代博物馆的产生而产生的，并随着社会的发展，其特点和内涵也在不断丰富。我国博物馆界一直非常重视博物馆的公共性建设，并取得了相当大的成绩。近年来，随着我国博物馆免费开放的趋势越来越强烈，博物馆的公共性也得到了越来越充分的彰显。

本文一共分为三个部分：第一部分，简单介绍了博物馆的公共性在西方博物馆中的体现。第二部分，浅析我国博物馆的公共性，尤其是在国家倡导博物馆免费开放之后，博物馆作为公共参观领域，肩负起的公共教育的责任。第三部分，以山海关长城博物馆为例，浅析山海关长城博物馆在免费对外开放后公共性得以更好地展现。

关键词：当代博物馆　公共性　免费开放　公众

1905 年，近代民族工业与文化巨子、晚清状元张謇为了"图地方人们之知识增进""设为庠序学校以教，多识鸟兽草木之名"，在家乡创办了南通博物苑，这也是中国第一个具有完整现代意义的公共博物馆。2008 年 1 月 23 日，中共中央宣传部、财政部、文化部、国家文物局联合下发了《关于全国博物馆、纪念馆免费开放的通知》，要求全国各级文化文物部门归口管理的公共博物馆纪念馆，全国爱国主义教育示范基地全部实行免费开放。这是贯彻落实党的十七大精神，推动社会主义文化大发展大繁荣的具体实践，是加强社会主义核心价值体系建设和公民思想道德建设的有效手段，是进一步提高政府为全社会提高公共文化服务水平的重要举措，是实现和保障人民群众基本文化权益的积极行动。据统计，从 2008 年 3 月份起，全国 2400 多家博物馆纪念馆中，将有 1100 家在 2008 年 3 月到 2009 年里，陆续向公众免费开放。

一百多年后，张謇当初首创公共博物馆的初衷将因此次博物馆纪念馆的免费开放,而使得这个公益性和公共性的文化机构面临一场重生性的变革。

从我国的民族文化传统来看,既有古代中国的文化传统、源远流长的爱国主义传统,又有我们党的优良传统。传统作为一种历史积淀,实际上是一种文明、文化财富。博物馆是一部承载着民族文化传统、宝贵的历史文化遗产的百科全书,免费开放博物馆纪念馆,是一件好事,是一件在经济上"取之于民,用之于民"、在文化上"从娃娃起抓素质教育"、在政治上拓宽实现"政治社会化"途径的好事。也是充分发挥公共博物馆宣传教育陶冶功能、加快博物馆事业发展的必然要求。

公共博物馆纪念馆凝聚了一个国家、一座城市最核心的历史记忆,是广大市民获取知识、愉悦身心、陶冶情操的精神家园。通过实行免费开放,使更多的人走进博物馆,更加深入地了解城市的悠久历史和灿烂文化,对于弘扬民族精神、传承历史文化,激发广大群众热爱家乡、建设家乡的热情都将产生积极的影响。同时,也必将促进博物馆纪念馆进一步增强社会服务意识,提升服务水平,推动博物馆事业的健康发展。国内很多博物馆针对公共服务都有着自己不同的特色:

1. 故宫博物院针对游客数量淡季与旺季反差明显、节假日与平日不均衡的特点,从时间上采取与旅行社沟通、提前预告、入门引导等手段解决人流集中问题;从空间上,结合古建维修,增开了一批展室,举办临时展览,分流观众,缓解压力。展厅内的多媒体技术也为观众提供了很好的受教育平台,使现代科技与传统文化紧密结合,为公众提供更高质量的服务。

2. 能让更广泛的公众共享博物馆特有的文化资源是博物馆服务理念的最佳体现。内蒙古博物院"欢乐大课堂"知识竞赛别具一格,不再拘泥于狭小的馆舍天地,而是打开围墙走出馆外,将宣传教育触角向更深的层次、更广的方面延伸。"欢乐大课堂"走进革命老区大青山抗日根据地等偏远地区,采用动态化演示、艺术化表演、视频、图片等生动形象多样化手段完成教学任务,竞赛活动还增加了搭建蒙古包等互动项目,充分调动孩子们的积极性和动手参与能力,享受到了如同亲临博物馆参观体验的愉悦。

3. 山海关长城博物馆在 2003 年改陈,2005 年获得第六届全国博物馆十大陈列展览精品奖后,又于 2007 年启动了二期扩建改陈,并于 2009 年 7 月 29 日建成重新开放。扩建改陈后的长城博物馆,是国内最大的长城专题博物馆。馆舍建筑面积 6230 平方米,展陈面积 3600 平方米,展线延长 1500 米。展出长城本体文物和间接文物 1100 余件(组)。展出的内容共分长城历史、长城建筑、长城经济文化、今日长城、龙首春秋、雄关军事、名关人文、龙珠异彩八个部分,充分展示出了长城的历史积淀和文化积淀。开放后积极借鉴了国内其他免费开放的博物馆和纪念馆的成功经验,向全国优秀博物馆、纪念馆学习成功经验,完善各种服务功能,力争使其真正成为"历史文化展示基地、爱国主义教育基地和青少年科学知识普及基地"。成为了解长城知识、弘扬长城文化、感悟长城精神的最佳课堂,成为广大观众文化休闲的重要公共场所。长城博物馆注重抓软硬件建设全面提升工作。在旅游淡季,对全体职工进行行业培训。进入暑期,在职工当中开展创先争优、评比服务明星活动。主动对接旅游景区标准,找差距不足,提升服务水平,为广大观众提供优质的服务。建立开放服务管理制度,制定突发事件应急预案,完善应急处理机制,制定控制每日参观人数总量的规定,以缓解人流压力。强化讲解员的业务培训,让讲解可以因人而异,满足观众的需要。推出"游古城、看长博、品文化"的山海关一日游活动,参观长城博物馆有奖征文活动,长城书画、摄影创作评比活动。在社会上招募志愿者到长城博物馆服务工作,组建长城文化文艺宣讲小分队。仿照西柏坡纪念馆、一二九师纪念馆等兄弟场馆的成功做法和经验,组建文艺宣传队伍。拟编排诗朗诵、独合唱、舞蹈、快板、相声、魔术等多形式多方式的宣传演艺活动。配合好长城博物馆送展下乡、下部队、工厂、学校、社区等展览工作。使长城文化的宣传效果更好、更深入人心。从而扩大长城博物馆在社会上的影响力,充分发挥出博物馆在社会上的公共服务作用。

综上所述,当代中国博物馆充分调动起公众的积极性,使他们参与到博物馆中来,自觉为公众服务,为社会和社区服务,由一个文物收藏的常设机构,变为一个公众的文化活动中心。党的十七大做出了推动社会主义文化大发展大繁荣的重大战略部署,提出要兴起社会主义文化建设新高潮,使人民基本文化权益得到更好保障,使社会文化生活更加丰富多彩,使人民精神风貌更加昂扬向上。而当代博物馆在满足群众精神文化需求,让人民共享文化发展成果中发挥着重要的意义。

互联网时代博物馆面临的挑战与对策

中国煤炭博物馆　　相　娜

内容提要：本文深入研究了我国互联网发展的总体趋势和我国博物馆互联网应用的现状，在此基础上，文章又针对我国博物馆互联网建设面临的问题进行了逐一分析。提出了加快博物馆网络建设的途径和办法，建议要进一步转变观念；规范管理，推进博物馆互联网建设的标准化；培养高素质的博物馆数字化、信息化和互联网人才；通过基本陈列的数字化，加快博物馆应用互联网的步伐。

关键词：互联网　博物馆　信息化

人类进入新世纪的同时，也进入了互联网时代，互联网在人们工作生活中发挥的作用是历史上任何一个预言家都没有预测到的。互联网时代对博物馆管理已经带来了很多严峻的挑战，研究这些挑战并寻找应对的措施是我们每一个博物馆人的责任和义务。

一、我国互联网发展现状

1. 规模越来越大。根据中国电子商务研究中心发布的《中国互联网发展报告》，2011年的互联网人口覆盖率为38%。随着基础设施质量的提升，中国用户可以在家里和办公场所更加快速地浏览互联网，前往网吧的人数将越来越少。他们还将通过手机上网。2011年，69%的用户表示他们使用手机浏览互联网，比三年前提升了30%。

2. 成熟用户越来越多。2008年到2011年，中国互联网用户的平均年龄从24.7岁上升到28.9岁，接近了美国（30.0岁）和日本（30.4岁）的水平。年龄的成熟意味着未来用户数量的增长将放缓。2011年到2015年，中国互联网人口总数每年增幅预计为8%，相当于过去两年增速的一半。

3. 信任度越来越高。根据全球领先的企业战略咨询顾问公司波士顿咨询集团的调查发现，将近半数的互联网用户表示，他们认为互联网是最值得信赖的信息来源，其次是电视（30%）和报纸（15%）。信任与熟悉相伴而生。用户在互联网上花费的时间越多,他们越相信互联网。

4. 商业化程度越来越高。中国已经成为一个重要的互联网市场。2010 年,淘宝的商品销售数量超过了中国五大实体零售商之和。即便没有在线购物,很多用户也会通过互联网查看商品,最终在实体商店购买。目前中国的在线购物者人数已经超过了包括美国在内的任何一个市场。

5. 从以娱乐游戏为主向多元化发展。中国互联网发展早期,用户主要进行休闲活动,例如看视频、听音乐。随着中国互联网用户不断成熟,用户不再局限于娱乐内容,转而进行多样化的活动,尤其是电子商务。

二、我国博物馆互联网应用现状

1. 起步与发展

准确地说, 我国博物馆互联网实践是从 20 世纪 90 年代末期开始启动的,1999 年,互联网上设立站点的国内博物馆有 60 多家。虽然,与当时我国两千家博物馆的总数相比这只是个小数字,但博物馆的网络时代毕竟已悄然来临。故宫博物院也于当年开始加紧制作,开启了互联网的准备工作。

之后的十几年中,中国博物馆对互联网的应用不断加快速度,现在,全国被评为国家一级的 83 家博物馆,全部实现了与互联网的链接,被评为国家二级的中国电信博物馆等 171 家博物馆也基本上实现了与互联网的链接。被评为国家三级的中国长城博物馆等 288 家博物馆也有少量实现了互联网的链接。

2. 问题和挑战

博物馆在互联网的应用中取得了长足的进展, 但是我们还面临着很多问题、挑战和不足,其中重点有以下几个方面:

一是概念不太清楚。在博物馆系统或者说在具体的某一个博物馆中,相当多的博物馆同仁对与互联网有关的概念还不甚了解。在博物馆系统,相当一部分人不清楚网络博物馆与博物馆网络的区别、博物馆局域网与博物馆广域网的区别,以及数字化与互联网在博物馆业务中的区别。数字化的应用指的是博物馆在开展保管、科学研究、管理及对外教育等过程中运用宽带、交互性和专业性的局域网、因特网来实现博物馆办馆的数字化、信息化和智能化。通过数字化博物馆,可以对博物馆实现数字化管理 , 也就是指利用计算机、通信、网络、人工智能等技术,量化管理对象与管理行为, 实现计划、组织、协调、服务等职能。互联网的应用是博物馆数字化的一个组成部分,博物馆展示内容的数字化、信息化是互联网应用的基础和前提。

二是观念还比较落后。在博物馆系统,人们对互联网的作用和意义还认识不足,博物馆在人才引进、资金安排、新项目开发、展示载体应用等方面明显没有充分考虑和应用互联网。不仅没有认识到互联网对博物馆发展的推动作用,也没有认识到互联网对博物馆建设的革命性改变,不仅没有认识到博物馆应用互联网潜在的商机,也没有认识到博物馆远离互联网意味着远离现代社会的紧迫性。有的学者认为互联网传达的博物馆信息很难与实体博物馆相比,认为互联网上的博物馆信息失去了体验性。其实,我认为不是互联网本身的过错,而是博物馆人自身在互联网或者说信息化、数字化方面做的工作不够造成的。

三是标准不太明确。标准化是数字化博物馆建设的基础性工作,是实现互联互通、资源共享、业务协同、安全可靠的前提。眼下,我国博物馆行业尚缺乏全面、系统的藏品信息管理标准,无论是藏品的分类、定名、定级、编目、登记、统计还是著录、简述,都没有形成统一的标准化、规范化专业词汇。

四是应用和管理水平不太高。归纳现在博物馆门户网站存在的问题,主要表现在互联网应用定位不明确、在藏品信息数据库不完备、信息数据更新不够、图文资料制作不精细、门户网站设计布局不合理、内容取舍不规范等五个方面。很多已建成的博物馆网站,只能让网上参观者有个粗浅、平面的认识,仅仅起到了窗口作用,在建立完备的信息库、设计更具吸引力的主页、提供方便迅捷的查询系统及与观众直接交流的网上论坛等方面还远远不够。

五是博物馆数字化信息化的技术开发和应用不够。博物馆实现互联网连接的前提和基础是博物馆资源数字化和信息化,但是,数字化博物馆的建设面临众多的技术问题。比如信息存储技术相对落后,数据采集技术单一,存储技术简单,网络管理技术落后,虚拟信息展示技术开发不够,信息检索技术滞后,信息安全技术缺位等诸多问题。

六是博物馆网络管理人才短缺。根据调查发现,国内除了故宫博物院、首都博物馆、上海博物馆等几家博物馆在博物馆网络建设人才上有一定保障外,很多博物馆网络管理人才严重短缺。

三、进一步发展博物馆互联网建设的建议

1. 进一步转变观念,充分认识互联网应用与博物馆发展的重要意义。

一是要树立资源共享的观念。面对互联网时代,博物馆人必须逐步摒弃原有的封闭观念,不能始终待在高贵的"象牙塔"中,也不能再故步自封,而要进一步加强与其他博物馆的合作共享,面对有限的文物资源,博物馆更应以共享求持续。

二是要树立观众交流的观念。网络慢慢改变着博物馆本身的形象和角色,因为网络让观众在博物馆面前不只是学习者,还是交流者。我们这里说的"观众交流"不同于传统意义上博物馆与观众的交流,而是指利用互联网这一载体进行的交流。

三是要树立拓宽展示空间的观念。有的博物馆现在只能展示12%的藏品,如何展出更多呢?办法之一是进一步拓展空间。而互联网为博物馆展示空间的拓展提供了千载难逢的机遇,它不会受到博物馆建筑面积的限制,不会受到博物馆参观路线拥堵的困扰,不会受到博物馆管理人员短缺的影响,如此等等。

四是要树立网络展示与实体展示结合的观念。留声机不会让我们忽略演奏会,复制品也同样不会使我们忽略原作,它引导我们去研究那些能接触到的原作,而不是忘记它们。互联网展示与实体博物馆展示二者并不矛盾,后者是前者的基础,前者是后者发展的趋势,后者离开前者就失去了时代性,失去了生机和活力,前者失去了后者,就成了无源之水,无本之木。所以,我们既不能把二者对立起来,也不能顾此失彼,只抓一头。

2. 规范管理,推进博物馆互联网建设的标准化。

标准化是数字博物馆工程建设的基础性工作,是实现互联互通、资源共享、业务协同、安全可靠的前提,必须置于优先发展的地位。主要包括元数据标准、分类编码标准、文物信息指标和影像采集标准、数据交换标准、信息安全标准和管理标准等。

3. 以提高互联网应用水平为目标,培养高素质的博物馆数字化信息化和互联网人才。

关于博物馆工作人员的数字化素质问题,数字化建设势必对于工作人员的要求比以前更高,要求他们达到一定的计算机操作水平,一方面要通过申请增加事业单位编制的渠道增加这方面的人才;另一方面,可以对现有人员进行必要的培训,提升博物馆队伍整体的数字化信息化素质;第三,也可以逐步发展和培养专业的博物馆数字化管理公司或制作公司,博物馆与公司签订合作协议。

4. 通过陈列的数字化,加快博物馆应用互联网的步伐。

在现代科技高速发展的信息化时代,博物馆当前传统的展览形式已难以适应时代的发展和受众更强烈的审美需要。博物馆数字化建设应该致力于突破传统的陈列展览模式,充分运用高科技、多媒体手段。比如陈列室的影像资料采用三维立体动态技术来展示等。在此基础上,观众可以通过互联网上的博物馆门户网站,自由地点播希望收看的视频内容。

5.利用互联网开展博物馆网络营销。

博物馆互联网营销的具体工作内容应该包括门户网站的建设运营和推广、基于多元化的互联网创新媒体进行博物馆的品牌推广和知识传播、博物馆和目标受众的网络互动等方面。当我们通过互联网对博物馆营销产生巨大社会效果甚至取得明显经济效益的时候,我们就会更加深刻地认识到互联网在现代博物馆发展中的重要作用。

参考文献:

1.郑津春:《对博物馆数字化建设的思考》,《天津科技》,2006年第6期。

2.朱　戈:《对博物馆数字化建设面临问题的探讨》,《边疆经济与文化》,2010年第5期。

充分发挥大同长城博物馆
在解决三农问题中的重要作用
——以天镇县新平堡为例

大同市文物局　　刘　媛

内容摘要:大同长城文物密集分布于众多乡村内外,大同长城文化广泛扎根于广大农民的生产生活,大同长城景观和田野、山林、牧场融为一体,因此,大同长城和农村、农民、农业密不可分。城乡一体化背景下的大同长城博物馆建设尤为迫切,大同长城博物馆不止是对长城文物、长城文化的研究和保护,还将在大同地区的边塞文化产业发展进程中、在城乡一体化进程中、在解决长期遗留的三农问题中,起到应有的重要作用。

关键词:大同长城　博物馆　三农问题　新平堡

中国的万里长城是举世瞩目的世界遗产,大同长城则是其重要组成部分。大同长城是一个广泛分布于各县区城乡的庞大繁杂文物遗址群,长墙绵延壮美、城堡星罗棋布、墩台林立威严,既是内容丰富的文物古迹宝库,又是活力无限的旅游文化资源。大同长城在全国占有重要地位,但是长期以来缺乏保护、展示、研究。为凸显大同长城重要地位、收藏长城文物、传承长城文化、引领长城产业,大同迫切需要建一个长城博物馆。

大同长城博物馆的全部作用,还远不止是对长城文物、长城文化的研究和保护,它还将在大同地区的边塞文化产业发展进程中、在城乡一体化进程中、在解决长期遗留的三农问题中,起到应有的重要作用。

一、大同长城和农村、农民、农业密不可分

万里长城,是世界上体量最大的文物,无论是在东边的山海关,还是在西边的嘉峪关,以及在中部的雁门关,它都和大地上的山川河流紧密地贴合在一起,它的物质遗存和精神遗存遍布城乡。和全国其他长城遗址分布地区一样,在大同地区,长城和农村、农民甚至农业血肉相连,深深地影响着一方水土的过去、现在、将来。

1. 大同长城文物密集分布于众多乡村内外

在大同全市总共七县四区的行政辖区中,几乎全都分布有长城遗址,只是密度不同。有个别地方例如矿区,只有一些稀少的火路墩或护路墩;大多数县区例如阳高、天镇,那里长城的城、堡、墩、台、烽、燧的数量都比较大,那些长城文物遗址散布在原野上,和乡村密不可分。

以天镇县的新平堡为例。新平堡位于山西省、内蒙古自治区、河北省的交界地带的西洋河畔,素有"鸡鸣闻三省"之说。早在战国时期,这里就开始置"延陵邑"。两汉时期,这里是中原政权和北方游牧政权的争夺地带。到了明代,尤其是朱棣迁都北平以后,这里成了京城的西大门,朝廷在这里大规模修筑长城堡垒、戍墩,派驻几千人的军队,从而留下了蔚为大观的明长城文物。尤其令人关注的是明代"隆庆和议"之后,新平堡的马市又成了大同长城沿线最早开放的明蒙贸易口岸之一,其繁华富庶程度令人惊讶,并一直维持到清朝末期。

新平堡镇地形为典型的"两山夹一川",国土总面积为 184 平方千米,平均海拔在 1100 米以上。如今的新平堡是一个建制镇, 辖有 22 个行政村,3916 户,14760人,全部为农业人口。其中人口最多的是新平堡村,有近 3000 人,最少的村庄是十六墩村,有 276 人。新平堡所在的天镇县是国家级贫困县,而新平堡的经济总量在天镇县的排序又是末尾,可谓贫困县里的贫困镇。

根据全国长城文物普查资料显示,全天镇县有明长城的长墙 68.5km,还有明长城军事堡垒中的 8 堡、1 城遗址;全县共有 295 处各种烽火台、敌台,大部分为明代遗址。其中,新平堡镇辖有明长城 8 堡中的 4 个,分别是新平堡、保平堡、平远堡、桦门堡,天镇县登记在册的 295 处烽火台也绝大部分分布在新平堡镇的辖区内,镇内仅明长城的长墙即保存有 50 千米以上,另外还有北魏、汉代的长城遗迹,清代在这一带也大规模修整过长城。

2. 大同长城文化广泛扎根于广大农民的生产生活

和如今其他长城村落一样,新平堡镇农民中的原住民,大多来源于明代在这一带守疆的军人。这是因为明代实行屯田制度,将士们携家带口前来戍边,每户获得几十亩田地以及种子、耕具等相关生产物资。他们在战时披上戎装叱咤风云,平时拉起牛车种养糊口,那些屯兵的堡垒,既是他们的战斗工事,也是他们的生活家园。历经整个明朝,屯兵制度虽然不断有一些变化,田地的流转也有各种现象,但整体地看,这些驻守边疆的战士还是一辈辈地在这块土地上繁衍生息。

到了清朝,国家的边防线向北推进到了今蒙古国北部。一方面,包括新平堡在内的大同地区已经不再是边疆,使得这一带的长城只剩下了国家邮政、通信保障功能;另一方面,由于大同地区长时间的明蒙边贸催生了晋商,使新平堡这样的军事重地因物流、人流的频繁而变得繁华富庶。在这样的背景下,新平堡的人们既耕读,又经商,文化生活前所未有地丰富起来。

大同长城文化几乎包罗万象,在社会生活的各个方面都有体现,从研究内容的角度说,也归属于各不同的学科。譬如新平堡因人口流动频繁,几千人口里竟然有130多个姓氏,还有一些人的眼珠并不是黑色而是灰绿色,这是人口学、人类学的研究对象;新平堡迄今保存有完整的明代建筑玉皇阁,堡内还有几十座明清民居,是一个原生态的明清古建筑标本馆;大街上有传承上百年的老字号商店,又是研究晋商的历史材料;各种古建筑上有精美的石雕、木雕、砖雕,这又是艺术研究的题材;新平堡的人们称呼自己的父亲为"达达",古老的口音是语言学标本;新平堡民居里随处可见的石刻棋盘、过节时人们玩的"九曲黄河灯",这些有着深厚渊源的风俗生活,是民俗学的标本……这样的例子不胜枚举,深入到了新平堡这样长城传统村落的民众生活里,就等于深入到了大同长城文化的海洋里了。

3. 大同长城景观和田野、山林、牧场融为一体

所谓景观,就是某一视角视线所及的山形水势、树木花草等物质要素的有机组合;长城文物的周边景观(也可以简称为"长城景观"),就是连接长城文物的物质边界因而直接影响长城文物的保护与利用(如观赏)的物质要素的有机组合。例如,不与长城主体城墙连接但互为犄角、遥相呼应的前出后防火力点,其实就是主城体这一长城文物的周边景观。当然,长城的附属建筑,包括边将官署、武官祠堂、边贸商铺及其壁画、雕刻、碑文等都是文物,但同时,他们也都是长城主城体的景观。长城文物,长城景观,长城风貌,加上支撑、孕育这些文物、景观、风貌的长城所在地方的地方文化(简称为"长城文化"),逐层支撑连接、并存互动所生成的有机系统,就是与中华民族身心相应、甘苦与共的、立体、鲜活甚至通灵的中国长城。

新平堡一带就是一个典范。外面在飞驰过京包线的火车上能遥望到的、如同悬挂在高山峻岭上的李二口长城,它方正的墩台、夯土的长墙,是李二口长城的长城文物;作为这些长城主城体基础而让人仰之弥高、临之愈险的高山陡坡,是李二口长城的长城景观;大片开阔的原野,和原野上大片果树,在蓝天和黄土间的春花粉、夏苗绿、秋叶红、冬雪白,还有牧羊人的长歌,看家狗的短吠,以及弥漫在空气中的粪土味道……这些组成了李二口长城的长城风貌;至于民间流传的监工喝醉酒、民夫偷懒在平地修长城、监工酒醒之后不得不在山上再修一道长城的"多喝一杯酒,错修四十里"故事等,则是赋予长城以生命、灵性而更感人的李二口长城的

长城文化。

桦门堡修在海拔 1736 米的山顶上,至今保存完好,门墙齐全,包砖都在,基础石也都在。桦门堡的靓丽,不仅因为这保存完好的长城,更来自它原汁原味的生态环境。尤其是夏天,突兀矗立的长城所守望的,是从沟底到山头草木葱茏、鲜花盛开的赤橙黄绿青蓝紫:千姿百态的树,风情万种的草,七彩百味的果,繁密着、斑斓着、缤纷着……山下泉水叮咚,山上花团锦簇,局部平坦如簇花地毯,整体起伏似彩缎砌堆。

二、城乡一体化背景下的大同长城博物馆建设尤为迫切

城乡一体化,既是现阶段我国社会发展的一种过程,也应该是一个社会发展的理想结果。是基于长达半个多世纪的城乡发展不均衡状态,提出的一种发展的理想状态:以城市为中心、小城镇为纽带、乡村为基础,形成城乡依托、互利互惠、相互促进、协调发展、共同繁荣的新型城乡关系。

在城乡一体化的背景下看新平堡与大同长城博物馆的相互成全、促进作用,显得格外意味深长。大同长城博物馆的建筑规模当然是极其有限的,也不能指望它承载起整个大同地区城乡发展的巨大功效,但它至少能够深远影响一个县的长足发展。

1. 可以有力扭转当前基础差、任务重、路程远的现实被动局面

历史的原因造成了大同长城沿线的古村落长期贫瘠衰败,乡民的生活远远跟不上时代的进步,城乡发展的不平衡体现得非常明显,所积攒下的社会矛盾也日益复杂。但这不是一朝一夕、一年两年就能解决的问题,因此立足于本地独特而丰富的长城文物、地方历史文化资源,确立稳扎稳打的长期性发展目标,就格外有了意义。

资源是产业化的基础,选择新平堡这样的一两个有资源条件的传统村落开始文化产业化进程,是符合现代经济社会的发展规律的。面面俱到的产业化太理想化,也是根本不可能实现的,因此有选择地有重点地进行突破,就是一种非常符合现实情况和长远发展的做法。通过研究找到突破口,从一两个村落开始,通过点带动线,进而形成面,所谓"星星之火,可以燎原",实现大同长城历史文化资源良性产业化进程的零的突破。

大同长城沿线的古村落数量繁多而内容丰富,几乎每一个都具备了强大的资源优势,但并非所有的村落都具备了产业开发的条件,用作研究的历史资源并不等于用来消费的文化产品。从地区经济发展的角度上来说,又要将实现区域的均衡发

展作为目标,要照顾到全局,不能"一枝独秀"。古村落是点,长城是线,区域是面,对大同长城沿线的历史文化名村镇的合理利用首先站在一定的高度,进行整体的筹划。通过分步实施,摒弃急功近利的掠夺性开发行为,逐步让文化产业惠及更多的村落、更多的人群,惠泽到未来子孙。

发展大同长城边塞文化产业,既需要依靠主要存留在乡间的历史文化资源,又需要依靠城市扎实的理论研究、先进的管理经验、优质的管理人员;发展大同长城边塞文化产业,还需要举国家省市县各级政府、社会各界之力,实现人员、物资的高度流通,进而促进城乡和谐发展。

2. 可以利用远未挖掘的长城文物资源大力发展旅游文化产业

大同市这些年围绕"中国历史文化名城"大搞文化产业建设,取得了令人瞩目的成就,所以,今天的大同已经逐渐被世人所关注。大同市适合搞边塞文化产业的几个村镇,如新平堡、得胜堡等,均是历史文化名村镇。迄今大同市有3个省级历史文化名村镇,1个国家级历史文化名村镇,其历史文化资源基础都是大同长城文化。依托这些村镇搞出了边塞文化产业,对于整个大同市的文化名城建设,既相得益彰,又锦上添花。

多年来大同长城沿线的旅游者一直不绝于道,这几年更是名声渐响,前来观光考察的中外游人络绎不绝。但是,大同长城沿线一直缺少相应的服务设施,原始的文物资源毫不设防地暴露在各种行为面前,这显然既不利于文物保护,又不利于民众从旅游开发中获得益处。通过建设边塞文化产业,可以在长城旅游业方面拓展出巨大空间,和整个大同市的旅游格局有机结合,更好地促进大同的旅游产业发展。

在旅游产业开发方面,大同长城沿线的古村落可以说是空白。近几年个别地方零星的举动,不但没有对当地经济产生重大带动作用,反倒因为开发方式简单,对文物古建筑没有很好地保护,有掠夺性行为的嫌疑。为此,应当提出"将村民日常活动与旅游开发有机结合"。阮仪三先生当年为周庄提出的"保护古镇、建设新区、开辟旅游、发展经济"的十六字方针,也完全可以在以新平堡为龙头的大同长城沿线边塞文化产业园区建设中应用。

3. 可以促进大同长城沿线矿产资源和文化资源的优势互补

当前,大同地区的发展进入了一个前所未有的关键阶段,以煤炭等矿产资源为核心的采掘产业链为大同地区带来了庞大的就业岗位和巨大的财富,但同时也带来了众多的问题。一方面大同市产业结构长期不合理,"一煤独大"导致的诸多现实问题到了非解决不可的时期,另一方面,当今全球经济一体化和国内大环境对大同也提出了新的发展要求。认真审视半个多世纪以来大同的历史，我们可以毫不夸张地说，进入二十一世纪的大同已经到了"最危险的时刻"，如何在新时期里找到最合适的出路，并在发展中不断解决各种遗留问题，一个重要的突破点在于对历史文化资源的深入挖掘和产业化。

由于长城与山川地貌紧密相连，要想搞好大同长城边塞文化产业，突出的任务是生态的恢复和发展。建设大同长城博物馆的同时，不容忽视长城沿线的生态建设。这使得发展大同长城边塞文化产业有了多重而长远的生态意义。搞好了生态环境，布局好了产业链条，搞出了旅游景区，自然就可以促进当地经济又好又快地可持续发展。

建设长城博物馆，开发边塞文化产业园区，必将从服务设施方面入手。实际上，单个的新平堡只是个面积有限的小村庄，至少要加上其周围的其他同类型古村落如平远堡、马市口等，把范围扩大到整个天镇县北部，乃至再加上附近的阳高县，甚至还需要再外联附近河北和内蒙古界内的一些文化遗址，才能构成一个足够分量的产业化基础资源平台。

建设以大同长城博物馆为核心的"边塞文化产业园区"，是历史给予新平堡的一个难得机会，也是时代赋予大同的一份迫切要求。边塞文化产业园区的建设，首先可以作为一个战略布局的体现，在城乡一体化进程中通过以点带面形成一系列切合实际的文化产业，最终带动一方百姓共同进步；其次，可以从根本上扭转区域生态破坏、水土流失等环境问题的持续恶化趋势。也就是说，通过建设边塞文化产业园区，可以更好、更快地促进大同地区物质文明、精神文明、生态文明的早日实现。

三、大同长城博物馆在解决三农问题中的引领、带动、示范

"三农"问题在大同长城沿线古村落长期存在着。半个多世纪以来，新平堡地区农业不发达，农村长期落后，农民长期贫困。成为"中国历史文化名镇"之后，必将按照国家《历史文化名城名村镇保护条例》的要求，进行文物古村落的整体保护，而且还要深入挖掘这些资源，在合理保护文物的基础上，使该地区尽快多渠道全方位地发展起来。这使城乡一体化、新农村建设的目的变得更加复杂，不能只想到当前和长远的农民的各种生产生活需求，还要保护好原有的文物建筑，还要保护好文物古村落的整体风貌。

1. 基于乡村公共基础设施的经济投入，大同长城博物馆是龙头项目

农村建设是大同建设涉及面最广、影响最长久的系统工程，涉及林业、电力、道

路、水利、城建等多角度全方位的建设,而这正好和大同长城沿线新农村建设的需求相吻合。能源系统、给排水系统、交通系统、通信系统、环境系统、防灾系统等工程性基础设施,既是新农村建设的基本内容,又是可持续发展的必备支撑与关键保障。这些设施建设在其他地方可能很简单,但在长城等遗址、文物遍地的大同,却是一个非常复杂的系统工程,需要全面调查、系统规划、科学实施,以实现文物保护与农村建设相辅相成、相得益彰。

农民致富是大同整个社会经济发展的重要任务,发展长城观光产业可以给农民增收迅速提供便捷有效的渠道,交通、通讯、餐饮、商贸等各类服务业随之而来的全面发展,首先就会促使大同长城所在地区的城镇建设、新农村建设全面展开,随后将刺激土特产、民俗旅游产品加工等的发展,从而调整单一农业产业结构,更重要的是给当地农村富余劳动力稳步转入非农产业找到了出路。

以新平堡为例。它的优势,首先是文化遗存优势,新平堡处于万里长城胸腹要害段落的完整军阵,各种相关长城文物、文化形态保存完好;其次是区位优势,它位于晋冀京蒙交界的交通要道上,处于晋冀蒙三省区的"金三角"地带,它固然是距离市区最远的乡镇,但也是大同市距离北京最近的乡镇,是大同面向京津的桥头堡;第三是机遇优势,新平堡是大同唯一的一个国家级历史文化名镇,正面临着千载难逢的建设发展机遇,正好利用名镇建设、新农村建设、小城镇建设这一国家战略布局加强边缘区域建设、促进大同的科学发展,因此新平堡完全可以借重整个华北的区位优势,来考虑边塞文化产业园区布局。综上所述,完全可以把"长城博物馆"放在新平堡镇,使其成为"国际长城研究中心"所在地,以形成一个大同市区之外的文化中心。具体位置,新建馆建筑部分可以放到空置的保平堡。如此一来,新平堡的历史文化资源盘活了,则整个天镇县就活了,周围几个郊县的经济文化也将有一个质的飞跃,对大同的整体发展意义不可估量。当前,天镇县正在加大交通、旅游、文化等建设,基础条件在逐渐完备,大同长城博物馆完全可以在此形成一个大型专题建设项目。

2. 基于边塞文化产业园区的文化发展,大同长城博物馆是力量源泉

在新平堡一带,遗留至今的明清古建筑星罗棋布。新平堡的建筑格局不光是整个大同长城沿线军事堡垒的集中体现,还曾在明朝历史上扮演过重要的贸易角色。在方圆几公里内,有两个国家级的马市遗迹,这种现象在明朝大同长城沿线绝无仅有,这使它具有了"晋商源头"的深厚底蕴。我们今天走进晋中一带所看到的晋商大院,无一不是近一二百年所修,而新平堡的众多商宅多有四五百年历史,那些精美

绝伦的木砖石雕、古建筑,大多原汁原味,散发着悠远而令人沉醉的历史文化芬芳。

新平堡的现有资源,可以说一切都是资源。长处是资源,短处也是资源。对于当地村民来说,最迫切的是发展地方经济。对于整个地区来说,还有环境问题、城镇化问题。新平堡是长城遗址。整个天镇县北部的历史文化实物遗存,绝大部分是各种长城遗址。整个大同市乃至整个晋北的历史文化实物遗存中相当大的一部分是各种长城遗址。对天镇长城遗址的旅游开发,将是大同长城合理利用的一个开端,可以作为大同市大旅游格局的一个重要布局。

大同长城沿线的文物保护工作迫在眉睫。由于长城作为世界遗产的特殊性,长城文物保护工作具有非常巨大的国际性影响。对新平堡这样的长城遗址地区进行旅游开发的前提是文物保护,防止急功近利盲目开发。只有从政策、措施上,首先保障了文物自身的安全性,防止掠夺性开发行为,才能够真正长远地发掘文物建筑的各种文化、经济价值。一定要目光长远一点,一定要避免陷进急功近利盲目开发的眼前利益中,长城文物遗址保护工作中的任何的闪失,都将造成不可弥补的永久性损失。在"依法治国"的发展前提下,一定要按照《文物法》《长城保护条例》来保障各项工作的推进实施。

3. 基于城乡一体均衡、社会可持续发展,大同长城博物馆是创新高地

大同长城博物馆的建设,需要创新突破的方面很多。首先涉及文物保护体制的问题。大同长城本体固然是国家所有,但是各种相关文物的所有权,既有国有的,也有集体的,还有私有的。所有权的不同使保护和利用的难度大大增加,如何突破和合理协调,需要深入调查研究;其次,涉及政策方面的问题。根据构想,大同长城博物馆绝不仅是简单的一幢建筑,而是一个综合的庞大的甚至是跨县区的大型文化设施,可以是一连串高水平的旅游景点,因此,需要大量的资金投入,在当前各县区普遍财力有限的现实下,单靠政府的公益性投入肯定是不够的,迫切需要制定更加具体的促进政策,在不违反《文物保护法》《长城保护条例》等法律法规的基础上,灵活多样地形成多个具体实施项目,最终形成一个完整的体系。所有的这些,非一县一区可为,从政策到布局到资金到管理到利益分配等,需要全市统筹,甚至需要与周边省区联手。

试论博物馆公共文化服务的特征

河南博物院　　刘　芳

摘　要:随着国家文化建设的发展和公众精神文化需求的不断提高,博物馆公共文化服务的重要性和社会关注度日渐增强,在不断拓展博物馆公共文化服务形式,丰富服务内容,提高服务水平的同时,深入探讨和明确博物馆公共文化服务的特征,也是很有必要的。公共文化服务是博物馆公共性的重要体现,也是博物馆赢得公众认可,实现社会价值的根本所在。

关键词:博物馆　公共　文化服务　特征

公共文化服务是由公共部门或准公共部门生产或提供的,以满足社会成员的基本文化需求为目的,着眼于提高全体公众的文化素质和文化生活水平,既给公众提供了基本的精神文化享受,也维持了社会生存与发展所必需的文化环境。[1]公共文化服务事业既是国家文化建设的有机组成部分,同时也是国家整个社会公共服务事业的一个重要方面。博物馆作为公益性社会文化服务机构,公共服务是其重要职能之一。其使命就是"为社会及其发展服务",不断满足广大民众日益增长的精神文化需要,促进人的全面发展。

博物馆由"贵族的客厅"发展成为"城市的客厅""精神的家园",实现为公众服务,经历了一个相当长的历史进程。揭开中国博物馆史新篇章的南通博物苑在蓝图设计中,除了鸟室、兽室、温室、花房等建筑物外,还有专为游人休憩的相禽阁,以及出售花草用的苑品出售所等附属建筑物,可见博物馆为民众服务的理念已在萌生;到了20世纪30年代,陈端志认为博物馆三大效能之一就是社会教育,使民众的知识扩大,趣味向上;1956年中共中央提出向科学进军的号召时,全国博物馆工作会议也提出了"为科学研究服务""为广大人民服务"的基本任务;十一届三中全会之后,根据1982年新宪法精神,文物博物馆事业的基本任务确定为"为人民服务"和

---

[1] 陈威:《公共文化服务体系研究》,深圳报业集团出版社,2006年。

"为社会主义服务";2003年党中央国务院提出博物馆要全面落实"三贴近",即博物馆要贴近生活、贴近群众、贴近实际;2008年,中宣部、财政部、文化部、国家文物局联合发出《关于全国博物馆、纪念馆免费开放的通知》,要求全国各级文化文物部门归口管理的公共博物馆、纪念馆,以及全国爱国主义教育示范基地全部实行免费开放,有力地保障了国民的基本文化权利,使博物馆日渐成为文化遗产事业中与公众接触最频繁、联系最紧密、影响最广泛的平台。与此同时,博物馆该如何向公众提供文化服务,提供怎样的公共文化服务也成为业界关注的焦点。

在寻求拓展博物馆公共文化服务形式,丰富服务内容,提高服务水平的路径的同时,深入探讨和明确博物馆公共文化服务的特征,也是很有必要的,它是博物馆公共性的重要体现,也是博物馆赢得公众认可,实现社会价值的根本所在。笔者结合部分学者、专家的观点以及自身的博物馆工作实践,将博物馆公共文化服务的基本特征归纳为:公益性、公开性、公平性和发展性。

一是公益性,这是公共文化服务的本质特征,也是博物馆事业客观存在的一种社会属性。它是指国家、社会和个人为博物馆所提供的设施、条件、产品和服务具有公共性的主要特征,受益者是公众。博物馆应把公共利益作为安排服务方式、服务内容、制度机制的价值标准。[②]同时,国际博协对博物馆的定义中,关于博物馆是"非营利"机构的提法也在法律上明确了博物馆的身份和地位,体现了博物馆文化服务的公益性。

在保证博物馆公共文化服务的公益性上政府是有责任的,尤其是在物质基础上,我国政府给予了博物馆极大的支持,但对于整个博物馆而言,不能仅仅依赖政府的定期拨给,还应当包含企事业单位、社会团体和个人的捐赠。博物馆本身也需要通过提供社会需要的物品和服务获得合理限度的收益,促进自身文化服务事业的发展,使更多的社会公众享受到更优质的服务,发挥最大的社会效益,博物馆投入应是整个社会的全方位投入。

二是公开性,即博物馆面向公众开放,博物馆公共文化服务的相关制度决策、资源分配、资金来源和使用、信息资讯、服务项目及内容等要有开放性、民主性和透明度,博物馆提供的服务,公众有知情权、参与权和监督权。如2005年文化部颁布的《博物馆管理办法》中就有规定"展品应以原件为主,使用复制品、仿制品和辅

②史吉祥:《论博物馆的公共性》,《中国博物馆》,2008年04期。

助展品应予明示。""博物馆对公众开放应当公告服务项目和开放时间,变更服务项目和开放时间的,应当提前 7 日公告。"国家文物局 2008 年发布,2012 年修订的《全国博物馆评估办法》第十一条规定:"被评定为相应等级的博物馆,须将等级标牌置于其主入口处的最明显位置,接受社会监督。"在公众参与权方面更是随着近年来博物馆公共文化服务的理论研究和实践创新,得到了长足的进步,博物馆与公众的互动日益深化,内容更是丰富多彩。博物馆为公众提供各种可供参与的社教服务、信息服务、专业服务和场馆服务,公众也从简单的参加活动,进而投身博物馆志愿服务工作中,成为博物馆忠实的朋友和支持者。

博物馆公共文化服务的公开性并非盲目的绝对透明化,而是应控制在适度范围内。在《国际博物馆协会博物馆职业道德》有关规章中就有明确要求保密的条款。如"博物馆专业工作人员必须保守其在工作中获得的秘密信息。此外,送到博物馆进行鉴定的物品的信息也应保密,未获得物主的特别授权,不公开发布或泄露给其他机构或个人。""关于博物馆安全保卫系统,以及因公存放在博物馆中的私人收藏及存放地点的信息是高度机密,博物馆专业工作人员要严格保密。"可见在涉及文物保护、公共安全、公众权益等方面的信息博物馆有义务保密,这些信息的保密性与博物馆的公开性并不矛盾。

三是公平性,是指公众平等地享受博物馆公共文化服务,不因性别、年龄、民族、户籍、地域、职业、行业、阶层等差别的影响而出现不公正的现象。博物馆为公众提供享有公共文化服务的均等机会,保证公众享受的服务水准相同、底线公平,且尊重公众的自由选择权。正如《国际博物馆协会职业道德规范》中明确规定的"管理机构应保证博物馆及其藏品定期的和合理开放时间中向所有人开放, 特别要关注那些有特殊需要的人们"。博物馆对服务对象要"一视同仁"。此外,随着博物馆公共文化服务理念和服务水平的不断提高,愈加丰富的文化产品和服务呈现在公众面前,为公众提供了自由选择的空间,实现了博物馆公共文化服务平等公正与尊重人民的自由选择权的有机统一。

公平不等于绝对的平等,绝对的平等会走向"平均化"。博物馆公共文化服务的公平性更注重博物馆资源的合理配置,尽可能使受益者扩大,尤其要照顾到特殊群体的利益。这个群体既包括弱势群体如未成年人、老年人、残障人士,也包括烈士家属、劳动模范、农民工、下岗职工等。这些特殊群体可以得到特殊照顾,但条件是博物馆必须公开特殊优惠的合理标准和享受范围, 并通过有关程序得到全社会公认或多数社会成员的认可。在博物馆的基础设施建设中就体现了对弱势群体的关怀和重视,如设置无障碍通道、残疾人电梯、轮椅及高度适中的多媒体触摸屏等。

四是发展性,根据马斯洛的需求层次理论,人的需求有一个从低级向高级发展的过程。随着人们物质生活条件的不断提高,人们的需求层次也将随之不断提升,逐渐地迈入更高层次的需求。而且在同一时期不同的人具有不同的需求层次,在不同时期同一人也会具有不同的需求层次。公共服务的供给源于"人"的需要,而最终又为"人"所消费和享有,因而人们对公共服务的需求和消费是具有层次性的。严明明在《论公共服务公平性》一文中就提出:"面对人们诸多的不同需求层次,公共服务的供给要适应人们的需求,并且在制度许可的范围内而具有一定的层次性。比如可以根据其满足人们需要的不同层次由低到高划分为由生存型、发展型到享受型的高层次公共服务。"他还强调"三个层面的公共服务的划分并不是绝对的,随着人们经济条件的越来越优越,当人们的基本生存已经不成问题时,原来的发展性公共服务可能成为基本层面的公共服务。"[3]晏荣在《美国、瑞典基本公共服务制度比较研究》一文中提到:"基本公共服务的均等化强调的是学者景天魁所说的'底线公平',但并不排斥有条件的地方为当地居民提供更高水准的公共服务。相反,高于底线公平所要求水平的公共服务是发展方向,是适应社会成员不断提高的对公共服务需求的必然趋势。"[4]博物馆公共文化服务作为公共服务的一个组成部分,也应当充分关注人们的个体差异和不同时期的精神文化需求,为公众适度提供发展型或专业型的公共文化服务,以满足公众共同的、直接的、更高层次的文化需求,维护充满艺术气息的博物馆环境,使博物馆能够更为持久地吸引公众。这便体现了博物馆公共文化服务的发展性。博物馆公共文化服务的公益性、公开性和公平性是公众实现基本文化权利的保障,而其发展性则有利于满足公众的多样性需求,并为全体公众的文化素质和文化生活水平的总体提高打下良好的基础。

但是较之基本公共文化服务而言,当前,发展型或专业型公共文化服务的需求人数较少,缺乏普惠性,服务消费的社会性不广泛,即使是提供的数量较少、质量较差也不会对社会发展带来根本性的危害。因而发展型或专业型公共文化服务在公共资源和财政有限的情况下,可以暂缓服务提供的步伐,也可以依靠市场、第

③严明明:《论公共服务公平性》,吉林:吉林大学,2012年。
④晏荣:《美国、瑞典基本公共服务制度比较研究》,北京:中共中央党校,2012年。

三部门等协助此类公共服务的提供,通过市场竞争和市场配置资源,满足公众多样化的需求。⑤需要强调的是,发展型公共文化服务不等于市场化,而是要创新服务方式,努力使博物馆与观众之间相和谐,使博物馆文化与民众文化需求相协调,最终追求的是社会效益的最大化。

---

⑤王海龙:《公共服务的分类框架:反思与重构》,《东南学术》,2008 年 06 期。

"研究型观众"的概念及其意义

西安半坡博物馆 张礼智

内容提要：博物馆观众研究是博物馆学研究的重要内容之一，这方面的研究也越来越受到关注。在已有学术成果和对一些博物馆观众现象进行观察和分析的基础上，本文提出了"研究型观众"的概念，认为此类观众将随着博物馆事业的发展和观众素质的提高而越来越多，这是博物馆的福音。一方面体现出观众越来越高的欣赏品味；另一方面又给博物馆提出了新的课题和更高的要求，而这两方面的良性互动必然迎来博物馆文化价值得到更完美的体现的结果。

主题词：博物馆 研究型观众 概念 意义

"研究型观众"是不是一个新的概念？是，也不是。说不是，是因为在已有的博物馆学研究中，早有"为学术研究而来博物馆的观众"这样的概念，说是，是因为本文所谓的"研究型观众"和"为学术研究而来博物馆的观众"具有完全不同的内涵和意义。

首先，身份不同。"为学术研究而来博物馆的观众"是指博物馆观众中具有专业身份的观众，这一部分观众是以博物馆或博物馆内容所涉及专业的研究为职业的观众。而"研究型观众"则属于非专业身份的观众，其职业和博物馆以及博物馆的内容所涉及专业没有直接关系。

其次，参观博物馆的目的不同。"为学术研究而来博物馆的观众"到博物馆参观，并没有离开自己的职业，没有离开博物馆或博物馆有关的专业领域，这一部分观众到博物馆，只是从一个博物馆到了另一个博物馆，对研究领域只是丰富了研究素材。而"研究型观众"到一个博物馆则会离开自己的职业。换句话说，"为学术研究而来博物馆的观众"到博物馆是在工作，"研究型观众"到博物馆是在消费。

鉴于以上两点，我主张将前一部分观众称作学术研究者，而将后一部分称之为研究型观众。

第三，研究成果的使用方向和方式不同。同是研究，学术研究者与研究型观众在研究角度、深度方面的不同是显而易见的，我这里只强调研究成果使用方向和方式的不同。学术研究者研究成果直接服务于学术，间接服务于观众：必须经过陈列展览等手段转化为观众的消费对象。而研究型观众研究成果则直接为观众自己服务：包括服务于自身和其他观众。简单地说，学术研究者参观博物馆的目的是为了研究，而"研究型观众"研究博物馆的目的是为了参观。

通过以上讨论，我认为可以给"研究型观众"作出以下定义：为了取得最理想的参观效果而对博物馆及其相关资料进行研究的观众。

研究型观众在博物馆观众中有没有一个数量上的比例数据呢？我试着查阅了手边的《2010 年陕西历史博物馆观众调查报告》（陕西历史博物馆编，三秦出版社2011 年）、《故宫博物院观众结构调查 （2007.6~2008.5）》（故宫博物院宣传教育部编，紫禁城出版社 2008 年）和《中国国家博物馆观众研究》（黄琛、贺国胜著，中国大百科全书出版社 2008 年），努力去寻找这样一个数据，但是很失望，没有这样的数据。只在《2010 年陕西历史博物馆观众调查报告》中看到这样一组数据：陕西历史博物馆在 2006 年一次观众问卷调查中所得到的观众参观目的的数据是：旅游45%，学习 44%，研究 4%，其他 7%。在这一组数据中，我们清晰地知道以研究为目的的观众（大致相当于本文所称学术研究者）占观众总数的 4%，却无法知道研究型观众所占比例。

这使我多少有点怀疑研究型观众这样的概念是不是只能算是一个仅仅属于推想之类的概念？但是我重新梳理一下思路后，我确信这个概念的提出不是毫无原则的凭空想象；综观整个博物馆观众状况，一些明显的现象，已足以提醒我们关注这个问题，并认真研究和采取对策。

第一个现象，几乎我能接触到的博物馆和博物馆工作者都反馈一个同样的信息：愿意听讲解的观众越来越多。过去那种在数十元讲解费面前望而却步的情况已不多见，倒是解说人员供不应求的现象时常显现。2009 年陕西历史博物馆进行的观众调查结果表明，"在所有受调查的观众中喜欢（专业）讲解员讲解的观众占47.78%，喜欢志愿者义务讲解的观众占 20.29%，喜欢使用讲解机讲解的观众占19.08%，认为不需要讲解的观众占 12.85%。将近 70% 的观众选择了由讲解员讲解的参观方式"。这一现象我称之为观众对参观对象有强烈的了解愿望。

第二个现象，博物馆的公益性讲座受到越来越多观众的注意。业界对西方博物馆经常性的讲座和川流不息的听众曾经满含艳羡，现在中国同行也开始自豪起来:公益性的讲座已经越来越多地出现在国内一些博物馆中。虽然由于资料公布的方式的局限(如有的讲座情况只能从报道和学术文章中才能看到),无法获得系统全面的资料,但就笔者近前博物馆的一些不俗表现,已经令人欣慰。如陕西历史博物馆的"陕博讲座",就获得了极好的社会评价。在陕西历史博物馆的观众调查中,"有56%的观众认为博物馆应举办与展览有关的历史文化方面的免费讲座;希望博物馆举办文物鉴赏讲座的观众占32.1%;希望举办考古知识讲座的观众占25.8%,希望举办民俗文化讲座的观众占24.3%;希望博物馆举办广义文化方面讲座的观众占17.2%,还有1.1%的观众认为博物馆应举办其他内容的讲座"。这一现象我称之为观众对参观对象有深度探讨的愿望。

第三个现象,博物馆的"回头客"越来越多,或者可以称为开始出现固定观众群。《2010年陕西历史博物馆观众调查报告》、《故宫博物院观众结构调查(2007.6-2008.5)》和《中国国家博物馆观众研究》都提供了这方面令人信服的数据和结论。陕西历史博物馆2010年观众调查报告显示,在学生观众中,两次参观博物馆的达到了总数的13.2%,多次参观博物馆的达到了10.5%。而且"参观多次的参观者呈现出随学历上升而上升的相关变化,高学历(本科、硕士、博士)多次参观的百分比均超过了平均比率","多次参观率从高到低依次为博士(14.9%)、硕士(13.7%)、本科(11.7%)",这一现象我称之为观众对参观对象的持续关注。

这三个现象,也是研究型观众的三个特征。这一切都说明了一个问题:博物馆作为一种文化机构,正在受到社会公众的关注,和过去不同的是,这种趋势的动力是观众发自内心的精神和文化需求,而非政治运动等外力驱使,所以表现为可持续性较强。这正是博物馆这一文化机构本质属性的体现。

接下来,我们讨论为什么会出现研究型观众。如前所述,这应该是一个必然,是博物馆本质属性——这个机构赖以存在的理由的反映。但是,为什么出现在这个阶段,而不是以前的某个时期?这是个复杂的问题,不是本文讨论的范围,这里只探讨出现的原因。

研究型观众的出现有深刻的社会原因。其一,观众整体文化素质大幅提高。故宫博物院调查结果称,观众学历方面,"大学和高中生(含中专)所占比例最多,分别为47.1%和19.5%"。陕西历史博物馆的调查结果显示,本科学历为43.2%,大专学生为22.5%,硕士为7.6%,博士为1.8%。其二,观众自觉意识的增强,人们再也不愿被机械无聊的说教所控制,自由思考的需求期望得到最大限度的释放。其三,网络的推波助澜,海量信息以及信息获得方式的便捷,大大刺激了观众、也大大鼓舞了观众。其四,沟通的需要,或曰"秀"、或曰"分享"的需要。这是个很有趣的现象,当资讯还不怎么发达的时代,人与人的交流还较多地以面对面的方式交流,而当资讯近乎泛滥时,人们的交流几乎无法"面对"。甚至在一个城市、一个单位、一栋楼内,人们的交流也纷纷选择网上交流。这样,"共享"一词大行其道。其五,教育的需求。我是不主张将博物馆作为教育机构的,但这并不是说博物馆没有教育方面的某些职能及结果,更不否认有教育需求的观众自愿来此受教育。有博物馆研究者在总结亲子论坛参观博物馆的活动时写道,参加者"对参观活动效果有深度诉求,表现出关于孩子教育方面的强烈交流意愿"(雷鸣霞《博物馆观众的分类化识别和指引探索——基于一次对年轻父母的博物馆教育讲座的思考》,《中国文物报》2013 年 7 月 31 日)。可见这方面的需求很大。其六,博物馆自身工作的助力。博物馆日益完善的观众研究,以及这种研究带来的对博物馆观众的反思和改进大大激发了观众研究和参与的热情。

　　研究型观众研究成果如何体现?这是至关重要的,第一,满足自身需求,可谓之"精神健身"。稍加留意,我们会在网帖和博客中处处感受到网友对博物馆的独特感受。第二,提供给亲友,乃至网上共享。如何在最佳的时间段,以最短的时间、路线和价格,获得最佳的参观效果,是网友时常关心的,我们常常在网上看到的各种各样的所谓"攻略",就是这种研究成果的体现。第三,变成影响孩子教育的潜在资源,这一点最不易立竿见影,又最为重要。须知,这种研究的过程、结果并不单单是将研究结果作为一种知识传递给孩子,更重要的是传递给孩子思维方式、价值导向。而这一点正是博物馆作为文化机构的价值所在,所谓"随风潜入夜,润物细无声"是也。

　　提出"研究型观众"的意义何在?

　　套用一句网络用语:你注意,或者不注意,研究型观众就在那里。换句话说,提不提出研究型观众的概念,对观众来说似乎没有多大关系。而对博物馆来说却有非同寻常的意义:反思我们惯常的思维方式。

　　对博物馆的专业工作者来说,靠文物说话,靠藏品说话,似乎是天经地义的。这并没有错。可是,在一些网帖和博客文字中,我看到一些现象很有代表性,很值得我们反思。举几个例子,在一篇《游遵义会议会址》的博文中,观众详述了徜徉旧址之中的感受,在一篇《守望永远的半坡》的博文中,一名观众放弃了仔细查看那些文物展览,而是在荒草和泥墙中,想要寻找一点关于"守望"和"永远"的注解。在天津博物馆后,一名观众写到"里面就是博物馆该有的样子,不足的是大多数展品的说明标签写得过于简略,信息量不大"。很明晰,这几则博文有一个共性,即感受文字中很少甚至只字不提文物或藏品。这给我们的提醒是多方面的:

展品固然是博物馆的主要展示对象,但是博物馆环境及建筑同样显得不可忽视。此其一。

观众在博物馆感受什么和怎样感受是观众自己的事情,但是还原历史真实是博物馆义不容辞的责任。此其二。

"让文物说话"的观念应该认真反思了。简约的文字说明,对专业工作者来说则可,对普通观众则不可;对艺术博物馆来说则可,对历史博物馆来说则不可。此其三。

不可否认,在以上几则博文中也透露出一个信息,观众对博物馆的"内幕"——博物馆的工作原理或背景还不十分清楚,造成对一些现象的不理解。这方面除了沟通渠道不畅外,更多是"不愿"或"没必要"等观念问题没解决。实际上只要我们思考一下"谁是博物馆的主人,或曰主体"这个更深层次的问题,一切便会迎刃而解了:且不说西方的信托观念,便是仅仅从我们已经认可的为观众服务的理念出发,我们也应该更多地将内情告知观众。不论是为观众提供更多的研究资料,还是求得社会公众的监督,这样做对博物馆来说都是责无旁贷的。此其四。

研究型观众的出现是博物馆的福音。一方面体现出观众越来越高的欣赏品味,另一方面又给博物馆提出了新的课题和更高的要求,而这两方面的良性互动必然迎来博物馆文化价值得到更完美的体现的结果。

既然博物馆已经引起人们越来越多的关注,既然研究博物馆之风已经扑面而来,我们就应该张开双臂热情拥抱,而不能在这个节骨眼上成为"弃而还走"的叶公。

免费开放形势下博物馆的发展策略浅探

唐山抗震纪念馆　　李立梅

内容提要：2008 年我国正式启动博物馆免费开放工作,让博物馆的发展面临着前所未有的考验与挑战,博物馆应从加强自身建设出发,转变传统观念,创新管理机制,深入谋划发展策略,提升博物馆的社会满意度,让博物馆文化真正融入大众生活。

关键词：博物馆　免费开放　发展

2007 年 8 月,在维也纳召开了国际博物馆协会第 21 届全体会议。会议通过的《国际博物馆协会章程》修订了博物馆的定义,明确博物馆是一个为社会及其发展服务的、向公众开放的非营利性常设机构,为教育、研究、欣赏的目的征集、保护、研究、传播并展出人类及人类环境的物质及非物质文化遗产。我国作为国际博物馆协会成员国,对博物馆建设和管理高度重视,并于 2008 年 1 月正式启动全国博物馆向社会免费开放工作。博物馆对公众全面免费开放,一方面吸引更多公众开始走进博物馆,充分发挥了博物馆服务社会的公共文化职能;另一方面对博物馆的发展建设也提出了新的要求。在新形势下,博物馆在发展方面有哪些对策呢?本文就这一问题进行一些初步的探讨。

一、注重观众研究,转变传统观念

长期以来,由于受传统观念的影响,博物馆重"物"轻"人"的倾向一直相当普遍地存在着。一些博物馆片面地认为有藏品就不愁没有观众上门,这种想法是非常错误的。藏品对博物馆来说固然重要, 但是只注重藏品而不考虑观看藏品的人——观众的感受和需求,势必会给观众带来不便,甚至引起观众的不满情绪,最终会导致失去大量的观众。有些博物馆门可罗雀,这种现象的产生不能一味地把责任推给观众,认为观众的文化素质不够。当今,"以人为本"的观念已经渗透到社会的各个领域,博物馆作为服务单位更应该强化这一观念。博物馆应积极地查找自身原因,实现观念上的彻底转变,即从"以物为中心"转变到"以人为本"、从管理者转变为观众的服务者。要实现这一转变,就要从研究博物馆观众入手。博物馆观众是博物馆生存和发展的社会基础。只有对观众进行认真研究,形成对观众正确的认识,博物馆的服务工作才能有的放矢、有效地开展。

观众研究的最终目的就是为了了解观众、提高观众对博物馆服务的满意度。观众研究应从观众的类型、特征、行为、心理等方面入手进行系统分析,了解掌握观众的心态、需求、爱好、文化水平、审美观等方面的情况,进而制定出行之有效的服务对策和服务措施。

二、激发观众持续热情,赢得更多回头客

免费开放后,博物馆观众数量有了明显上升,甚至短时间内人满为患,这种现象既可喜也堪忧。喜的是,博物馆的大门终于无条件地面向公众敞开,使更多的人能够分享到文明的成果,密切了博物馆与大众精神生活的融合度,提升了博物馆的存在价值。忧的是,这种热度能够持续多久呢?这是今后博物馆所面临的现实且不容回避的问题。要激发观众的持续热情,除了转变传统的观念外,博物馆应从以下三个方面入手:(一)加大对陈列展览的宣传力度,加快更换展览的频率,提高展览的文化产品的质量,让更多观众在更好的环境里能够看到更优质的展览。(二)了解广大观众的需求与关注热点,从而确定所传播的知识与信息,同时布展时应考虑更贴近观众的展览方式和内容,从而改变观众心目中博物馆"保守、刻板、迟钝"的印象,努力使博物馆文化与观众相和谐,努力使博物馆事业与社会进步互相统一,努力培养观众对博物馆的持续热情。(三)强化服务意识,树立观众第一的思想,想观众之所想,急观众之所急,全心全意为观众服务,全面提高服务意识和服务的质量,只有这样才能赢得观众,让观众自愿来博物馆参观,甚至成为博物馆的回头客、常客。

三、培育观众良好的参观习惯,提升参观质量

免费开放后,观众的结构发生了很大的变化,相当数量的观众对博物馆的认知存在局限,他们不知道来博物馆看什么、怎么看,常常是懵懵懂懂地来,迷迷糊糊地走,抓不住展览的主题和精髓,以至于不能对博物馆的存在价值做出正确的判断,渐渐对博物馆失去兴趣。因而,若要让观众在有限的时间内达到科学参观、文明参观、愉快参观的目的,观众良好的参观习惯至关重要。

培育观众良好的参观习惯,首先是观众应做好参观准备。1.确定目标博物馆。上网浏览该博物馆网站,查询好博物馆的具体方位、乘车路线,开馆闭馆时间和特别规定和要求,是否需要提前预约等相关资料。2.做好"预习"。带着问题参观,明确为什么要参观博物馆,通过参观要学习哪些知识,获得哪些体验,重点参观哪件文物等等。3.携带参观必备用品,如参观须持的能证明本人身份的证件、记事用的纸笔和一些必备的食物。

其次是加强博物馆教育。1.参观公德的教育。如:爱护文物,爱护博物馆设施设备,爱护环境卫生,不违反规定拍照,不随地吐痰,不吸烟,不大声喧哗等。2.遵守参观规定的教育。如存包及安检规定、着装不文明谢绝入馆的规定等等。3.参观过程的教育。如买一本简介能够帮助观众短时间内了解展览的内容和重点;看清楚参观示意图,弄清楚每个展厅的布局和行走路线;租一个语音导览机或请一位讲解员协助参观;注意看展览的文物照片等,认真阅读版文,加深对博物馆展览主体的理解;参观结束后,用文明、庄重的语言和工整的字迹在留言簿上写下观感、意见和希望,帮助博物馆不断改进工作等等。

良好的参观习惯不仅是观众素质的提高的现实表现,也是观众对博物馆工作支持的具体体现;不仅能够有效地提高观众参观的质量和效率,还将对博物馆的和谐发展起到积极的推动作用。

四、利用好信息载体,创新服务方法

信息技术的发展为博物馆事业发展提供了现代化的技术平台,同时也给博物馆事业的发展带来了前所未有的生机与活力。博物馆网站是博物馆在网络空间的宣传载体,也是广大网友学习和研究的信息资源平台。

20世纪90年代初,一些发达国家的博物馆利用信息技术开始了数字化的进程。近年来,我国的大型博物馆也在利用信息技术,特别是在利用网络技术来完善和创新博物馆服务方面进行着大胆的探索和实践。

首都博物馆在利用网络创新博物馆服务方面在我国的博物馆界开了个好头。首博将服务确立为网站建设的宗旨,2005年首博启动 "首都博物馆新馆数字化博物馆项目工程",按照"以人为本"的工作理念,研究服务架构,从观众的角度设想和分析各种需求,设置网站服务栏目。深受网友们的欢迎,点击率极高。

此外,我国的一些省市在建立数字博物馆和博物馆网站方面也取得了不俗的成绩,例如:陕西数字博物馆、成都数字博物馆、江苏数字博物馆、羌族文化数字博物馆等等。特别值得一提的是南京博物院网站,其浏览量长年雄踞全国博物馆网站的前三甲,并获得"全国优秀文化网站"称号。

以上这些博物馆在创新博物馆服务方面迈出了探索性的一步,走在了博物馆界的前列,真正体现了博物馆创新服务的价值。

五、增强参与性互动性,拉近与观众距离

当今社会,各种文化市场普遍运用"被参与"的模式吸引广大的观众。博物馆作为致力于为观众服务的公益性机构,观众是博物馆的生命所系,没有观众参与的博物馆不是真正意义上的博物馆。免费开放后观众的结构是多层次的,对知识的需求也是多层次、多元化的。针对这种需求,博物馆必须重视"参与",这样才能吸引更多的观众到博物馆来。

同时,"参与"和"互动"是密不可分的。有博物馆参与社会,也有社会参与博物馆。参与的形式丰富多彩,参与中有思想、活动的撞击,就会出现创新。那么,如何真正实现"参与"和"互动"呢?首先,改变展品的传统陈列方式,实现观众的"参与"。在参观、听讲解的同时加上参与,如触摸,可以满足观众触觉上的需求,包括广义的触摸——嗅觉和味觉。多种感觉综合起来,会使观众兴趣大大增加,对展示也有了更深的了解。在观看时希望触摸展品以体验质感是观众中普遍的倾向,特别是在看二维电视图像长大的一代人身上表现得尤为明显。增强感性认识,观众的接受率将会不断提高。

其次,开辟"互动"专区,达到与观众的"互动"。开辟"互动"专区一方面增加博物馆与观众交流的机会,能使博物馆真正地走近观众,贴近观众,真正体现出博物馆"以人为本"的特色,也体现出博物馆为观众服务,满足观众需求的根本宗旨。另一方面能够激发学习者的兴趣,增强理解力,能使观众对博物馆留下深刻的印象,从而真正喜欢上博物馆。

再次,举办丰富多彩的活动,实现"参与"和"互动"的完美结合。配合展览举办各种形式的竞赛、讲座、演讲活动,广泛地调动观众的参与欲,拉近观众与博物馆的距离。

"参与"和"互动"是当前博物馆在吸引观众、贴近观众、服务观众、促进博物馆发展中的一个重要举措,这种举措也让博物馆获得了更大的生存空间。

六、扩充志愿者队伍,完善服务管理

志愿者指的是在不为任何物质报酬的情况下,为改进社会而提供服务、贡献个人时间及精力的人。而博物馆志愿者是指向社会招聘的不求回报、热爱博物馆讲解事业及其他服务的志愿服务人员。博物馆志愿者属于志愿者的一种,但是两者的共同点之一就是"服务"。

博物馆志愿者始于 20 世纪初,首先出现在美国波士顿艺术博物馆,我国博物馆志愿者是在 20 世纪 80 年代出现的。最初,博物馆志愿者的工作是在节假日为观众提供讲解和一些辅助性的服务工作,人员构成也是以大学生为主要力量。近年来,博物馆日益受到人们的关注,尤其在免费开放后,越来越多的人走进博物馆,这对博物馆的服务也提出了更高的要求。

博物馆志愿者弥补了服务人员不足的情况,并成为博物馆重要的服务力量。博物馆应打破以往的观念束缚,大力发展志愿者队伍,保障志愿者权益,完善志愿者理论建设及规章制度建设,使志愿者的使用和管理形成完整的体系,满足博物馆的需要,实现志愿者自身的价值。首先,要丰富人员构成,注入新鲜血液。博物馆应在大学生志愿者的基础上, 面向社会公开招募一些有志于从事志愿工作的人士,例如:退休老干部、具有良好教育背景的人士、高学历人才、在某一专业领域具有建树的人士、外籍人员等等。其次,挖掘个人潜力,发挥各自专长。博物馆应在挖掘志愿者个人潜力方面做足功课。博物馆应根据志愿者的兴趣、特点及专业优势等情况进行合理安排,充分发挥其专长。第三,合理设置服务岗位,提升服务绩效。在设置服务岗位方面,宁波博物馆给我们做了个好榜样。该馆将服务岗位分为三大类,即:日常、辅助和特殊。这种设置不仅使服务更具针对性,而且对于提升博物馆的服务绩效有很好的促进作用。

结束语

以博物馆的全面免费开放为契机,根据内外因素的变化,根据社会条件和社会需求,总结博物馆实践中的成功经验,丰富和拓展博物馆工作的疆域,在继承的基础上,对文化资源进行重新整合,设定新的发展目标,让博物馆文化真真正正地融入社会生活的方方面面。

参考文献:

1.单霁翔:《博物馆的社会责任与社会发展》,《四川文物》,2011 年第 1 期。

2.《从免费开放反思当前博物馆教育的改革》,中国文物网。

3.李延强:《面向信息化时代,促进博物馆发展——浅谈博物馆信息化建设》,《甘肃科技纵横》,2011 第 1 期。

4.《浅议博物馆与观众的"互动"》,《中国国际友谊》,第六卷。

传播学视角下的八路军文化传播研究

八路军太行纪念馆　　任慧鹏　郝晓敏

内容提要：本文运用传播学基本原理，吸收相关理论研究的有益成分，以八路军太行纪念馆开展八路军文化的工作实践为基础，从研究信息主体，科学把握传播内容；关注现实需求，主动服务传播对象；共建互动一体，系统优化传播效果；整合资源载体，拓展完善传播功能；构筑合作体系，联动扩大传播效应等五个方面，探讨了大众传媒时代如何有效传播与弘扬八路军文化的课题，以期对相关革命纪念馆开展红色文化和革命精神传播提供借鉴。

关键词：传播学原理　八路军文化　太行精神　传播

从 1921 年到 1949 年的 28 年间，中国共产党领导中国人民同帝国主义、封建主义和官僚资本主义进行了艰苦卓绝的斗争，经历了无数的艰难险阻，付出了数以百万计革命者的鲜血和生命，最终赢得了民族的独立和人民的解放。中国共产党在领导中国革命的长期实践中，培育了不同历史阶段不同特征的红色文化和相对应的革命精神，包括红军文化、八路军文化、新四军文化、解放军文化等，以及由此铸就的井冈山精神、长征精神、延安精神、太行精神和西柏坡精神等。也正是依靠不同时期所形成的不同特征的红色文化和革命精神，我们党才能克服重重困难，不断把中国革命从胜利引向胜利。而八路军文化和太行精神，就是其中不可或缺的有机成分。

八路军太行纪念馆于 1988 年落成，是全国唯一一座全面反映八路军 8 年抗战历史的大型革命纪念馆，先后被授予"国家一级博物馆""全国中小学爱国主义教育基地""全国爱国主义教育示范基地""全国廉政教育基地""国家国防教育示范基地"等 117 项荣誉称号。研究、挖掘、展示、宣传八路军抗战史，弘扬太行精神，传播八路军文化，是我馆的职责使命和价值体现。

近年来，为了弘扬太行精神、传播八路军文化，充分发挥红色文化在爱国主义教育和社会主义核心价值体系构建中的独特作用，八路军太行纪念馆通过多种手段进行社会宣传、拓展公众服务,取得了良好效果。本文运用传播学基本原理,系统总结了本馆开展八路军文化宣传工作的主要成效、基本经验和理论成果,对八路军文化传播的内容、方式、途径等进行了理性分析思考,从而为我馆开展业务研究、提升公众服务水平,构建了一个较为完整的理论框架。

一、研究主体信息,科学把握传播内容

抗日战争期间,八路军前方总部和中共中央北方局等我党我军指挥机关长期战斗、驻扎在华北地区(主要是太行山区),朱德、彭德怀、刘伯承、邓小平等老一辈无产阶级革命家在此指挥了"反围剿""百团大战"等众多战役战斗;中共中央北方局党校、鲁迅艺术学校、中国人民抗日军政大学、新华日报社、战斗剧社等文化组织活跃于华北敌后,为坚持抗战提供了战争动员、文化宣传、干部教育等方面的支持;八路军总部和一二九师等指挥机构在此创建了大大小小10多块抗日根据地和黄崖洞兵工厂、冀南银行、药厂等一大批作战保障单位;华北敌后广大军民以国家利益为重,为夺取抗战胜利奉献了人力、物力、家庭乃至生命,同时敌后党组织和八路军在根据地实行了一系列政治、文化、经济措施,进行了大量实践,老百姓与人民军队结下了深厚的"鱼水情",实现了毛泽东"兵民是胜利之本"这一相信群众、依靠群众的科学预言。在这个过程中,中国共产党领导的华北军民与来自五湖四海的中华民族优秀儿女一道,共同创造了博大精深、内涵丰富、融多元特征于一体的八路军文化,培育了伟大的太行精神。

"八路军文化"这一概念,目前国内尚未定论,学术界鲜见论著,肇始于2010年八路军太行纪念馆与山西省武乡县共同举办的八路军文化研讨会,李蓉、岳思平、刘庭华、李蕙芬、宋河星、岳谦厚、史永平等国内众多专家纷纷撰文,从不同视角对八路军文化作了审视、剖析、开拓和深层次探讨,使得该项研究取得了突破性进展,如李蓉研究员《八路军文化问题初探》、刘庭华教授《八路军文化概念的内涵、实质和历史特点》、宋河星研究员《太行抗日根据地八路军主体文化综述》、岳思平研究员《论八路军文化的基本特征》等文章,均蕴含着开创性、理论性很强的论断和见解。但不可否认的是,对这一课题的探究还不够深入,对于八路军文化的研究范畴,它究竟是一种政治文化,抑或是组织文化,还是军事文化,乃至地域文化;它是物质性指向,还是精神性指向,或二者兼具,仍未取得统一意见,有待于继续"争论"。笔者倾向于从文化软实力角度着手,认为所谓"八路军文化",是在抗日战争的特定历史背景下,广泛吸收马克思主义文化、中国传统文化、红军文化、民间通俗文化、左翼文化等文化体优秀基因基础上,通过八路军将士及根据地人民的伟大实践(生产、生活、战斗等),在与民间传统文化、根据地文化的交融交汇和与日伪英勇斗争中,逐渐熔铸成的一种集民族性、阶级性、群众性、斗争性、地域性、实用性等多元特征于一体,富于凝聚力、导向力、领导力的文化软实力。形式上,它是一种军旅文化;哲学层面上,可形象化为太行精神;从本质属性上讲,它从属于近现代中国革命红色文化体系。

关于"太行精神",早在抗日战争时期,邓小平同志就对太行军民的革命精神进行了科学总结,将这种精神概括为有觉悟、有本领、有科学精神、有民主精神、有群众观念等特征的革命精神。2004 年以前,对太行精神一直没有统一的说法,有的称其为"八路精神"或"拼搏精神",有的抽象为"抗日精神"或"抗战精神",也有的浓缩为"奉献精神",还有的干脆叫作"革命精神"。2004 年 8 月,李长春同志在山西考察,根据新的实践和理论发展,对太行精神首次作了科学概括和高度评价,这就是"在国家和民族处于危亡的关键时刻,中国共产党领导太行儿女展现的不怕牺牲、不畏艰险的革命英雄主义精神,在极其艰苦的条件下展现的百折不挠、艰苦奋斗的精神,为民族解放展现的万众一心、敢于胜利的精神,为人民利益展现的英勇奋斗、无私奉献的精神"。胡锦涛同志 2005 年 7 月 29 日至 31 日来晋考察,把认识、弘扬太行精神提升到了新的历史高度,他说"八路军和太行儿女为抗日战争的胜利做出了巨大的牺牲和重要贡献。抗日战争中培育的太行精神,凝聚着中国共产党人的优秀品质,凝聚着中国人民的奋斗精神,永远是中华民族的宝贵精神财富。"习近平同志 2009 年 5 月视察八路军太行纪念馆时,也对太行精神作了深入阐述:"要结合新的实际,与时俱进地大力弘扬太行精神,坚定正确的理想信念,始终保持对党对人民对事业的忠诚;坚持执政为民的政治立场,始终保持同人民群众的密切联系;锤炼坚忍不拔、百折不挠的品格,始终保持知难而进、奋发有为的精神状态;坚守党的政治本色,始终保持艰苦奋斗的优良作风,为推动经济社会又好又快地发展提供强大的精神动力。"2012 年 2 月刘云山同志在我馆考察,特别指示我们要"把工作做好,大力弘扬太行精神,传承八路军文化"。

正如前文所述,八路军太行纪念馆承担着"研究、挖掘、展示、宣传八路军抗战史,弘扬太行精神,传播八路军文化"的使命,从传播学的角度讲,"太行精神"、"八路军文化"即是八路军太行纪念馆传播的主体信息,纪念馆的基本展陈可以符号化地概括为"弘扬太行精神,传承八路军文化"。因此,要做好八路军太行纪念馆的八路军文化传播工作，其基础就是要做好对"太行精神""八路军文化"这一主体信息的科学把握。而这两者之间又存在内在关联，因为精神必须依托于一定的文化载体，我们弘扬太行精神，必须通过研究、展示、传播八路军文化来实现。由此，笔者将八路军太行纪念馆传播的信息主体概括为"八路军文化"。

首先要从发掘有关"八路军文化"的史学内涵着手，梳理体现"八路军文化"的史实并加以阐发，并从"八路军文化"的命名特点，历史外延角度探究其修辞效果和历史方位，将其与红军文化、新四军文化、解放军文化等进行比较研究，把握好这一信息符号的确切内涵。其次，要引入革命史、文化史研究的理论、方法，深入挖掘"八路军文化"的历史内涵、时代价值，用以诠释"八路军文化"对于推进我国文化软实力建设、弘扬中国精神的积极作用，从而把握好符号信息的时代价值。再次，要充分搜集有关科研机构、各省区相关部门、高校、学术团体自觉开展"八路军文化"研究活动的成果，注意集大成，不断深化，形成有关"八路军文化"的理论体系、主要内容、现实意义、弘扬途径等系列成果，以此为我馆的八路军文化传播工作提供强有力的理论支撑。

二、关注现实需求，主动服务传播对象

八路军文化传播必须十分关注传播对象的现实需求，结合党和国家大政方针自觉开展符合主旋律的文化宣传，或迎合大众文化时代特征，推出面向不同群体的教育项目。如习近平总书记在十八届中央政治局第五次集体学习时强调，要积极借鉴我国历史上的优秀廉政文化，不断提高拒腐防变和抵御风险能力。我馆积极响应，及时组织专题研究，系统梳理、提炼、总结抗战时期我党我军廉政建设实践，编写了《八路军将领廉政故事选》，与山西省纪检委合作推出了《光辉典范——抗战时期中国共产党党风廉政建设展》；再如当前中共山西省委提出要"大力加强党的纯洁性和先进性教育"、"深入开展党的群众路线教育实践活动"、"建设中部文化强省"。我馆顺应时势，认真领会落实省委指示，从纪念馆馆藏实际、展陈特色和资源优势出发，有侧重地在展陈、社会宣传、研究方向等方面作出努力，自觉服务于现实需求。总的来说，在关注传播对象方面，我馆主要是坚持做好以下几方面工作：

第一，坚持"太行精神　光耀千秋"主题宣传，利用八路军抗战史陈列馆、八路军将领组雕《太行山》、八路军将领馆等设施，配合举办重要纪念、节庆、教育活动，有效激发传播对象——各级党政机关、企事业单位、军队院校，来馆学习八路军文化,使广大干部群众不断提高思想修养,转化为保持先进性、纯洁性,坚持群众路线的政治动力;第二,坚持贴近生活、贴近实际、贴近群众,自觉服务于党的建设工作,借助临时展览、文艺节目、宣传册、出版物等载体,切实发挥红色文化引领风尚、教育人民、服务社会、推动发展的作用,为实现"中国梦"注入不竭的精神动力;第三,坚持发挥"基地"作用,抓好中小学爱国主义教育示范基地、爱国主义教育基地、国防教育示范基地、廉政教育基地建设,主动承担社会责任,深入开展弘扬八路军文化专题宣传活动,真正把纪念馆办成党员干部接受教育、加强党性修养的重要场所,广大人民群众观光旅游、增德益智的精神乐园,青少年学生学习知识、陶冶情操的重要课堂。

三、共建互动一体,系统优化传播效果

传播的系统性是指由相互联系、互生效果的主客体互动结合在一起的有机整体。传播学通常把向社会传播区分为自我传播、人际传播、群体传播、组织传播、大众传播五种传播系统,也称信息系统。八路军太行纪念馆作为全国爱国主义教育示范基地、全国中小学爱国主义教育基地、全国廉政教育基地、国家国防教育示范基地,已与500多家党政机关、企事业单位、部队院校建立了广泛的共建关系,这是八路军文化传播工作的重要渠道。这些单位大多分布于山西省域内,来往方便,联系便捷,我们将这些共建单位结成有机的八路军文化传播共同体,把他们看成是一个系统,在事业发展规划,年度工作计划,各种纪念日以及学校寒暑假时,主动走进这些单位,与他们深入交流探讨、共同策划共建活动,做到活动年年搞,年年出新意,以达到"与时俱进"、"适销对路",切实提升传播效果。

与此同时,利用八路军抗战史知识的讲授传播;参观者学习体会的人际交流传播;各种主题活动的群体传播;党团队活动的组织传播;演出、宣传页、出版物、网站等各种媒体的大众传播,共同构成八路军文化传播的有机体系。在此过程中,还可适当融入青少年"志愿者"队伍、社会公众"博物馆之友"等纪念馆各种社会组织建设,不断提升八路军文化传播工作的有效性和美誉度。应该说,八路军太行纪念馆所有的资源都是为八路军文化传播准备的,通过与社会有关群体互动,将这些资源充分利用起来,让社会各界共享,将太行精神传承光大,推动八路军文化传播工作不断结出丰硕成果。

四、整合资源载体,拓展完善传播功能

八路军太行纪念馆自2005年大规模改扩建以来,随着自身实力和员工队伍素质的提高,社会教育与公众服务能力不断增强,拥有陈列展览、专题教育、学术研讨、文艺演出、阵地讲解等多种八路军文化传播单体。传播的目的旨在通过多维手段,使观众增长知识、受到教育,发挥自身作用,扩大影响力。教育学原理告诉我们,教育效果并不是各个教育单体作用的简单相加,对人的教育效果更多地取决于各个教育单体的相互联系和相互影响。因此,在八路军文化传播工作中,我们将传播单体划分为展厅参观、讲解导览、主题教育、信息服务、体验互动、文艺演出等区块,并在日常管理中细化落实。如我馆酝酿启动的博物馆数字图书馆建设项目,全面收集国内博物馆行业专家学者的学术成果,整合目前国内公开出版的抗战史学、博物馆学、红色旅游、文物考古等领域的各种馆藏书籍、期刊、电子图书等数字资源,致力于打造国内博物馆界第一个开放型数字图书馆平台,以此为博物馆学者及公众提供优质的信息服务;如2012年建成对外开放的图书馆(位于八路军将领馆内),成为山西第二家拥有实体图书馆的博物馆,在社区居民和当地中学生中产生了积极影响;如每年度面向学校青少年的"军事夏令营"活动,事先与合作方充分讨论,拟订方案,考察活动地点,做好安全措施,安排专职人员,事后做好总结,深受广大师生欢迎;如在讲解导览中通过语言与多媒体技术、歌曲、图片、实物等交互教育方式,向受众传播八路军抗战史知识,阐释"八路军文化"的具体历史内涵;如将反映八路军文化的抗战题材,改编成干部群众喜闻乐见、富于时代特色的歌舞、快板、小品、情景剧等文艺节目,以讲、唱、跳结合的方式进行宣传演出,让观众艺术地感知、回溯峥嵘岁月,延伸深化传播信息。以上所有这些活动可根据受众不同需求,从拓展完善传播功能的主旨出发进行有机整合,科学安排,交互影响于受众,拓宽八路军文化传播载体途径。

五、构筑合作体系,联动扩大传播效应

传播总是在社会的一定系统内部及系统之间发生的。社会上一切事物无不处于一定系统中,在个体和社会传播之间,存在着人际、群体、组织及大众传播等不同层面的传播关系,各个传播系统之间的相互影响,相互依赖,共同维持了传播系统的正常运转和向前发展。纪念馆作为社会系统的一分子,要做好八路军文化传播工作同样离不开与社会各部门机构团体的合作,从而形成有机联动的传播系统。

一是主动与各级党群组织建立长期合作关系,让纪念馆成为干部教育的思想基地;二是与各级团组织、各高校、各教育行政部门建立长期合作关系,让纪念馆成为广大青少年和志愿者开展活动的实践基地,成为对青少年教育的第二课堂,从而将博物馆教育纳入国民教育体系;三是与各级旅游部门、旅行社广泛合作,积极开展体验式红色旅游和八路军文化宣传活动;四是与各级工会、妇联、民主党派等组织合作,根据传播对象的不同特点和个性需求,开展有侧重点的教育活动;五是顺应信息时代需求,建设八路军文化宣传专题网站,利用好互联网这块阵地,组建八路军文化传播网络联盟,发挥集聚效应;六是与理论界建立良好合作关系,筹建成立全国八路军研究会,为开展相关理论和应用性研究奠定坚实基础;七是与各级电波、平面、网络媒体建立良好的沟通联络机制,优势互补、共同发展;八是强化与业界同行合作,相互借鉴,加深互动,资源共享,合作共赢。目前,我馆已经建立较为完善的合作体系,具体实践表现在以下几方面:

与中央统战部(中央社会主义学院)、山西省纪检委、解放军62190部队等机关保持着良好的合作关系;与山西省教育厅、长治市教育局、南开大学法学院等教育行政主管部门或教育机构建立了长期合作关系,山西省教育厅2012年曾给全省各地市教育局及省属高校下文,要求有条件的学校和教育行政部门每年度组织师生来武乡(八路军太行纪念馆)接受体验式爱国主义教育;加入山西省旅游局主办的旅游政务网,与山西境内各景区加强沟通,相互提供客源信息、进行推荐宣传;开通了业务QQ群和电话专线,为全国各地旅行社提供咨询服务;与山西省总工会、长治市妇联、中共武乡县委统战部等单位合作,开展文艺演出、阵地讲解等主题宣传活动;打造了八路军太行纪念馆网和中红网八路军太行纪念馆专题网站两个基本网络平台;与全国有关纪念馆合作,筹建成立八路军研究会,每年度举办全国八路军文化研讨会;与新华社、人民网、华夏地理杂志、山西日报、山西电视台等媒体合作,开展八路军文化研究宣传、专题报道等业务活动;通过中国纪念馆群等方式,与侵华日军南京大屠杀遇难同胞纪念馆、中国人民抗日战争纪念馆、井冈山革命博物馆、韶山毛泽东同志纪念馆、延安革命纪念馆、西柏坡纪念馆等全国著名革命纪念馆建立协作关系,合作研究,互换展览,共同举办探寻"红色之旅"、"追寻中国红"等活动。

六、结语

2013年7月,中共中央办公厅、国务院办公厅、中央军委办公厅印发《关于进一步加强烈士纪念工作的意见》,指出要"广泛开展纪念烈士活动"、"每年清明节、国庆节等节日和重要纪念日期间,各级党委、政府和驻军部队以及企事业单位、社会组织要充分利用烈士纪念设施、爱国主义教育基地、国防教育基地等红色资源,组织开展祭奠烈士、缅怀英烈活动。"预示着八路军太行纪念馆等全国爱国主义教育基地将迎来又一个繁荣发展的"春天"。我们必须主动适应形势,以高度的文化自觉和文化自信,努力探寻红色文化传播规律,坚持理论与实践创新,服务于社会主义精神文明建设和核心价值构建,以此为促进公益性文化事业大发展大繁荣、弘扬中国精神做出积极的贡献。

参考文献:

1. 郭庆光:《传播学教程》,北京,中国人民大学出版社,2011 年。

2. 魏晋民:《八路军的血脉和灵魂》,武乡,中共武乡县委、武乡县人民政府,2010 年。

3. 王玉圣:《太行精神》,北京,人民日报出版社,2011 年。

4. 中共武乡县委、武乡县人民政府:《第二届八路军文化探讨会论文汇集》,2010。

5. 史永平:《浅析八路军文化的基本特征》,载《沧桑》,2010 年 08 期。

6. 中共中央办公厅、国务院办公厅、中央军委办公厅:《关于进一步加强烈士纪念工作的意见》,转自 http://www.gov.cn/jrzg/2013-07/03/content_2439984.htm,2013 年 7 月 3 日。

整合资源　突出特色

——县级博物馆可持续发展的思考

郏县三苏纪念馆　　　　　宁贯晓

平顶山市文物管理局　　　郑永东

摘　要：在博物馆免费向社会公众开放的时代大背景下，如何充分发掘博物馆作为公益性文化机构的社会价值，如何获得一个良性的可持续发展机制，这是县级博物馆面临的共性问题。笔者针对平顶山市县级博物馆建设和发展中存在的问题，认真进行分析，提出要整合资源，突出特色，加快博物馆数字化建设，建立博物馆信息传播平台，走内涵发展的道路，把提升展陈水平和提高服务质量作为工作的出发点和落脚点。

关键词：县级博物馆　整合资源　可持续发展

近年来，在各级党委、政府的正确领导下和有关部门的大力支持下，平顶山市的博物馆事业得到了快速发展，取得了多方面的显著成就。现已建成以平顶山博物馆为龙头的各类博物馆9个，待建博物馆4个。基本实现了县县有博物馆、纪念馆。然而，在免费向社会公众开放的时代大背景下，如何充分发挥博物馆作为公益性文化机构的社会价值，如何获得一个良性的可持续发展机制，这是县级博物馆面临的共性问题。

一、县级博物馆现状及存在问题

随着社会和经济的快速发展，县级博物馆的现状与建设文化强市的软实力需求之间，存在着较大的差距。县级博物馆事业在发展中还存在着一定的问题，笔者认为主要有以下六个方面：

1. 博物馆建设结构不合理。全市现有的县级博物馆，全部为专题馆，没有一家综合馆。

2. 博物馆发展状况不平衡。县级博物馆大致可分为四个层次：一是硬件条件较先进，工作运行正常，如叶县县衙博物馆、郏县三苏纪念馆；二是原有馆运行正常,新建后硬件条件较先进,但新馆尚未正式对外开放或尚未建成,如广阔天地大有作为纪念馆、临洮寨生态博物馆;三是现有馆舍条件并不理想,但运行正常,如汝瓷博物馆;四是现无固定馆舍,运行也不正常,新馆正在筹建过程中,如郏县博物馆。

3. 博物馆业务功能有待提高。收藏与保护是博物馆的最基本功能,藏品是博物馆的核心要素,征集藏品是博物馆重要的基础工作。可由于民间收藏的兴盛和财政经费投入的严重不足,致使县级博物馆的文物征集工作越来越困难,不少博物馆多年来难以征集到展览所需的文物,藏品的数量和质量都无法满足办展的需求;同时,科技保护和科学研究工作受到资金、技术和人才的制约。

4. 博物馆的展览活动不丰富。大多数县级博物馆由于缺少必要的经费,基本陈列常年不变,无法组织观众需要的临时展览;加上文物藏品资源的整合利用没有得到应有的重视,馆际交流合作没有迈开大步,使得博物馆所能提供的公共文化服务不能适应人民群众文化生活的需求。所以,加强博物馆的展览展示工作,努力提高县级博物馆的展览展示水平,充分发挥县级博物馆的展示教育作用乃是当务之急。

5. 队伍建设不完善。在全市县级博物馆现有的 68 名在编人员中,专业对口人员仅 13 人,具有文博专业大专以上学历的人员不到 20%;专业技术人员所占比例也不高,业务骨干紧缺,县级博物馆没有中级专业技术职务以上的业务骨干,人才分布不合理;而且文博队伍的知识结构不合理,专业素质不高,专业知识培训和更新亟待加强,县级博物馆文博队伍的这些现状已严重制约了博物馆事业的发展。

6. 博物馆事业运行经费紧缺。经费问题是市、县级博物馆普遍存在的突出问题,县级财政每年给博物馆的事业经费,按编制人头数安排,事业费和办公经费都难以落实,再加上增收又无正常渠道,经费保障困难,使得博物馆业务开展和自身建设受到极大制约,并直接影响职工队伍尤其是业务骨干的稳定。从调研汇总情况看,县级博物馆职工的年均收入一般在 1 至 2 万元左右,有少数博物馆的年人均收入低于 1 万元。博物馆系统职工的年均工资收入低于当地多数行业的年均水平。由于财政投入不足,还直接导致许多县级博物馆的基础设施配套不健全,藏品建档、藏品保护和陈列布展等工作经费没有保障,影响了各方面业务工作的正常开展。

二、原因分析

全市县级博物馆这些普遍存在的问题,原因是多方面的,主要归纳起来有以下几点:

1. 规划科学论证不够,办馆目标欠明确。由于各市、县的经济发展状况和党委政府重视程度的差异,博物馆建设中合理规划和科学论证不够,存在着一定的盲目性和随意性,没有按照功能优先的原则凸显特色、合理定位。另外,在博物馆定位论证时长官意识也影响了博物馆的发展方向。同时上级主管部门又无法进行有力的统一调控和监督,难免出现结构布局不合理、功能配套不健全、发展状况不平衡的问题,也影响了博物馆建成后使用功能和社会作用的发挥。

2. 思想观念相对保守,内部改革相对滞后。博物馆是一个纯公益性的文化事业单位。多年来,由于受体制影响,从领导到职工市场意识、竞争意识、创新意识和效益意识不强,缺乏激励机制,直接制约、影响了博物馆事业的发展。

3. 制度建设欠完善,科学管理力度不够。长期以来,由于行业缺乏规范标准,对制度建设重视不够,导致职责不清、任务不明、岗位责任制难以落实,工作考核没有真正到位,内部科学管理没有得到足够重视,结果也就制约了业务工作水平和服务质量的提高,影响了自身的队伍建设。

4. 财政投入不足,保障体系不完善。政府应主导博物馆事业的发展,加大财政投入,这是由博物馆单位的公益属性决定的。博物馆事业的发展一方面离不开政府的主导与扶持,另一方面也需要社会力量的参与和支持。虽然近年来投向公共文化事业的发展经费在逐年增长,可是缺口仍然很大,满足不了文博事业发展的需要;且博物馆自身增收能力又极其薄弱,所以资金困难也就成了制约基层博物馆工作正常运行的瓶颈。

5. 服务意识不强,职能定位不准确。博物馆是一个公共文化服务单位,除了征集保护、科学研究之外,展示教育也是其发挥社会作用的具体体现。博物馆的服务质量和水平实际上关系到博物馆的兴衰,博物馆工作者应树立“以人为本、服务至上”的观念。但以往我们对此重视不够,思想认识上没有摆正自身与社会的关系,没有把展览展示、服务社会的工作摆到应有的突出位置,这就使博物馆难以得到广大观众的认可和社会的认同。

三、县级博物馆发展的对策措施

针对全市县级博物馆建设和发展中存在的问题,认真总结以往工作的经验教训,整合资源,突出特色,走内涵发展的道路,把提升展陈水平和提高服务质量作为工作的出发点和归宿点,应从以下几个方面抓好落实:

1. 整合资源,突出特色,做好基本陈列展览。县级博物馆与省市大馆相比,大多是在计划经济的旧体制下创立和运行的,工作人员少,建筑规模小,普遍存在文物藏品不丰富、品种单一且精品极少的情况,构不成规模,就产生不了应有的效益和影响,所以县级博物馆的基本陈列是无法与一些大博物馆相比的,但基层博物馆又有大馆所无法比拟的地域特色,那些虽不精美绝伦但却极富传统文化内涵和民俗特色的藏品,就可以作为基本陈列的文物展品。我们可以着重从当地的传统文化艺术形式、历史名人、各行业发展等方面去挖掘和探寻自身的特色,做好基本陈列。

同时,以整合资源、提高管理能力和效率为重点,与其他类型的博物馆相结合,相邻区域内的博物馆可以进行线路的组合以形成体系,密切合作,打破"各自为政"文物资源零乱、分散的局面,对较大行政区域内的文物资源、工作力量、展览市场进行整合开发,充分运用。还可以与其他自然类景区进行资源整合,建立无障碍参观旅游区,资源共享,市场互动。

2. 以人为本,紧跟形势,多办临时热点展览。对基层博物馆来说,受地域和各种条件的限制,临时展览更加切合县级博物馆的办展实际。因为临时展览一般规模小,制作要求不高,对场地要求也不是很严格,而且具有很强的针对性,紧跟形势,容易引起政府和有关部门的重视,许多切实的问题也就迎刃而解了。基层博物馆可以采取与相关行业或单位及社会力量联办的方式,也可以从大馆引进临时展览,要抓住机遇,紧跟形势,及时制作资料,尽可能利用本地资料,以最快速度陈列布展,要贴近现实、贴近群众,激发广大观众进入博物馆的热情,更好地满足基层群众的精神文化需求。

3. 加快博物馆数字化建设,建立博物馆信息传播平台。随着社会信息化的飞速发展,县级博物馆现在也开始跻身于数字化潮流中,笔者认为,首先应搞好信息资源数字化,就是利用数字技术将馆藏信息转换为数字信息,并以数字形式存储和交流。传统博物馆的信息资源存在于藏品本身之中,而这些藏品既有实物形式,也有文字、图案等其他形式。对于这些信息、资源的数字化采集也就包括了对产品信息进行全方位的图像、文字、视频以及声音的数字化,经过数字化的信息资源还要经过数据库软件进行分门别类,并建立索引,最后才能成为网络信息资源。其次要重视网络平台的建构和维护,加强自身建设。网络平台是数字化后的信息资源与参观者之间的互动媒介,基层博物馆建立自己的网络传播媒介并维护它的良好运转,还是有一定困难的。这就要求我们集合各种资源,坚持不懈地进行信息的更新和资源的充实,尤其是一些时效性的信息,一些互动性的栏目,必须有专人负责,及时与大众沟通并反馈博物馆的意见,真正成为传播博物馆信息的重要窗口。

4. 加强管理,调整知识结构,提升服务水平。基层博物馆出于自身条件的限制,在制定本馆的规章制度时,不妨在国家颁布的法律法规的基础上,根据自身实际,按照博物馆的工作特点将一些制度制定得再具体一些,强化博物馆管理以及专业队伍建设,要立足于请进来,送出去,走岗位自学、相互促进的业务学习路子,全面调整专业工作人员的知识结构,全面提高整体素质,为开展博物馆各项工作创造有利条件。

5. 加大财政投入和政策扶持,进一步改善博物馆发展的社会环境。要进一步加快县级博物馆事业的发展,县级政府需按照有关规定,承担起辖区内博物馆事业发展的主体责任,继续进一步加大财政资金投入,建立和完善县级博物馆事业发展的保障体系和扶持措施,确保县级博物馆各项业务工作能正常运行。同时,博物馆自身也要加强公众宣传,营造良好的社会环境,加强与社会各界的联系,从而进一步优化可持续发展的社会环境。

总之,县级博物馆作为一项公益事业,离不开各级政府、上级业务部门及广大人民群众的重视和扶持。但对于县级博物馆自身而言,在开发利用的过程中,既要重视基本陈列的生命力,也要及时考虑观众的需求,只有不断推进基层博物馆与社会的相互融合,增强博物馆对市场经济和社会发展的适应能力,走可持续发展的道路,才是县级博物馆走向成功的关键所在。

发掘社区文化优势　搞好社区博物馆建设

邯郸市博物馆　高　峰

内容提要：21世纪是社区文化的世纪。博物馆建设的目标，就是要成为"活的博物馆"，让当地及附近社区民众愿意经常来参加活动，以发挥收藏、展示、研究、教育、休闲等功能。因此，社区博物馆建设成为21世纪以来的一大趋势。

社区博物馆如何发掘社区文化优势，如何与社区建立良好的互动关系，以争取社会资源，并完成博物馆的使命，促进社区文化建设，是时代提出的要求，也是社区博物馆建设的一大挑战。本文注重探讨两者的关系及相互作用。

关键词：社区博物馆　社区文化　相互关系　体制建设

社区文化是指在一定的区域范围内，在一定的社会历史条件下，社区成员在社区社会实践中共同创造的具有本社区特色的精神财富及其物质形态。社区文化本质上是一种家园文化，具有社会性、开放性和群众性的特点。社区文化就是社区特点在文化上的反映。①

社区博物馆，从狭义上说就是在社区里面的博物馆，从广义上说则是将整个社区作为博物馆。传统博物馆强调作为客体的展品，主要关注的是过去；新型博物馆则强调系统，强调主体与客体的结合，更多地关注现在和未来的发展。广义的社区博物馆属于新博物馆类型，可以看成是一个社会系统，是活态的。②

社区博物馆从设立概念到运营理念几乎都是舶来品。概念的提出源于著名博物馆学者肯奈斯·哈德森于1987年考察世界各地的博物馆后所著《有影响力的博物馆》一书。书中指出，艺术专业分科愈趋精细，一般民众越来越无从了解这些学科，而感到被排除在知识权力之外，与此同时，掌握知识权力者以模糊不清的学术用语自筑象牙塔，使得理论性的知识论述与当地的知识之间的鸿沟日益扩大。据此，书中预测，在未来的数十年中，最具影响力的博物馆，将是在经营上，能结合地

---

① 袁德：《社区文化论》，中国社会出版社，2010年。

②③ 肯奈斯·哈德森著，徐纯译：《有影响力的博物馆》，国立海洋生物博物馆，2003年。

方资源的社区型或生态型的博物馆。所举例证之一就是美国的安纳考斯提亚社区博物馆。根据首任馆长金纳德的记录,该博物馆成立于 1967 年,位于华盛顿贫民区,居民以黑人为主。当听到公益机构将要筹建社区博物馆的消息时,居民主动接洽,并成立了咨询委员会,最终讨论决定改建一个废弃的小电影院为社区博物馆。在这个过程中,社区成员在决策中始终扮演着相当重要的角色。另据台湾学者陈佳利考证,安纳考斯提亚社区博物馆是全球首家以社区民众及其议题为主的社区博物馆。③

金纳德主张,博物馆应以新的理念与思考来挑战社会问题,社区不只是博物馆服务的对象而已,其本身即为规划者与决策者。这样强调社区民众实际参与并解决社区问题,成为社区博物馆自开创以来,一直秉持的重要理念。社区文化所倡导的价值观念、人生态度、生活方式能有效影响、规范社区居民的行为选择,培养社区居民积极健康的生活方式,排斥颓废、落后、腐朽的价值观念和行为取向,并有效抑制由于社区居民价值观念的碰撞所引发的矛盾、冲突,纠正社区居民的行为偏差,保持社区的良好秩序,进而维护整个社区的安定团结。

进入 21 世纪以来,中国的社区博物馆建设蓬勃发展。

实践证明,只有当社区博物馆在关怀社会、研究社会、服务社会中不断取得新的成绩时,它才会从社会中获得新的生命力,获得新的进步和发展,社区博物馆与社区文化有着密切的联系乃至相互交融的促进关系。

天津市和平区崇仁里社区"社会组织博物馆"荟萃社区的创作成果,交流个人制作、收藏,不定期开展个人作品展示、家庭收藏鉴赏等活动。唐山市龙南社区"文化博物馆"内 60 余件展品均是居民自发捐赠的,展品记录了社区居民自改革开放以来的生活变化和发展成就。④南京丁山社区"电影博物馆"里,有与电影相关的各类藏品,都是八一电影制片厂、电影收藏爱好者和社区居民无偿捐赠的。⑤南京石头城社区"历史文化博物馆"陈列的近 200 件物品有南朝时的耕具、明代的马桶、各年代的结婚证,还有日军投降遗留物等。上述社区博物馆,并无明确的保护对象,但可供交流学习。其展品水平与活动规模以达到社区服务的基本目的为要旨,即成为社区一级的博物馆。

---

④《唐山首家社区博物馆》,《燕赵都市报》,2013 年 5 月 25 日。
⑤《探访我市首家"社区电影博物馆"》,《南京日报》,2011 年 9 月 1 日。

　　由于目前我国社区博物馆的建设运营仍处于草创阶段,不少社区博物馆亟须解决场馆、资金及藏品等问题,其单纯的硬件、展品、资料的诉求还不足以凸显社区博物馆的精神内涵。作为公立博物馆,可以依靠自身丰富的建馆经验,主动指导社区博物馆建设。邯郸市博物馆在这方面做了有益的尝试。为了让更多市民了解邯郸的历史文化,熟悉家乡风土人情,邯郸市博物馆做成一幅幅图文并茂、机动灵活的展板,利用精美的图片、详尽的图版说明,将博物馆展厅内容带进社区。活动中,讲解员们用生动亲切的语言,向群众详尽介绍了馆内的基本陈列和各种珍贵文物、邯郸市国保单位和非物质文化遗产等知识。这种流动展览的形式能让更多的市民在自己家门口就能享受到文化美餐,丰富了社区群众的文化生活。同时,向社区居民倡议,拿出自己手中的藏品,建立属于自己社区的博物馆,邯郸市博物馆将参与指导和帮助。并告诫居民,社区博物馆的建立,就是为了让社区居民打破传统博物馆建设的藩篱,去发现社区本身就是探索知识的殿堂,发现乡土一砖一瓦中的奥秘。

　　从近年来社区博物馆建设的实践来看,十分重要的一点是有赖于社区文化的规范导向功能。一个缺乏整合度的社区必定是凝聚力极小或处于分化状态的社区。所以,必须发挥社区文化的规范导向功能,引导和约束社区居民的行为,使之真正成为一种自律行为。社区博物馆恰恰具备这方面的功能,因此,社区博物馆建设应围绕以下特点开展活动。

　　一是教育陶冶功能。社区博物馆所倡导的正面道德伦理、价值观念、精神追求等,对社区居民的生活方式、理想追求会产生重要影响,并能激发社区居民自觉追求真、善、美的生活境界。社区博物馆应通过潜移默化的教育方式,将健康向上的思想以及自然和社会科学知识等传播给社区居民,让他们在审美和娱乐中受到思想的陶冶和精神的感染,使他们从中受到启迪、获取知识、提高素质、增强能力,更好地成为"有理想、有文化、有道德、有纪律"的社会主义建设人才。要不断创新社区博物馆社会教育功能的多种拓展形式,激活民族文化的生机,传扬民俗文化的风情,演绎民间文化的智慧,让居民感受到传统文化的意趣、智慧、魅力,让文化回归民间、亲近生活、惠及民众,培育文化根脉,扩大社区文化认同,增强社区文化凝聚力,促进社区文化的大发展大繁荣。

　　二是社会沟通功能。社区博物馆可以有效地促进社区居民的交往和互动,搭建相互沟通、了解的平台,增强社区居民对社区的认同感和归属感,满足社区居民与他人交往的需要,冲破现代人冷漠、封闭、孤独的内心世界,创造和谐、友善的人际关系。城市化进程的快速发展引发的各类社会问题,迫切要求强化社区文化的社会沟通功能。社区博物馆以居民共同关心的利益与事务为主线,以共同的兴趣与爱好为依托,增加布展内容,从而加强彼此之间的了解,增强社区凝聚力。

三是休闲娱乐功能。社区博物馆可以通过以休闲娱乐为内容的布展,帮助居民得到心灵的抚慰,把人们引导到追求更加全面、和谐的生存状态和健康的生活方式中去。这对于调整社会转型期人们的浮躁心态、缓和社会矛盾具有独特作用,将使社区居民的生活变得越来越绚丽多姿。

所以,举办社区博物馆,必须深化认识,奠定思想基础。要防止社区博物馆可有可无的思想,更要防止走过场的思想。这两个误区严重影响着社区博物馆的建设和发展,必须予以纠正。

要高度重视,明确社区博物馆的建设资源。文化兴市已经成为众多城市发展规划中的战略思考。为此,必须明确社区博物馆建设的目标,把着力点放到不断提高城市的文化品位、满足居民不断增长的文化需求上来,把社区博物馆建设成为文化氛围浓厚、展品形式多样、内容丰富、特色鲜明、布局合理、运作机制健全、社区居民参与程度较高的新型博物馆,使之成为社区居民求知、求美、求乐、求健康的场所,真正实现知民、为民、乐民的社区文化建设宗旨。

与时俱进,完善社区博物馆建设机制。要坚持以人为本、共驻共建、资源共享、循序渐进的原则,要调动居民和社区各单位的积极性,扩大参与范围,提高参与程度,实现广大居民在社区博物馆建设中的自我组织、自我管理、自我服务、自我发展。

科学规划,整合开发社区博物馆资源。按照合理布局、优化结构、突出重点、体现特色的原则,整合社区博物馆设施资源,防止低水平重复建设,打破条块分割造成的资源封闭、利用率不高的状况,让社区居民充分享受本社区博物馆资源。各级公立博物馆要加大对社区博物馆的投入,也应鼓励企业、个人捐赠或直接投资经营社区博物馆。

精心设计,增强社区博物馆的吸引力。应充分考虑社区居民因不同年龄、文化、职业等形成的不同文化需求,以及社区居民的不同爱好、追求和意愿。活动内容和形式一定要新颖有特色,做到多样化,要千方百计激发、引导社区居民参与,最大限度地提高居民参与率和满足居民的精神文化需求。

　　多样化，个性化，简朴实用，布局合理，是大势所趋。总之，社区博物馆建设应丰富多彩，追求个性，与城市历史、文化特色相融合，力求做到百花齐放，建设特点各异的社区博物馆。可以说，社区博物馆与社区的发展紧密相连，二者相辅相成，互相促进。社区因博物馆所在而使文化品位得以提高，博物馆也因为社区提供完好的服务而使其功能得以延伸。尤其不可否认的是，一个社区博物馆的影响力，与它在本地域内的活动密切相关。社区博物馆作为文化单位，负载的不仅仅是文化的传播，更具有社区文化传播代言人的角色。与社区民众联手举办这种公益性活动，不论是对社区博物馆本身，还是对社区博物馆在社区、社会的影响力乃至对优秀传统文化的普及与传播，都能起到一定的积极作用。

提升博物馆公共服务能力
加快博物馆事业发展

鄂豫皖苏区首府革命博物馆　　汪心恩　王拥军

摘　要:公共服务能力是指公共服务主体能否意识到公共服务客体的需求并及时提供公共服务以及提供公共服务的水平如何。博物馆作为公益性、公共性社会文化机构,为社会发展和人民大众提供服务是其全部工作的主旨和目标。这就决定了博物馆公共服务能力是指为服务社会发展,满足人民大众公共文化生产生活服务需求,必须具备良好公共文化服务设施、服务技能、技术和技巧。

关键词:博物馆　公共服务

改革开放以来,人们的思想观念和社会各领域都发生了前所未有的转变,社会要求服务,市场注重服务,政府倡导服务,企业追求服务,服务已成为一种潮流趋势。作为社会文化宣传、教育传播的重要窗口,社会主义公益文化建设的生力军,博物馆更应该把握时代脉搏,依托藏品和陈列展览为社会和公众提供优质的参观学习、社会教育、科学研究、旅游休闲等服务。

一、提升博物馆公共服务能力是深化免费开放工作的客观要求

党的十八大提出"建设社会主义文化强国,必须走中国特色社会主义文化强国道路,坚持为人民服务、为社会主义服务的方向,坚持百花齐放、百家争鸣的方针,坚持贴近实际、贴近生活、贴近群众的原则,推动社会主义精神文明和物质文明全面发展,建设面向现代化、面向世界、面向未来的民族的科学的大众的社会主义文化。""加强重大公共文化工程和文化项目建设,完善公共文化服务体系,提高服务效能。"中共中央宣传部、财政部、文化部、国家文物局四部委下发的中宣发【2008】2号文件中明确要求:"各有关博物馆、纪念馆应将贴近实际、贴近生活、贴近群众作为不懈的追求,准确把握免费开放后观众精神文化需求呈现出多层次、多方面、多样性的特点,在展示传播的内容上、形式上更加积极探索和大胆创新,成为文化教育和传播的中心,成为公众流连忘返的文化园地。"可见博物馆作为我国公益性文化建设发展的重要阵地。必须深刻领会以上会议和文件精神，着眼于人民大众和社会发展需求，强化服务意识，完善服务设施，充实服务内容，全面提升博物馆的服务工作能力。

一是增强服务意识，提高服务质量。博物馆要变过去的等观众为请观众，树立以人为本的服务理念，要真正认识到服务的社会意义与价值，从时代出发，从观众出发，认真研究社会需要和观众需要，把提升博物馆公共服务能力放到社会需要的基础上，逐渐形成自觉的社会服务意识。树立热爱观众、真诚为其服务的意识，使观众在接待咨询、讲解服务、购物休息等一系列活动中畅通无阻，舒适便捷。服务内容包括很多方面，除了微笑服务、统一着装、文明用语、热情讲解外，还要从为观众营造优美舒适的环境等细节上抓起，想观众之所想，急观众之所急，让广大观众始终有一种宾至如归的感觉。

二是丰富陈展内容，提升陈展水平，增加新的视点。陈列展览一直是博物馆服务观众的主要内容，博物馆创办陈列展览要融知识性、趣味性、参与性、服务性于一体，才能吸引观众、留住观众。在陈列展览的设计制作上，要重视观众心理需求，坚持人性化方针，从陈展布局、陈展方式和服务设施方面多替观众着想，多规划设计制作一些互动性项目、服务性功能设施，才能充分发挥博物馆的服务功能。以鄂豫皖苏区首府革命博物馆之专题展馆——鄂豫皖苏区将帅馆内部陈展为例：序厅大型铜雕面积达 330 平方米，是国内目前以开国将帅为题材的、面积最大的铜质雕塑。雕刻的是在鄂豫皖苏区工作和战斗过的 349 位开国将帅，人物雕刻栩栩如生，极具震撼力和艺术感染力，吸引观众眼球；《依依惜别》、《雪中送炭》、《济南战役》、《将军村》、《革命母亲》等场景设置，不仅增强了观众参观时的趣味性，也增加了观众审美情趣。

为了更好地服务社会，鄂豫皖苏区首府革命博物馆还开办了"大别山红色廉政文化"专题展厅，与贵州四渡赤水纪念馆联合举办了"中国女红军"专题展，受到了观众的普遍赞誉。

三是本着"人性化"的服务理念，优化服务设施，灵活教育手段。博物馆要在提供服务设施方面处处体现以人为本，在鄂豫皖苏区将帅馆设置有留言台，安装了数字导览讲解系统，设置了电子翻书台、将军档案查询处，不仅让观众在参观之后可以有感而发，观众可以根据自己的需要进行查询学习，增强了展览的互动性，延伸了展览的服务功能；此外，展厅还设置了舒适的休息座椅，并免费开放多功能影视厅,播放红色歌曲、电影《夜袭》《惊沙》、电视剧《上将许世友》等有教育意义的革命题材的电视片、专题片。这些艺术性、科技性高的展示手段和人性化互动项目、休息设施的设置,使观众在轻松、愉悦的环境下动手动脑,学习和感受将帅们的丰功伟绩,得到了观众的一致好评,直接提高了博物馆的公共服务能力。

2013年5月19日,中央政治局常委、中央书记处书记刘云山参观鄂豫皖苏区将帅馆后,深情地说:"精神力量是无穷的,我们党带领人民战胜困难,成就伟业,靠的是理想,靠的是信念,靠的是作风。开辟未来就要不忘本来,继承党的优良传统,用好宝贵教育资源,不断丰富中国精神,壮大中国力量,汇聚起实现中国梦的强大正能量。"

二、提升博物馆公共服务能力是提高自身发展能力的必然要求

近年来,我国开展了博物馆定级评估工作,它对博物馆基础设施、社会服务等方面都提出了很多细化的要求,公共服务能力成为一项重要评定标准。在全国旅游大发展的背景下,作为地方文化展示的重要载体的博物馆,大多与地方旅游联姻,成为旅游的重要景区、景点。同样,在国家A级景区创建中,公共服务能力也是一项重要的评定标准。而且随着人民物质生活水平的不断提高,对公众场所环境和功能的要求也越来越高,更注重环境的优美性、舒适性和便捷性。在市场经济大发展的潮流下,博物馆作为一种文化旅游商品,要想脱颖而出,同样需要打造品牌,提升形象,提高竞争力。所以必须多做换位思考,想观众之所想,急观众之所需,在环境功能建设、综合管理上突出公共服务能力,才能更好地吸引和留住观众,才能有更广阔的发展舞台。

把加快博物馆旅游标准化建设作为强化博物馆公共服务能力的重要基础。紧紧围绕"吃、住、行、游、购、娱"旅游六要素,对博物馆设施和功能进行进一步完善和发展,把完善优质的博物馆系列服务作为工作的重点。博物馆应从导览图的规划制作、各种标识牌、指示牌的设置和安装、公共休息设施设置到导游服务、咨询服务、邮政服务、电信服务、特殊人群服务、电子商务服务等,细致入微,为观众提供便捷、舒适、优质的参观游览环境,让观众流连忘返,百看不厌,以细小赢得声誉,以声誉赢得观众。如鄂豫皖苏区首府革命博物馆紧扣陈展主题,依托山环水绕的独特地形、地貌,高标准规划,科学建设,多方争取资金5000多万元,对馆区进行了新建、扩建。馆区面貌发生了翻天覆地的变化,由占地不到30亩的小馆,发展成为规划面积288亩,占地面积120亩,建筑面积9589平方米的大馆。馆区分为展览区、国防教育区、绿色休闲区、主体雕塑区四大部分。此外,还配套完善了馆区内的游客服务中心、医疗室、厕所等各种服务设施,更新了各类标识牌和指示牌、定点讲解及背景音乐播放系统。整个博物馆布局合理,结构严谨,环境优美,是一个红色文化、绿色风光、人文景观汇聚,集社会教育、参观游览、休闲娱乐于一体的综合性景区。使前来参观游览的观众不仅能够参观陈展,追忆历史,瞻仰先烈,接受爱国主义和革命传统教育,还能到兵器园了解兵器知识,进行实地操作,激发爱国热情,更能在英雄山欣赏满山桃花,漫步山间休闲步道,看青山绿水,享休闲之美,有力地提升了博物馆的公共服务能力和水平。

三、深化管理,提升博物馆公共服务能力是国际博物馆事业发展的必然趋势

第二次世界大战后,世界各国的经济和社会进入一个长期繁荣发展时期,特别是 20 世纪七八十年代信息化的快速发展,也带来了世界博物馆的大繁荣。人们对知识的渴求、更新学习更加迫切,学习获取知识的方式呈现多样化。博物馆作为人们社会文化学习的重要场所,教育和服务功能被推到前所未有的重要位置上。在西方国家,博物馆界早在 20 世纪 70 年代已将“以公众服务为中心”的理念置于博物馆建设发展中,博物馆的展览设计、公共设施、社交职能等都强化了服务内涵。博物馆公共服务能力不仅成为吸引观众的重要因素,更成为评价博物馆好坏的重要标准之一。西方的不少博物馆就是因为不能为公众和社会提供良好的公共服务而遭到破产和淘汰的。由于历史原因,我国的博物馆事业与世界发达国家相比还存在差距,特别是我国大部分博物馆都属于政府部门下属的公共事业单位,存在着管理模式单一、思想僵化、服务意识淡薄等问题。在全球一体化进程不断加速的情况下,我国的博物馆要想获得跨越式的大发展、大繁荣,和国际博物馆接轨,必须加强和国际博物馆的交流与合作,学习和借鉴他们的先进发展模式、管理和运营理念,不断强化博物馆的公共服务能力。

把加大人才队伍建设、科学管理作为强化博物馆公共服务能力的重要保障。高素质的人才队伍是事业发展的重要保证。博物馆事业要持续、稳定、健康发展,就必须牢固树立科学发展观,坚持以人为本,深化体制改革,大力实施“人才强馆”战略。一是要培养一支高素质的管理人才队伍。博物馆的公益性综合文化服务作用日益凸显,综合管理水平的高低,不仅影响着博物馆的整体形象,更影响着社会服务功能的发挥。博物馆的建设发展必须打造一支具有丰富文化知识、业务水平和管理才能的管理队伍。他们必须能够把握住时代发展的脉搏,熟悉了解社会经济文化的发展动态,紧跟博物馆发展的潮流和趋势,结合实际,制定科学的管理制度和章程,运用丰富的管理方式和方法,使博物馆管理科学规范,更好地服务社会。二是要培养一支精干的研究人才队伍。科学研究是博物馆的三大职能之一,打造一支专业水平高、业务能力强的科研队伍,对博物馆科研水平的高低起着重要作用。博物馆要通过研究人员对地方历史人物和事件的挖掘研究,总结出具有规律性、理论性的认识,指导陈列展览的制作、文化教育功能的发挥,从而使其产生更大的感染力和更强的震撼力,激发人们的爱国热情。三是要培养一支优秀的讲解员队伍。讲解员处于博物馆工作第一线,担负着宣传教育、组织引导、协调处理、写作研究等方面的职能。讲解员是博物馆与观众间的重要桥梁和纽带。因为讲解员在讲解时语言的感召力、感染力及观物感是其他教育方式所不能替代的。生动的讲解能激励观众,并与之产生共鸣,从而达到最佳的教育效果。所以说讲解员的工作态度、自身修养、讲解水平、服务质量的好坏直接影响着博物馆的形象和声誉,影响着观众的参观质量,并在很大程度上决定着参观人数的多少和观众回头率的高低。

时代的发展要求博物馆的展览不应该仅仅是深坐闺中,更应该积极主动地走出去,占领社会阵地。博物馆应该制作一批主题鲜明、时代感强的临时展览和巡回展。作为博物馆人我们还要积极深入学校、机关、部队、社区、企业、农村开展送展活动。通过组织宣讲队、第二课堂、共建活动、文学笔友会、征文、论坛、演讲比赛等方式,进一步拓展博物馆宣教的手段和形式,让博物馆服务社会的形式多元化。如鄂豫皖苏区首府革命博物馆不仅坚守原有的阵地,还走出馆门,拓展阵地,先后在中小学校、企业、乡镇等地精心举办了各种类似于在新县三中举办的"爱祖国、爱家乡"革命传统教育专题报告会等专题展览、巡回展览50余次。该馆还组建了宣讲演出团,与大别山干部学院等单位联办,宣讲在鄂豫皖苏区工作和战斗过的349位开国将帅的英雄事迹。积极开展"访谈式教学"——请将帅子女到将帅馆讲红色故事,受到了广大游客学员的一致好评。编排了情景剧《红色大别山》。在鄂豫皖苏区首府革命博物馆英雄广场开辟了"大别山红歌广场",每周五组织人员唱红歌,无声的历史变成了有声的艺术,让优秀的历史文化融入社会生活,积极扩大受教育的群体,成功实行了博物馆"走出去"策略,使博物馆更加贴近实际、贴近生活、贴近群众。

大力发展博物馆文化产业,拓展公共服务范围。文化产品是"博物馆文化的缩影",是实现博物馆社会文化服务功能的最直接、最有效、最重要的途径之一。博物馆要在对市场深入调查研究的基础上,依托文物藏品、陈列展览等,加大创意文化产品的开发力度,形成具有鲜明地方特色的文化产品,将博物馆文化以有形的物质产品形式融入人民群众的社会生活中。像河北承德避暑山庄博物馆开发的"福禄寿禧"为主题的文化产品和河南省博物院的华夏古乐团演出,顺应了社会发展需求,利用自身的资源优势,架起了文化传播与观众沟通的桥梁,使文化产品更好地发挥了为社会文化服务的作用。

数字化、信息化给博物馆建设发展带来了崭新的空间,也为博物馆提高公共服务能力提供了广阔的平台。博物馆通过网络、计算机等现代信息技术,把资源转换成数字构成的网络交流平台,将数字技术与馆藏展品、馆内陈展等有机结合起来,采用现代高科技手段来进行展示,像利用声、光、电、影像、多媒体、雕塑等手段,让博物馆以一种全新的形式展现在观众面前,让观众在参观过程中减少"视觉疲劳",加深印象,达到宣传教育的目的。进一步增强博物馆的趣味性和吸引力,拓展博物馆为社会服务的空间。

加强博物馆志愿者建设,延伸博物馆公共服务建设的触角。健康稳定的博物馆志愿者队伍,可以有效地解决博物馆免费开放后的专职讲解员、公共服务员不足的问题,优化博物馆的服务质量。而且,博物馆志愿者大多来自社会各界,他们参与博物馆的日常维护管理工作,博物馆应通过志愿者在博物馆工作的亲身体验在社会中传递,增强博物馆的参与性和亲和力,扩大博物馆的社会影响力,更加有力地推进博物馆文化的传播和发展。

时代的发展给博物馆发展注入了更多的内涵,我们要认真学习贯彻党的十八大精神,增强时代意识和社会责任感,开拓创新、求真务实,以更加科学有效的管理办法提高博物馆公共服务能力、提升服务水平、优化服务平台、提升服务质量,推进博物馆事业大发展、大繁荣。

展览与创新

略谈纪念馆陈列大纲的编辑设计
—— 以"八路军抗战史陈列"为例

八路军太行纪念馆　　李东光

内容提要：本文以博物馆科学发展的现代理念为指导，以"八路军抗战史陈列"为例，从陈列展览的序厅前言设计、照片设计、文物设计、序列表设计、地图设计、艺术品(含绘画和雕塑)设计、历史景观设计、结束语设计等方面，具体就革命纪念馆陈列展览大纲的编辑设计这一话题，阐述一下自己的实践经验和基本观点，并向参加晋冀豫陕四省博物馆理论与实践研讨会的领导专家请教。

关键词：纪念馆　陈列展览　实践

　　在博物馆日常工作和工程建设中，陈列展览是其中最重要的品牌项目，而陈列大纲又是陈列展览的蓝图与指针，所以博物馆陈列大纲的编辑设计工作便显得至关重要，下面我想结合多年来从事陈列展览工作的实践经验，以大型主题展览"八路军抗战史陈列"为例，就纪念馆陈列展览中的序厅前言设计、照片设计、文物设计、序列表设计、地图设计、艺术品(含绘画和雕塑等)设计、历史景观设计、结束语设计等方面，浅谈一下纪念馆陈列展览大纲的编辑设计话题，从而为兄弟博物馆、纪念馆的陈列展览工作提供借鉴。

　　一、纪念馆陈列大纲中的序厅前言设计

　　众所周知，序厅是纪念馆陈列展览的灵魂和精华，是整个展览的门面和窗户，所以在陈列大纲中，首先就要体现和表达清楚序厅设计的整体构思和创意思想，明确提示设计施工单位在陈列布展时，序厅背景图案设计的构成元素、材质形式、地域特色和色调风格，序厅的总体风格要体现宏伟、大气、壮观、亮丽的磅礴气势，要最大限度地吸引广大观众的眼球。"八路军抗战史陈列"序厅设计的墙体背景图案运用"太行红"石质浮雕形式，整个图案由"滔滔黄河""巍巍太行"和"绵绵长城"三个图案构成，以形象逼真的立体感，全方位再现了八路军八年抗战的华北主战场。

纪念馆展览语言是历史和文学的交汇描述,既要求通俗易懂,又要求言简意赅,展览语言要做到大众化、通俗化和口语化。"前言"是一个展览的灵魂和精髓,要做到用高度概括、高度凝练的语言集中表达与展示整个展览深刻的主题思想和办展意义,通过阅读"前言",把观众引入观看展览的浓厚氛围当中,人们把展览"前言"形象地比喻为展览的"眼睛",这就充分证明了编辑设计展览"前言"的至关重要。"八路军抗战史陈列"的前言就用 260 多个文字,高度概括了八路军八年抗战的来龙去脉、作战区域和历史贡献,真正起到了"窥一斑可见全豹"的展示效果。

二、纪念馆陈列大纲中的照片设计

在革命纪念馆的陈列展览中,历史照片展示是主体,也是整个展览的重头戏,所以在编辑陈列大纲时,历史照片的内容和形式设计就显得至关重要。当一个展览的部分、单元、小组等基本框架大纲确定后,首先要做的就是对历史照片的精选和排列,挑选照片的原则,就是选择画面清晰而且最具代表性的照片,编排图片内容顺序时既要考虑每个照片内容所反映人物、事件的时间顺序,又要考虑每个单元、每个小组整体牌面设计的构图美观。由于设计展览不同于编辑图书,在编写展览各部分、单元、小组的标题名称以及所有照片文字说明时,切忌冗长烦琐,尽量用极其简短的话语,高度凝练,简洁明了,特别是在编写具体照片文字说明的时候,把每个照片所反映的时间、地点、人物、事件表达清楚就行,给观众一目了然的感觉。同时,为了制作图片大纲时方便对历史照片的翻拍和扫描,在编辑起初的展览文字大纲时,就要在每个照片文字说明后面都要括注每幅照片的出处,即照片所在的图书、报刊名称或者拥有该照片的个人姓名,这是编辑展览文字大纲的基本规矩。

特别值得一提的是,在编辑展览陈列大纲时,还要考虑重点历史照片的突出展示。常用的照片重点展示的方法有三种,一是图片打头展示,就是把各单元、各组中最经典的照片提到本单元、本组的最前面突出展示,"八路军抗战史陈列"第二部分"八路军总部"单元中就把朱德总司令和彭德怀副总司令在华北抗日前线的巨幅合影照片,放在本单元的第一位展位,起到了出彩的效果;二是图片放大展示,就是把各部分、单元、小组的重点照片进行放大后突出展示,"八路军抗战史陈列"中,在编辑设计图片大纲时通篇都采用了这种方式;三是灯箱片展示,就是把各部分、单元、小组的重点照片采用灯箱片的形式进行设计制作,"八路军抗战史陈列"中第三部分"发动百团大战"单元里"彭德怀在百团大战前线"照片,采用的就是这种手法。无论运用那种表现手法,都必须在展览陈列文字说明大纲中具体括注出来,供展览制作人员参考指导。

三、纪念馆陈列大纲中的文物设计

革命纪念馆陈列展览百花园里,与图片展示相对应的精品文物展示,也称得上是一束束瑰丽的奇葩。从这个意义上讲,编辑陈列展览的文物配置大纲,也显得十分重要。编辑展览文物配置大纲时,除了依据展陈文物的使用年代、使用人物和使用情况等基本信息,编写每件文物的文字说明之外,还得括注清楚每件文物的原始出处(征集来源)、现存放地和文物分类编号,从而为展览文物的调运和提取提供方便。与此同时,还要在文物配置大纲中,注解清楚每件文物的使用年代、质地重量、形状颜色、大小尺寸等基本要素,以供展览制作人员设计文物展台、展架等文物展陈设备时参考。

众所周知,展览中文物展品的陈列形式,主要包括展柜陈列(含陈列壁柜、壁面嵌入式陈列展柜、小型文物展柜和大型文物展柜)、中心陈列(把重点文物或大型陈列品放置展厅中心区域或重点展示空间)、文物组合陈列(同类文物的集中展示)、动态展示陈列(观众可以参与演示、动手操作、亲身体验)、场景化文物陈列(在历史场景中放置文物)、开放式或半开放式文物陈列(观众可以近距离或直接接触文物展品)等。所以在编辑设计展览文物配置大纲时,每件文物都要括注清楚所采用的展示方式,让展陈设计制作人员一目了然,因地制宜地设计文物展品的展示空间。例如"八路军抗战史陈列"中,相当一部分展陈文物都采用了陈列壁柜形式;第二部分重点文物"八路军总部使用过的行军锅"就采用了中心独立展柜形式;一厅和六厅的武器台展示、四厅的八路军游击战使用工具展示和"抗战图书报刊"文化墙展示,则采用了文物组合陈列形式;五厅的"太行民居"院内文物,则采用了场景化文物陈列形式,从而使琳琅满目的八路军抗战文物陈列,成为"八路军抗战史陈列"的一道道亮丽而独特的红色风景线。

四、纪念馆陈列大纲中的序列表设计

革命类纪念馆编辑展览陈列大纲时,序列表的编辑设计也是其中的重要一环。无论是领导机构序列表,还是战役战斗序列表,领导姓名、部队番号、作战区域等内容一定要做到准确无误,还要括注清楚各单元、小组序列表的出处,说明是复制现成的序列表,还是根据最新研究成果设计新的序列表,而且序列表的小样设计都要做到,上下左右设计整齐划一,格式美观。"八路军抗战史陈列"第三部分"发动百团大战"单元里"八路军百团大战指挥系统表",通过广泛查阅史料,研究考证,精心设计,第一次集中展示了目前国内八路军研究的最新成果。

纪念馆展览中序列表的形式设计多种多样,比较常用的展示手法主要是图版式展示和灯箱片展示,这些都要在陈列大纲中说清楚讲明白。"八路军抗战史陈列"展览中的序列表大部分用的是图版式展示方式,其中有一部分例如第二部分第一单元里"八路军总部主官序列表"等采取的则是灯箱片展示方式。

五、纪念馆陈列大纲中的地图设计

策划历史题材的纪念馆展览,历史地图的设计绘制也是编辑陈列大纲时的重要内容。无论是复制现成的历史地图,还是根据各单元、小组内容需要重新绘制的地图,一个重要的原则就是地图标识中的历史地名、部队番号等,必须都是展览所反映的历史年代的历史称谓名称,坚决杜绝用当代地名去标识特定的历史地名。另外,为了制作绘制历史地图的准确规范,尽量避免手绘带来的不良展示效果,除了地图说明文字和括注地图来源出处之外,还得给展览制作公司提供历史地图样稿及其电子版。

展览陈列历史地图的展示形式主要有静态展示地图和动态展示地图(电动地图),电动地图又包括图版式电动地图和沙盘模型式电动地图,这些表现手法都要括注体现在展览陈列大纲中。例如,"八路军抗战史陈列"中的"八路军总部移动路线图"和"八路军南下支队行军路线图"采用的都是图版式电动地图;而"八路军创建华北抗日根据地地形图"采用的则是脚踏式沙盘模型电动地图。

六、纪念馆陈列大纲中的艺术品设计

纪念馆陈列展览中,艺术品的陈列设计主要包括绘画作品设计展示和雕塑作品设计展示。所以,在策划纪念馆展览陈列大纲时,无论是绘画作品还是雕塑作品,首先需要标注清楚艺术品的作品名称、创作年代、作者简历以及每个艺术品的尺寸大小、占地面积和展示空间位置,编写说明艺术品的时代背景和主题思想。如果是展览制作前特邀艺术家新近创作符合各部分、单元、小组内容主题的艺术品,那就得在陈列大纲中,编写清楚每件艺术品的内容构成和可供参考的相关历史图片资料名称,以供创作者构思创作艺术品时参考借鉴。

同时在陈列大纲中还要编写每件艺术品形式设计的创意提纲和选材建议,供形式设计者和制作施工人员把握和落实。例如,"八路军抗战史陈列"中,我们根据整个主题展览的总体创意,主要创作展陈了《夜袭阳明堡飞机场》《八路军和新四军大会师》《收复山海关》等油画作品,以及《抗战领袖毛泽东》《狼牙山五壮士》《抗战英模张思德》等铜雕作品。

七、纪念馆陈列大纲中的历史景观设计

随着陈列展览中现代高科技手段的运用,历史景观的复原设计,已成为革命纪念馆陈列布展的时尚亮点。为此,我们在编辑陈列大纲遇到历史景观设计时,重点要编写历史景观的内容创意和主题思想,以及所展示人物、事件的综合介绍,同时说清楚每个历史景观的场景构成要件。另外,还要根据具体展示空间,描述清楚历史景观的尺寸大小、占地面积和立体构图小样,以供形式设计者作为参考依据。

在革命纪念馆陈列展览中,编辑设计陈列大纲时,要注解清楚历史景观的展示手段与形式,具体编写出每个历史景观的形式设计创意提纲。历史景观展示大致分为静态历史景观和动态历史景观两种。其中静态历史景观是指景观中不含声光电等科技手段含量,只有静态的场面形象展示,例如"八路军抗战史陈列"中,"八路军总部""黄崖洞兵工厂""南泥湾大生产""白求恩战地手术室"等景观采用的就是这种方式。所谓动态历史景观是指景观设计中运用了大量的声光电高科技展示手段,主要表现形式有全景画展示、半景画展示和幻影成像展示等,这些手法大都用在展示战争场景的历史景观中,例如"八路军抗战史陈列"中,"百团大战"和"平型关战役"采用的是半景画展示手法;"黄土岭战役"则是采用"幻影成像"技术手段进行逼真展示。

八、纪念馆陈列大纲中的结束语设计

谈到革命纪念馆陈列展览中的"结束语",这里需要重点强调一下,需要纪念馆同行们的关注和重视。因为目前好多纪念馆的展览只有"前言",没有"结束语",显得虎头蛇尾甚至有头无尾,不成体统。其实在整个展览中,"结束语"的地位和作用相当重要。如果说"前言"是一个展览的"头脑",描述揭示的是整个展览的主题思想的话,那么"结束语"就是一个展览支撑总体架构的"双脚",提炼总结

的是整个展览的办展目的和重要意义。展览"结束语"的撰写,要求语言高度概括凝练,系统总结和集中展示一个展览中蕴含的值得广大观众学习和效仿的伟大精神,从而激发广大观众积极向上、豪情满怀的革命斗志。"八路军抗战史陈列"中的"结束语",就集中提炼出了八路军在伟大的抗日战争中孕育和诞生的伟大太行精神,这种精神正是今天我们中华儿女实现伟大复兴中国梦想所需要的正能量和精神动力。

宝鸡青铜器博物院铜镜展创意心得

——与游客一起寻找古代的中国时尚

宝鸡青铜器博物院　　陈亮　任雪莉

时尚,英文 fashion。"时"指一段时间,"尚"则代表着一种高度,两字连称指的是一个时期内人们崇尚的社会环境和流行文化。时尚的概念很广,它可以是生活中的任何事物,服饰发型,潮流品牌,语言文字,生活方式等等。艺术家说,时尚是一种永远不会过时而又充满活力的艺术,是一种可望而不可即的灵感,它能令人充满激情、充满幻想。我们说,时尚是一种轮回,它在历史的长河中涤荡,在古今之间穿梭。当您看到春秋时期楚国人勒束出盈盈一握的细腰,汉代妇女脸上精心描绘的"啼哭妆"和"受伤妆",唐代的内衣外穿,宋代的人字拖鞋时,您还能分清哪些是今天的时尚吗?

与游客一起寻找古代的中国时尚——这是宝鸡青铜器博物院铜镜展陈列方案的核心内容。实际上,这一展览的内容设计已经历时近三年,方案也是几易其稿,究竟是做成以年代为线索、关注形制发展变化的历史文物展,还是做成以鉴赏为主的艺术展?这是目前国内铜镜展主要的两条设计思路,那么还有没有第三条路可以走?以下是我院铜镜展陈列的设计理念和心得体会,拟成小文,敬请方家同行斧正。

一、馆藏铜镜的介绍与分析

宝鸡青铜器博物院馆藏铜镜一千余面,以汉、唐、宋辽金和明清铜镜的数量为多。镜子的种类有汉代的连弧纹镜、四乳禽兽镜、重圈铭文镜、规矩纹镜等,另外还有星云纹、草叶纹、龙虎纹、凤纹、蟠螭纹镜等。隋唐的花鸟镜、海兽葡萄镜、花卉镜、盘龙镜、神仙人物故事镜、八卦镜、万字镜等。宋辽金的缠枝花草镜、达摩渡海镜、许由巢父镜、双鱼镜等。明清时期的多宝人物镜、吉祥铭文镜等。形制多样,有圆形、方形、桃形、菱花、瓶形、钟形、具柄镜等。镜子中最大的直径 36 厘米,最小的直径 4 厘米。

由于新馆搬迁和库房建设等客观原因,在没有对展品认真分析和筛选的情况下,我们完成了铜镜展内容设计的一稿。展览的名称为《涵镜流光——宝鸡古代铜镜珍品展》,陈列主要按照年代和铜镜发展的阶段性特点分为七个部分:

一、简洁素净　幼稚朴拙——萌芽期的商周铜镜

二、轻巧精致　神秘诡异——勃兴期的春秋战国铜镜

三、凝重端庄　图文瑰奇——繁荣期的两汉铜镜

四、细密超凡　玄思佛灵——缓进期的三国两晋南北朝铜镜

五、富丽堂皇　自由活泼——鼎盛期的隋唐铜镜

六、浑朴媚俗　多姿多彩——流变期的宋辽金铜镜

七、江河日下　自然本真——衰落期的元明清铜镜

在方案论证过程中,我们逐渐意识到该设计的缺陷和不足。首先是展品不足以支撑整个陈列。商代铜镜我们没有,魏晋南北朝铜镜稀缺,西周铜镜本身数量就少,可做展览的仅两面。其次是展览的内容单调乏味,照本宣科。我们过分强调学术性,将展览做成了一个镜子的发展史。最后是展览与观众严重脱节,陈列设计没有考虑与公众的情感交流,公众服务环节缺失。经过研究和讨论,我们毅然摒弃了这种教科书式的展陈方式。

鉴赏为主的艺术展是铜镜陈列的另一条路子。然而,我们对馆藏文物进行分析后认为,这也行不通。馆藏铜镜基本上都是常见的普品。战国的透雕镜、错金银镜,汉代的透光镜、彩绘镜,唐代的金银平脱镜、镶嵌螺钿镜等这些特种工艺镜我们没有。宝鸡是"青铜器之乡",但这里既不是铜镜的起源地,也不是铜镜的铸造地。藏品基本上都是从社会上征集的,亦有铜件厂拣选的。很难归纳整理出具有地方特色的展品,所以地域特色或民俗文化展的想法也被排除掉了。那么,铜镜展究竟要怎么办才能有新意呢?

二、新方案的创意与介绍

"以物带史,史物结合"一直是博物馆陈列展览和宣传教育的主旨,对"人"的关注实际上是不够的。文物,尤其是一、二级文物更要有历史价值、考古价值、艺术价值。文物,作为古代社会物质文化的载体,其最基本、最原始的实用价值却往往被有意识地忽略掉了。于是,我们将视野从镜子的背面转移到了镜子的正面,用平实无华的文物来讲述古代老百姓的生活与情感。

陈列方案经过无数次的整合与修改终于出炉了。展览的标题为《对镜贴花黄》,取自《木兰辞》。二级标题摘引自《诗经》和铜镜铭文。

第一单元　我心匪鉴　不可以茹——先秦铜镜
第二单元　见日之光　天下大明——汉代铜镜
第三单元　炼形神冶　莹质良工——隋唐铜镜
第四单元　寿山福海　龙凤呈祥——宋元及以后的铜镜

新陈列方案不仅以时间为线索,对宝鸡青铜器博物院藏古代铜镜作了全面展示,同时随展的还有各个时期反映人们社会物质文化和时尚生活的装饰品、日用品等文物。我们以铜镜为线索,引领人们穿越时空,寻找古代的中国时尚。通过展示镜子外面的历史印迹,寻找镜子里面的古代生活。

该陈列以我国铜镜产生、发展、繁荣到消失的时间为主线,辅以各个时期人们的服饰装束特点,生活观念,风俗时尚等内容,使该展览不同于以往的铜镜专题展,力求内容翔实,结构丰满,可读性强。突出知识性和趣味性,把铜镜蕴涵的历史文化知识和古代多姿多彩的社会生活通俗化,满足一般观众的欣赏需求。

新方案的文字和形式设计始终贯穿着替公众着想,为公众服务的理念。

首先是通过媒体宣传,为展览进行"预热"。陈列研究室与宝鸡发行量最大的《宝鸡日报》合作,先通过两期专版的形式分别介绍先秦时期和汉与隋唐时期妇女的服饰、化妆等与古代时尚相关的话题。这种展览未开幕之前就预先进行相关知识的介绍和铺垫,这种做法也是我们的首次尝试。它不同于以往的展览介绍,而是展览在设计,筹备及施工过程中就与公众进行互动与交流,及时获取相关资讯,好的建议和想法也可以及时在展览中予以体现。

其次是观众互动项目的设计。观众互动主要包括两个方面,一是多媒体资料查询和检索系统。内容包括镜子的发展史,中国历代铜镜的风格特点,历代服饰,生活习俗等内容,帮助游客进一步了解展览内容。二是观众游戏区的设立。我们根据展览的内容,策划了若干游戏环节,如换装(cosplay)、拼图(puzzle)、魔镜等。让观众,尤其是小朋友在亲身参与中,了解中国古代文化。

总而言之,我们尝试以镜子为载体,寻找那隐藏在漫长岁月里的中国时尚。而时尚本身,又好像一面镜子,镜像着百态人生。时代在变迁,观念在改变,人们对美的追求却从未停歇。时尚,在历史的长河中轮回荡漾,今天流行的装束也曾经出现在古人的身上,如同古老的铜镜却映射出今人的面庞。我们期待着更多的游客走进博物馆,驻足停留,慢慢体验古人的生活,细细品味他们的智慧,然后在不经意间寻找到今天的流行元素,这就是时尚中国的魅力。

创新宣传形式　打造红色文化品牌

李大钊纪念馆　于海英

内容提要：随着博物馆事业的繁荣发展，如何打造体现自己特色的文化品牌是对各个纪念馆提出的新要求、新挑战。文章以李大钊纪念馆为例，通过对李大钊纪念馆的宣传工作进行梳理与总结，为我们如何创新宣传形式，打造"红色文化"品牌提供了一些有益的借鉴。

关键词：爱国主义　宣传　红色文化品牌　德育教育

李大钊纪念馆是全国首批百个爱国主义教育示范基地之一。多年来，纪念馆充分发挥爱国主义教育功能，创新宣传形式，先后组织"大钊精神"宣讲小分队、红色故事会、党课进机关、大钊诗文进课堂等活动，把"大钊精神"送进学校、农村、厂矿、军营、社区，收到了良好社会效益，打造了大钊故里红色文化品牌。

一、以爱国主义教育为主题，把"大钊精神"植入基层

从 2005 年开始，李大钊纪念馆组织"大钊精神宣讲小分队"，先后赴高校、农村、社区、厂矿、机关、部队等开展宣讲活动百余场，观众超过 10 万人。

农村人口占乐亭总人口的 70%，教育、引导农民树立正确的世界观，激发他们爱党、爱国和建设美好家园的热情，至关重要。为此，李大钊纪念馆组成宣讲小分队来到农民身边，来到田间地头，开展形式灵活的宣讲活动。2009 年 3 月 1 日，以 "十万农民大培训活动"为契机，到西高村开展新春文化下乡宣讲活动；2011 年 10 月 28 日，到将军坨村开展"纪念李大钊诞辰 122 周年"主题宣讲活动。不仅宣讲"大钊精神"，宣传党的方针政策，而且宣传全县在经济社会发展中涌现出来的新事物、新典型、新做法。还为许多村庄、社区捐赠图书，成立"大钊精神"阅览室。通过这些活动，把大钊精神、红色文化传到千家万户。

2009 年，宣讲队先后赴天津政法管理干部学院、唐山学院、唐山理工学院、唐山煤炭医学院，进行了"丰功伟绩千秋颂、大钊精神代代传"的主题宣讲活动。2009 年 10 月 23 日和 2010 年 10 月 18 日，宣讲小分队先后赴北京大学、清华大学开展"大钊精神走进北大、清华"主题宣讲。

2011年，以建党90周年为契机，开展了系列大型宣讲活动。5月，赴李大钊曾经生活、工作、战斗过的北京大学、李大钊的母校——唐山一中、李大钊的第二故乡——昌黎，宣讲"大钊精神"；7月，赴全国总工会进行了"庆祝建党90周年"大型主题宣讲活动。2012年5月—2013年4月，结合中国共产主义青年团建团90周年和李大钊英勇就义86周年又相继开展了"学大钊精神 做红色传人"和"弘扬大钊精神 建设沿海强县"主题宣讲并取得圆满成功。

通过演讲、乐亭大鼓、乐亭皮影、诗朗诵、红色歌曲、情景剧、舞蹈、京剧等多种形式，寓教于乐，宣传李大钊的丰功伟绩、光辉思想和伟大精神，同时展现大钊故乡乐亭的地域文化和经济社会飞速发展以及大钊故乡人的风采。

这些宣讲活动，在干部群众和广大师生中产生了强烈反响。河北电视台、北京电视台、唐山电视台、乐亭电视台、昌黎电视台等进行了热情报道。

李大钊同志是中国共产党的主要创始人之一，他为中国共产党的酝酿、建立、发展做出了卓越贡献。为让广大党员干部了解我党的光荣历史、了解李大钊等老一辈革命家的丰功伟绩，我们先后组织"大钊精神"研究专家，赴乐亭县委、唐山市委组织部、党工委、公安局、检察院、胡家坨镇党委等单位，开展"李大钊与中国共产党"、"弘扬李大钊人生价值观、筑起反腐倡廉的思想长城"、"大钊精神的深刻内涵"等主题讲座，把党课办到机关，办到党员身边。广大党员干部深受鼓舞和震撼，表示要继承革命先驱遗志，发扬党的优良传统和革命精神，为建设中国特色社会主义伟大事业，为繁荣发展乐亭而努力奋斗。

二、利用多种宣传形式，打造红色文化品牌

电视是走进千家万户的最好媒介。几年来，先后与天津电视艺术发展有限公司联合制作了六集电视专题片《铁肩》，与北京电视台合作拍摄了专题片《走近李大钊》，并根据最新研究成果，制作了专题片《李大钊在苏联的日子》，编辑了《李大钊诞辰120周年纪念邮册》和《李大钊研读》、《纪念李大钊》等专著。在纪念建党九十周年之际，编辑了《中华英烈——李大钊》大型画册。我们汇集纪念馆研究成果，创办了《李大钊纪念馆馆刊》，加强馆际交流。这些音像制品先后在中央电视台、天津电视台和部分省、市、县电视台播出，取得了良好社会效果。

针对观众通过网络、媒体采集信息的特点，纪念馆利用网站及新闻媒体对"大钊精神"及纪念馆重大活动进行宣传和报道。比如，在李大钊馆网站上刊载李大钊生平事迹和诗文、学者研究论文，及时发布纪念馆重大活动、发展动态等信息，并依托新浪网、搜狐网旅游频道、中青网、河北旅游网、唐山旅游信息网等网站，及时更新、发布纪念馆旅游资讯和重大活动报道。同时。李大钊纪念馆先后投资 70 余万元,对纪念馆网站进行重新建设,开设中、英双语服务,完善数字虚拟景区、网上购物、网上预订门票和纪念品等功能,使观众足不出户就可以完成纪念馆参观学习等活动。2010 年 6 月,李大钊纪念馆网站完成了互联网独立域名的注册。

我们以"红色名片、蓝色画卷、绿色请柬"为口号,开展旅游宣传推介活动,宣传李大钊纪念馆旅游景区,介绍乐亭旅游环境,加强与各旅行社团的联系,加大红色旅游宣传。推出红色旅游系列图书、光盘和红色旅游纪念品,编印红色旅游指南,拍摄制作李大钊纪念馆景区宣传片,加大红色旅游出版物、外宣品的出版力度,拓宽宣传渠道。

三、以纪念馆为基地,丰富未成年人的德育教育

未成年人是祖国的未来和民族的希望。纪念馆与乐亭县第一、第二、第三实验小学,胡家坨镇大黑坨村小学,胡家坨镇初级中学等县内外中小学校建立了德育共建联系,开展了丰富多彩的德育教育活动。

在各中小学校成立"大钊班",我们定期派讲解员到学校讲解李大钊生平事迹和革命精神,开展"大钊精神"有奖征文活动。与学校实行互动,让"大钊班"的孩子们定期到纪念馆参观学习、参加栽树养花等义务劳动,并在树木上挂牌署名。这种贴近孩子的活动,调动了他们"学大钊精神、做大钊传人"的热情。

我们还组织李大钊思想研究人员,开展李大钊诗文的选择、收集工作,并将其编辑成册,送到学校、送到学生手中。孩子们阅读着《送幼蘅》、《岁晚寄友》、《山中即景》、《青春》、《今与古》、《晨钟之使命》等这些有启发意义的李大钊诗文,既丰富了学生的第二课堂,又使学生在潜移默化中受到爱国主义和革命传统教育。

纪念馆与胡家坨镇大黑坨村小学、乐亭县第三实验小学联手,开展培训"小讲解员"的活动。从学校选出优秀学生,纪念馆选派优秀讲解员为辅导老师,进行专业培训,并让"小讲解员"们定期到纪念馆实地讲解练习。这项活动得到了家长和社会各界的好评。

我们组织专门研究人员,搜集李大钊生平事迹中的感人细节,结合德育教育,选取孩子易于接受的语言,精心编写红色故事。并根据故事情节配以模拟声音、音乐、歌曲等,使红色故事更具吸引力和感染力。"红色故事会"活动把"大钊精神"带到孩子们身边,使"大钊精神"在青年一代人身上不断发扬光大,让革命火炬代代传承。

社教与服务

担当社会责任　推动文明进步

——浅议博物馆公共服务观念的树立与实践

赤城县博物馆　李沐心

内容提要：人类进入 21 世纪，社会格局发生了极大的变化，政治多极化、经济全球化和文化多元化无疑成为当今世界发展的大趋势，"和谐""共享"与"发展"成为时代的主旋律。在这种社会进程中，文化被放在极其重要的位置，并被赋予了崇高的使命。构建和谐社会既要尊重社会各个群体的利益诉求，又要努力维护全体公民的基本文化权益，逐步满足全社会多层次、多方面的文化需求。作为社会文化机构的博物馆，一方面从一个基本层面体现服务型政府"以服务为理念，以公众为导向，以公共利益为目标，以服务公众和社会为核心职能，以创造必要文化发展环境和条件为根本任务的现代政府"的精神标志。而另一方面，坚持以"贴近实际、贴近生活、贴近群众"为原则，向公众开放并把社会效益放在首位，来凸显为社会和社会发展服务的重要使命。博物馆公共服务活动适应了新时期整个社会提倡公共服务的形势，并以一种前所未有的心态，在尊重自身文化所取得的成就的同时，吸纳了其他优秀文化在博物馆环境下的生长。因此，博物馆在城市文化建设中起到了推动文化传承和文化创新的积极作用。本文试从博物馆定义内涵的变化，到博物馆社会功能的转变以及服务社会能力的提升这三方面，浅谈博物馆公共服务观念的树立与实践及其推动文明进步的重要责任，以此作为博物馆人实现博物馆"核心价值"的理性思考。

关键词：博物馆　公共服务　社会责任　实践

公共服务是指政府为满足社会公共需要而提供的产品服务的总称。它是以政府机关为主的公共部门的、供全社会所有公民共享消费、平等享受的社会产品。也是 21 世纪公共行政和政府改革的核心理论，包括加强城乡公共设施建设，发展教育、文化、卫生、体育等公共事业，为社会公众参与社会经济、政治、文化活动等提供保障。公共服务以合作为基础，强调政府的服务性和公民的权利。作为准公共产品的文化事业，是政府提供给社会公民必要的公共服务项目，也是公民享受公共文化产品的权利之一,它的服务能力和水平是体现服务型政府"以服务为理念,以公众为导向,以公共利益为目标,以服务公众和社会为核心职能,以创造必要文化发展环境和条件为根本任务的现代政府"的重要标志之一。就在公共服务意识开始在社会兴起并逐渐成熟的 21 世纪,博物馆研究、保护、展示的传统角色也开始了新的转换,其内涵也向"博物"之外辐射延伸。文化资源的"公共性"和社会功能的"服务性",构架起了博物馆公共服务的新的活动空间。社会公众不仅是博物馆的受众,同时也是博物馆的参与者。博物馆已从一个地区精神文明的"窗口"拓展到创造文明的"基地",成为推动社会文明进步的积极力量,引领着这个地区一个时代精神文明的步伐。从 21 世纪初至今国际博物馆日的活动主题来看,无论是 2000 年"致力于社会和平与和睦的博物馆",还是 2003 年"博物馆与朋友",也无论是 2007 的"博物馆和共同遗产"与 2008 年的"博物馆:促进社会变化的力量",还是 2013 年的"博物馆(记忆+创造力)=社会变革",都体现了博物馆在社会建设中正在以一种生机勃勃的渗透力,参与并影响着社会的变革与进步。

一、博物馆定义内涵的扩大奠定了博物馆功能转变的基础

《辞海》中对博物馆的定义又称"博物院,是陈列、研究、保藏物质文化和精神文化的实物以及自然标本的一种文化教育事业机构"。在这里,博物馆的定义,甚至只是博物馆人自己及社会精英人士研究和欣赏的博物馆,远远没有触及服务或公共服务的概念。只是把博物馆作为一种文化教育机构,突出了陈列、研究和保藏的基本功能。博物馆所代表着的历史记忆还没有被所有层面的普通大众分享,更无法与社会民众撞击出心灵的火花。

而 1974 年,在丹麦哥本哈根举行的第 11 届国际博协会员大会上通过的博物馆定义为:"博物馆是非营利的为社会和社会发展服务的向公众开放的永久性机构,为研究、教育和欣赏的目的而搜集、保存、研究、传播和陈列有关人类和人类生存环境的物证。"这一次,对博物馆的重新定义,明确了博物馆是"为社会和社会发展服务的向公众开放的机构"。它把收集、保存、研究有关人类及其环境的见证物当作自己的基本职责,以便展出,公之于众,提供学习、教育、欣赏的机会。把博物馆"为社会和社会发展服务"作为发展的主要目标。国际博物馆协会阿历桑德拉·康明斯在《21 世纪博物馆的核心价值与新责任》中说:"这一扩大了的定义使我们的角色从单一一个'舞台'转为生活大舞台上的'演员'并帮助一起策划未来的情节发展。我们其实是'中介演员',表现了自然、文化、历史、艺术、手工艺等之间的多样互动。"这样,就把博物馆与公共服务有机地贯穿起来了。通过博物馆定义内涵的扩大,促进了博物馆服务方式的转变和社会功能的延伸;强调了博物馆的社会责任,扩大了博物馆在公共层面上与社会对话的机会和话题。反过来,博物馆公共服务观念的树立与发展,又丰富了博物馆文化的内涵,使其庄重、厚实,并以犀利的历史穿透力、坚韧的文明渗透力和超强的艺术感染力,守望着人类的精神家园。

　　也许人们早应该认识到,博物馆本应该具有公共服务这样的功能,只是在社会发展的不同阶段,这种公共服务的意识和能力会呈现出不同的态势来。刚好,在当前政府强调公共服务的环境下,博物馆公共服务活动适应了这种社会公共服务的形势。它以一种前所未有的心态,在尊重自身文化所取得的成就的同时,吸纳了其他优秀文化在博物馆环境下的生长。博物馆在社会上的角色转变,更加符合"社会情节"变化的氛围和场景。在博物馆,人们不但可以聆听,可以感受,更可以体验和参与,实践每个人都是博物馆的一部分,每个人都是历史记忆的传承者,而每个人又都是博物馆文化强音的和弦者。

　　赤城博物馆是一个县级综合性小馆,在实践中,同样遇到博物馆职能转变的诸多问题,在与社会、与广大民众文化需求的对接过程中,也在寻找为公众服务的切入点。2012 年国际博物馆日之际,我馆宣教部门精心策划,邀请赤城县书法家协会 15 名优秀书法家,在《赤城县历代碑刻文化展览》大厅内,举办了以"史魂书韵、博苑留香"为主题的书法家笔会。同时邀请"北京英凯文化传媒公司"主创人员等社会人士做客笔会,县电视台全程报道,营造博物馆博文、开放、亲和的社会形象。除书法家的部分作品被博物馆收藏外,各界人士的签名笔录也一同被收藏。更有一位知名篆刻家对博物馆搭建的这个服务平台深有感触,现场制作了"厚德载物"石刻大印赠送博物馆收藏。现场许多观众也在笔会上免费得到了自己所崇拜的书法家的亲题作品。对于这样的经历,书法家可能不是第一次,但观众却是第一次,第一次在博物馆里感受诸多书法家挥毫泼墨,第一次免费从博物馆把自己喜欢的书法作品带回家。这无疑是博物馆在公共服务活动中的一次重要实践,包括馆长在内的所有博物馆工作人员都是为笔会跑龙套的服务员,而所有书法家和与会群众都是笔会的重要角色。在赤城县历代碑刻文化展览的背景前,在橘色灯光的映照下,和着古典音乐,博物馆松香萦绕、古韵飘飘,一派文雅祥和、意幽境远之气。这次活动成为我县一次重要的文化活动,其意义远比举办一次书法展览要深远得多。所以,实践证明,博物馆人必须从博物馆这座"象牙塔"里走出来,让民众在这个本应该有他们一席之地的精神家园里,做一次"精英博主"。这是文化繁荣、发展的需求,也是博物馆功能转变的重要体现。

二、博物馆功能的转变提升了博物馆服务社会的能力

博物馆职能的转变适应了新时期公共服务发展的步伐,也在服务中提升了博物馆与社会相互融合的能力,使其主动并善于同社会交际和交往。尤其免费开放后的博物馆,被社会公众所注目,公共服务能力的不断提高乃是做好社会服务的重要保证。

大家都知道,公共服务能力是公共服务主体为生产和提供优质的公共产品和服务,以满足公共服务客体的被服务需求而具备的技能、技术和技巧。公共服务能力的强弱决定了公共服务主体在整个公共生活过程当中是否能够真正承担并办理好所有的公共服务事项。博物馆在公共服务活动中是否能够找准博物馆继承下来的优秀文化与人民大众美好愿景的契合点,是当代博物馆必须思考的重要问题。

党的十七大报告中指出:"深化文化体制改革,完善扶持公益性文化事业、发展文化产业、鼓励文化创新的政策,营造有利于出精品、出人才、出效益的环境。坚持把发展公益性文化事业作为保障人民基本文化权益的主要途径,加大投入力度,加强社区和乡村文化设施建设。"这一重要举措,从中央政府的决策层面支持了博物馆的公益性和保障人民群众基本文化权益。全国大批博物馆实行免费开放,一方面降低了普通民众迈进博物馆的门槛,另一方面也开通了博物馆走向社会的通道,博物馆大大增加了听取社会民众文化诉求的机会和适应大众文化期待的触点。"这是中国博物馆为强化其社会责任、提高社会贡献所做出的巨大努力,也无疑将成为中国博物馆发展史上具有里程碑意义的事件。"(张柏《强化博物馆社会责任 提高博物馆社会贡献》)中共十八大报告又提出了"文化是民族的血脉,是人民的精神家园。全面建成小康社会,实现中华民族伟大复兴,必须推动社会主义文化大发展大繁荣,兴起社会主义文化建设新高潮,提高国家文化软实力,发挥文化引领风尚、教育人民、服务社会、推动发展的作用"。进一步强调了博物馆引领时代风尚、教育服务人民的社会职责。因此,当代博物馆应恪守这一职责,不断提高服务社会的意识和能力。通过博物馆的免费开放和社会服务活动的不断开展,使博物馆越来越成为社会公众和各种媒体关注的对象,从而改变过去博物馆门可罗雀的冷落景象。2011 年,国家一级博物馆运行评估活动中,通过对 83 家国家一级博物馆的总体运行评估,得知博物馆与社会互为促进的良性循环已初步形成,博物馆社会服务能力得以不断增强。在定性一级指标中,公共关系与服务得分在10 分以上的博物馆 2010 年为 10 家,2011 年为 34 家,增加了 24 家。在定性二级指标中,公共关系增幅高达 13.13%,公共服务增幅达 13.91%。(《国家一级博物馆

运行评估简报——2011 年度》)这些数据的变化,折射出博物馆运行过程中公共服务能力不断提升的态势。国家级大馆责无旁贷地引领了博物馆角色转变的风尚,也为中小博物馆在当今经济全球化、文化多样化的社会氛围下,树立自身形象,服务社会公众起到了示范带头作用。资料显示,目前全国共有 2400 多座博物馆向社会免费开放,这些博物馆每年举办各类展览 16000 余项,接待观众超过 5 亿人次,在公共文化服务体系中发挥着不可替代的作用。免费开放以后的博物馆精品展览层出不穷,展示手段日新月异,观众数量及各地博物馆服务社会的能力得以大幅度提高。从第十届(2011~2012 年度)全国博物馆十大精品评选活动结果来看,获奖陈列展览项目普遍以扎实、全面的藏品研究为基础,在设计制作领域进行了一系列创新,表现出较高的教育服务水平。

　　河北省是免费开放博物馆实行绩效考核的先行者和实践者,本着"公民至上、顾客至上、程序便民、绩效导向"的原则,在博物馆免费开放绩效考核体系指标中,就有 "未成年人教育""社区文化促进""文化产品推广""网站服务""开放时间""制度公开""服务设施""安全管理""观众投诉""社会化参与""媒体关注度""观众满意度"等 10 多个直接涉及博物馆为公众服务的项目,分值超过 70,占绩效考核内容的三分之二以上。各免费开放博物馆也在努力践行这些服务项目,并在实践中树立当代博物馆服务社会的新形象。这种主动把博物馆建设与社会民众的文化渴望融为一体的意识,打开了博物馆为社会和社会发展服务并且向公众开放的大门和通道。历史文化、民俗文化、现代文化在博物馆交织聚集、凝练升华,为一个个"形神兼备"的城市形象塑造丰富多彩的精神表情。

三、博物馆服务社会能力的提高助推了社会文明的进步

　　早在 2008 年"携手 2010:宁波国际博物馆论坛"中《宁波宣言》说:"我们确信:由国际博物馆协会所倡导的'为社会和社会发展服务',体现了博物馆具有普世性质的道德观和价值观。为此,要全面增强世界各国、各地区博物馆的整体实力,提升博物馆文化的吸引力、感染力和影响力,在让更多的人走进博物馆,使参观博物馆成为一种生活时尚的同时,让更多的博物馆走向社会舞台,走上世界舞台,走进公众心灵,共同履行服务社会的神圣使命。"宁波宣言强调了"文化多样性的存在和发展是人类社会的基本特征",强调"博物馆要更充分关注全球化、现代化和信息化对社会生产、管理模式和民众生活的影响,在避免文化冲突、协调文化矛盾、增进文化包容、鼓励文化创新过程中发挥积极作用"。在这个过程中,博物馆通过大量的社会服务实践活动,紧紧依靠自身在馆藏文物、学术研究、技术力量、服务能力以及社会声誉等方面的公共资源,整合学校、机关、企业、媒体、民间组织以及个人的力量,举办类型丰富的文化活动,打造多元的公共文化产品,激活文化事业潜在的创造力,不仅为民族文化的传承、世界文明的交流开拓更为广阔的空间,同时也为区域经济的交流与发展提供文化支撑。

那么,我们如何让更多的人走进博物馆,让更多的博物馆走向社会舞台,走进公众心灵,去履行服务社会的神圣使命呢?这是摆在所有博物馆面前的一个共同的问题。2012年6月9日,中国"文化遗产日"之际,全国各地博物馆都推出了丰富多彩的宣传教育和社会服务活动,共同纪念这个"承载历史使命、表达文化精神"的日子。赤城博物馆在一系列宣教活动中首次推出民间手工艺展演展示活动,把代表赤城传统工艺的核雕、麦秸画、根雕和木板烙画等非物质文化的传承者请到博物馆,为观众进行现场绝活绝技展示。为了让观众零距离地感受这些独特艺术的魅力,还现场进行了作者与观众的互动,让观众亲手参与制作,体会创作的快乐与艰辛。博物馆也从对文化遗存的"静态"展览到有更多观众参与的"动态"展示中,探索到了博物馆实现其公益性社会价值和服务社会民众的新途径。人们在博物馆里可以感受到一幅幅精美的民间手工艺作品怎样从技师的手中诞生。在展演活动中,县妇联还组织部分妇女观看,把展览展示作为引导广大妇女姐妹自主创业、增收致富的学习交流平台。赤城电视台全程报道了活动过程,博物馆的社会声望和被关注程度得到明显提升。这也是我们主动把博物馆文化融入社会和社会服务的重要实践,它不但聚集、传播了文化,也主导了文化与其他产业的对接。博物馆扮演了一个积极的社会角色,承担着助推社会文明进步的责任,并与社会一同迈向新的文明。

总之,博物馆公共服务建设不但契合了当代博物馆的公益性与服务性,更遇到了全社会公共服务时代的到来。博物馆一方面为社会提供保藏、研究、展览、展示、宣传、教育等公共文化服务,另一方面接受来自于社会提供的诸如保安、保洁、文化产品开发、展览设计制作等其他公共服务项目,来充实、完善自身,以适应社会公共服务的新的发展形势。在这样的背景下,作为博物馆人,必须深挖潜力,勇于实践,整合社会资源,以公益性为终极目的,为社会和社会发展贡献更多优质、鲜活、多元化的展览和服务,以助推社会文明的不断进步,实现博物馆人为社会服务,为社会创造的核心价值。

地方博物馆发展的基础与核心

大同博物馆　　冯汉卿

内容提要：从 1683 年英国阿什莫尔博物馆向公众开放以来，现代博物馆已经有 300 多年的历史了。博物馆的公共性和社会教育功能是随着现代博物馆的出现而产生的，并且随着社会的发展，其特点和内涵也在不断丰富。博物馆的公共性和社会教育功能紧密相连，在历史发展的过程中，博物馆不断改变自己的工作方式，努力构建与公众之间沟通的桥梁，可以说博物馆的公共性和社会教育功能是现代博物馆进行各项工作的基础。

关键词：博物馆　公共服务　社会教育　陈列手段

前　言

博物馆这一社会事物的产生最初来源于人们的收藏心理。历史上有博物馆最早记录的国家是埃及，公元前 290 年，由埃及国王托勒密·苏勒为了拜祭宙斯与记忆女神的九个女儿（指掌管史诗、音乐、情诗、修辞、历史、悲剧、喜剧、舞蹈、天文的九位女神）创设的亚历山大博物馆，但这个最早的博物馆首先是一所神学机构，它有着相当规模的收藏，设有保管文物的专门场所和专职保管人员，供那些受国家支持的哲学家们从事研究，其经费则由国库负责。① 现代博物馆则起源于英国。1683 年，英国贵族阿什莫尔将其全部收藏捐献给牛津大学，成立了阿什莫尔博物馆，开了私人收藏公之于众的先河。随后，大英博物馆、罗浮宫等博物馆纷纷向公众开放，具有现代意义的博物馆产生了。我国近代博物馆产生于十九世纪末二十世纪初，是随着西学东渐，从欧洲传入的。1905 年，著名的实业教育家张謇先生在南通办起了我国第一座博物馆——南通博物苑，这是我国开办现代博物馆的先河。博物馆的公共服务则是伴随着现代博物馆的出现而产生的，并且随着历史的

----

① 大百科全书编委会：《中国大百科全书·文物博物馆卷》，中国大百科全书出版社，1986 年，563 页。

发展具有了与其他社会机构不同的内涵意义,即社会教育这一功能。

博物馆的公共服务是指各级博物馆依靠藏品以及运用各种陈列展览手段,为公众提供参观、学习、科学研究服务、旅游休闲服务等,这些服务所展现的是博物馆作为公共性、公益性文化性机构的特点和性质。博物馆的社会教育是指各级博物馆通过陈列展览和藏品,向社会公众开展和提供各种各样的专题讲座、展厅讲解、主题教育、教学辅导及各种辅助性、知识性的读物和视频资料等具有教育性的一系列社会活动。社会教育不仅是博物馆公众服务中的一项核心内容,而且是博物馆各项工作中的重点,是博物馆扩大社会影响,实现社会价值的重要手段。

虽然改革开放后我国博物馆进入了蓬勃发展的时期,如故宫等全国性博物每逢假期皆是一副车水马龙的景象,但是绝大多数地方博物馆则始终游离在社会大众关注的边缘地带。许多新建的地方博物馆在刚开馆的一段时间热闹非凡,却又很快归于"门可罗雀"的状态。这一问题,究其根本,就在于这些博物馆还没有真正认识到其自身在所处社会环境中的位置和角色。根据对博物馆功能演变历史与现实的回顾与考察,以及世界博物馆最新发展趋势和目前我国的相关国情,笔者主张通过"强化公共服务和提高社会教育"这两种手段来逐步改变这一现状,就其依据以及如何作为,笔者提出如下阐述与思考,敬请博物馆界各级领导和同仁斧正。

一、强化公共服务和提高社会教育是国际博物馆界发展的主流方向

博物馆是社会发展进步的产物,它的产生与发展与社会的演变密不可分,其在社会中角色、地位和功能的变化都会带有鲜明的时代特征。18世纪发生了英国工业革命和法国资产阶级革命,由此引起的社会思想反思,使文化教育成为重要的社会问题。博物馆也在这样的社会思潮的影响下,由少数社会精英共享,逐渐开始向社会各阶层公众开放,变为独立的文化机构,成为国家文化教育事业的组成部分。在不列颠博物馆的法案导言中明确写道:"博物馆不仅是学习者和猎奇者调研和娱乐的场所,也是社会大众的福利,具有普通功用。"这里所谓的"普通功用",正是公共博物馆区别于传统藏宝室和私人收藏的关键。②

博物馆对社会和民众的开放,反过来又进一步推动了博物馆公共服务和教育功能的完善。19世纪末至20世纪40年代,为了能够更好地对社会和民众开放,博物馆经历了一系列的变化发展。19世纪时,博物馆开始对藏品进行科学分类,

---

② 关昕:《数字博物馆与公众教育》,《博物馆研究》,2006年第1期,4页。

注重陈列形式,如复原陈列手法开始在历史博物馆、工艺美术馆、自然博物馆陈列中得到应用,陈列作为博物馆沟通社会的桥梁,作为向社会和公众提供服务和教育的主要手段,得到规范和加强,并为扩大博物馆的社会影响发挥了重要作用。19世纪中叶后,博物馆界日益认识到博物馆社会教育的重要性。1873年,英国皇家艺术学会(Royal Society of Art)成立委员会,以发展博物馆为目标,其主要章程中提到:"……使所有的博物馆,皆具有教育及科学的目标。"纽约大都会美术博物馆1887年立馆章程写道:"本馆要鼓励艺术的研究,应用艺术以丰富人生,因此要推行全面性的教育与休闲活动"。[3]1892年美国波士顿美术博物馆开设学术讲演课,学生和教师可以享受免费参观,并在1906年首创了讲解辅导的参观制度。[4]博物馆在满足社会公众的教育需求方面发挥着越来越重要的作用,到19世纪末,博物馆作为教育机构的观点已经开始为社会所承认。

　　第二次世界大战后,欧美国家的经济和社会进入了一个长期繁荣发展的时期,特别是20世纪70、80年代以后,随着西方"服务经济时代"的到来,同时信息化社会的快速发展,都对博物馆的发展也产生了关联影响,博物馆界开始强调以公众需求为主的运营理念。同时由于社会对知识以及技能的更新周期越来越短,学校教育远远满足不了人们对知识的渴望和更新,因此社会上出现了"继续教育"、"终身教育"、"成人教育"等多种教育方式,而囊括人类亘古至今创造的所有人文、自然、科技发明成果的博物馆,无疑在社会教育方面具有得天独厚的资源优势。由此在二战前已对公众开放的博物馆界面对社会的再次发展,也产生了相应的变化,增加了其核心职能,由先前的收藏、陈列、研究三大职能变为收藏、陈列、教育、研究四大职能。1989年9月在荷兰海牙举行的国际博物馆协会第16届全体大会通过的《国际博物馆协会章程》中对博物馆的定义是"博物馆是为社会及其发展服务的非营利的永久机构,并向大众开放。它为研究、教育、欣赏之目的征集、保护、研究、传播并展示人类及人类环境的见证物"。被视为世界博物馆事业发展风向标的美国博协1990年在解释博物馆定义时,将"教育"和"为公众服务"并列为博物馆的两大核心要素之一。美国博物馆著名专家古德认为:"博物馆不在于它拥有什么,而在于它以其有用的资源做了什么。"上述种种定义和观点无一例外都

③ 包遵彭:《博物馆学》,(台)正中书局,1987年版,120~121页。
④ 王宏钧主编:《中国博物馆学基础》,上海古籍出版社,2001年版,51页。

非常明确地把"公共服务"和"社会教育"置于了当代博物馆体现存在价值的最核心与最前沿的位置。

二、重视与强化公共服务和社会教育是我国博物馆在新时代走向发展的必由之路

相较建国初期而言,我国博物馆在改革开放后,无论是在数量还是质量方面都得到了显著的提高。我国的博物馆从成立之日起,就将文化遗产视为全体人民的共同财产,向全体公众开放,但是,绝大多数地方博物馆里经常呈现出冷冷清清的场面,一批批各具特色的新馆热热闹闹地登场了,却沿袭着原有博物馆的运转方式,不久便风光不再;一个个老馆旧貌换新颜,一幅幅陈列新面孔也逐个亮相,不出数月却又复归沉寂。这种种现象的产生正是因为我国大多数地方博物馆公共服务的不完全和对社会教育这一职能的缺失所导致的。我国大多数地方博物馆长期以来缺乏必要的社会关注和公众参与,似乎博物馆就是政府的,与公众无关,这就造成了它们在社会生活中的作用一直是边缘化的。然而,通过上一节的陈述,我们发现:不同时代对博物馆社会功能有着不同的需求,博物馆永葆生机体现存在价值的法则,始终是适应时代的需求,拓展或者强化相应的社会功能。所以在新时代,博物馆的社会化使得博物馆与社会的关联度日益紧密,以人为本、强化服务功能、构建服务体系、扩大社会影响等等,应该成为新时代里博物馆的立馆之本。具体分析,可以从以下两个方面进行改进。

1. 陈列手段的改进

首先,改革开放后,我国博物馆界在陈列布展方面倾向于"精品贵族式"的展现手段,即展览物的突出,代替了历史的演绎,充分突出博物馆实物为基础的个性价值,有的地方馆甚至不顾自身类型性质及观众特点,出现了展览追求豪华,光线越暗越好、展品越精越好、附属品越少越好、说明文字越简越好的"唯美主义"现象,这种陈列模式认为把最好的藏品展示给公众,就是最好的陈列。这种教科书式的陈列,使公众的感受被先验性地忽略了,占主导地位的是展览物的凸现,在这里,公众是参观者,是卑微的学习者,而不是参与者。而且,有研究表明,文字与视觉性符号对一般人的吸引力是有限的,90%的人在看展览时是不看说明的,即使去看,平均阅读时间仅10秒,很多公众在离开博物馆后,很快就会忘记展览的内容,但是博物馆的沉闷、严肃却留在了他们的心中,挥之不去。在现代意义的博物馆中,公众不再仅仅是一个受教育者,如果仅仅只是为了受教育,他们有很多别的选择。枯燥的书本、说教早已使他们厌烦，来到博物馆，他们更需要心灵的放松。所以在制作展览时，要重视和研究社会需求变化，考虑公众的感受，把公众的满意程度作为办展的根本出发点。因此，作为社会影响力稍逊一筹的地方博物馆必须有定期的问卷调查，收集公众资料，了解公众需求。

其次，单纯的文物加文字的展览已经不能适应现代社会的发展要求，公众参与其中的动态陈列更能受到欢迎。而在我国占大多数的历史类博物馆，一般很难采用完全的动态陈列，要达到比较好的效果，可以充分利用现代高科技和声光电的优势，采取动态陈列和复原陈列相结合的办法。比如南京博物院的艺术陈列中，就有几处复原陈列，在瓷器展厅的最后，用从景德镇运回的柴窑建材，按原样复制的柴窑场景，清晰地向人们展示了瓷器的烧制过程；在丝织品展厅中复原了一座云锦织机，并由工作人员现场演示云锦的制造过程，让人们直观地了解古代云锦的制造过程。而在湖南省博物馆的马王堆汉墓陈列中，在展厅内复原了马王堆一号汉墓巨大的墓坑，用现代科技手段复原了一号墓墓主人辛追的塑像，采用声光电描绘一、二、三号汉墓墓主人传奇生涯的场面壮观的动感半景画，这些透着浓烈生活气息的场景，成为观众最为注目的亮点，能够很好地引领公众轻松实在地领悟汉初的文明。

2. 社会教育质量的提高

不能否认，改革开放以来，特别是新世纪以来，我国地方博物馆的陈列展览质量有了极大的提升，讲解工作也一直被十分重视，服务设施和服务项目也都有了明显的改善和加强。但是，在开展以教育为核心的公众服务的活动内容上、方式上、数量上、力度上，特别是吸引观众参加活动的人次上、社会效应上、社会大众的认知上却明显薄弱和落后。不少博物馆对这项工作的重要意义认识不足，措施不力，没有开展什么活动。即或开展了这一活动的博物馆，也大都没有制度化、经常化，活动方式还比较简单，活动效果有待进一步提高。所以，大多数地方博物馆要以馆藏资源为中心，以向公众传播中华民族悠久的历史文化为己任，从而满足公众的精神文化需要，使公众积极参与到博物馆的各项活动中来，使博物馆成为公众休闲不可缺少的一部分，使博物馆由一个文物收藏的常设机构，变为一个公众的文化活动中心。

首先应当立足本馆收藏，在陈列展览之外采取各种形式，向公众传播知识。收藏是博物馆开展各项活动的基础，在陈列展览之外，博物馆还可以发挥主观能动性,采取其他的方式吸引观众。比如,专题讲座、辅导教学、电化教育等。以上海博物馆为例,上海博物馆的馆内专题讲座从 1997 年 7 月起成为定期的常规性活动。讲座开办以来,平均听讲率 90%,每场次听讲率也均在 80% 以上。专题讲座的题目一般都与馆的性质有关。大致可分馆藏文物或展览内容的进一步阐释;文物以及文物鉴赏;以文物为中心、作为文物存在和使用背景的文化史知识的专题报告,以及与博物馆研究领域有一定联系的科学文化知识等方面的内容。专题讲座每月两到三次,讲座的内容涉及历史、思想哲学、民族、民俗、社会生活、文学艺术、社会史或自然历史等许多领域。主讲人一般由本馆专家和外请专家学者担任。博物馆在年底制定并发出翌年的全年讲座计划,接纳社会各界人士听讲。1999 年上海博物馆还针对讲座开展情况,进行了问卷调查,调查显示讲座听众以各种社会人士为主,他们大多数是因为对历史、文物感兴趣而来听讲座,观众对每一种讲座内容包括文化内涵、世界历史、艺术特色、基础知识、研究,养护等都有兴趣,而且公众希望听到博物馆专家和大学学者的讲座。这些都说明公众对文化特别是权威的文化是有需求的,他们的兴趣广泛,博物馆开展定期讲座这种形式,对公众是有吸引力的。博物馆在这方面还有很多工作可做,最重要的是能够坚持下去,形成一种制度。最好还能形成一定的专题,系统地向公众传播知识。另外,博物馆还可以通过出版普及性刊物,有条件的甚至可以在网上向公众传播知识。

其次,应当扩大范围,组织各种活动,让公众参与其中,使公众了解更多的中国历史文化。以大葆台西汉墓博物馆为例,该馆开展的模拟考古活动是让当地公众流连忘返的活动。孩子们可以领一本考古手册,拎着手铲、刷子等专业考古工具,走进探方发掘。挖出器物了,对着考古挂图对比一下,看看是哪个时代的。这样的模拟考古活动令不少小朋友着迷。大葆台每到周末还会有一些"家庭考古队"光顾,其中不少是回头客,有的小朋友已经来过四次了。由于考古专业性强,博物馆还专门为家长准备了一套《家长手册》,介绍各时代典型器物的名称、用途,生僻字还注了拼音,免得家长被探方里的孩子问倒。该馆精心准备的 6 个时代的 20 个探方已经不够用了,他们正在布置新的模拟考古遗址。这种轻松娱乐的方式,不仅增加了公众参与的积极性,达到了博物馆传播知识的目的,而且还为人与人之间、家庭成员之间的交流提供了机会,更加凸现了博物馆的公共服务功能。

结 语

作为公共文化教育机构,博物馆与学校、图书馆的最大区别就在于它拥有无数珍贵的人类改造自然,改造社会,改造自身所留下来的鲜活的、直观的物质文化遗产,并使我们后人得以零距离地触摸人类的历史,感受人类的气息,谛听人类的足音,审视人类的历程。博物馆也因而被誉为一个国家或一个地区的历史文化名片、科学知识宝库和民族精神家园。然而博物馆的真正生命力和真正价值并不在于他拥有多少珍贵的藏品和多么炫目的光环,而在于它如何发挥这些珍贵资源的巨大社会作用。博物馆如何才能让这些林林总总、洋洋大观的藏品和那些琳琅满目、内容丰富的陈展让社会大众看得到,看明白,看出兴趣,有所收益,充分满足他们的各种心理需求,并让他们爱上博物馆,这是当代博物馆应当不懈追求的永恒主题。

博物馆公共服务中的人文心理因素浅谈

西安博物院　　李　源

内容提要：博物馆在适应社会发展的漫长历程中，形成了多职能的文化复合体。随着社会的发展，博物馆的职能仍在不断地发展变化之中。博物馆的新职能、新形态、新方法、新的收藏对象也不断地出现。本文从博物馆公共服务的主体性"以人为本"阐述了人文心理因素在博物馆公共服务中的作用。最后提出博物馆观众调查是了解观众和自身的有效方法之一，也是检验博物馆"以人为本"思想、关注人文心理因素的有效方法之一。

关键字：博物馆公共服务　人文主义心理学　以人为本　观众调查

博物馆在人类生活中占有重要位置。它的活动已经渗透到教育、科学、文化、旅游、环境保护等各项事业之中，发挥着特殊的作用。博物馆被视为学校的第二课堂、成人的终身学校、文化的窗口、旅游的热点，是人们扩大知识领域、满足审美享受、培养生活情趣、陶冶身心的重要场所。博物馆还是保存和研究人类文化遗产的重要机构。因此，各国都十分重视发展博物馆，至20世纪80年代，博物馆的总数已经达到3.5万多座。随着各国经济文化的发展，博物馆数量还将迅速增加。

一、博物馆的定义

博物馆在适应社会发展的漫长历程中，形成多职能的文化复合体。随着社会的发展，博物馆的职能仍在不断发展变化之中。博物馆的新职能、新形态、新方法、新的收藏对象也不断地出现。因此，国际公认的博物馆定义也在不断修改之中。国际博物馆协会为了给博物馆下一个各国都能接受的定义，进行了很多工作，花了很长时间，曾经做过多次讨论和修改。1946年11月，国际博物馆协会在成立时的章程中提出：博物馆是指为公众开放的美术、工艺、科学、历史以及考古学藏品的机构，也包括动物园和植物园。1951年、1962年、1971年，国际博物馆协会又多次对博物馆定义进行了讨论修改，直到1974年，国际博物馆协会在第十一届大会通过的章程中才明确规定：博物馆是一个不追求营利的、为社会和社会发展服务的、向公众开放的永久性机构,为研究、教育和欣赏的目的,对人类和人类环境的见证物进行搜集、保存、研究、传播和展览。很多人认为,这是目前较为适当的一个定义,但也有人认为,这只是国际的一般性定义,各国仍按自己的认识和理解去对待博物馆。《简明不列颠百科全书》指出:现代的博物馆是征集、保藏、陈列和研究代表自然和人类的实物,并为公众提供知识、教育和欣赏的文化教育机构。美国博物馆协会认为:博物馆是收集、保存最能有效地说明自然现象及人类生活的资料,并使之用于增进人们的知识和启蒙教育的机关。《苏联大百科全书》提出:博物馆是征集、保藏、研究和普及自然历史标本、物质及精神文化珍品的科学研究机构、科学教育机构。日本的博物馆法规定:博物馆是收集、保存、展出有关历史,艺术,民俗,工业和自然科学等资料,供一般民众使用,同时进行教育、调查研究、启蒙教育等所必要的工作,并把这些资料进行调查研究作为目的的机关。

中国对于博物馆的认识,有一个逐步深入的过程,对其定义也有过多次修改。20世纪30年代中期,中国博物馆协会认为:博物馆是一种文化机构,不是专为保管宝物的仓库,是以实物的论证而作教育工作的组织及探讨学问的场所。中华人民共和国建立后,对博物馆的定义进行了两次大的讨论和修改,直到1979年,全国博物馆工作座谈会通过的《省、市、自治区博物馆工作条例》中才明确规定:博物馆是文物和标本的主要收藏机构、宣传教育机构和科学研究机构,是我国社会主义科学文化事业的重要组成部分。博物馆通过征集收藏文物、标本,进行科学研究,举办陈列展览,传播历史和科学文化知识,对人民群众进行爱国主义教育和社会主义教育,为提高全民族的科学文化水平,为我国社会主义现代化建设做出贡献。中国博物馆界对这一定义基本上是肯定的。

二、博物馆的使命

著名的大英博物馆于1759年对公众开放,法国大革命以后,1791年罗浮宫重新命名为共和国中央艺术博物馆,1793年正式对公众开放。这意味着博物馆逐渐完成了它的社会化过程,即由私人收藏逐渐转变为公共博物馆,博物馆工作开始成为一项独立的社会职业,并成为国家文化教育事业的组成部分。博物馆的发展被分为两个阶段,传统意义的博物馆和现代意义的博物馆之间的区分标准是:博物馆的存在是否主要为公众服务,博物馆的首要职责是对藏品负责还是对观众负责。到现在,博物馆已经发展成一种多功能的文化设施。它是一个收藏中心、研究机构,也是一种传播知识的学校,或一个提供娱乐的场所。曾任美国博物馆协会主席的诺布尔把博物馆的功能归结为五个方面：收集、保管、研究、解释和展览。而荷兰的博物馆学家门施则将其进一步归纳为三点：收藏、研究和传播。随着时代和科技的进步，博物馆的功能也越来越丰富。博物馆功能的发展中有一个显而易见的教育趋势，早在 1880 年美国学者詹金斯在其《博物馆之功能》一书中就明确指出：博物馆应成为普通人的教育场所。1906 年美国博物馆协会成立时也宣言"博物馆应成为民众的大学"。1990 年，美国博物馆协会在解释博物馆的定义时，将"教育"与"为公众服务"并列视为博物馆的核心要素。

无论对于儿童还是成年人，教育和乐趣都是紧密联系在一起的。显然，所有国家都存在截然不同的两种人。一种是为讲授、教学和提高的愿望所驱使；一种是为使别人娱乐和愉快的需要所驱使。每一种动机都会过于极端而弄巧成拙。毫无疑问，对于教育而言，他们同样危险。过去很长时间，博物馆正是在这两种极端之间摇摆不定。1914 年以前，教育家在博物馆藏品保管研究员和馆长中肯定占有多数。幸运的是，自那时以后，教育和娱乐之间的差别就显著减小了。显然，博物馆的气氛比事实更重要。营造一种平衡的教育和娱乐相结合的气氛是多么的重要。因此，由美国克里夫兰博物馆最早提出的"3E"（Education、Engage、Enrich）理念成为博物馆功能探讨中，被广泛关注的热点之一。

三、人文心理

随着社会的飞速发展，人们的生活节奏正在日益加快，竞争越来越强烈，人际关系也变得越来越复杂；由于科学技术的飞速进步，知识爆炸性地增长，迫使人们不断地进行知识更新；"人类进入了情绪负重年代"，人们的观念意识、情感态度复杂嬗变。作为现代社会组成部分，在大学校园生活和学习的大学生，对社会心理这块时代的"晴雨表"十分敏感。况且，大学生作为一个特殊的社会群体，还有他们自己许多特殊的问题，如对新的学习环境与任务的适应问题，对专业的选择与学习的适应问题，理想与现实的冲突问题，人际关系的处理与学习、恋爱中的矛盾问题以及对未来职业的选择问题等等。如何使他们避免或消除由上述种种心理压力而造成的心理应激、心理危机或心理障碍，增进身心健康，以积极的、正常的心理状态去适应当前的社会环境，预防精神疾病和身体疾病的发生，加强对大学生的心理健康教育，就成为各高校迫切的需要和共同关注的问题。

1. 心理健康的定义

心理健康是指这样一种状态，即人对内部环境具有安定感，对外部环境能以社会上的任何形式去适应，也就是说，遇到任何障碍和困难，心理都不会失调，能以适当的行为予以克服，这种安定、适应的状态就是心理健康的状态。衡量心理是否绝对健康是非常困难的。健康是相对的，没有绝对的分界线。一般判断心理是否正常，有以下三项原则：其一，心理与环境的统一性。正常的心理活动，在内容和形式上与客观环境具有一致性。其二，心理与行为的统一性。这是指个体的心理与其行为是一个完整、统一和协调一致的过程。其三，人格的稳定性。人格是个体在长期生活经历过程中形成的独特个性心理特征的具体体现。而心理障碍是指心理疾病或轻微的心理失调。它出现在当代人身上大多是因身心疲乏、紧张不安、心理矛盾冲突、遇到突如其来的问题或面临难以协调的矛盾等等，时间短、程度较轻微，随情境的改变而消失或减缓；个别则时间长、程度较重，最后不得不脱离社会。心理障碍的表现形式多种多样，主要表现在心理活动和行为方面。表现在心理活动方面如感觉过敏或减退、体感异常、错觉、幻觉、遗忘、疑病妄想、语词新作、意识模糊、紊乱的心理特点和难以相处等等；行为方面如焦虑、冷漠、固执、攻击、心情沉重、心灰意冷，甚至痛不欲生等。

2. 人文主义心理学

人文主义心理学是相对于用数据统计的方法研究心理学来说的，更关注人类的主体性而不是客体性。科学心理学的弊端就是把人当作一个客体，仿佛是一个东西或者一个微生物，心理测量工具就好像是他们的显微镜！人文主义心理学不这样看待，它更多带有主观色彩。比如说精神分析中的转移，就是分析家和分析者之间的关系问题，是两个主体之间的问题。

精神分析理论是一种以无意识的存在为前提的思想或者一种调查方法或者一种治疗方法。它属于典型的人文主义心理学。人文主义心理学包括了精神分析。精神分析的历史可以上溯到19世纪末期，弗洛伊德对无意识的发现，对梦和症状的理解，还有它对心理动力学的发展都是具有历史意义的事情。

四、博物馆公共服务的主体性——"以人为本"

从严格意义上说，中国博物馆引入"以人为本"思想是20世纪80年代以后的事。这一时期，受西方新博物馆学的影响，中国博物馆人开始反思博物馆的职能、目的，重新度量博物馆人与物的关系，寻找博物馆事业的振兴之路，"以人为本"思想逐步进入中国博物馆学的视野。这个时期中国博物馆快速发展，但并没有引发思想上的大嬗变，也没有从根本上改变既往博物馆对自身以及社会对博物馆的固有认知。博物馆应如何定位,在社会中究竟处于什么位置,藏品与观众孰轻孰重,大众不了解,博物馆人也不甚了解。一些博物馆人过高地看待博物馆的社会定位,认为自己所从事的职业是上层建筑的一部分,反映在工作中就是根本不理会普通群众的需求,错误地认为博物馆就是阳春白雪的事业。博物馆学对于博物馆"以人为本"思想及其实践也没有做出深刻的阐述。"以人为本"概念的不清晰,反映在工作中,就是造成了实际工作的偏差和绝对化倾向,即一味强调"服务"而忽视与观众的沟通和交流,而且"服务"也不是基于对观众的全面了解和研究。进入 21 世纪,随着国民经济的持续发展、物质生活水平的提高,人民群众的精神文化需求日益增加,随着"博物馆在世界范围内开始由传统的对收藏文物标本的看重,变为对社会大众精神文化需求的关注,即由以藏品为本的博物馆转变为以人为本的新博物馆"。中国博物馆经过不断引入大量西方博物馆的创新概念和成功经验(如"无障碍博物馆"、"社区博物馆"、"博物馆体验"等等)之后,"以人为本"的思想逐渐得到正视并开始实践性探索。其具体表现为各类型的博物馆努力改善参观环境,陈列展览注重美观舒适,同时为观众提供参与的内容,如动手操作、开展博物馆之友等活动,人即观众的地位和作用得到明显重视。在这一方面,首都博物馆是一个较好的例子。首都博物馆新馆可以说是中国大陆目前设备最为精良、场馆硬件最为先进的博物馆。进入博物馆,随处都可感受到"以人为本"的人文关怀气息。地下一层设有休息室、餐饮部以及博物馆书店,周围映衬着绿色的植物,透明的落地窗户,怡人而清爽;博物馆的每一层,隔不远就有座椅,展厅内座椅的中央还有多媒体播放器,让观众在休息的同时,可以通过触摸屏了解有关首都博物馆和本展的信息;一些洗手间内还设有专为儿童设计的坐便器,一些楼层设有婴儿休息用的小隔间,里面铺着柔软的褥子,温馨而舒适;顶层是北京民俗展,设有儿童娱乐厅,备有儿童书籍和老北京的民俗玩意儿,使孩子们在游玩中学到知识,感受到老北京的传统气息,增强对历史文化的了解,不仅孩子在这里玩得高兴,很多大人也在这里流连忘返,有一种时光倒流的感觉。可以看出博物馆在关注人文关怀的同时,并没有放弃教育与文化导向的责任。博物馆"以人为本"与其说是一种思想或价值取向,毋宁说是一种实践。只有落实到具体实践的"以人为本"才不是一句空话,才能得到检验与完善。而博物馆是否真正做到了"以人为本","以人为本"落实的程度如何,需要一个比较科学的检验与评估系统。只有通过不断检验,才能知道"以人为本"思想是否在博物馆实践中得到体现以及体现的程度,才能得知其效用,并促使博物馆通过不断调整和改进加以完善。检验博物馆"以人为本"思想的实践，主要就是检验其应用的主体的感受，即听取博物馆观众评估。博物馆观众调查是目前通行的较为有效的评估方法，因为观众是"以人为本"最权威的检验者，博物馆也只有在全面而充分地了解观众需求之后，才能够对症下药，贴近社会，贴近观众，实现真正意义上的"以人为本"。

五、人文心理因素的客体——观众调查

博物馆作为社会文化组织，其许多活动都与观众有关。承认和维护公众的权利是现代社会的一大进步，也是现代博物馆组织管理的一大特色。立足博物馆"以人为本"，首要的就是全面收集观众信息，了解观众的需求。博物馆观众调查是了解观众和自身的有效方法之一，也是检验博物馆"以人为本"思想的有效方法之一。

1. 博物馆观众调查的方法。博物馆观众调查最主要、最应提倡的是实证调查，即对具体的博物馆观众用调查的方法获取信息、分析信息并做出判断。基本的调查方法有问卷调查法、访谈法、跟踪观察法、摄像记录法等。目前中国大陆境内较为常用的是问卷调查法。这种方法也是当前各个学科中应用最广泛的调查方法之一，具有成本低、调查样本多、调查结果信息量大、便于整理和数理统一分析等优点。利用问卷法进行调查，须经过调查问卷设计、问卷的发放和填写、问卷的回收统计三个步骤。其中最关键的是观众问卷的设计，直接决定着调查的质量与所获信息的数量。

2. 博物馆观众调查是博物馆与公众沟通的纽带。观众是博物馆的服务、教育与传播知识的对象。"了解观众，熟悉观众，争取观众，组织观众，为观众服务，满足观众的需求，是博物馆的根本宗旨。"

只有通过博物馆观众调查，博物馆才能知道观众的需求所在，观众希望博物馆做些什么，希望看到什么样的展示，希望博物馆有怎样的沟通教育活动。同时，博物馆对自身在民众中的地位也会有更加清晰的认识。因此，博物馆观众调查是博物馆与公众沟通的纽带。博物馆观众调查本身就是"以人为本"思想的体现，即从观众的角度出发了解观众，以便更好地服务观众。从调查中加强博物馆和观众的沟通和相互理解。用观众的眼光评判博物馆工作，并以此作为更新和改善展览的主要依据。通过观众调查，还可以剖析观众的心理，从而了解整个社会的心理，并以此作为博物馆工作计划的依据，保证博物馆工作的有效进行。相反，那种脱离观众调查而给出的评价，只能是博物馆的自我判断和对观众态度的臆断，因而往往是不切实际的。

六、驱动人文心理因素,提高博物馆公共服务

博物馆公共服务的对象是整个社会的广大成员,具有极大的广泛性,包括不同民族、不同肤色、不同国别、不同年龄、不同职业、不同性别、不同文化素养的各种各样的人。从老年人到儿童,从学者、专家到中小学生,从国家元首到普通群众,不一而足。其中青少年学生构成了博物馆最主要和最基本的观众群体。只有对观众有了深入的研究,博物馆的服务才能有更强的针对性,博物馆的职能才能得到最大限度的发挥,博物馆才能取得经济效益、社会效益双丰收。

观众心理学应解决如下几个方面的问题:(一) 揭示观众心理现象的本质,即观众的心理活动是怎样产生的,观众心理活动对参观内容、与参观相关的活动的依存性。(二) 探讨观众对博物馆提供的外部自然环境、内部硬件设施、陈列和展览、讲解和相应服务等的认可程度、情绪变化、兴趣指向等心理过程,即实事求是,按事物的本来面目反映事物,而不能凭主观臆测,只有这样的研究才是客观的和科学的;其次是发展性原则,即不仅关注观众已有的心理现象,而且要关照尚处于萌芽状态的、不明显的但可能预示着新的发展方向的心理活动;再次是普遍联系的原则, 即观众心理学的研究必须从心理活动的整体出发依据客观刺激的影响、观众自身已有的知识和经验对客观刺激产生的反应活动、个性特点和心理状态等多种因素,不孤立地进行。在以上原则的指导下,应采取科学、有效的方法对观众心理学进行研究。心理学的研究方法比较多,适合博物馆观众心理学研究的方法有如下几个方面:

1. 观察法,可分为客观观察法和自我观察法。客观观察法,研究者对观众参观时的言行表现采取有目的、有计划的观察,借以分析判断其心理活动。自我观察法,要求观众配合,根据自我体验做的有关心理活动的自我分析与口头报告。

2. 调查法,是有目的、有计划地对被试者进行专门的调查,以探讨有关心理活动规律的方法。调查方式有:谈话、问卷、作品分析、个案讨论等。有了以上的理论依据,我们不妨对实际情况加以梳理分析。观众从决定参观博物馆的那一刻起,即产生了相关的心理活动,我们可以将它理解为参观心理需求,包括参观动机和目的、参观兴趣指向、参观体验和参观满意程度。参观动机实际上就是观众参观博物馆的原因。原因是由需求导致的,大致可分为四类:

(1)寻求研究资料。这一类观众往往是专业工作者,虽数量不多,但目的非常明确,选择性很强。他们是带着特定的问题来博物馆寻找答案的,专注于某个、某些展品或某部分陈列,参观时非常认真仔细、抄写文字资料、描摹展品外观、了解新的研究成果和新发现的文物标本、索取相应文献资料,甚至提出参考更多的藏品,会见博物馆专家探讨相关的学术问题,陈列形式对他们没有多大意义。

(2)获取相关知识。这类观众为数不少,大多是有目的地来到博物馆,通过参观获取所需的知识,以大、中、小学学生为主体。其心理特征是希望在学校所学知识的基础上,从博物馆的陈列展览和相关的活动中获取更多的知识。

(3)接受爱国主义教育和革命传统教育。这部分观众来博物馆的时间比较集中,数量很大,而且是有组织前来的,观众个人的参观愿望不很强烈。

(4)以事物例证和亲身体验的方式,加深对知识的理解和掌握。这类观众数量比较多,包括旅游团体、旅游散客、博物馆附近及周边地区的零散观众,参观时间集中在旅游旺季。他们参观的目的主要是利用节假日休闲时间消遣娱乐、旅游观光,满足猎奇心理,寻求新鲜感。

了解了观众及社会公众的基本心理需求,博物馆才能更好地实现与观众和社会公众的信息互动,信息互动的辐射面是很广的,因为实际上任何一个社会成员都是博物馆的潜在观众,也就是说每一个人在不远的将来都可能成为博物馆的观众。在其主观目的尚不成形的情况下,适宜信息的刺激作用显得特别重要。使其从没有意愿到逐步产生意愿,将已有的模糊意愿人为地渐清晰起来,并转化为行动,这一过程的完成有赖于博物馆所有工作人员的共同努力,尤其是担任宣传教育工作的一线人员,转换观念、拓宽思路、以全新的工作方法和先进的手段全方位地展开长期、有效、深入的信息交流工作。因为我们知道,人的行动受大脑支配,也就是说人的行动,无论是有意识的还是无意识的,都完完全全以大脑的指令为依据。

我们也知道,大脑里的意识不是与生俱来的,而是外界信息刺激的结果。既然如此,我们可以向受众传播有关博物馆、博物馆陈列、博物馆活动等信息即可获得稳定的观众来源。要想获得满意的信息互动效果,博物馆应该在了解观众心理需求的基础上,有的放矢地组织针对性强的信息,选择有效的传播手段和传播方式,向广大公众传递信息。应建立有效的信息反馈、评估机制和观众参与机制,确保双向交流的顺利进行。积极创造适宜的交流环境,采取平等的交流方式,完善相关的信息服务,以鼓励社会公众参与博物馆社会服务项目的计划和实施,让公众从被动的参与者变成主动的参与者,让观众在参与的过程中加深了对博物馆的了解,同时体验到一种成就感。这种积极参与的最终结果就是公众对博物馆认可程度的提高和公众对博物馆信息依赖程度的提高,从而导致公众对博物馆产生浓厚的兴趣。有了兴趣,也就会自然而然地产生参观博物馆的愿望。在观众完成参观活动之后,博物馆应该及时、准确地捕捉观众参观的个人体验,对参观活动的满意程度和对今后工作的建议等信息,这对改善工作、提高服务质量至关重要。

在这方面,一些大馆都进行过有益的尝试,总结出了许多行之有效的方法。我们应该在此基础上,有创造性地设计并运用更科学、更贴近观众需求、更具实效性的方法,在陈列的安排、设计和环境等诸多方面熔铸我们对观众的人文关怀,使博物馆的陈列及活动能吸引观众、留住观众,让更多的人到博物馆来,让来的人在每件展品前和整个博物馆里逗留更长的时间,让博物馆陈列和活动在观众心目中留下深刻的印象,让博物馆深入人心,使参观博物馆成为人们日常生活中不可或缺的组成部分。

关于博物馆公共文化服务的几点思考
——基于河南省内博物馆的调查与考量

河南博物院　向祎　　郑州图书馆　牛伟

摘　要:博物馆是重要的公共文化服务机构,开展公共文化服务是博物馆的本质属性和职能所在。自2008年实行免费开放以来,中国博物馆的公共文化服务意识和能力得到了不断提升,同时也凸显出了诸多的问题和不足。随着中国政府构建公共文化服务体系重大政策的提出和实施以及社会大众对公共文化服务需求的不断增强,社会范围内的公共文化服务内容和标准有了新的变化。在这种变化要求下,博物馆的公共文化服务需要不断丰富完善。本文以博物馆公共文化服务为研究对象,以公共文化服务体系建设标准及要求为切入点,通过对博物馆公共性的分析,从理论层面阐明博物馆开展公共文化服务的必要性和必然性。通过对博物馆公共文化服务现状的调查及相关数据统计等,分析中国博物馆开展公共文化服务,做好公共文化服务体系建设所遇到的主要问题。最后,结合实际,针对存在的问题提出解决的思路及建议。

关键词:博物馆　公共文化服务　博物馆建设

　　公共文化服务,是政府公共服务的重要内容之一。随着改革开放的不断深入和经济社会的发展繁荣,全面建设公共文化服务体系已经成为国家文化事业发展的重要内容。公共博物馆作为政府举办的公益性文化服务机构,参与公共文化服务体系建设是其不可推卸的义务和责任。随着政府对公共文化服务工作的重视和公众对公共文化服务需求的不断增强,社会范围内的公共文化服务内容和标准正在发生新的变化。在这种变化的要求下,博物馆的公共文化服务应随之丰富和完善。

一、河南地区部分公共博物馆公共文化服务现状

　　河南是文物大省,博物馆建设发展有着良好的资源优势。选取河南地区博物馆进行公共文化服务现状调查,意在全国博物馆整体现状基础上,了解地区个案的发展情况。

　　河南省现下辖 18 个省辖市,108 个县(市),总人口 10 489 万。截至 2012 年,河南全省有各级各类博物馆、纪念馆 173 座。其中国家级 1 座,省级 3 座,地市级 48 座(其中 18 个省辖市均已建立城市综合类公共博物馆),县区级 108 座,另有高等院校主办的 2 座,民办 11 座。按照归口管理划分,文物行政部门所属的国有博物馆 149 座,非文物行政部门所属的行业性国有博物馆 13 座,民办博物馆 11 座。

表一　河南省博物馆机构数及区域分布①

地市	博物馆数量	分级						性质		
		国家级	省级	地市级	县区级	高校	民营	文物	行业	民办
郑州	18		3	4	5	2	4	10	4	4
开封	7			3	3		1	6		1
洛阳	15			10	4		1	13	1	1
平顶山	4			1	3			3	1	
新乡	9			4	5			8	1	
焦作	9			1	8			9		
安阳	11			3	4		3	7	1	3
鹤壁	1	1		1				1		
濮阳	6			2	4			6		

①本表根据河南省文物局提供的相关资料和数据整理。表中"分级"一栏,按照博物馆行政隶属关系以及所处地理区域统计;"性质"一栏根据博物馆与主管部门的隶属关系按"文物"(文物行政部门所属的国有博物馆)、"行业"(非文物行政部门所属的行业性国有博物馆)、"民办"(民办博物馆)三个类别进行统计。

许昌	8			3	5			7	1	
漯河	6			1	5			6		
三门峡	6			3	3			6		
南阳	16			4	12			16		
商丘	10			1	8		1	9		1
信阳	27			3	24			25	2	
驻马店	8			1	7			7	1	
周口	11			2	8		1	9	1	1
济源	1			1						
合计	173	1	3	48	108	2	11	149	13	11

　　由表一可知,在河南省18个省辖市中,博物馆机构最多的信阳市27座,最少的鹤壁市、济源市各1座。所辖108个县(市)共有博物馆108座,其中大多为纪念馆、专题类博物馆、遗址类博物馆。在108个县(市)中,已建立县级综合类博物馆的仅有34个, 建成率为31.5%。全省每百万人拥有博物馆率为1.649座, 低于1.967座的全国水平。说明全省博物馆基础建设尤其是县级博物馆建设较为薄弱,省级区域内博物馆基础建设同样存在分布不均衡的现象。

　　本文拟选河南省内15家国家级、省级、地市级博物馆,对其在2010年的主要业务工作及公共服务工作进行统计。[2]

---

②资料来源为河南省文物局提供的2011年度全省各博物馆年检报告。18家地市级综合类公共博物馆中,因2010年商丘市博物馆、濮阳市博物馆、周口市博物馆、驻马店市博物馆、信阳市博物馆、平顶山市博物馆、漯河市博物馆等7家均处于新建或改扩建中,未开展相关活动,因此未统计在内。

表二　河南省 15 家公共博物馆 2010 年度公共服务状况

序号	博物馆名称	建筑面积（万㎡）	展厅面积(万㎡)	全年开放天数	基本陈列（个）	全年临时展览（个）	参观人数（万人次）
1	中国文字博物馆	2.3	1.3	313	2	12	126
2	河南博物院	7.8	2.3	313	1	28	197
3	郑州博物馆	1.4	0.83	313	1	7	20
4	开封市博物馆	1.2	0.8	313	3	22	13
5	洛阳博物馆	1.4	0.2	356	1	20	105
6	新乡市博物馆	0.2	0.04	313	1	1	2.3
7	焦作市博物馆	1.1	0.5	312	3	6	7
8	安阳博物馆	2	0.5	313	4	8	10
9	鹤壁市博物馆	1.8	0.56	365	2	12	9.5
10	许昌市博物馆	0.6	0.2	315	4	15	45
11	三门峡市博物馆	0.7	0.09	365	1	4	15
12	三门峡市虢国博物馆	0.7	0.4	365	1	1	5.4
13	南阳市博物馆	13(占地)	0.2	365	2	1	30
14	南阳汉画馆	0.6	0.2	313	1	0	30
15	济源市博物馆	0.4	0.09	308	2	3	23

　　根据《国家一级博物馆运行评估报告(2010 年度)》,从中选出了河南地区被评定为国家一级博物馆的 4 家博物馆,对其在 2010 年的主要公共服务情况进行统计对比。

表三　　河南地区 4 家国家一级博物馆 2010 年度运行评估情况表

指标 名称	评估指标（一级指标）										总分排名
	藏品管理		科学研究		陈列展览 与社会教育		公共关系 与社会服务		管理与 发展建设		
	得分	排名	得分	排名	得分	排名	得分	排名	得分	排名	
河南博物院	15.9444	10	13.3667	13	29.7000	8	9.8533	11	7.5833	15	9
郑州博物馆	13.5111	43	9.6000	69	27.8333	25	7.1400	73	6.8000	61	50
洛阳博物馆	13.2444	51	11.8667	36	25.8000	51	8.0000	46	7.1000	47	46
南阳汉画像馆	13.4778	44	11.0000	49	27.0667	29	7.7200	54	6.9000	55	42

　　从表二和表三中可看出,河南省内各博物馆相比较,公共服务水平参差不齐。河南博物院等个别实力较强的博物馆服务能力高于其他博物馆。从全国范围来看,以 4 家国家一级博物馆为代表,除河南博物院外,郑州博物馆、洛阳博物馆、南阳汉画馆等地市级博物馆无论是单项业务工作还是综合公共服务水平,均处于中下游。河南地区博物馆整体公共服务能力和水平有待进一步提高。

三、博物馆公共文化服务中存在的问题

　　2008 年免费开放以来,中国博物馆事业发展进入了快车道。随着国家公共文化服务体系建设和文化体制改革的逐步深入,随着博物馆免费开放工作的不断深化,博物馆管理运行特别是公共文化服务中的一些突出问题和深层次矛盾也日益凸显出来。

　　1. 公共文化服务理念认识不清晰

　　从博物馆现状调查可看出, 国内对博物馆公共文化服务的研究成果稀少,国家公共文化服务体系示范区建设标准中涉及博物馆的项目和权重极低,博物馆已开展的公共文化服务项目水平不高。这些表明,中国博物馆对博物馆公共文化服务以及国家公共文化服务体系建设的整体性认识还不清晰。博物馆以文物藏品为中心的传统意识还有着较强的影响力。理念的不清晰,影响到服务的动机、内容、质量等多个方面。

2. 博物馆基础设施薄弱,城市博物馆集群建设较弱

目前中国博物馆数量虽然增长很快,但是分布不均衡。主要集中在东部沿海地区和经济发达城市,中西部地区博物馆建设发展迅速,但总体低于东部。

所谓城市博物馆群,是以一个或几个大型博物馆为龙头,通过与相近周边的博物馆的合作与交流而形成的利益共同体,大小博物馆形成"结构有序、功能互补、整体优化、共建共享"的镶嵌体系,体现出大小博物馆互动、区域一体为特征的高级演替形态,其本质是结构和功能的互补和互动。③城市博物馆群讲求的是博物馆间的合作与交流,以集群的力量为公众提供丰富多彩的博物馆服务。然而,中国城市博物馆受建设主体、利益回报、观念意识等因素的制约,目前仅是地理意义上的聚集和数量上的集中。城市博物馆资源依然相对分散,在具体的合作交流、共建共享方面还未能形成合力,一定程度上使公众享受博物馆公共文化服务的便利性受到影响。城市博物馆的集群力量需要得到有效整合。

3. 陈列展览等博物馆公共文化产品供给不足

根据《国家一级博物馆运行评估报告(2010年度)》统计,2010年82家国家一级博物馆平均原创临时性展览4.8个,馆均引进临时展览4.8个,馆均输出原创性展览3.4个,馆均观众数量121.3万人次,馆均举办专题讲座、讲坛16.9个,馆均举办中小学教育活动21.7个。而对比2008—2010年国家一级博物馆在基本陈列、临时展览、博物馆讲解、教育项目、观众服务等体现博物馆公共文化产品供给方面的运行指标上,除临时展览、教育项目略有涨幅外,其余均呈下滑趋势(见图一)。陈列展览等公共文化产品供给能力不足,与当前加快建设公共文化服务体系和深化博物馆免费开放的时代背景,显得很不协调。

---

③张蕊:《城市博物馆群发展研究》,硕士学位论文,开封:河南大学,2011年。

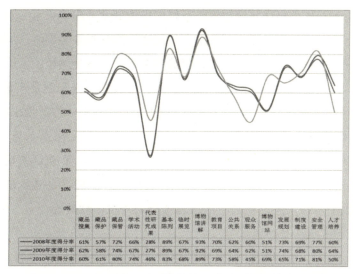

	藏品搜集	藏品保护	藏品保管	学术活动	代表性研究成果	基本陈列	临时展览	博物馆讲解	教育项目	公共关系	观众服务	博物馆网站	发展规划	制度建设	安全管理	人才培养
2008年度得分率	61%	57%	72%	66%	28%	89%	67%	93%	70%	64%	60%	51%	73%	69%	77%	60%
2009年度得分率	62%	58%	74%	67%	27%	89%	67%	92%	69%	64%	62%	51%	74%	68%	80%	64%
2010年度得分率	60%	61%	80%	74%	46%	83%	68%	89%	73%	58%	45%	69%	65%	71%	81%	50%

图一 2008—2010 年国家一级博物馆运行评估得分率趋势比较图④

4. 博物馆社会教育制度化欠缺

如在针对青少年的教育服务方面,博物馆服务学校教育的功能未能得到有效发挥。根据对 2011 年中国 31 个省市自治区公共文化服务情况的统计,2011 年中国 31 个省市自治区的 2421 家公共博物馆共接待未成年人观众 9901 万人次。⑤按中国在校大中小学生 2.3 亿计算,人均 0.43 次。与欧美日等国家年人均 2~3 次相比,差距巨大。这表明,在今天,受学校应试教育环境的制约,很多学校都没有把博物馆视为教育机构,把博物馆纳入国民教育体系存在一系列现实问题。

博物馆的教育活动未能制度化、常规化,内容、形式较为单一,缺乏面向未成年人的展厅、展览,没有专门的未成年人活动场所和空间,缺乏符合未成年人心理需求的现代化展示技术手段,缺乏高水平的讲解咨询和教学辅导人才。

5. 博物馆数字化建设滞后

在数字博物馆的具体建设上,存在着数字博物馆就是建立博物馆网站(网页)

④图片来源:中国博物馆协会,《国家一级博物馆运行评估报告(2010 年度)》,2012 年 6 月 16 日。
http://www.sach.gov.cn/Portals/0/国家一级博物馆运行评估报告(2010 年度).doc
⑤上海高校都市文化E-研究院:《2011 年全国 31 个省市自治区公共文化服务指数蓝皮书》,北京:商务印书馆,2012 年。

的认识误区;或者认为数字博物馆就是新鲜的虚拟展示或多媒体展示;甚至存在着数字博物馆建设得越好,会降低观众到实体博物馆的参观率等误解。对数字博物馆认知水平的不平衡和观念的落后,成为制约数字博物馆发展的瓶颈。与数字博物馆相关的信息资源、设备、技术、知识产权保护等标准规范研究和制定严重滞后,已建立的数字博物馆系统各成体系、互不相容,为资源共享和整合传播带来隐患。

在数字化服务方面,存在藏品信息公开程度不足,担心藏品信息会被人窃取等误解;网络展示内容和水平不高,能提供的信息量极少;公众调查机制不完善,数字博物馆建设内容和形式具有强烈的"自我意识",不能满足观众的真实需求。另一方面,数字博物馆建设发展急需的复合型人才也极度缺乏。

6. 博物馆专业人才不足

据统计,截至 2011 年底,中国博物馆从业人员 62 181 人(不含港、澳、台地区),其中专业技术人员 24 117 人,占总人数的 38.8%;具有正高级职称 967 人,仅占总人数的 1.6%;具有副高级职称的 2945 人,占总人数的 4.7%;具有中级职称的 9467 人,占总人数的 15.2%。[6]《国家一级博物馆运行评估报告(2010 年度)》调研数据显示,参与评估的国家一级博物馆在人才培养领域的得分,从 2008 年的 60% 下滑到 2010 年的 50%。[7] 这表明,随着中国经济社会的快速发展,人民群众对公共文化产品质量和服务的要求更加迫切,博物馆的数量大幅增加,博物馆承担的社会职能越来越多,而文物博物馆管理队伍和专业人才队伍不足,成为制约博物馆建设发展的瓶颈。

四、博物馆提升公共文化服务建设水平的思考与建议

1. 树立正确的博物馆公共文化服务理念

新时期博物馆文化的发展目标,将从满足广大民众日益增长的文化需求,拓展到保障广大民众的基本文化权益,再拓展到让广大民众共享文化发展成果。这是"以人为本"理念在博物馆领域的体现,也是国家公共文化服务体系建设对博物馆的要求。博物馆的核心价值体现,已从保护文物藏品到保护文化遗产,再到服务社会,进而向参与推动社会变革的神圣责任回归。[8]社会变革的深化、博物馆功能

---

[6]中华人民共和国文化部:《中国文化文物统计年鉴 2012》,北京:国家图书馆出版社,2012 年。

[7]中国博物馆协会:《国家一级博物馆运行评估报告(2010 年度)》,2012 年 6 月 16 日。

　http://www.sach.gov.cn/Portals/0/国家一级博物馆运行评估报告(2010 年度).doc

的延伸、博物馆核心价值的提升等,也强烈推动着博物馆工作者思维意识的变化。只有深刻理解这些变化,才能树立正确的办馆理念,指导博物馆各项工作创新开展,博物馆公共文化服务的作用和职能才能得到真实全面的发挥和体现。

2. 加强博物馆基础设施建设,整合城市各种博物馆资源,建设城市博物馆群

博物馆从"数量增长"走向"质量提升"是公共文化服务建设对博物馆建设发展的必然要求。在重视国有综合类博物馆建设发展的同时,采取有效措施,积极支持和扶持科技、艺术、自然、民族、民俗、工业遗产等类型的专题性博物馆以及民办博物馆、社区博物馆等多类型博物馆的建设发展,为城市博物馆群的形成提供物质基础。

发挥地方文物行政主管部门的行政指导力量和博物馆学会的行业指导力量,出台城市博物馆群联合发展的政策要求和指导意见,为城市博物馆资源的整合提供政策依据。创新组织体制,建立馆群合作理事会,通过专项补贴和考核奖励等多种形式,支持和推进城市博物馆群的联动合作运行,维护每个博物馆的正当权益与诉求。加快数字博物馆建设,形成本地区城市博物馆群的联合网站,实现相互间馆藏文物资源、陈列展览资源、人才资源的公开和共享。

3. 将博物馆教育纳入国民教育体系

完善相关法规,从制度上明确博物馆的教育机构性质,确立博物馆是国民教育体系有机组成部分的法律地位。将博物馆教育列入学校教育,并对博物馆纳入国民教育体系的工作和活动给予充足的资金保障。有关行政部门应加强协调配合,促进博物馆与学校等文化教育机构建立协作机制,实现资源共建共享。在日常学科教育活动中,要增加博物馆教育的相关内容;在教材编写中,注重增加博物馆教育和当地历史文化知识的相关内容,将博物馆纳入各层次教育教学体系框架,纳入教学计划、教学大纲、教材编制、学分设置等。

4. 建设博物馆专业化人才体系

完善博物馆从业人员培养培训规划,优化队伍结构,提高博物馆从业人员专业水平和实践能力。依托相关高等学校和省级以上博物馆以及中国博物馆协会等相关机构,引导博物馆相关高等教育和职业教育在学科建设、专业设置、课程设计

---

⑧单霁翔:《从"馆舍天地"走向"大千世界"——关于广义博物馆的思考》,天津:天津大学出版社,2011年。

方面与博物馆事业发展需求相结合,共建博物馆从业人员培养培训基地。同时实施高层次人才引进计划,为博物馆集聚具有国际影响的学科领军人才。

5. 提升博物馆数字化服务水平

博物馆应先建立数字博物馆的基础平台,再结合实际不断丰富完善。实现数字典藏、知识管理和虚拟展示,为数字博物馆建设提供现代技术支撑。

建立文物藏品信息数据库,实现数字典藏。数字典藏是用数字手段建立更加规范化和标准化的藏品档案数据库,它是博物馆界经常提到的"博物馆信息化建设"的主要内容。藏品信息数据库建设,一方面可以使博物馆摆脱传统的征集、建账和保管方式,实现高效协同操作和管理;另一方面,健全完善的藏品基础信息,也为专业研究人员检索查询及社会公众通过网络访问查询提供基础。

建立体现虚拟展示技术为主体的网站,体现数字博物馆的真正要义。网站是数字博物馆的直观体现,但网站不是数字博物馆的全部。真正的数字博物馆应该是运用了一定的网络技术将实体博物馆中的展品通过声音、图像、光影、视频等表现手法集合于数字博物馆中,不仅展出展品的独立特征,还能够通过各种高科技手段让观者融入其中,与展品进行互动,或以更加主观的方式去了解展品以及展品的相关知识。[⑨]

注重利用网络和现代通信技术与观众进行沟通交流。数字宣传是数字博物馆的建设内容和功能之一。在计算机、网络、通信等现代信息传播技术快速发展的今天,基于网络和通信技术建立起来的网站、微博、短信等信息传播交流媒介和平台,为博物馆开展社会交流和信息传播提供了全新的技术和途径。博物馆应当注重利用这些新的技术平台开展宣传和交流,体现博物馆由"实物导向"功能向"信息导向"功能的延伸。

⑨赵亚楠:《以"科技馆"为例的博物馆数字化设计方案》,见:北京市科学技术协会信息中心,北京数字科普协会编:《创意科技助力数字博物馆》,北京:中国传媒大学出版社,2012年。

公共服务视野下的博物馆环境质量控制

郑州博物馆　　申永峰

内容提要：环境是博物馆公共服务的重要组成部分，是塑造博物馆形象的基本载体。健全完善的博物馆环境应当满足生态宜人、洁净舒适、安全环保、特色鲜明的基本要求。博物馆环境问题受内、外因素的影响制约。构建优良的博物馆环境，要深刻理解环境质量控制的重要性，创建博物馆环境质量控制标准，还要把环境问题纳入博物馆整体发展规划，贯彻环境质量控制的理念，明确程序要求和管理办法，建立完善的环境质量监测和控制体系。

关键词：公共服务　博物馆　环境　标准

进入新世纪以来，我国博物馆事业蓬勃发展，在社会文化事业中发挥着日益重要的作用。随着博物馆与社会的联系越发紧密，社会对博物馆的服务内容和服务方式不断提出更高的要求，博物馆管理和运营理念的不断创新，公共服务意识的强化提升，成为博物馆工作的导向。

营造良好的内外环境，提升环境品质，是博物馆公共服务的重要内容。对于博物馆环境，以往人们关注较多的是环境对于馆藏文物的影响。事实上，博物馆环境不但对于文物来说是重要的，对于人来说——既包括观众也包括博物馆工作者本身，也是不容忽视的，而且从一定意义上看更为直接和密切。本文拟从公共服务的视角，试对当前博物馆的环境问题及环境质量的控制谈一些粗浅的认识，不妥之处敬请指正。

一、关于博物馆环境的基本认知

环境，通俗来讲是指围绕某中心事物的空间、条件和状况。博物馆环境，就是博物馆场馆内外空间及其条件、功能的总和，从主体关系来看，大致可以区分为馆外环境、馆内环境、文物保存环境等。博物馆与环境是不可分割的表里关系。

1. 博物馆环境的基本要求

博物馆环境，受外部环境的影响和制约，也具有自身相对的独立性和系统性。

博物馆环境的基本要素,兼有自然属性的生态功能和社会属性的服务功能。笔者以为,健全完善的博物馆环境应当满足以下条件:即生态宜人、洁净舒适、安全环保、特色鲜明的要求。

在博物馆场馆周围,应当构建优良的生态化的宜人环境,主要突出的是其生态特点,营造出独立于社会其他区域的博物馆环境格局存在。在博物馆内部,不论是公共服务空间还是陈列展示场景,洁净舒适、典雅和谐的环境氛围,可以有效调适观众情绪,成为博物馆更好地履行职能的有力保障。安全环保,应是博物馆环境工作的根本立足点,是建立其他和谐环境要素的基础。安全,既包括有形的各类硬件设施的安全,也包括无形的环境要素的安全,如场馆空气质量、光照、温湿度、霉菌状况等,它们是博物馆总体环境的重要组成部分。至于博物馆环境应当特色鲜明的要求,是指每个博物馆应结合本馆性质、特色,在环境建设中把环境、文化、服务融为一体,突出优势,塑造自身鲜明的格调特色。

2. 环境是博物馆公共服务的重要组成部分

博物馆作为致力于为大众服务的公共文化机构而存在,应着力提升公共文化服务的水平和质量,强化服务功能。博物馆开展各项工作,应以公众需求为牵引,以实现公众价值为目标,这是博物馆核心价值和社会责任的体现。

博物馆总是处于一定的空间环境之中,在社会格局中它是"小环境";博物馆在完成自身职能的过程中,依托一定的设施及收藏研究、陈列展示、传播交流等活动,形成了特定的情态状况,又可看作相对独立的"大环境"。博物馆环境,既是一种客观存在,也体现着一种服务方式。有什么样的环境,这种环境就在发挥着它的服务性质,产生着它的功能作用。

人们生活在一定的环境之中,环境质量的好坏,是人们生活品质优劣的一个重要指标,其对人身体、情感、精神状态的影响显而易见。作为公共文化场馆,博物馆内、外环境状况,直接影响观众的心态和感受,并对博物馆文化传播效果产生影响。为观众创造优美温馨、舒适宜人的参观环境,是博物馆职责所在。由此可见,环境是博物馆公共服务的重要部分,与其他服务功能一起,共同组成了博物馆公共服务的内容。

3. 环境是塑造博物馆形象的基本载体

博物馆形象是博物馆在社会公众中的总体认知状况。良好的博物馆形象不仅可以获得公众的信任和支持,还能够增强博物馆的知名度,提升博物馆的美誉度,吸引更多社会关注,从而使博物馆获得更好的发展机遇。

博物馆环境与博物馆形象的关系十分密切。博物馆是公众场所,环境不但是观众进入博物馆的第一印象,而且伴随观众在博物馆活动的整个过程。任何博物馆都处在一定的环境之中,并且营造着自身特定的环境氛围,从这个意义上说,博物馆环境就是特殊的文化符号,诠释着博物馆的功能职责,在潜移默化中把博物馆的特质映入记忆,是观众形成博物馆形象认知的基本载体。

在日常生活中,环境质量的好坏高低,已然成为衡量人们生活品质的核心指标。具体到博物馆环境来看,优美良好的环境,无疑是博物馆宝贵的资产。博物馆环境的内涵十分丰富,从不同的主体和视角出发,会牵引出多样性的内容构架。博物馆环境状况,实际上体现了博物馆规划建设、管理运营、学术研究等很多方面的能力与水平,彰显着博物馆的综合素养,其对博物馆形象的影响非同一般。

二、博物馆的环境问题及其产生原因

新世纪以来,我国博物馆事业蓬勃、快速发展,取得了前所未有的成就。但是,博物馆在环境质量控制方面依然有很大的改善空间,精细化环境控制与管理仍是很多博物馆的短板,对博物馆工作产生着诸多不良影响。

1. 博物馆存在的环境问题

对照博物馆环境应当满足的基本条件,认真梳理当前博物馆环境状况,笔者认为,博物馆环境质量方面还存在一些比较突出的问题,应当引起重视。

首先,认知缺位,导致博物馆环境问题的产生。受主观因素制约或客观条件限制,不少博物馆尚未理解环境之于博物馆的重要性,或者对博物馆环境的认识比较片面,环境被置于博物馆工作中的次要位置。有些观点认为,搞好环境就是加强绿化美化。其实构建博物馆环境,不只植树种草栽花那么简单,作为博物馆形象的基本载体,博物馆环境不是单纯的生态问题,而是涵盖博物馆公共服务、陈列展示、文化延展的系统工程。正确理解博物馆环境的内涵和意义,是塑造独具特色的博物馆环境的第一步。

其次,管理规划不完善,博物馆环境格局散乱。博物馆环境设施和环境服务的宜人舒适、优美完善,不仅仅体现在场馆设施的整洁漂亮上,细节和人性化的环境服务尤为重要,否则,观众面对的只是冷冰冰的场馆,很难有情感上的交流融通。因而,博物馆环境问题有时也是管理运营的问题。又如,博物馆服务设施、指示标志等的完善,往往不能一步到位,极易造成设计风格和制作上的不一致,在视觉和心理上给观众带来影响,导致博物馆形象受损。所以,博物馆环境的构建,应有比较完善的管理规划作为指导纲要,以便在长期发展中保持总体环境格局的整体性、协调性。

再次,博物馆环境安全面临新挑战。这里所说的博物馆环境安全,一方面是看得见的环境安全,系统内的物体、设施、设备应当安全稳固、坚实可靠,不能存在安全隐患,不会构成潜在危险,尤其是在大风、雨雪等不良天气状况时,能够稳定发挥其功能和作用,而不会对观众产生意外伤害。另一方面,博物馆环境的安全,还必须包括空气质量等无形因素。近年来,博物馆空气质量呈现出令人忧虑的发展趋势,一些博物馆环境改造、展厅装修后,充斥着污浊刺激的味道,空气质量堪忧。这种状况不只对馆藏文物,对观众及博物馆职工的健康状况均造成了不良影响。

2. 博物馆环境问题产生的原因

博物馆环境问题产生的原因是多方面的,以其生成关系,大体可以分为外部因素和内部因素两类。

从外因来说,博物馆环境面临严峻挑战。众所周知,当前环境污染问题已经成为我国社会的公害,多年来的粗放式产业发展之路,使社会生态环境饱受伤害,洁净安全的空气、饮水、土壤等人类生存最基本的条件,俨然已经成为稀缺物质,这不能不引发社会的严重关切与反思。2006 年 10 月,中共中央第十六届五中全会上,正式提出将建设环境友好型社会确定为国民经济与社会发展的一项战略任务。这一理念无疑具有开创性意义,为当前及今后处理环境问题指明了方向。作为社会组织的一个节点,博物馆环境不能脱离基础而存在,公共大环境的状况必然对博物馆小环境产生影响。大气污染物中的灰尘颗粒物、硫氧化物、氮氧化物、碳氢化合物、一氧化碳、含氟气体,含氯气体等等,一旦在博物馆积聚到一定量级,将带来严重危害。

从内因来说,博物馆环境质量问题涉及众多因素。博物馆对环境质量问题的理念认知水平、规划建设水平、运营管理能力、经费保障能力等,都会对博物馆环境建设产生直接作用。理念认知决定眼界视野、决定实践高度,对博物馆环境及其构建过程的认知水平,是一座博物馆环境建设所能取得实际效果的前提。规划建设水平是对博物馆总体环境的构想及建设所体现的能力素养,良好的规划还需要周密的建设实施,要把优秀的创意贯彻落实好,组织实施好,强化责任意识,把控质量水平。博物馆日常的运转过程中,还应时时注意环境质量的变化,及时应对出现的各种问题,消除负面因素和不良影响,保持博物馆环境质量的正常水平,这显然是对博物馆运营管理能力的要求。博物馆环境质量水平的维护、保持、更新、提高,还有一个经济基础的问题,经费保障机制是否完善,投入是否及时、持续和充足,是博物馆环境质量控制的保障。

三、努力构建优良的博物馆环境

提升博物馆环境质量水平,是时代发展对博物馆提出的更高要求。提升环境质量水平,不但要有解决环境问题的思想动力,还应有控制环境质量的规范标准和有效措施,这样才能有针对性地处理博物馆所面临的各种环境问题。

1. 深刻理解博物馆环境质量控制的重要性

不论是博物馆自身还是对于它所服务的社会公众,环境质量都已经成为利益攸关的重要问题。

放眼整个人类社会,环境问题已成为关系生存繁衍的重大事件,环境问题所引发的危机感从没有如此强烈。在这样的宏观语境下,观众对身边事物的环境状况越来越关注和敏感。很难想象观众会有兴趣在一个环境问题重重的博物馆兴味盎然地参观品鉴,接受文化熏陶。环境是博物馆公共服务的重要组成部分,环境质量问题,影响观众对博物馆的接受程度,博物馆形象将因此大打折扣,更阻碍博物馆文化影响力的构建。当代博物馆的发展,越来越强调社会服务功能的完善,优良的环境服务,是博物馆职能得以实现的有力抓手。

正如前面分析中所揭示的那样,博物馆环境问题是综合性的,它实质上受很多方面因素的影响。以陈列展示来说,环境设计是否人性合理、温馨舒适,既要有较高的陈列设计水准,也要有落实设计意图的工程能力。博物馆环境问题,其影响也是多方面的。空气质量出了状况,不仅对观众身体健康构成威胁,对长期在这里工作的博物馆职工来说更是如此,馆藏文物在这样的收藏展示环境中,所受的不良影响也显而易见。环境质量问题的存在,其实从深层次上揭示了博物馆在规划建设、管理运营、甚至科研能力方面存在的某些不足。所以,博物馆要充分认识环境质量问题的重要性,把环境质量控制作为博物馆工作的重要内容对待。

2. 创建博物馆环境质量标准控制体系

目前,博物馆对环境问题的关注,多局限在文物藏品所受的影响上,而较少涉及其他方面,这无疑存在着很大的局限性、片面性,不符合社会及博物馆事业发展的方向与潮流。博物馆环境质量问题,与博物馆管理运营的粗放方式有关,不少博物馆缺乏精细化、科学化管理的经验和能力,博物馆管理运营的规范化还处于较低水平,对博物馆环境质量控制没有足够的认知度,具有很大的随意性。博物馆环境质量问题,也与缺乏必要的博物馆环境质量规范标准有关,没有制度规范,就使得博物馆对于环境质量的管理控制缺乏相应的标准和依据,规范化、标准化是指导博物馆工作的重要准则,是确保有关业务活动不偏离正确轨道的防护墙。博物馆的环境质量控制问题,同样需要一部全面、科学、可操作性强的行业规范。目前,关于博物馆环境,在一些方面已经有重要的基础性的规范,如《博物馆藏品保存环境试行规范》《博物馆建筑设计规范》《博物馆照明设计规范》《馆藏文物保存环境质量检测技术规范》等,但这些只针对特定问题,还缺乏一个全面的关于博物馆环境质量管理的标准。我国博物馆事业已进入高速成长阶段,环境问题已经成为一个具有共性的发展课题,国家文物行政管理部门应尽快从博物馆工作的实际出发,制定本行业的环境质量标准,督促博物馆按照标准要求,从全局的角度统筹考虑问题,从源头和根本上防范控制问题的产生,并针对相关环境问题提出有效的解决方案。

3. 多方并举提高博物馆环境质量水平

提高博物馆环境质量水平,可以从下面几个方面着手:

首先,统筹考虑博物馆环境问题,将环境问题纳入发展规划,坚持贯彻环境质量控制的理念。在陈列展示等业务活动中,统筹考虑环境问题,对各种设施设备进行规划、调整、调适,展示设施、灯光照明、参观路线、标牌文字,需要满足格调一致、舒适宜人、功能健全、安全洁净的博物馆环境要求。博物馆环境实际上是博物馆文化的延伸,如宣传橱窗的设计、指示标志的设计、休憩设施的设计,应能体现出博物馆独特的文化性,让观众在耳濡目染之中感受到文化魅力,从而拉近与博物馆的心理距离。

其次,博物馆应当形成环境质量控制的规程,明确环境质量控制管理的程序要求和管理办法,并严格执行。在博物馆场馆建设、设施改造,以及陈列展览更新的过程中,都应有严格的质量控制措施,要落实责任,建立监督管理制度。设施、设备的制作,应选用质量符合国家标准的环保材料,采用符合技术要求的施工方法和工艺措施,确保工程质量。博物馆环境一旦形成就很难再改变,只有从源头上控制问题的产生,才能使博物馆环境达到令人满意的效果。

还有,博物馆应建立完善的环境质量监测体系,通过采取各种措施和技术手段,使博物馆环境质量保持在良好的稳定的状态。博物馆环境是一个综合的复杂的系统,涉及很多方面,博物馆应建立健全环境监测管理的相应机制。以展馆空气质量控制为例,应能实时有效监测空气质量状况,制定出解决空气污染的各种预案,及时采取各种行之有效的技术措施,如限制观众流量,增大空气循环量,启动空气杀菌净化装置、温湿度控制装置、异味消除器等,将空气质量控制在较好水平,创造舒适宜人的博物馆环境。

　　以上是针对博物馆环境问题的一些粗浅认识。博物馆环境问题具有广泛性和普遍性,只要博物馆存在,就会产生这样那样的环境问题。博物馆环境问题,形态多样、原因复杂、影响巨大,它既是思想认识的问题,也是管理运营的问题,还是业务能力的问题。想观众所想,思观众所思,提供优良的环境服务,满足观众的环境需求,是当下博物馆发展大潮中不可忽略的方面。可以肯定的是,博物馆环境质量控制工作的推进,必将拉动博物馆事业发展迈上新的台阶。

转变观念　努力提升博物馆公共服务功能

郑州博物馆　　侯爱芹　曲芳芳

摘　要:近年来,世界各国纷纷免费开放博物馆,从而极大地降低了博物馆的准入门槛。与此同时,我国各级博物馆在飞速发展的过程中,也迈开了博物馆免费开放的步伐。这是一个转变服务职能的创新举措,具有划时代的意义,对于发挥博物馆的公共服务与教育功能有着十分重要的作用。

关键词:博物馆　公共服务　体系建设

近年来,世界各国纷纷免费开放博物馆,从而极大地降低了博物馆的准入门槛。与此同时,我国各级博物馆在飞速发展的过程中,也迈开了博物馆免费开放的步伐。这是一个转变服务职能的创新举措,具有划时代的意义,对于发挥博物馆的公共服务与教育功能有着十分重要的作用。

自 2008 年全国博物馆、纪念馆实施免费开放以来,吸引了社会各界、不同文化程度的公众走进博物馆,这标志着博物馆由过去的精英场所转变为大众化的文化场所,自此,博物馆参观人数比以前有了大幅提高。据国家文物局统计,各地实施免费开放后,博物馆的客流量增加了 5 到 15 倍。但在汹涌澎湃的观众潮流面前也存在一些急需解决的问题:大多数博物馆提供的公共文化产品和公共服务少,质量不高,与观众的期望有较大差距, 在经过免费开放之初的"火爆"期后,观众人数又归于稀少。

究其原因,这是因为随着免费开放这股热潮褪去,人们对博物馆的好奇心和热情渐渐减退。如果博物馆没有将公共服务做到无微不至,教育活动不够丰富多彩,人们就会产生审美疲劳,参观博物馆的兴趣将会大大减小,在经历过高潮以后,摆在博物馆面前的还是"门庭冷落"的冷清局面。

因此,为了吸引公众,博物馆应该以免费开放为契机,转变自身观念,提高服务意识,加强软件和硬件建设,抓住机遇迎接一个全新的公共服务时代的到来。以此进一步赢得社会的长期关注与支持。

一、转变传统观念是博物馆提升公共服务的关键

1. 公共服务是博物馆的基本功能

公共博物馆服务于广大民众,这是博物馆的基本功能。美国著名学者詹金斯在其《博物馆之功能》一书中明确指出:博物馆应成为普通人的教育场所。美国博物馆协会成立时就宣言"博物馆应成为民众的大学";美国博馆协会在解释博物馆的定义时,将"教育"与"为公众服务"并列视为博物馆的核心要素。由于我国经历多年的计划经济年代,公立博物馆多年以来承担着政府的宣传窗口的任务,因此公众服务意识明显不足,多年来迎合形势需要所推出的一些展览与观众的口味相去甚远,很难吸引观众的关注和兴趣。随着改革开放的深入和人民物质文化生活水平的逐渐提高,各地博物馆逐步免费开放,公立博物馆将逐步回归到服务社会的基本功能上来。

2. 目前博物馆公共服务观念亟待更新

目前,我国博物馆存在经营理念落后、文化产品单一、手段方法简单等问题。大部分博物馆仍然将博物馆视为文物保管和研究机构,工作重心和经营目标仍然是收藏、保管和研究。而对博物馆如何为社会和公众服务则重视不够,尚未真正把展示教育和开放服务放在博物馆工作的中心位置。

这一落后的博物馆经营理念直接影响了博物馆社会作用的发挥。博物馆展览通俗性、知识性、趣味性、观赏性和参与性不足,艺术感染力不强。展示内容未能与时俱进,不能适应休闲时代不断变化的观众需求。对文化资源的发掘、研究不深,对展示内容编排、策划不够。展示手段雷同,缺乏富有创意的展示手法。此外,陈列展览常年不变,除了基本陈列外,临展和特展很少,缺乏新鲜感。另外,博物馆与学校、社区的联系不够密切,深入民众尤其是青少年的程度较低。

3. 转变观念、提高服务意识,促使博物馆工作回归其基本功能

博物馆的免费开放政策促使博物馆的定位转向大众文化,这有利于掌握公共资源的博物馆更加以人为本、服务观众。免费开放是手段不是目的,我们的目的是要通过免费措施培养群众走进博物馆的习惯,培养未来的观众群、永远的观众群、更多的观众群。

要做到这一点,首先,我们要改变博物馆以藏品研究为中心的传统理念,确立以展示教育和开放服务为核心的博物馆经营新理念。评价一个博物馆的价值,不仅要看其藏品的丰富和精优程度,更要看它在鼓励观众参与和学习方面所取得的

成绩。博物馆的主要职责是尽最大的努力吸引公众经常来参观。其次，要正确处理好阳春白雪和下里巴人的关系，树立一切围绕观众，为各层次观众服务的思想观念，设计好符合观众需求的各种展览、各种讲座、各类服务设施、各类教育活动，以观众的评价为我们工作的导向，努力开展公共服务工作，不断增强博物馆的活力和社会影响力。

二、加强公共服务体系建设、积极与社会各界沟通

1. 积极开展"请进来、走出去"的活动，密切与公众的联系

加强服务体系建设，是当前公共文化服务业的重中之重。博物馆工作者要运用我们的智慧和热情稳定现有的观众群，开发更广泛的、各个层次的观众群体。目前，很多博物馆只把服务对象限定在来馆参观的观众上，把博物馆为社会提供的服务产品只限定在多年不变的基本陈列展览上，眼界较狭窄，思路不宽阔，步子迈不出馆门，不了解现代博物馆的公共服务功能是全方位的，大视野的，是对公众文化生活的全面的服务。我们认为博物馆的公共服务不仅仅体现在馆内，更多应采取"走出去、请进来"的服务方式，密切与观众的联系。

2. 积极举办展览，联系观众，开展馆内教育活动

为了强化博物馆的教育职能，博物馆应当改变被动等待观众参观的局面，主动服务和走进学校、社区，充分发挥博物馆的社会教育职能。

郑州博物馆在2012年推出"朔地恋歌——宁夏岩画特展"这些来自朔地宁夏、贺兰山脉的珍贵岩画第一次踏足中原地区。国庆节期间，为了让广大观众近距离了解"岩画"这一独特的艺术形式，我馆还特别推出了"拓片专家"和"我心中的岩画"创作评比等互动活动。全年展览接待观众46万余人次，其中青少年观众18万余人次。与此同时，我们并没有坐等观众上门，为了配合中学生素质教育，我们积极联系郑州外国语中学、郑州十九中师生等来馆参观展览，组织讲解员对有关知识进行讲解，既丰富了孩子们的课外知识，开阔了学生的视野，也提高了博物馆服务社会的知名度，获得了社会的一致好评。

3. 开展走进社区活动、积极进行馆外教育

为了扩大受教育观众群，我们经常组织讲解人员走出去，深入社区、学校举办各种展览和讲座。为丰富广大少年儿童的寒暑假生活，针对中小学生开展了"迎新春探宝"活动，共有100多个家庭参与活动，活动受到孩子和家长的热烈欢迎。同时开展观众调查活动，发放"我心中的博物馆"调查问卷50份，征集服务意见。为

扩大博物馆的宣传阵地,让博物馆社会教育功能更充分地发挥和体现,暑假期间,我馆社教部组织了"多彩暑假、快乐成长"暑期系列活动。活动由"传统道德教育展"、"学少年英雄、树优良品德"暑期优秀电影展播、"走进博物馆"有奖征文三个环节组成,郑州市中小学生共2000多人参与了活动。

我馆社教部还利用节假日先后到郑州十六中、嵩山社区、卧龙社区等地开展社会巡展20多场,接待观众3万余人。

通过"走进社区"的活动使广大观众了解了郑州的历史,扩大了博物馆的影响力,密切了博物馆与观众的联系,保持了观众群的稳定性,推进了博物馆公共服务意识,促进了公共服务工作的开展。

三、加强硬件建设、提高展览水平是公共服务的基础

1. 形式新颖、内容丰富的展览是吸引观众的重要因素

目前我国许多博物馆存在的通病是展览内容陈旧,展品乏善可陈,布展生硬死板,图解说教味浓重。有的博物馆的布展甚至20年没动过,这样的内容早就过时了,没有观众爱看。这样的展览,即使免费,也引不起人们的兴趣。就算进来一次,也很难有人愿意来第二次。怎样才能留住更多更成熟的观众,怎样才能让博物馆里的节目常出常新,让观众常进常新,这个命题已经摆在博物馆的面前。

努力提升博物馆硬件建设,不断推出内容新颖的展览,提高陈列展览水平,才能增强博物馆的长期吸引力。在展示传播的内容上、形式上更加积极探索和大胆创新,将专业性、学术性和知识性、趣味性、观赏性有机结合,不断创新博物馆的展览,实现题材、品种、风格和载体的极大丰富,使陈列展览更具吸引力、感染力。

2. 改善硬件设施,加大新展览投资是公共服务的物质基础

进入新世纪以来,各级政府纷纷加大了对博物馆建设的投资力度,取得了明显的成效。以我馆为例,仅2008年《古都郑州》陈列,郑州市政府下拨专项经费千余万元。使灯光、音响、色彩、动画模拟等各种硬件设施得到极大的提升,前后共吸引了观众60万人前来参观。《古都郑州》陈列凭借其突出的主题、精美的设计和优良的社会服务,入选全国博物馆十大精品展览,一举摘得全国博物馆界的桂冠,为我省、我市赢得了新的荣誉。通过这一系列硬件建设活动,博物馆的社会影响力和社会服务功能与以往相比有了较大幅度提升,这充分表明了博物馆的硬件建设是吸引观众的一个重要物质基础。

四、加强软件建设、积极培养人才,提高公共服务水平

1. 人才匮乏是制约高层次公共服务的瓶颈

在免费开放、国家财政大力支持的有利环境下,博物馆如何更好地开展公共服务是摆在我们面前的一个新课题。我们认为,在博物馆加快硬件发展的同时,人才的"软实力"建设也要不断加强。

据相关资料介绍,当前全国博物馆机构从业人员中,高级专业技术人员只占4.5%,中级专业技术人员只占 13%,人才的总量、结构、素质都无法满足要求。由于博物馆的专业性强,博物馆需要历史、考古、陈展、设计、多媒体、绘画、修复、鉴定、装裱等多方面的专家型人才,要想提高公共服务的层次,就必须加大人才培养力度,鼓励专业技术人才脱颖而出,让真正的专家来管理博物馆,这样才能使我国的博物馆事业健康发展。

在经济利益的驱使下,近年来,基层博物馆、展览馆已经失去大量的人才。没有专业的管理人员提供高水平的服务,难以吸引公众重新走进博物馆,要让近乎枯竭的群众文化重新焕发生机,博物馆需要有高素质的服务人员来完成这一使命。

目前,我省的大多数博物馆,特别是市县一级博物馆,由于受地域经济条件的影响,受单位人员编制数的控制,受事业单位用人体制的限制,很难吸引高层次的专业人才;很多博物馆的工作人员往往一身多职,内设机构和人员配备不尽合理;而且博物馆的安全保卫工作任务重、压力大,吸引了博物馆工作的主要注意力,致使博物馆的社会服务只限于开门迎客这样一种原始状态。

2. 积极进行人才选拔和培养,提升公共服务层次

专业技术人才是博物馆公共服务发展的重要因素,特别是社教方面的专业人才至关重要,社教部直接面对博物馆一线观众,是博物馆开展公共服务的核心,是博物馆对外的窗口,是博物馆各项公共服务的总策划,从某种程度上讲,就是一个单位的营销部,是公共服务的窗口,因此社教人才的配备至关重要。

在人才的选拔上,我们应该打破单位、部门的界限,向社会各界公开招聘,能者上、庸者下,真正选拔出适合这一岗位的组织管理人才,推动博物馆公共服务的开展。

在现有基础上,我们积极进行人才培养和轮训,制定了郑州博物馆成果奖励、人才培养和队伍建设方面的有效措施,经常对各个岗位的员工进行定期讲座轮训;并对博物馆宣教工作者进行讲解培训,积极组织他们参加讲解员大赛。在

"2012年郑州市讲解员比赛"以及"河南省讲解员讲解大赛"中,我馆均取得优异成绩。

为了提高员工的业务素质,除了定期内部培训外,还多次派出人员到省博物院学习,并聘请郑州大学、郑州轻工业学院高层次兼职人才等途径,加强博物馆的人才和队伍建设,提高从业人员的思想水平、专业素质和社会服务能力。

五、开展休闲娱乐大众化活动,为各阶层提供公共服务

1. 博物馆开展休闲娱乐大众活动的必要性

在免费开放期间,大批的观众前来不断地叩击着博物馆的大门,涌向博物馆,促使博物馆责无旁贷地担当起为社会公众提供服务与教育的责任。怎样寓教于乐长期吸引观众,已是当前博物馆需要首先解决的问题。博物馆作为公共文化设施,拥有大量教育资源,这使得博物馆成为全面提高公众科学文化素质教育的重要场所,成为"终身教育"及学生"第二课堂"的重要场所以及休闲、娱乐、观光的好去处。

博物馆应定期组织、举办讲座、沙龙、文化专题、旅游等高雅的文化活动项目,以满足不同层次观众特殊的文化消费需求。使观众切实享用博物馆为他们特制的精神美餐。通过这些服务活动,博物馆可以树立全新的社会形象,密切同各阶层观众的联系,同时赢得社会的关注和支持。

2. 建立齐全的服务设施、开展休闲娱乐大众活动

为了开展贴心细致的公共服务,必须要建立完善的服务设施和服务体系。国外研究表明,在成熟博物馆,观众参观完所有展厅花费的时间与他们在博物馆的礼品商店、餐饮厅、休息间等其他场所中消磨掉的时间相当。因此,各博物馆应特别重视开发、举办各种富有吸引力的公共服务项目和设施,如观众咨询、导览、餐饮、购物及教育等活动;馆舍和设施上配置图书馆或资料中心、休息处、文化超市、杂志期刊、休闲图书等。应及时在网上介绍与公布博物馆的各项活动内容、服务项目等。这样的举措一旦实施,想必会大大吸引公众的注意,博物馆的参观人数也将与日俱增。

六、结论

近年来,国家对文化繁荣发展的重视、投入和推动,一方面为博物馆事业的发展提供了难得的历史机遇,但另一方面也对博物馆公共服务提出了新要求。面对新机遇和新要求,我国博物馆亟待提升公共服务的能力和水平。这要求博物馆必

须转变经营管理观念,倡导开拓进取精神,积极应对免费开放后博物馆面临的形势变化。同时,政府主管部门要对博物馆免费开放进行积极投资,在人才引进、引进展览、讲解宣传、商品开发、社区共建等方面给予必要的支持,以增强博物馆的公共服务能力和水平,推动博物馆事业的蓬勃发展。

试论博物馆在中学教育中的作用
——以中学研究性学习为例

邯郸市博物馆　马率磊

内容提要:教育是博物馆的基本功能之一,而中学的教育是整个教育系统当中重要的环节之一。笔者认为随着博物馆免费开放的实施,其在中学教育,尤其在培养学生学习兴趣、提升学习能力等方面的作用会日益凸显,但是目前我晋陕冀豫四省的博物馆整体还存在一些不足,需要博物馆的进一步努力,本文以中学生研究性学习为例进行阐述。

关键词:博物馆　中学教育　作用

教育是博物馆的基本功能之一, 美国博物馆协会 1990 年在解释博物馆的定义时,也将"教育"作为博物馆的两大核心要素之一。由此可见,教育是博物馆提升其公共服务的重要内容之一。而中学的教育是整个教育系统当中重要的环节之一。笔者认为随着博物馆免费开放的实施,其在中学教育中尤其在培养学生学习兴趣、提升学习能力等方面的作用会日益凸显。

一、中学研究性学习概述

研究性学习是教育部 2000 年 1 月颁布的《全日制普通高级中学课程计划(试验修订稿)》中综合实践活动板块的一项内容。它是指学生在教师指导下,从学习生活和社会生活中选择和确定研究专题,主动地获取知识、应用知识、解决问题的活动。它作为必修课程列入《全日制普通高级中学课程计划(试验修订稿)》中,是中学新课程改革的重要内容之一。

"研究性学习以学生的自主性、探索性学习为基础,从学习生活和社会生活中选择和确定研究专题,主要以个人或小组合作的方式进行。通过亲身实践获取直接经验,养成科学精神和科学态度,掌握基本的科学方法,提高综合运用所学知识解决实际问题的能力。"[①]由此可知,研究性学习以培养学生发现问题、提出问题、分析问题,从而解决问题的能力为基本目标;以在提出问题和解决问题的全过程中学习到的科学研究方法、获得的丰富且多方面的体验和科学文化知识为基本内容。研究性学习具有重体验、重能力培养、重方法掌握和重视学习态度养成等特点。

二、博物馆在研究性学习中的作用

博物馆是集收藏、研究与教育等众多功能于一体的公共服务机构,它以馆藏文物(遗迹)多、研究氛围浓厚、图书影像资料丰富等特点,为中学生高质量地完成研究性学习提供了一个得天独厚的场所。

1. 便于中学生结合自身发现并提出研究的问题

发现和提出问题是进行研究性学习的重要前提和基础,而中学生研究性学习的课题大多都是老师提前提供一些备选课题,这样做虽然比较简单,容易操作,但是这些课题很难与大多数学生的认识水平有机结合起来,也不能满足他们的学习和研究兴趣,因而很多学生把研究性学习当作任务,从网上简单地搜集一些资料,随意地拼凑在一起,这就不能达到研究性学习的目的和能力要求,而且也增加了教师和学生的负担。

中学生有了一定的历史知识积累,再加上思维活跃,善于思考,他们在参观和学习博物馆众多的馆藏文物(遗迹)的过程中,会结合自身的知识储备和兴趣所在产生自己的疑问,并提出研究方向和课题,这些问题有些是有较高思考价值和研究价值的,不仅仅值得中学生去研究,而且有时也会不经意间为我们博物馆的研究打开一扇新的大门。

2. 便于中学生分析问题并确立研究课题

研究性学习改变了学术之前单纯被动接受知识的学习过程,强调学生主动学习、从自身的兴趣出发,不断地拓展知识,提升能力,"这将给中国传统教育带来重大改革,同时也让身处其中的教师面临巨大的挑战。"②

而研究是博物馆的基本功能之一,博物馆有比较专业的研究人员,他们对当前学术研究前沿的动态非常熟悉,也有着丰富的研究经验,能够游刃有余地帮助学生分析问题,并针对学生自身的特点确定可行的研究课题,还可以有效地指导学生从哪些角度切入、去搜集哪些资料、如何查询整理资料等研究方法。

---

① 《全日制普通高级中学课程计划》,人民教育出版社,2001 年。
② 国华:《研究性学习与教师面临的挑战及其作用》,《辽宁行政教育学院学报》,2007 年第 1 期。

3. 便于中学生展开研究和解决问题

博物馆不仅有较多的实物资料,而且还有很多相关的专业书籍、杂志、网络资源等等,这些都是学校无法比拟的。在专业研究人员的指导和帮助下,学生可以带着自己的兴趣去查阅资料、检索文献。

博物馆通过资源整合不仅仅是帮助学生完成研究性学习,更是用科学逻辑思维方法的训练发现问题、分析问题、研究问题、解决问题的过程。学生不仅仅获得了知识、开阔了视野,而且也体验了学习的过程,从中掌握了科学的研究方法,提升了学习研究能力,真正地体现了新课标的要求和素质教育的要求。

博物馆不仅仅是中学生德育、美育的殿堂,更是其提升知识、方法、能力的场所。博物馆在中学生研究性学习甚至中学教育中发挥着不可替代的作用。进入 21世纪以来,国内外很多博物馆都结合自身优势,针对中学教育尤其是中学历史教育做了许多有益的探索,如美国老史德桥村博物馆的"博物馆与学校教育的对接融合"[3]、北京大葆台西汉墓博物馆的"中学历史实践课与博物馆历史模拟教育实验的互动"模式[4]、上海博物馆手工活动教育实践[5]等等,我们四省的个别博物馆在中小学教育中也有所尝试和探索,但是,目前整体状况还是比较滞后,博物馆在中学教育中的作用并未有效地发挥,以上其他地区的探索为我们提供了有益的借鉴,我们博物馆人应进一步学习、探索,不断地创新、提升。

三、如何进一步增强博物馆的教育功能

当前我们应该如何进一步增强博物馆的教育功能,尤其是在中小学教育中的作用呢?笔者认为,需要博物馆人转变思想观念,树立服务意识、创新意识,从以下三个方面入手:

1. 加大宣传,扩大博物馆的影响

让中小学师生了解博物馆是增强博物馆教育功能的前提和基础。2009 年至今,博物馆免费开放已经 4 年有余,但是仍有些中学师生不知道博物馆免费开放惠民政策。这需要我们进一步扩大宣传。前几年,邯郸市博物馆的"流动展览"以周边县、市为主,今年我们打算把"流览"的重点放在市区中小学,以此带动中学师生

---

③ 吴相利:《博物馆与学校教育的对接融合》,《东南文化》,2010 年第 2 期。

④ 靳宝:《北京大葆台西汉墓博物馆教育新探索》,《博物馆研究》,2008 年第 3 期。

⑤ 孙建农:《小儿科 大文化—上海博物馆手工活动教育实践》,《博物馆研究》,2008 年第 1 期。

对博物馆的了解。此外,我馆还不断完善博物馆网页、开通博物馆微博、定期举办"儿童博物馆寻宝活动"、定期举办"小小讲解员"培训班等活动扩大博物馆在中小学师生中的影响,吸引越来越多的中小学生来到博物馆、了解博物馆、接受博物馆知识和教育。

2. 调查分析,了解中小学教育的需求

调查是搞好服务的必要准备,只有真正地了解中小学师生的真实需求,才有可能为他们提供优质的精品服务,才能真正发挥博物馆的教育功能。而当前,博物馆在与中小学的合作中"走过场"、流于形式的现象比较严重:博物馆为了追求参观人数,中小学校为了达成活动,中小学生为了应付任务,教育效果不尽如人意。这种现象固然与学校领导的态度、中学生的考试压力等有关系,但与博物馆提供的展览形式、展品内容、讲解内容也密不可分。归根到底,不是博物馆不想把活动做得更加有实效,而是我们不了解当前中小学生的知识水平、审美层次、心理需求等诸多因素,因此必须要对中小学生先调查,然后分析他们的需求,只有这样坚持不懈,不断改善,才会逐渐提升我们的活动效果,增强我们的教育功能。

3. 加强研究,针对馆情设计有效方案

我们四省博物馆众多,每一个馆都有自己的馆藏优势,而这都蕴藏着巨大的教育机会和教育活动方案。因此,我们在明确中小学教育需求之后,应该结合本馆特点反复研究、不断论证、多与学校教师领导交流论证等,只有这样才能设计出既能有效利用本馆资源,又能符合中小学教育需求的方案,从而不断地拉近我们博物馆的陈列、展览与中小学生需求之间的距离。

以上笔者以中学研究性学习为例粗浅地论述了博物馆在中小学教育中的作用,不当之处,还请专家指正。当然,博物馆教育与中小学教育在很多方面还有交叉,博物馆教育与中小学教育的关系、相互地位等理论还不太完善,也需要各位博物馆人不断地研究、提升。我坚信:随着博物馆免费开放的进一步实施,越来越多的中小学生会走进博物馆,博物馆在中小教育中的作用会不断增强,博物馆在公共服务中的作用亦会越来越大。

发挥博物馆教育职能　为社会大众服务

山海关长城博物馆　　齐　雯

国际博物馆协会对博物馆学的定义是："博物馆学是一种对博物馆的历史和背景、博物馆在社会中的作用,博物馆的研究、保护、教育和组织,博物馆与自然环境的关系以及对不同博物馆进行分类的研究。"[①] 通过博物馆的定义便决定了博物馆学的研究对象包括两个方面:一是研究博物馆藏品、陈列、观众以及各项工作及相互关系等;二是研究博物馆与社会经济、政治、文化教育、科学技术发展的关系。

博物馆作为文化部门的一部分应当始终以一种开放的眼光、开放的胸怀来发挥并随时调整自己的工作职能,更好地为社会大众服务。博物馆的活动和发展是受社会制约的,博物馆的任务主要是为精神文明建设服务的,属于上层建筑的范畴。作为教育机构,是展示精神文明的窗口,是在藏品和科学研究的基础上展开的,它的价值就在于有效地使收藏品及其研究成果为社会公众服务。随着社会的发展,今天的博物馆已经向社会提供多功能和多层次的服务,在现代社会中具有不可忽视的作用。同时,还需要在以下两大方面提升服务质量:

一、提升博物馆的硬件服务质量

1. 提高基础展览服务水平

博物馆是为社会服务的机构,博物馆收藏实物也是为了服务于社会。博物馆的本质是社会需要的、由博物馆机构反映出来的人与物的结合。或者说博物馆的本质是人与物关系的形象化。博物馆是展示精神文明的窗口,是在文物和科学研究的基础上展开的,它的价值就在于有效地使收藏品和研究成果为社会公众服务。

1)文物

(1)文物的征集与扩充

---

① 王宏钧主编:《中国博物馆学基础》,上海古籍出版社,2001年版。

　　文物是博物馆一切业务活动的基础和灵魂,没有文物就没有博物馆。所有社会教育和服务、陈列、研究和编辑出版物等等,都离不开文物。博物馆文物的数量和质量直接影响博物馆的业务水平和社会效益。不但博物馆的建立需要积累一定数量的文物,博物馆建成后,还需要不断补充和丰富藏品,保证博物馆业务的开展和提高,保证主题展览不断有新鲜的血液注入。在文物征集的基础上,把基础陈列办出特色,办成精品展览,促进社会效益最大化。因此,博物馆广泛征集并不断扩充文物对办好主题基础展览十分重要,有利于更好地发挥社会教育功能。

　　(2)文物的保护、管理与利用

　　通过规范化的文物保护程序(确保文物安全、完整的前提下),实现文物、文献、资料的科学鉴定和分类建档并陈列展出,完成对文物的保护工作。并高度重视文物管理,确保藏品的可延续性,最终实现文物的价值。在完成文物保护管理的基础上要发挥文物的社会效益,还要通过展示。尽力扩大文物的利用范围,为陈列展览提供藏品并依托丰富的藏品资源,不断提高藏品利用水平。确立文物在博物馆中的地位,为不断推出研究新成果奠定坚实的实物基础。

　　2)陈列设计

　　陈列是博物馆特有的语言,它是在一定的空间内,以文物为基础配合适当辅助展品,按照一定主题、序列和艺术形式组合而成的,进行直观教育,传播文化科学信息和提供审美欣赏的展品群体。陈列展览作为文化产品体现了一个博物馆的综合实力,是博物馆的重要组成部分,通过陈列和展览来实现博物馆的社会教育功能。陈列设计的定义:"依据陈列主题要求,对陈列内容进行构思,确定陈列风格,总体要求,并运用各种艺术、科技手段有机地组合陈列品的工作。"[2] 这就要求博物馆的陈展强化主题总体设计,使观众有个整体认知,获得第一印象,鲜明的设计总体就可以起到预热的效果。在细节上要求(1)陈列内容:依托自身资源,发挥自身优势围绕主题进行陈列。(2)表现形式:囊括绘画、图片、照片、雕塑、模型建筑等多种艺术形式。(3)传播手段:设置多媒体等以声、光、电结合的电脑智能传播手段。包括设置放映厅:不间断播放跟本馆相关的陈展资料、电影、电视节目、幻灯片或宣传片等视频(我馆180°的环幕投影《长城》动漫片最受欢迎);设置触摸屏:不断探索与观众互动的陈展方式;设置音乐角:聆听歌曲、故事、录音资料等音

②《中国大百科全书》

频。(4)学习服务:设置学生用的博物馆教室及成人教育学习室。通过新科学和新技术及新材料设备的有机结合,增强陈列的意境;通过动静结合的陈展手段,增强陈展的表现形式,同时也顺应博物馆未来发展新趋势。让观众从听觉、视觉、触觉等多层次,全方位感受博物馆的文化魅力,感受文化氛围的力量,提高参观质量和公共服务水平。

2.通过专题展览提高博物馆的活力

对于博物馆来说,基本陈列和专题展览是博物馆陈列工作中不可分割的两个组成部分。基本陈列大多是固定陈列,是长期的常规性的文物展示和主题陈列,没有基本陈列就不能称其为博物馆,而没有经常性的专题展览,博物馆就会失去活力,以至门可罗雀。因此,在努力搞好基本陈列的同时,经常性地举办各类形式多种多样又符合当下时势的专题展览,对于更好地发挥博物馆的公众宣传服务作用有重要的意义。例如近两年来,山海关长城博物馆就陈展了"长城书画摄影展""秦皇岛非物质文化遗产巡展""万里长城百年回望图片展""山海关石河文化图片展""红山文化玉器展""特色邮票展"等10多个专题性展览,收到良好的参观效果,得到社会各界的一致好评。

3.利用场地设施进行服务

利用博物馆宽阔的场地或设施配合学校、机关、各组织单位或个人开展讲演讲座、诗歌朗诵、报告会、招待会、文艺会演、戏剧表演、社区音乐会、宣誓、颁奖等各种文化或社区活动。也可以为商业活动(如电影拍摄)提供有偿场地设施服务。例如:作为爱国主义教育示范基地,为大中小学生提供宣誓场地。通过间接的服务方式积极推动博物馆向文化平台和社区活动中心迈进,开拓了博物馆的宣传渠道,扩大了博物馆的宣传影响力。让观众的印象更深、更远,服务的范围也更广。这种独特的宣传途径能达到超乎想象的效果,从侧面为博物馆创造良好的社会效益。

4.提高馆内附属设施服务质量

博物馆是否处处为观众着想是衡量其服务质量和服务水平的标准和依据。亲切周到的服务的确能使人感到舒服,因此,博物馆应当努力营造安全、清新、美观、舒适宜人的参观环境、科学合理的参观路线,使观众愉快地在博物馆参观、游览、学习和休憩,这就需要提高馆内服务设施的设置。从整体上来说,博物馆的建筑设计,环境的优美和绿化,设施的齐全,服务的周到,甚至馆内温湿度、通讯都直接影响观众参观满意度。从细节上来说,博物馆更需要完善以下参观服务设施,例如:

停车场;物品行李寄存处;盥洗室;休息室;饮水、食品部;医疗部;服务台提供咨询、讲解服务(包括电子语音导览讲解服务);电子语音导览租借服务;免费广播服务;纪念品出售部,书报亭出售与本馆相关各种书籍、光盘和有本馆特色的纪念品;特殊人群服务设施包括老年人(轮椅、电梯、拐杖等)、孕婴幼(母婴休息处,童车)、病人、残疾人(全馆贯通的残疾人无障碍通道、残疾人专用厕所、专供盲人触摸欣赏文物标本模型等)等特殊参观群体服务设施;醒目的参观路线标识;图书室、资料室及微机房等馆内附属设施。博物馆的完善设施服务可以从整体上提升博物馆的服务水平。

5. 提高相关公共服务设施质量

利用博物馆所在市区其他公共设施为博物馆的宣传和参观提供便利的条件。(1)在市区内各繁华路段和其他景区设有博物馆的广告宣传牌和指引牌指引游客来馆参观。(2)有直达或到博物馆附近的公交车站点、地铁站点或者有相应的其他便捷交通条件支持游客来馆参观。

6. 搭建博物馆信息化、数字化、网络化的服务平台

可以通过以下方法搭建博物馆信息化服务平台:(1)印发宣传册、宣传单。可根据举办展览的内容自行策划印制、发放,也可以放在展厅的固定醒目位置由参观者自行拿取。(2)充分发挥广播、电视、报刊书籍、车载电视、地图、公益广告、车站声控报站等多种载体的宣传作用,做到优势互补,营造全方位的宣传空间。并在博物馆的周边路段或其他临近景区设有前往本馆的行驶路线来进行宣传。通过各种新兴的宣传载体激起参观兴趣,强化宣传效果。(3)重视网络宣传。搭建博物馆的网络宣传平台对于博物馆更好地发挥其宣传教育职能十分重要。通过加强自身网络建设,与各旅游类、咨询网站建立合作关系,与各类博物馆兄弟网站建立联系,与国际博物馆接轨等方式拓展了数字博物馆宣传教育职能的发挥。

二、提高博物馆软件服务质量

1. 提高社会教育服务水平

群众教育与服务是博物馆的主要社会职能之一。博物馆是通过为观众自我学习提供服务而实现教育目的的。在博物馆的推广过程中,博物馆应尽全力为观众提供优质的教育服务,使观众在知识、信息上有新收获,在参观过程中"有所得"。博物馆的教育服务包括:(1) 为广大观众提高思想品德和文化素养以及陶冶情操服务——为终身教育服务。博物馆是社会教育的理想课堂,担负着社会教育的任

务。博物馆有丰富的实物教学资料,适合大众的学习特点;博物馆涉及多专业,多学科,知识面广,容易满足大众综合学习的要求;对一定的专业来说,博物馆人才资源集中,有较好的设备,能为成人教育提供适宜的进修教育条件。(2)为在校生的校外教育服务——作为社会文化教育事业的重要组成部分,在配合学校教育方面有着义不容辞的责任。博物馆与学校教学紧密配合,成为学生的"第二课堂"。利用博物馆的文物资料资源进行教学,为学生提供各种学习设施等方式完成对在校生的校外教育服务职能。

2. 提高讲解宣教服务水平

讲解宣教是博物馆辅助观众参观的重要手段,帮助观众对展品和陈列加深理解,掌握重点,还可以使那些无目的的游览观众,通过讲解增加参观兴趣,鼓励观众学习,开阔视野,强化已有的知识,确认他们的认知,得到更多的收获。讲解工作是博物馆社会教育中不可忽视的工作,是服务于观众的重要方法。这就要求讲解员必须掌握语言艺术。语言艺术是宣传教育能否得到良好效果的保证,在讲解中起着十分重要的作用。这就要求讲解员不仅要口齿清楚发音准确,而且要掌握和运用好讲解技巧,要具有一定的文学素养和专业知识,善于运用语言艺术,深入浅出的讲解,使观众有身临其境的感觉。对于特殊群体,在讲解服务的过程中要特别关注其需求并给予理解和支持。同时,应当配有针对外籍游客的专门外语讲解人员。为使讲解不至于流于形式,讲解工作应该根据不同观众有针对性地进行。按照"分众化"原则,有针对性地编写了以党政领导干部,青少年学生,军人,旅游团队为不同对象的四种解说词版本。根据年龄结构、知识结构、文化背景、社会地位、接受习惯、心理需求、职业特点、参观目标等诸多因素划分为不同的观众群,做到因人施讲、因时施讲,从而有针对性进行宣传、组织工作,进一步实现文化教育的讲解目的。

同时,定期展开对讲解员的培训工作,从整体上提升讲解员的讲解水平和文化素养,使其在为游客的讲解服务过程中提高服务水平。博物馆讲解作为一种智力开发型的教育不是为观众提供某种预先设定好的结果,而是引发观众对某些问题的意识以及对实物展品背后问题的进一步思考,从而使他们的记忆、观察、剖析、推理和判断等能力得到提高。使观众在博物馆中的学习是一个终身进行的过程,达到"把博物馆带回家"的讲解效果,更好地实现宣传教育的社会职能。

3. 提高志愿者服务质量

博物馆志愿者的出现是社会对博物馆文化地位的再次确认,也是博物馆体现其文化价值的一种现实表现,说明博物馆在所在的城市或地区内的居民心中依然有着重要的社会价值。对于博物馆来说,志愿者既是无偿服务的提供者,也是博物馆的特殊观众群体,同时也是博物馆面向社会服务的一个组成部分。博物馆志愿者直接参与博物馆的日常运作,这些参与使得志愿者能够以亲身体验的方式了解博物馆的本质,提升了自身对博物馆的了解和认知程度后直接充实到博物馆讲解服务一线岗位,消除社会对博物馆的神秘感。每年暑期,都会有许多秦皇岛市大学生自愿加入博物馆义务讲解队伍,一次次的义务讲解服务就像一张张活的名片一样起到推广博物馆文化宣传的作用。志愿者作为博物馆联系社会的一个重要中介,也为博物馆的文化传播和社会公众服务增光添彩。

4. 打造博物馆文化圈,提升"走出去"的宣传教育能力

根据不同对象,制定不同教育计划,充分挖掘资源、加强基地建设、履行教育职能。主动宣传上门。博物馆派员工深入到学校、部队、机关事业单位、工厂和社区等进行宣传,可以带上资料展板和一些文物及一些宣传资料采取邀请的方式来改变博物馆在公众心目中的形象,提高社会知晓率。利用五一劳动节、5·18博物馆日、七一党的生日、国庆节等节假日走进观众群体进行宣传。针对性地走进校园,与学校合作,开辟学生第二课堂,为青少年树立正确的人生观、世界观、价值观提供教育资源;走进部队,宣传爱国主义教育,与部队共建精神家园;走进机关事业单位,宣传党风廉政建设文化;走进工厂,宣传家乡特色长城文化;走进社区,共建和谐文明的社区文化。这种"走出去"的原则对于强化博物馆的社会宣传教育功能,打造博物馆文化圈,提升博物馆的社会知名度及对外开放水平有积极作用。有利于更好地实现博物馆公共服务职能。

5. 让科学研究成果服务社会

为科学研究服务是博物馆的一项重要社会职能。在丰富的馆藏文物、资料的基础上,发挥文物保管、史料整理、专题研究、编撰出版等专业人员的作用。在深入开展陈列研究、学术交流的同时,通过专题研究,发表专著和论文等深层次的科研编纂工作推动博物馆文化传播功能的发挥。博物馆也可以对有需要的研究单位和个人提供免费或有偿的研究服务设施和研究成果或资料。这也提高了博物馆的宣传教育职能和文化传播职能,扩大了博物馆的社会影响力。

总之,今天的博物馆已经能向社会提供多功能和多层次的服务。作为社会主

义教育机构，它的价值就在于有效地使收藏品及其研究成果为社会公众服务，要本着经常不断地强化博物馆与观众之间的沟通交流，不断提高陈展和讲解水平，积极进行自身文化建设，努力在提高全民族的思想道德素质和科学文化素质等方面发挥其重要的社会服务作用。

融入社区文化建设
发挥博物馆社会服务功能
——河北省民俗博物馆参与公众文化建设的实践与思考

河北省民俗博物馆　　吴　宁

内容摘要： 河北省民俗博物馆在做好馆内基本陈列及宣传工作的基础上，积极举办各类民俗文化活动，以发挥收藏、展示、研究、教育、休闲等社会功能，更加深入地走向社会，融入社会，贴近民众，不断提高社会参与度与适应力，把博物馆文化与城市文化、校园文化、社区文化相融合，充分发挥博物馆的特点和优势，用"润物细无声"的方式，滋润公众文化，弘扬民族精神，传承人类文明，从而获得新的生命力，新的进步和发展。

关键词： 传统文化　社区　社区文化建设　传承与保护

博物馆与社区公众文化建设是 21 世纪的热点话题之一。随着人类文明的进步，面对多元化及区域性发展的社会，"新博物馆学"的观念将传统博物馆学的重心从"物"转变成"人"，新的挑战，新的思考，新的思维应运而生。因此，身处社区的博物馆，如何与社区建立良好的互动关系，以争取社会资源，积极发挥博物馆的教育与文化中心的作用，促进社区文化建设，是摆在现代博物馆面前的一道难题。

河北省民俗博物馆积极拓展思路，转变观念，在做好馆内基本陈列及宣传工作的基础上，积极举办各类民俗文化活动，吸引附近社区民众经常来参加活动，以发挥收藏、展示、研究、教育、休闲等社会功能，更加充分地发挥了博物馆的社会教育作用，取得了良好的社会效益，得到了广大观众的欢迎和社会各界人士的认可和好评。

一、举办民俗文化活动，丰富社区群众生活

在我国，社区是与居民生活贴得最近、最能反映居民需求的一级组织。社区服务从无到有、从小到大，迅猛发展并不断提高，现已对亿万居民的社会生活产生了相当大的影响。因而加强社区文化建设，在丰富居民生活、规范居民行为、增强社

区凝聚力等方面发挥着重要的作用。为此我馆多次与新闻媒体、民间艺术家和观众以及居委会进行座谈,通过调研,发现大家对传统文化,特别是民俗文化活动充满了期待和渴望。于是我们整合自身资源,利用传统节日在馆内举办各种民俗文化活动,为广大观众营造喜庆的节日气氛,使博物馆更好地融入了社区。

每次我馆举办的民俗文化活动场面都异常火爆,其中最引人关注,也是最为热闹感人的场面,是我们多年来在春节前(农历腊月廿三)为市民现场书写免费赠送春联的活动。一开馆,便有市民前来排队,我馆邀请的书法家深受感动,不顾冬季的寒冷,当场挥毫为大家送上一幅幅满载喜庆、吉祥和祝福的春联。虽然目前市场上印刷的春联随处可见,但大家对这一现场书写形式还是倍感亲切,有的市民还特意要求书法家按照自己需要的词句进行书写,进而感受其中特有的文化内涵和文化精神。72 岁的宋祖德大爷拿到春联后高兴地对我们说:"太好了,年年我都到你们这儿领春联,不是贪便宜,而是在这儿能找到过年的味儿,还是现写的春联贴起来看着舒服。"

由此可见,中国人对春节时写春联、贴春联的习俗,确实有着特殊的情结。可以说长期以来,我们所说的弘扬传统文化、民俗文化,实际上就是应当利用这些丰富多彩的物质载体传递民族的情感,鼓舞民族的精神,拓展民族的胸怀,加深民族的感知。使我们民族文化之树枝叶茂盛,万古长青。

二、民间手工艺术,搭建社区与博物馆沟通的桥梁

河北民间手工艺术历史悠久,种类繁多,它根植于平民大众、乡土基层,是由劳动层中默默无闻的工匠们在生产劳动实践中创作的,因而它与人民的生活、生产、风俗习惯有着密切联系,深受劳动者的喜爱,在"民俗文化进社区"活动中,我们邀请了面塑、剪纸、泥人、脸谱、中国结、年画、花样折纸、彩粽等传统民间工艺美术家,他们热心公益事业,作为省民俗馆的志愿者,走进社区,近距离把自己的绝活教给广大居民。"传统文化不能丢,要让她更好地传承下去",这是广大民间艺术家的共同心愿。每一位民间艺术家都非常认真,并做了精心的准备,详细地为居民们讲解各个民间艺术的历史由来、制作工具和技法等等,通过言传身教,让人们更加直观地了解和认可我们的优秀传统文化。

当人们看到那充满乡土气息而且精巧美妙的剪纸、年画、面塑、泥人等民间艺术时,无不欢欣鼓舞。尤其是通过对这些独具特色的民间艺术的介绍和赏析,更让人们深受启迪并领略到了中国传统民间艺术之美,从而使优秀的民俗文化艺术像绵绵春雨,静静地滋润着人们的心田。使越来越多的人通过博物馆这一课堂受到深刻、生动的教育,使博物馆文化辐射到了省会社区,融入普通市民的文化生活中。

正如红军大街社区居委会主任梁彦霞对我们说的,省民俗博物馆的民俗文化进社区活动搭建了社区与博物馆之间的桥梁,丰富了社区文化生活,社区的居民都非常喜欢这种形式,我们希望以后多举办相关活动,让民俗文化扎根社区,让民俗文化之花在社区居民的心中开花、结果。

三、勇于担当社会责任,让博物馆文化服务于社区教育

为促进社会的和谐稳定,满足广大民众的精神文化需求,河北省民俗博物馆经过精心策划、联系及材料准备,先后制作了传统文化课件走进多家社区、学校进行免费讲座,丰富多彩的传统文化讲座受到了社会各界人士的热烈欢迎和一致好评。河北师范大学、河北科技大学、河北政法学院、河北青年干部管理学院等高校以及石家庄市栗胜路小学、槐北路小学、富强小学等相继与河北省民俗博物馆结成了共建单位,成立了传统文化教育实践基地。积极担当社会责任,想民之所想,真正做到文化惠民,扎实推进博物馆文化对社区教育的公众服务工作。

多年来,河北省民俗博物馆一直致力于博物馆教育常态化机制的建立。为此我馆积极与相关教育部门沟通、商讨,通过多种形式使博物馆教育走进学校的教学计划,建立有效的馆校联系制度,使博物馆真正成为青少年课堂教育的必要补充和校外教育的重要内容, 推进博物馆教育的常态化。"功夫不负有心人",2010年12月,我馆与裕华区教育局经过共同努力和协商,双方就裕华区5万多名中小学生的传统文化教育达成了共建意向,举行了"河北省民俗博物馆牵手裕华区中小学传统文化教育启动仪式"。一方面设立河北省民俗博物馆为"裕华区中小学校中华传统文化教学实践基地",另一方面,双方作为合作共建单位签署协议。裕华区教育局将参观民俗博物馆和接受传统文化讲座纳入学校教育体系,安排到教学计划中,使博物馆教育逐渐成为一种常态教育,并且成为考核学校教育的一个标尺,积极推进传统文化教育课程化进程,以推动整个裕华区的传统文化教育工作迈上新台阶。

此次的成功合作,使河北省民俗博物馆的传统文化教育工作迈上了一个新的台阶。并为学生接受传统文化和爱国主义教育经常化、制度化和规范化打下了坚实的基础,对裕华区乃至整个石家庄市中小学传统文化教育起到了很好的推动作用。既拓宽了学生学习渠道,丰富了学生学习经历,满足了学生多样化和个性化的

需求,切实提升了学生的综合素质,又可以深入挖掘河北省的民俗文化内涵,对扩大民俗文化在青年一代中的影响,具有重大而深远的意义,对促进爱国主义教育和国民素质教育等方面有着创新意义和深远影响。

除此之外,2012年5月,我馆又向裕华区教育局无偿捐赠了专门介绍传统文化知识的科普类读物《民族的记忆》240册,由裕华区教育局分发到近40所中小学校。为表彰省民俗馆的突出贡献,裕华区政府向河北省民俗博物馆颁发了"传统文化最佳实践基地"的奖牌。这不单单是一本书的传递,更是传统文化保护意识的接力与传播,此举不仅拉近了博物馆与学生之间的距离,用传统文化为孩子们搭建起一座文化桥梁,还为弘扬民族精神,传承中华文明,在社会迅速发展的今天,依然留住民族的记忆打下了坚实的基础。

四、博物馆社会文化教育与社区文化建设密不可分

随着经济、社会的发展,博物馆教育在社会教育中所扮演的角色越来越重要,为社会发展服务已经成为现代博物馆社教工作的主流,在这样的一个大时代背景下,如何发展和创新博物馆社会教育工作,满足社会和公众的需求,是博物馆工作人员面临的新的挑战和课题。中华文明源远流长,博物馆的社会教育要对优秀文化内涵进行深入的挖掘、提炼、升华,让真善美的思想在人们心灵深处积淀生根,使中华民族的优秀文化、民族精神代代相传。博物馆要积极利用自身优势,广泛征询社会意见,了解观众需求,举办各类适合的展览和活动,力争让省民俗馆成为一个"生活化"的博物馆,成为和谐社区的好邻居。

为了丰富社会文化生活,我馆还经常与社区联系沟通并联合举办展览,如在重阳节举办了老年书画作品展,六一儿童节举办了儿童画作品展等,为社区文化生活的开展,搭建了平台并做出了一定贡献。同时,为了提高热爱收藏的居民们的艺术品鉴赏能力,我们根据社区的要求,还开办了收藏知识讲座,帮助老百姓建立健康的收藏观念,密切了博物馆同社会各界的联系,使群众更加了解博物馆,愿意走进博物馆,为今后各项工作的开展打下了良好的基础。

可以说,博物馆与社区发展紧密相连,二者相辅相成,互相促进,社区因博物馆所在而使文化品位得以提高,博物馆也因为社区提供完善的服务而使功能得以延伸,得以更适应时代,更具活力。正如棉一社区居委会主任魏静说的那样:社区需要文化,尤其需要优秀的传统文化,因为不但能够给孩子们的生活增添无限的乐趣,还能为老人带来美好的回忆和快乐,丰富了社区居民的业余文化生活,更促

进了社区文化建设。

　　总而言之,博物馆参与社区建设,是时代发展的要求和博物馆义不容辞的光荣职责,是顺应21世纪博物馆学理论与实践发展趋势的需要,是博物馆在市场经济条件下更好地生存与发展的需要。河北省民俗博物馆今后将会更加深入地走向社会,融入社会,贴近民众,采取各种方法、措施,举办各种具有民族特色的活动,积极参与社会的转型和发展,不断提高社会参与度与适应力,展示自己独特的文化风貌以及感人的魅力,把博物馆文化与城市文化、校园文化、企业文化、社区文化相融合,充分发挥博物馆的特点和优势,用"润物细无声"的方式,滋润公众文化,弘扬民族精神,传承人类文明,从而获得新的生命力、新的进步和发展。

转变理念　开门办馆

——探索新时期博物馆社会教育工作的新路子

石家庄市博物馆　　刘利平

内容摘要：当今博物馆在全球化语境下，要想满足公众的需求，经受住市场大潮的冲击和考验，必须开门办馆，最大限度地整合文化资源，加强区域合作交流，采取全方位、多元化的办展模式，拓展社会教育的空间，为公众提供方便、快捷、高质量的精神食粮，充分发挥博物馆社会教育的功能。

关键词：博物馆　整合资源　文化交流

党的十八大明确指出：让人民享有健康丰富的精神文化生活，是全面建成小康社会的重要内容。要坚持以人民为中心的创作导向，提高文化产品质量，为人民提供更多更好的精神食粮。博物馆是对社会公众进行精神文明教育的重要场所，社会教育工作是博物馆的一项基础性、长期性的工作，是博物馆生存与发展的重要条件。随着市场经济的快速发展，博物馆对外免费开放，国家综合国力和人们的精神文化需求明显提高，为博物馆社教工作的发展提供了广阔的空间和良好的前景，但博物馆工作者应清醒地看到机遇与挑战并存，社教工作在市场经济的大潮中势必会遇到诸多困难和发展障碍。创新是发展的灵魂，社教工作者面对出现的新困难、新问题，只有创新才能求发展。石家庄市博物馆近年来不断转变理念，开门办馆，在实践中探索出一条新时期社会教育工作发展的新路子。

一、主动出击，开门办馆，整合文化资源，充分发挥博物馆的社会教育功能。

博物馆仅仅依靠自身单一的文化资源吸引观众，久而久之将缺乏旺盛的鲜活力和持久的生命力，在市场的竞争大潮中将会面临被淘汰出局的危险，而被社会公众所遗忘。博物馆只有主动出击，走出馆门，面向社会，将各种社会文化资源进行整合，才能最大限度地发挥博物馆的教育职能，吸引更多的观众走进博物馆。

陈列展览是一个博物馆的核心文化产品，也是一个博物馆的生命，是博物馆传承文化的基本方式。在当今全球化语境下，博物馆的展览内容和展览形式都发生了很大的变化。在做好固定陈列的基础上,举办丰富多彩的临时展览成为众多博物馆吸引观众多次走进博物馆的重要法宝和开展丰富多彩活动的重要依托。因此,办好临时展览对树立博物馆形象,扩大博物馆影响力和吸引力,实践文化惠民具有重要的现实意义。

石家庄市博物馆自 1991 年开馆以来,不断解放思想、开拓创新,在实践中探求发展的新路子。我们依靠博物馆良好的教育平台,争取和吸引各种文物收藏者及文化艺术爱好者走进博物馆,丰富展览内容,创新办展模式,推动博物馆以多姿多彩的面孔和高品位的文化魅力,吸引更多的观众走进博物馆。我们主动走出馆门,与社会各界知名人士、各文化教育部门、文物收藏者取得联系,共谋发展。在坚持办馆特色和办馆宗旨的前提下,我们曾与社会各界联合举办了《农耕与民俗展》、《划亮世界 情系万家——中外火柴火花展》、《唐人诗意百幅画展》、《今日以色列摄影展》、《台湾故宫藏画（复制）展》、《抗议北约轰炸我驻南联盟使馆图片展》以及各类美术展、书画展、摄影展、科技展、成果展等 500 余次,接待观众几百万人,平均每年举办各种临展近 30 次。

特别是筹办《农耕与民俗展》,我们跑遍了市属各县、市、区,并幸运地与一位农具收藏爱好者取得联系,收集到各种农耕纺织用具、生活用品及民间工艺品 200 多件。为使观众更加真切地感受北方的农村生活,我们在展览中复原了两间典型的北方民居,并请老艺人以布偶人的形式制作了 70 套反映农耕社会农事活动、民俗风情的微缩景观。此展览开放后,大量观众涌入博物馆,是历年来参观人数最多的展览,展厅内时常出现老师带着学生、爷爷带着孙子、一家三口共同参观的生动场景,使博物馆成为激发人们热爱祖国、热爱家乡的生动课堂。近年来石家庄城市建设飞速发展,特别是在"三年大变样"的进程中,城市统一规划、城中村改造,使很多农耕时代的产物逐渐消失,大量旧时的耕织工具、生活用品进了废品收购站,几千年来人们赖以生存的农耕文化渐行渐远,淡出人们的视线。举办这个《农耕与民俗展》就是要保留这一文化记忆,使后人记住先辈艰苦奋斗与自然和谐相处的历史。

《划亮世界、情系万家——中外火柴火花展》中几千枚火花、上万件火柴均来自于 70 多岁的收藏家孙祥鹤、孙祥祺之手。我们从中精选了 6000 余件展品,按照时间的排序进行设计,其中包括清代、民国、建国初期、"文化大革命"时期及改革开放以来的展品,内容丰富、形式多样,称得上是"人类知识的百科全书"。 当各个时代形态各异、五彩缤纷的火柴实物与火花集中呈现时,昔日生活的回忆与火文化的辉煌就此点燃……此展览吸引了包括北京、天津、浙江等地的大批观众前来参观。故宫博物院单霁翔院长及省、市领导对展览给予了高度的肯定。单院长认为,火柴火花展之所以受到观众欢迎,是坚持文物工作"三贴近"原则的结果,是石家庄市博物馆结合本馆实际创造性进行工作的结果,这一工作思路应该坚持下去。据了解,此展在全国范围内,作为火柴火花及取火工具的专题展,应名列前茅。

依靠社会力量办馆,丰富馆藏内容,依托博物馆优越的地理优势和教育平台,吸引更多的文化爱好者走进博物馆,达到了优势互补、合作共赢,发挥了文化资源的整体效力,增强了博物馆的市场竞争力。这些展览的成功举办,为博物馆赢得了客源,受到了社会各界的好评,扩大了博物馆的社会影响力和知名度,使博物馆真正成为社会公众的精神家园,青少年教育的第二课堂。

二、致力建设流动博物馆,积极开展文化交流活动

由于博物馆公益性事业单位的属性,多年来形成了相对保守的观念,博物馆很少受到改革大潮的冲击,使博物馆事业改革相对滞后,缺乏开拓创新意识。观众群体是博物馆展览的主要受益对象,由于展品资源匮乏,千篇一律的展览内容逐渐被观众所熟识,博物馆的展出不再具有吸引力,无法激发观众的参观热情。受制于我国目前的经济状况和展品征集等诸多方面因素,在较短的时间内通过增加自身的展品来改变这种被动局面还是较难,所以各博物馆之间交流展览是改变这种现状的最好途径,同时对提高博物馆的整体工作也有深远意义。博物馆之间的交流展览,使各具特色的展品通过不断地引进、输出,既丰富了展览内容,又起到了新、奇、特的展览效果,达到了吸引观众参观的目的;通过交流展览建设流动博物馆,逐步树立博物馆的社会形象,提高社会地位,提高博物馆的自身能力和业务水平;加强了馆际之间的联系,给业务人员提供参观学习的机会,实时了解博物馆展览动态。

方便观众、创新策略是博物馆在市场经济条件下的生存之道,以观众为中心、以市场为导向,构建更为便捷的远程服务体系。任何一个博物馆仅靠"单枪匹马"的力量在市场经济中是不能取得长足发展的。因此,各同类或相近博物馆应携手合作,共同发展。例如:联合搞展览可降低成本,增加收入,流动展出,扩大宣传;通过共同策划活动,增进文化交流,促使共同发展,以整体合力使人们更加了解博物馆,提高博物馆的社会影响力。

另外,在信息化时代的今天,人们对知识的渴望,对不同地域文化的了解更加迫切。为了使博物馆的活动更加丰富多彩,使广大人民足不出户就能直接接触到异地文化和民族风情,同时也适时地将石家庄本土文化向外推介,我们近年来致力建设流动博物馆,不断地"走出去,请进来",与国内兄弟馆及各地文化教育部门相联系,坚持经常性的馆际文化交流,将我们的展览送出去并适时引进外省市的展览,受到了各地人民的欢迎。

2012年10月,我们举办了"番禺博物馆岭南画派书画艺术展",岭南画派在中国近代美术史上占有重要地位,他们提出的"折衷中外,融会古今"的新思想对推动中国画的发展做出了重要贡献。由于地理上的原因,北方观众很少能系统地欣赏到岭南画派的原作,为了满足观众这一需要,我们多次与广东番禺博物馆进行沟通,确定了交流合作的意向。这个展览收录了岭南画派的风姿,为我市广大观众特别是美术爱好者提供了一场品鉴高雅艺术的文化大餐。观众纷纷表示,近几年市博物馆不断引进高档次的艺术展览,使我们年年有新的收获,博物馆真正成了我们生活中不可或缺的一部分。

与此同时,我们还坚持"走出去",将我们的展品送到外省市展出。我们将"石家庄毗卢寺壁画摹本展暨汉画像石拓片题跋展"分别送到厦门博物馆、番禺博物馆和新疆巴音郭楞蒙古族自治州展出,受到了当地市民的热烈欢迎。通过走出去办展,促进了南北文化交流,提升了石家庄的知名度,增强了石家庄市博物馆的影响力。

值得一提的是,2012年6月我馆在台湾高雄市琢璞艺术中心成功举办了"石家庄毗卢寺壁画摹本展"。10天的展期吸引了台湾文化教育界、艺术界、商业界、佛教界的众多观众前来参观。其间,我们还与台湾业界人士及观众进行了广泛的交流。在与高雄市文化产经学会的座谈中,国民党高雄市党部执行官董先生表示:"石家庄市博物馆来台湾举办展览意义重大,使台湾人民又一次直观、深入地了解了中华民族传统文化的辉煌,增强了对中华文化同脉同根的认同感,通过这样的交流对两岸的和平统一做出了贡献。"他的这一评价,代表了两岸同胞血脉相连的情感,使我们的交流活动超出了一般展览的意义。近年来,我们先后与青岛博物馆、柳州博物馆、桂林博物馆、南通书画院以及许多美术馆等进行了交流互换展览。

随着我们不断地"走出去,请进来",我们的文化交流活动取得了可喜的成果和多方面的收获。一是丰富了各地人民群众的文化生活,促进了不同地域文化的交流;二是宣传了石家庄的历史文化,增强了馆际之间的合作,实现了文化资源的共享;三是通过交流活动学习到了外地博物馆的先进经验,开阔了眼界,提升了素质,促进了工作。

频繁的展览交流是区域合作的一个重要内容。依靠区域合作交流,采取全方位、多元化的办展模式,通过引进展览和举办外展,来展示区域文化和习俗的多样性,取得良好的社会效益。交流,意味着对话和互动,探索建立长效的对话和合作机制,构建区域合作、交流平台,是博物馆推进文化遗产保护和自身整体发展的有效手段。

在 2012 年河北省博物馆学会年会上,我馆在文化交流工作方面的经验,得到了与会同行、专家和领导的好评,大家一致认为我馆的文化交流工作在河北省文博系统内走到了前列。

开门办馆,整合文化资源,形成文化合力;加强对外文化交流,发展区域合作,与世界民族文化互动,也是当代博物馆的一项重要职能。全球化下的博物馆必须在实践中积极探索、向外突破,只有开拓思路,大胆创新,才能走出困境,开展卓有成效的工作。在区域交流合作中搭建沟通与对话的平台,确立博物馆的文化主导地位,扩展博物馆事业发展的空间,探求社会型博物馆社教工作发展的新路子。我们坚信有为才能有位,努力争当社教工作的开拓者。

参考文献:

李文儒:《全球化下的中国博物馆》,文物出版社,2002 年。

浅议基层博物馆与公共文化服务

邢台市博物馆　　石从枝　　翟宏友

内容提要：在现阶段，随着经济的飞速发展，我国公共文化服务体系也在不断走向完善。其中，各级博物馆在体系中彰显出越发重要的地位，而基层博物馆则是博物馆发展的前沿阵地，是本地区公共文化服务体系的重要组成部分。笔者就所了解的一些基层博物馆在藏品保管、社会教育、免费开放等方面对公共文化服务的推动展开一些探讨。

关键词：基层博物馆　免费开放　社会教育　藏品保管　公共文化服务

随着社会的发展和时代的进步，公共文化服务已经成为新时代的崭新课题。基层博物馆作为博物馆事业的基石和公共文化服务的重要组成部分，服务文化、服务大众、服务社会是新时代赋予其的重要使命。做好这几项工作的前提，就是要高质量、高标准、前瞻性地发展本地博物馆事业。党的十八大报告中明确指出要"加强重大公共文化工程和文化项目建设，完善公共文化服务体系"。由此可见，博物馆等重大公共文化工程的建设和本地域公共文化服务体系的完善是密不可分的。

随着我国博物馆事业的迅速发展，在全国各类博物馆中，基层博物馆占全国博物馆总数的2/3。[①]这足以说明，基层博物馆是我国博物馆事业最基本的组成部分，虽然在建筑规模、资金投入、硬件设施、藏品级别、人员配备、服务水平等方面和国家级、省级，甚至一些大的市级馆相去甚远，但是，基层博物馆依然在努力寻求发展，用最真实的特色文化，为最广泛的社会公众服务。

一、基层博物馆的藏品保管与公共文化服务

基层博物馆是展示一个地区历史文化、社会发展和建设成就的窗口[②]。不论是综合博物馆，或者是专题、人物纪念、历史陈列馆等，都是这个地区保藏文明、科学

---

① 魏学惠：《浅谈如何做好基层博物馆藏品保管工作》，《丝绸之路》，2012年第22期。
② 陈峻：《对地市级博物馆建设与发展的再思考》，《博物馆研究》，2010年第4期。

研究、启迪智慧的场所。

1. 永久性保藏文化遗产是公共文化服务的物质基础

收藏和保存文物标本,是各级博物馆事业的基石,也是博物馆最基本的职能。只有博物馆能最广泛、最全面地保藏人类活动和自然发展的真实物证,并把它永久留传给后人。这是任何机构都无法替代的一项社会任务。苏东海先生认为:"博物馆不仅是文物存在的最后归宿,也是最好的归宿。"③文物只有在博物馆里才能得到永久性庇护而存在下去,只有以这个"永久性"作为前提,博物馆才可以围绕着馆藏文物来开展公共文化服务的各项工作。为公共文化服务准备了物质基础,也就是间接地提供了公共文化服务产品。

2. 提高保藏条件是逐步提升服务质量的保障

博物馆的藏品具有重要的历史、科学和艺术价值,是国家宝贵的文化财富,逐步提高藏品保藏条件是更好地开展公共文化服务的重要保障。前文提到,基层博物馆在资金投入、硬件设施、文物藏品级别等方面和高级别的博物馆相去甚远,但并不能以此作为忽视提高保藏条件的理由。同时要认识到,提高保藏条件是一个逐步的、循序渐进的过程。

笔者曾多次到过涿州市文化遗产陈列馆,并参观过其文物库房。涿州市文化遗产陈列馆主体建筑是依托其古建筑药王庙配套修建的两层仿古建筑,面积800平方米,通过近几年来的逐步改造,已形成了以陈列馆、药王庙④、清行宫⑤为开放区的开放主体,其馆内的160余件馆藏文物与馆外220余件石刻均在不断提高展陈条件,更好地为公众服务。其库房中还保存有17000余件文物及标本,库房内设计精细,按文物质地分区,每个区按大小、时代存放于可移动的保藏柜里,如需取用,只需摇动柜上的手柄即可打开,非常方便。其库房制定了严格的管理制度,对保藏人员衣着、环境、温湿度等都有一定的要求。作为一个县级综合博物馆,其发展经验很值得其他地区借鉴学习。

---

③苏东海:《博物馆是文物最后的归宿》,《博物馆的沉思:苏东海论文选(卷二)》,文物出版社,2006年。

④涿州药王庙:第三批河北省文保单位,位于涿州市南关大街,建于清嘉庆年间,现存"大放光明殿"一座和道光二十五年(1845)年"重修药王庙碑记"碑一通,殿内供奉历代名医。

⑤涿州清行宫:第二批河北省文保单位,位于涿州城南关药王庙东侧,据清道光重修药王庙碑载,庙东院曾开设丛林,曰"保庆寺"。乾隆十六年(1751)年,清帝乾隆南巡,改保庆寺为行宫,为皇帝驻跸之所。原占地近50亩,现仅存正殿及假山。

二、基层博物馆与社会教育服务

基层博物馆是衡量一个地区文化品位、城镇建设、公共服务水平的重要标尺，同时也是一个地区重要的社会教育机构和场所，其目标就是要充分利用馆内有效资源，最大限度地为公众提供优质的教育服务，从而促进社会主义文化健康发展，推动本地区公共文化服务体系不断完善。

1. 博物馆要为社会教育服务

在很多人的印象里，博物馆只是文物的保藏机构，在保藏的同时又是游客旅游参观的景点，从而忽视了博物馆是除了学校之外"第二课堂"的作用。当然，博物馆的教育对象不仅仅是在校学生，应该包括所有的社会成员⑥。重视教育是博物馆一贯的传统，党的十八大报告中明确指出"完善终身教育体系，建设学习型社会"，各级博物馆实际上就是各级政府完善终身教育体系中的一环。

以笔者所在的邢台为例，面积较大、接待观众最多、影响力最大的是市区达活泉公园内的郭守敬纪念馆。此馆是以 4 个展厅、天文观测台、观星台、郭守敬铜像等为主的花园式人物纪念馆，有一定的知名度，目前已成为全国郭守敬研究中心，全国科普教育基地。先后被中宣部、科技部、教育部、中国科协等命名为全国青少年科技教育基地。据统计，仅 2012 年，就接待国内外游客 57.5 万人次，讲解服务1237 场，接待重要参观团体 469 个，其中包括国家发改委、商务部、住建部、江西省住建厅、嘉峪关市政协、印第安纳州哈蒙德市访华团、韩国华城市中学生夏令营和市辖区、县各个学生代表团。极大地提升了作为教育系统外"第二课堂"的社会教育影响力，

2. 博物馆社会教育服务的对象和模式

博物馆是公益性的公共文化服务机构，博物馆的所有工作都是以服务公众、服务社会为目标的。每一位公民都有权利走进任何一家博物馆汲取他们所需要的知识⑦。前文提到，博物馆服务的对象是所有社会成员，任何一个对邢台文化感兴趣的人都有权利走进邢台的博物馆，到丰富多彩的展览中去了解、去探索、去发

---

⑥石建文：《浅议博物馆教育功能的创新》，《湖南省博物馆学会 2010 年会暨博物馆免费开放专题学术研讨会论文集》，2010 年。

⑦刘羽香：《论博物馆在公共文化服务中的地位和作用——以长春地区博物馆为例》，吉林大学硕士学位论文，2011 年，第 4 章第 1 节。

现。基层博物馆开展社会教育服务有很多种模式,每年的"5.18 国际博物馆日"和"文化遗产日",邢台的文物工作者们都会走进繁华闹市、走进校园、走进企业、走进社区,去宣传、展示邢台灿烂的历史文化。

2009 年 9 月,我国首个邢窑博物馆在邢台临城县正式揭牌并对外开放,馆内共收藏 30 多个品种,300 余件展品,均为遴选出的珍品,其中包括隋代透影白瓷、唐代白釉带托塔形盖罐等稀世奇珍。邢窑博物馆馆址位于著名的崆山白云洞景区,借助绝佳的旅游文化资源,文物工作者们多次举办邢窑主题宣传教育活动,不仅提升了邢窑的知名度和影响力, 更极大地提高了本地区的公共文化服务水平。2011 年曾与北京艺术博物馆合作举办"千年迷梦"邢窑陶瓷艺术展,200 余件邢窑古瓷真品与观众见面,吸引了大批中外游客前来参观,为首都各界古陶瓷爱好者提供了难得的教育学习资源。

三、基层博物馆免费开放与公共文化服务

博物馆、纪念馆免费开放是我国博物馆发展史上的一次重大改革,是推动社会主义文化大发展、大繁荣的需要,是充分发挥博物馆文物资源、教育基地、精神文明建设窗口的需要, 也是为构建和谐社会提供精神动力和智力支持的需要,更是推动完善公共文化服务体系的需要。

1. 关于基层博物馆免费开放的一些思考

我国从 2008 年开始实施全国博物馆、纪念馆免费开放,5 年来,不论是博物馆的管理者、参观者,还是见证了博物馆发展的各界人士,有不计其数的人从中获益。就接待观众而言,邢台地区隶属文博系统的 4 家博物馆、纪念馆仅 2012 年就接待观众 171.4 万人次,很多历史文化爱好者不必像以前一样支付金钱才能进入馆内参观,因此成了常客,逢展必到,不觉就成了邢台历史文化忠实的传播者。同时,也应当看到,随着观众数量的成倍增加,同时失去了门票这一项收入,各个馆的设施更新、人员配备就显得捉襟见肘了,影响到了服务水平和服务质量,这是一个亟待解决的问题;再者,观众的构成呈多元化态势,不同的年龄、职业、知识背景对文化知识的需求也不尽相同, 怎样依托固定的陈展资源满足多元化的知识需求,从而更好地为社会公众服务,是广大基层博物馆管理者需要正视的一个问题。

2. 完善基础设施,服务以人为本

博物馆的基础设施包括硬件设施和软件设施, 硬件设施不仅包括整体建筑、优美的环境和便利的交通等方面,还包括馆内馆外的基础设施,如轮椅、便民雨

具、饮水机、残障人士通道、急救箱、多媒体交互设备等等。软件设施则更多的是在人性化的服务方面，如讲解员、保洁员、志愿者、安全保卫等等。就邢台本地而言，基层博物馆在基础设施建设上还存在不足，有的是设施不足，有的是设施不能够完全免费开放，当然，就发展整体来看，这些现象是正常并可以逐步解决的。简言之，博物馆的一切基础设施都是为了更好地、更人性化地为观众服务。随着人们物质生活水平的不断提高，越来越多的人开始追求高质量的精神文化生活，而一座基础设施齐备的博物馆能让人们感受到珍贵的文物、久远的历史、精致的陈列、舒适的环境。观众参观之后获得的是精神上的充实、心灵上的愉悦。

四、基层博物馆要倡导特色公共文化服务

基层博物馆的建设不能循一定之规，而是要根据地方特色倡导你无我有、你有我优的思路。要依托独有的特色文化，从而更好地推动本地区公共文化服务建设。新时代博物馆学强调要把传统博物馆以藏品为导向转变为以人为导向[8]，其实也是强调博物馆服务要以人为本，不仅要以公众的需求为自身发展的驱动，更要以突出特色作为目标，将博物馆建设成为一座属于观众、为人民服务的殿堂。

文物标本的陈展是博物馆的生命线，也是能将观众吸引到此的最主要因素；观众的目标是对文物知识的需求和高层次的文化享受，因此，首先要充分发掘馆藏文物的特色效应，在保证基本陈列、特色陈列不受干扰的前提下，丰富展览内容、整理展览序列，并配以详尽生动的讲解和互动手段。基层博物馆里虽然不一定有等级高的展品，但能够充分展示文物本体和情景再现，引起观众对过去的想象，这样就能够达到服务公众的目的。其次，要在展览内容上突出特色、另辟蹊径，寻求多渠道的合作，配合全市大型的社会教育活动举办相应的临展，提供场所给一些集体和个人举办一些健康向上的书画、摄影等展览，这样可以显示出基层博物馆的社会亲和力，拉近和观众的距离。再次，基层博物馆人员必须懂得馆际交流的重要性，充分利用邢台地区文物藏品的特色和优势，和其他地市甚至外省博物馆广泛开展交流合作，互通有无，将他馆的特色"请进来"，让我馆的特色"走出去"，这样也能为本地博物馆的发展注入新的活力。

基层博物馆的建设是以本地域文化的特点为基础的，同时是本地区文化的收藏者、研究者、传承者和建设者。它的任务是将古老的文明用现代文明的手段来收

---

⑧马振林:《浅议如何让更多的观众走进博物馆》,《黑河学刊》,2011年。

藏、保护、研究、展示并传承下去。因此可以这样认为,一个地区博物馆建设的好坏,关系着这个地区文化的兴衰。基层博物馆事业在本地区公共文化服务体系中起着重要的作用。高标准、高起点发展博物馆事业,能够将公共文化服务体系中高层次的文化服务渗透到社会的每一个角落,成为本地区经济发展的新亮点。作为博物馆人,无论是管理者还是建设者,无疑都是本地区公共文化服务体系的建设者和推动者,这份责任是神圣的,光荣的,义不容辞的。

参考文献:

1. 王宏钧:《中国博物馆学基础》,上海古籍出版社,2001 年。

2. 苏东海:《博物馆是文物最后的归宿》,《博物馆的沉思:苏东海论文选(卷二)》,文物出版社,2006 年。

3. 史吉祥:《论博物馆的公共性》,《中国博物馆》,2008 年。

4. 张淑范:《博物馆公共教育新理念》,《湖南城市学院学报》,2007 年。

5. 魏学惠:《浅谈如何做好基层博物馆藏品保管工作》,《丝绸之路》,2012 年。

6. 陈峻:《对地市级博物馆建设与发展的再思考》,《博物馆研究》,2010 年。

7. 石建文:《浅议博物馆教育功能的创新》,《湖南省博物馆学会 2010 年会暨博物馆免费开放专题学术研讨会论文集》,2010 年。

8. 马振林:《浅议如何让更多的观众走进博物馆》,《黑河学刊》,2011 年。

9. 刘羽香:《论博物馆在公共文化服务中的地位和作用——以长春地区博物馆为例》,吉林大学硕士学位论文,2011 年。

博物馆与公共服务
——浅谈介休市博物馆工作中的公共服务部分

介休市博物馆　孙美玲

内容提要:博物馆作为国家科学文化事业的重要组成部分,是展现人类社会发展和科技进步的重要场所。博物馆的发展对提高整个民族的文化素养起着举足轻重的作用。本文通过对我国博物馆事业及其中公共服务现状的转述,以及对中国近年来博物馆的发展现状以及公共服务的发展方向分析,浅析介休博物馆现状并对今后工作中公共服务建设部分提出几点探讨性的建议。

关键词:公众服务　优秀展示　设施服务　高质量

博物馆作为国家公益性的科学文化事业的重要组成部分,担负着征集、保护和研究、展示人类生存及其环境物证的重要文化传播功能,一向被誉为人类文明的宝库、智慧的结晶。我国历史悠久、文化璀璨,文化和自然遗产丰富,发展博物馆事业条件得天独厚。

一、中国博物馆事业发展现状

1. 中国博物馆特征

中国博物馆最典型的特征是博物馆本身是引进来的东西。西方博物馆是自发的,是在西方的文化背景下自己创造和生长出来的。而中国的博物馆是引进来的。古代中国文化底蕴深厚,但是主要是社会伦理和政治理论,没有太多科学和艺术的大众传统。博物馆要生存、发挥功能、实现自身的价值,主体和客体该统一起来,但是我们博物馆的客体——博物馆的服务对象并没有很好地理解博物馆的这些特征。我们从西方引进很多东西,有些东西容易被接受,比如公园,一般人都能够看到公园的好处,都能够喜欢公园。博物馆则不同,大众素质和社会发展还没有到需要普遍参观博物馆的阶段,即使博物馆免费了,很多观众也不会认真看,造成博物馆资源和观众时间的浪费。在中国,博物馆要让公众接受,有很多事情要做;博物馆藏品的科学与艺术价值需要一整套的体制与文化背景来挖掘与传播;中国博物馆的发展要探索自己的道路。

2. 中国博物馆发展历史

新中国成立以来,在党和政府的关怀下,博物馆事业由小到大、由弱变强。特别是 1978 年中共十一届三中全会以后,在改革开放新国策的影响下,博物馆事业全面振兴,开始健康发展。1982 年中国博物馆学会成立,次年加入国际博协,标志着我国博物馆事业迈出了与国际接轨的新步伐。进入 20 世纪 90 年代以后,随着社会主义市场经济体制改革目标的确立,改革开放和现代化建设进一步加快,社会主义精神文明建设进一步得到重视,经济、社会全面进步,为博物馆事业的快速发展创造了有利条件。1991 年,我国第一个大型现代化博物馆——陕西历史博物馆建成开放,随后,全国开启了新一轮博物馆建设的热潮,文物系统博物馆由 1991 年的 1075 个,增长为 2000 年的 1397 个;加上其他部门和行业举办的博物馆,全国博物馆达到 2000 多个。博物馆的藏品保护、利用和管理得到加强,通过大量鉴定、确认、登记、备案工作,博物馆藏品保护管理工作向科学化和现代化迈进。

3. 中国博物馆发展现状

进入新世纪以来,我国进入了构建和谐社会、全面建设小康社会的战略机遇期。一方面,博物馆作为建设社会主义先进文化的中坚力量,日益得到党和政府的高度重视,博物馆事业日趋繁荣,进入全新的发展阶段。另一方面,博物馆的公共文化服务特征日益彰显,社会关注度空前提高。文物系统博物馆数在 2001 年为 1453 个,2007 年即达到 1722 个,是 1978 年的 5 倍,是 1949 年的 82 倍。2008 年以来,全国免费开放的博物馆总数已经超过 2400 个。

2003 年,中共中央政治局常委李长春同志视察河南博物院时,指出博物馆要贴近实际、贴近生活、贴近群众。近年来,博物馆陈列展览影响愈加广泛,社会功能日益显著,全国博物馆坚持"三贴近",注重运用最新研究成果和新技术、新工艺、新材料,陈列展览的主题内容、表现形式、科技含量和艺术感染力都有较大提高。同时,全国博物馆体现以人为本的精神,更新服务理念,强化服务意识,充实服务内容,突出特色服务。

博物馆是公共文化服务体系建设的重要内容和保障人民群众基本文化权益的重要阵地,与时俱进,博物馆渐渐由以藏品为工作核心转变为以服务观众为核心。

二、博物馆与公共服务

古德(G.B. Goode,美国国家博物馆馆长)认为:"博物馆不在于它拥有什么,而在于它以其有用的资源做了什么。"美国博物馆协会 1990 年在解释博物馆的定义时,将"为公众服务"作为博物馆的两大核心要素之一。

1. 中国的博物馆的价值核心

国家文物局于 1979 年颁布的《省、市、自治区博物馆工作条例》,对中国博物馆的性质、任务作了明确规定,指出:博物馆是"文物和标本的主要收藏机构、宣传教育机构和科学研究机构"、"社会主义科学文化事业的重要组成部分","通过搜集收藏文物、标本,进行科学研究,举办陈列展览,传播历史和科学文化知识,对人民群众进行爱国主义和社会主义教育,为提高全民族的科学文化水平,为中国的社会主义现代化建设做出贡献"。

以往,中国的博物馆是将欣赏艺术和学习知识作为与观众交流的平台,把传播信息和知识作为博物馆的主要社会职责,将学习和知识作为博物馆的核心价值。

近年来,中国经济的高速发展和国家对文化事业的高度重视,再次为博物馆事业的发展创造了良好的机遇和环境,并确立了"三贴近"为当代博物馆一切工作的指导原则,博物馆从过于强调收藏、保护、研究的内部功能逐渐发展到注重展示传播和社会教育等外部服务功能,成为传播知识与文明的时代载体,博物馆工作必须让"以人为本,服务于人"的理念成为越来越多博物馆人和社会大众的共识。

2. 博物馆与公共服务

服务是博物馆工作的重要职能和组织目标,国际博协在 1974 年通过的组织章程中就明确申明博物馆是"为社会和社会发展服务"的社会文化机构。然而,人们对这一基本任务的认识和理解是逐步深入的,是随着时代的发展而不断拓展的。博物馆提供服务的内容和范围逐渐扩大,服务内容在原有的陈列、教育和科研服务的基础上,逐渐增加了满足观众休闲和文化消费需求的服务,服务范围也扩展到了馆外。

博物馆服务基于博物馆藏品、博物馆陈列和博物馆设施而开展。在这个意义上,可以说观众在博物馆中主要享受的是博物馆提供的多样化服务。博物馆服务主要有精品服务、设施服务、讲解服务、教育服务、科研服务、生活服务、安全服务等等。

之前博物馆发展中将学习和知识作为博物馆核心价值的定位使得中国博物馆的陈列方式趋于学术化,展示手段趋于艺术化,而教育方式趋于课堂化,这一价值取向和工作方式使得博物馆教育只适合于一些特定人群,缺乏普适性。近年来,中国博物馆事业发展很快,馆舍建设、陈列展览、社会服务等方面都有不少变化,随着博物馆转向并定位于服务大众文化,博物馆的观众构成出现了结构性的变化,博物馆充当的社会角色也有所改变,从对物的照看,发展到对人的关注,以至现在要参与社会的变革和发展,成为服务社会变迁和发展的健康力量。

3. 博物馆进入服务时代

在知识经济时代,服务型社会的要求正在促使包括博物馆在内的公共文化机构与设施的传统功能发生巨大转变。我国博物馆在经历了二十余年的快速发展以后,数量和设施条件发生了显著变化,一些博物馆也开始关注博物馆的运营效益,关注高质量的博物馆服务对吸引观众和提高观众满意度的作用,将建立规范的社会服务和观众服务体系作为博物馆发展的发力点。博物馆工作重心向优质服务的转换,表明我国博物馆已进入了服务时代。

博物馆进入服务时代的主要特征是服务在博物馆工作中的地位和作用处于重要位置,博物馆根据服务的目标和流程构建博物馆业务流程,根据服务目标统筹安排博物馆资源。服务时代的博物馆服务呈现全局性、系统性、科学化、服务目标导向和服务质量导向的特点。

博物馆是沟通文化的桥梁,是推动社会变迁与发展的力量。当今的博物馆可以为构建一个更加和谐、美好的世界做出积极的贡献。博物馆可以而且能够通过自己的努力,使人类生活在更加和睦与和平的环境中,同时也为自己争取更有利的生存条件。而高质量的服务是当代博物馆实现其社会任务的主要手段。

三、介休博物馆的公共服务

介休市博物馆新馆大致于 2013 年底初步建成,是一座县级综合性博物馆。在新馆建设之初,博物馆从馆舍建设、内部建设、外部建设各个角度出发,都是工作的重点和重心。工作人员从馆舍布置、展览设计、藏品展示、藏品储存与研究、安全及公共服务等各个方面都需要系统认真地学习研究。本文从公共服务的角度探讨一些对该馆建设的建议。

(一)做成优秀展示

1. 为什么要做优秀展示

展示是为实现某一重要的目标(广义上的教育)而向展出的某一物件或多个物件上增添内容(诠释)。简单地说,展示是包含讲解的陈列,是展出与诠释合二为一。

　　而展出展品非常值得考量的一个理由是为参观者的教育做贡献,也就是为了传授东西。博物馆存在的最终的目的不在于收藏或展示,甚至不在于观众观看展示,展示只是手段而已。最终的目的在于给人们心里带来变化。

　　所以,从公共服务的角度来看,展示包含了对公众的科研服务、讲解服务、教育服务,以及安全服务等。而博物馆展示的优秀与否,是评价公共服务是否高质量的一个重要标准。

　　2. 优秀展示有哪些特点

　　优秀的展示,无论属于哪种类型,都应该具备以下特点:

　　(1)必须安全可靠。好的展示必须为所展出的物品、博物馆及其工作人员和参观者提供保护(如将由危险化学品构成的展品或者将金饰品放在未加防护的桌子上展示都是不合适的)。

　　(2)必须易于观看。好的展示必须配备照明、没有阻碍,并且在展示的时候要尽可能减少对参观者造成不便或者分散其注意力 (如位于没有遮光设施的窗户附近的展示效果往往会受到影响, 因为透过窗户照到室内的阳光会让参观者感到刺眼)。

　　(3)必须具有吸引力。参观者经过而没有驻足观看的展示是失败的展示。

　　(4)必须令人赏心悦目。肮脏、粗制滥造和品味低下的展示会让参观者望而却步。

　　(5)必须能够抓住参观者的注意力。展示必须具有教育意义、能够刺激思维、激发参观者的情绪和令人感到愉悦等功能。而某件展示要实现其目的,就需要足够的时间来向参观者传递信息。通常,这意味着这件展示必须让参观者驻足停留几秒钟甚至几分钟。

　　(6)必须值得观看。当参观者停下脚步开始认真地看某个展示时,博物馆不能辜负参观者的信任。因此,博物馆必须向观众提供有价值的东西,并让参观者感觉到,停下脚步看这个展示是值得的。

　　(7)必须有良好的品味。品味的定义会因博物馆和参观者类型而异,但是展示设计人员依然要竭尽全力,不要做任何有损品味的事情。

　　3. 怎样做一个优秀展示

　　优秀的展示要采用有分量的展出物品、具有重要的目的而且要经过精心的规划。良好的规划工作涉及几个基本要素,通常,一个展示,无论属于哪种类型或者

大小如何,都必须做到:

(1)带有好的解说牌,包括清晰易读的短标题,一个更为详细的副标题、一个或多个提供必要信息的附加解说牌,必要时,展品上还会带有说明(就像新闻报道一样)。

(2)展出的物品与解说牌之间要和谐,两者看起来要统一,并且服务于共同的目标。

(3)良好的设计,包括布局或安排、合理使用颜色、排版和照明等。

(4)合理的规划能够达到良好的效果,能够以愉快、高雅的方式使参观者受到教育、得到信息、获得灵感。

(二)做好设施服务和生活服务

博物馆设施包括博物馆的基本设施和附属配套设施。做好设施服务,个人认为可以理解为让参观者顺利愉悦地参观博物馆。

1. 博物馆必须让参观者容易找到

(1)如果参观者不知道博物馆的位置,或者不知道开放时间,不认识路,或者受到冷遇,即使我们的博物馆是最好的博物馆也算不上成功的博物馆。必须让参观者能通过坐公交车、走路或者开私家车到达我们的博物馆。如果是开车来的,必须让他在入口附近找到一个方便安全的停车点。应该让包括残疾人在内的所有人能够方便地进出。

(2)入口要醒目,容易找到和进入。不能让观众四处找入口。如果博物馆要收费,那么要在停车场和前门外醒目的地方张贴收费说明。如果有些门不对公众开放,需要在合适的地方张贴标志,指导正确线路。博物馆门口应该张贴"欢迎"字样,相应地,参观者进入博物馆的时候看到的工作人员应该说话友好,面带微笑并且态度热心(如态度粗暴的警卫人员能使博物馆全体专业人员为使参观者愉快所做的努力大打折扣)。

2. 博物馆大厅环境

(1)大厅是接待参观者的地方,必须宽敞舒适。可以让来自学校等的参观团体在这里整队,让朋友可以在这里会面。

(2)大厅也是流转中心。参观者可以从大厅出发直接前往他们那个时候最想去的任何地方:洗手间(必须整洁)、休息室、办公室、商店、报告厅等。此外,大厅必须配有标牌、指向箭头、楼层图、注明"您现在的位置"的方向图、公告板和饮水机等。

(3)入口处的大厅内应该设置一个接待台,用于接受问询和接待团体参观者。还应该设置一个存放雨伞、大衣、包裹等物品的寄存处或者存放柜("个人物品请妥善保管,若有丢失本馆概不负责"的标示远远不够)。

3. 公共空间的布置

(1)博物馆的所有公共空间都应设有供参观者坐下休息的座位。这些座位应该坐着舒适,不能只是对着光秃秃的墙或者卫生间的门。

(2)应该在必要的地方设置电梯、手扶梯、楼梯(不能陡窄)和坡道等。在从停车场或公交站与博物馆大楼的任意部分之间的这段路上,不应出现坐轮椅或者推婴儿车的参观者不得上下楼梯的情况。

(3)休息区,像休息室、餐厅和大厅等地方应该装有窗户,好帮助参观者消除在没有窗户的展览厅里可能感受到的那种被封闭起来的感觉。洗手间应该设在每个楼层里适当的位置,大小适当并且干净整洁。

(4)设立方便带小孩参观者的设施。鉴于参观好的博物馆对于学龄前儿童是具有启迪性的学习体验,以及考虑带婴幼儿观众的需求,博物馆应该设立一个单独的房间,供参观者给孩子换尿布;设立一个供妈妈给婴儿哺乳的房间;设立单独的盥洗室,专供父母和学龄前儿童使用。

(三)做到高质量的服务

高质量的服务是当代博物馆实现其社会任务的主要手段,也是公共服务最终要达到的目标。要做到高质量的服务可以从以下几点建议开始:

1. 服务意识

田静先生认为在博物馆的团队意识、服务意识、求实意识、精品意识、前瞻意识中,服务意识是最重要的。一定要在博物馆员工中提倡和培育热情周到的服务意识,扶持和鼓励全心全意为观众服务的奉献精神尤为重要。

博物馆对观众多层次、多领域、多视角的服务,无论是服务设施还是服务手段与标准,都必须建立在了解观众信息,满足观众多种需求的服务意识之上。

2. 换位思考

在服务行业往往存在一种非常真切的危险:工作人员总是从内而外地思考他们的工作。博物馆要做到高质量的服务,必须避免进入这种危险。也就是说,工作人员总是从博物馆的观点和从强调他们所从事的专业性工作的角度来思考他们的工作。博物馆的工作人员要有勇气去从参观者的角度来评价对博物馆的参观活动，要尽可能以博物馆外部人士的眼光来审视博物馆。参观者会对博物馆形成什么样的印象？参观者参观博物馆以后最喜欢又最难忘的是什么？最失望的是什么？

博物馆所有的相关工作人员都必须认真观察来博物馆参观的人。这样，他们不仅能够发现参观者在什么地方会觉得找不到方向，需要解说牌或箭头来指示方向，而且还能够发现哪些展品吸引参观者并能引起他们的兴趣。

博物馆人员要随时准备向参观者提供他们可能需要的任何信息：博物馆以及周边地区的地图、博物馆附近的饭店、车站、旅馆、汽车维修点、加油站的名称和位置。博物馆的商店应该有关于展示的出版物，不能光有导览手册之类，还应该有关于博物馆所涉及主题的优秀读物、给儿童设计的业余爱好套装、馆内艺术品的复制品、纪念品、明信片等等。

3. 开展调查

博物馆的观众来自社会各个不同的阶层，他们有着不一样的性别、年龄、学历、地域文化、宗教信仰、时代经历、知识背景等等。博物馆的设计方案与展示需要考虑观众不是单独的一个个体，而是形形色色的很多人。所以，要满足众多的需求，无论是服务设施还是服务手段与标准，都必须建立在了解观众信息的基础上，由此，对博物馆服务对象——观众的调查研究工作需要得到更多的关注。

面对与时俱进的社会，博物馆的公众服务中需要包括有计划地开展多种形式的常规公众调查、有针对临时展览、教育活动的公众调查和通过第三方进行的公众调查，以了解和掌握公众需求，采纳公众意见和建议的内容。

4. 进行讨论

博物馆内部除了工作会议之外，还应该在不影响日常工作的情况下进行内部讨论会。针对博物馆的日常工作、工作中存在的问题进行讨论，找出对策，及时发现新的问题并尽快解决，从参观者的角度出发讨论更加科学、具有吸引力的方案和临时展览、教育活动。

四、结语

面对与时俱进的社会，面对免费开放的形势，博物馆要积极主动改变服务理念和服务体系。介休市博物馆新馆是一座新建的博物馆，在新环境中，除了藏品的收藏以外，其他的工作都是全新的，所以介休博物馆可以从零做起，做到高质量的公共服务。

参考文献：

1. 国家文物局博物馆司:《博物馆事业改革开放 30 年》,《文物工作》,2008 年第 12 期。

2.宋新潮:《免了一张票,推开几扇门》,《文物工作》,2012 年 08 期。

3.何宏:《博物馆服务与观众调查》,《博物馆天地》,2013 年。

4.G. Ellis Burcaw 著,张云、曹志建等译:《新博物馆学手册》,重庆大学出版社,2011 年 1 月。

5. 闫立群:《架起一座沟通公众与社会的文化之桥——试论博物馆的核心价值和社会责任》,吉林省博物院。

6.宋向光:《博物馆进入服务时代》,《中国文物报》。

7.马自述:《关于博物馆服务》,《中国博物馆》,1997 年 02 期。

8.《博物馆管理办法》:第四章"展示与服务"。

9.田静:《博物馆话题》,三秦出版社,2009 年 10 月。

浅析博物馆中的媒体宣传

——博物馆与公共服务

大同博物馆　王承媛

内容提要：博物馆媒体宣传有多种类型，博物馆中媒体宣传的应用日渐深入，通过博物馆的内部宣传和公共媒体宣传的应用，可以带来更广泛的社会关注和更强烈的社会效应。最终期盼社会加强对博物馆的关注，媒体可以加强对博物馆的宣传，运用各种方式，通过各种渠道，宣传博物馆形象，传播博物馆信息，使博物馆能真正发挥文化传播、社会教育的功能。

关键词：博物馆　媒体宣传　文化　传播

博物馆是征集、典藏、陈列和研究代表自然和人类文化遗产的实物的场所，并对那些有科学性、历史性或者艺术价值的物品进行分类，为公众提供知识、教育和欣赏的文化教育的机构、建筑物、地点或者社会公共机构。博物馆是非营利的永久性机构，对公众开放，为社会发展提供服务，以学习、教育、娱乐为目的。

所谓媒体，是指传播信息的媒介，通俗地说就是宣传的载体或平台，能为信息的传播提供平台的就可以称为媒体了。随着社会的发展与需要，加上科技的进步，已使媒体在生活中无所不在。媒体可以增进人类生活的幸福，发展人类的再生智慧，并促进社会的发展。博物馆搜集了人类生活精华的物件，类型众多，且具有深厚的文化基础，它为促进人类进步而存在。媒体是博物馆运营成功的必要条件。通过媒体使观众能够掌握到博物馆的信息，靠着媒体传达，才能得到更为广博的学识。

一、媒体宣传对博物馆的作用

媒体宣传可以吸引观众来馆参观，辅助参观者理解博物馆的展览，使展览达到更好的效果；媒体宣传为参观者提供更丰富的信息以及更立体的展现效果，方便观众获取知识；通过传媒产品让观众把"展览"带回家，让更多尚未来馆的潜在观众了解博物馆的展览信息，扩大博物馆在公众中的影响力，吸引更多的人来馆参观。

二、博物馆媒体宣传的类型

(一)博物馆内部的宣传

1. 宣传单

宣传单一般是为扩大影响力而做的一种纸面宣传材料。宣传单因其体积小、容易携带的优势,成为博物馆宣传与推广展览的最优工具。

博物馆的宣传单一般有:以整个博物馆的参观导引为内容的宣传折页,这类宣传折页会清晰地标注博物馆的所有长期展览的位置与简介,会标注卫生间、电梯、安全通道等基本设施,还会标注此博物馆的参观须知、开放时间、地址电话等。每个观众在参观展览之前领取了此类折页,就能清晰明了地参观完整个博物馆,不会出现因博物馆太大找不到期望场所的困扰。

还有一种是分别介绍每个展厅的宣传单页,此类宣传单页能详细说明展览的内容及所在展厅位置,而且印有此展览的简介,有的还会印有此展厅的平面图与参观流程图。小小的一页纸就具备了这一功能。博物馆的宣传单是可以带走的,参观者可以在参观之前阅读展览的简介,对展览有初步的了解与认识,单页上的平面图对参观者也起到导视作用,既不会错过精彩的展品,也不会走冤枉路。图1为一组首都博物馆长期展览展厅的宣传单页正面照片,我们可以很明确地看出此组宣传单页采用了统一的底色与构图设计,用各展厅具有代表性的文物做主画面,根据各展厅的特色稍微改变花纹和颜色。每张单页上都印有首都博物馆的标志,背面有对展厅和重点文物的介绍性文字。

图 1

图 2 是我收集的一些首都博物馆临时展览的折页,根据主办方的需求,折页

的折数也会有所不同。与长期展览宣传页不同的是,临时展览宣传页增加了此展览的展出时间段与主办单位、承办单位、协办单位的名称,除了首都博物馆的标志之外还印有其他主办单位的标志。由于临时展览具有时效性,临时展览宣传折页还起到了一个纪念的作用,即使展览更换了,宣传页还会让我们记起那些精彩的展览。这些宣传页被参观者带回以后,可能会引起身边人的关注,吸引来更多的游客。

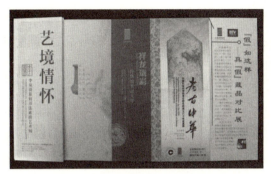

图 2

2. 定期杂志

杂志是有固定刊名,以期、卷、号或年、月为序,定期或不定期连续出版的印刷读物。它根据一定的编辑方针,将众多作者的作品汇集成册出版。

图 3 为首都博物馆出版的小杂志《牵手》,一个季度一期,这本 32 开本的小杂志主要分四个部分:展览咨询;参与实践;志愿者之窗;要闻与回顾。主要是针对馆内展览与活动的介绍与总结,经常参与首都博物馆活动的中小学生与他们的家长翻阅这本小杂志之后,往往会积极参与自己感兴趣的活动。

图 3

3. 功能性宣传品

功能性宣传品一般是具有使用性的博物馆纪念品,纪念品是可以承载纪念意义的物品。在众多旅游文化纪念品中,博物馆开发的旅游纪念品往往被赋予了更多地方特色、文化个性和艺术品位,博物馆的文化产品销售到哪里,历史文化信息就将被传播到哪里,无疑起到了很好的宣传效果。

开发功能性宣传品的目的是突出博物馆特色,让更多的人记住博物馆。功能性宣传品需要制作得方便实用、款式新颖、图案考究、色彩亮丽,这样才会吸引参观者。要以传播特色文化为宗旨来开发功能性宣传品,这样纪念品才能深入人心,真正体现博物馆的特色。

(二)公共媒体宣传

1. 平面影视媒介

平面媒介是以纸张为载体发布新闻或者资讯的媒体,包括报纸、杂志。影视媒介主要包括电视,电视是传播带有声音的移动图像的大众媒介,声像兼备、视听兼顾。

图 4 为莫斯科国家博物馆的平面广告,极具创意与想象力,设计师不仅展现了博物馆耸立于地表的建筑,还通过自己的想象,描绘出令人震撼的地底世界,让你明白真相往往不止存在于事物的表面。此类型的平面广告可以刊登在报纸杂志上做博物馆的形象宣传。

图 4

大多数博物馆在举办新的展览时,都会通过新闻媒体作不同程度的宣传,会在报纸、杂志、电视上作相应的宣传。报道大家关注的陈列内容、重点展品、展品的价值和意义,这样才会激发人们的参观欲望,起到文化服务的作用。

2. 网络

新媒体的不断涌现,以及网络的飞速发展,让我们意识到要充分利用网络进行博物馆整体形象和博物馆资源信息的传播,使社会了解并利用博物馆,真正将文化传播作为博物馆的主要职能之一。

当下微博迅速走红,具有发布信息快,传播信息速度快的特点,各大博物馆也纷纷开通了自己博物馆的官方微博,用来增加与参观群体的互动和交流。

图5、图6分别为国家博物馆与苏州博物馆官方微博的主页,可以在微博上发布公告与特别活动,介绍临时展览与特色文物,全方位展现本博物馆的文物特色,更有利于加强与参观群体的互动。

图5   图6

(三)介于上述二者之间的媒体宣传

1. 海报

海报是具有宣传性的招揽顾客的张贴物。海报是由标题、正文和落款组成的,海报一定要具体真实地写明活动的地点、时间及主要内容。

在博物馆中,海报起着举足轻重的作用。一个游客首次进入博物馆中,他也许会参观所有的展览,也许会因为时间紧张只选择自己感兴趣的展厅参观,此时,海报可以指引这些游客想参观的展览的具体楼层、展厅及展出时间。对于临时展览来说,海报更是尤为重要,不仅可以告知参观者此展览的主要内容、展出地点、展出时间、主办方,而且临时展览是定期更换的,许多游客参观之前可能并未事先了解展出信息,海报就起到了巨大的宣传作用。

为了引导性和宣传性,海报一般都摆放在博物馆人流密度最大的主入口、电梯口、展厅入口处。图7是国家博物馆在大厅电梯口摆放的一组海报,这组海报主要以临时展览为主,引导和告知了参观者近期国家博物馆临时展览的内容。这组海报每一幅都印有中国国家博物馆的标志,这样设计的海报即使风格迥异,展示在一起也很有统一性,彰显了国家博物馆的企业文化。海报的设计简洁大方,画面的配图都使用了与展览相关的元素,使参观者在看文字说明之前就能大概了解所展览的内容。再配以专业的版面设计,完美的海报就展现在参观者面前了。

图7　　　　　　　　　　　　　　　　　图8

图8是首都博物馆临时展览的一张海报,此张海报更具有设计感,是"东北虎主题摄影展"临时展览,画面没有单纯地放一张老虎的照片,而是大面积地使用了一些纹理,这些纹理既能让人联想到东北虎身体上的图案,又能让人联想到东北虎生活的松树林。设计感强的海报更能吸引参观者的注意力,会让人们驻足观看海报上的信息。

由于参观者对画面的认知能力和兴趣高于对文字关注,所以海报凸显着极大的宣传作用。

2. 宣传片

中国的各大博物馆,在更换展陈和建设新馆的时候,一般都会制作专题宣传片向社会传播,介绍博物馆的各类信息,多层面多方位地向全社会宣传本博物馆。

3. 网站

网站是一种通信工具,人们可以通过网站来发布自己想要公开的资讯。在网络发达的现在,公办博物馆与私立博物馆都纷纷开办了自己博物馆的官方网站,便于世界各个角落的人通过网络随时都能关注博物馆的资讯。博物馆网站主要有博物馆介绍;展览介绍;资讯新闻;藏品欣赏;参观导览;在线预约;公共教育等几个板块。图9、图10分别为中国国家博物馆和上海博物馆的官方网站。

为了吸引人们的眼球,许多博物馆在网站的建设上投入了大笔资金,主页的界面都相当绚丽。很多博物馆网站充分调动了互联网的交互性,建立了文博论坛、网上商店等互动板块,方便浏览者对感兴趣的内容互相交流,增强了对展览的兴趣。网站对博物馆的宣传有利于博物馆对观众的服务和公众对展览的反馈信息。

图9

图10

三、展望

在信息时代,作为社会文化服务机构的博物馆,采用媒体这一现代化、科技化、专业化的宣传工具来宣传自己的藏品、陈列、研究和保护成果,对于博物馆自身功能的实现有极大的促进作用。通过宣传,吸引了大批的观众关注博物馆、走进博物馆、了解博物馆,从而带动了整个社会关注文化产业,为文化遗产的保护、展示和传承创造了有利的社会氛围,为实现文化遗产的可持续发展创造了条件。媒体也应该加强对博物馆的关注,加强对博物馆理论的传播以及对传媒的方法、技术、手段的跟踪研究,积极推动与博物馆的协作与互动,促进资源共享。运用各种方式,通过各种渠道,宣传博物馆形象,传播博物馆信息,真正发挥博物馆文化传播、社会教育的功能。

论博物馆教育活动理念的转变
——以山西博物院社会教育活动为例

山西博物院　　杜　维

内容提要：博物馆是社会教育的特殊资源，是民众接受终身教育的重要场所，而教育活动则是博物馆发挥教育这一首要功能的主要手段。博物馆自实行免费开放以来，博物馆教育活动也随之进入了一个高速发展的黄金时期，虽然教育形式不断出新，但当前中国博物馆界存在的一个主要问题是，教育理念滞后，教育成效不高。如何提升教育活动的水平，是当前中国博物馆亟待解决的一个重大问题。本文以山西博物院社会教育活动为论述对象，通过博物馆教育理念的雏形与博物馆教育理念进一步发展的对比，勾勒出博物馆教育的美好发展蓝图。

关键词：博物馆教育　博物馆教育活动　教育理念

任何一个社会的机构要真正对社会发挥作用，为社会所需要，就必须满足社会对它的需求并为社会认识、理解。博物馆教育工作面向社会，为社会服务，是当代世界博物馆发展的趋势。博物馆不面向社会，就失去了其存在的意义，这种认识已经得到世界博物馆界的普遍承认。在现代博物馆的经营管理中，"教育"不仅是博物馆对社会的责任，也是其首要目的和功能。2007 年在奥地利维也纳召开的第 21 届国际博物馆协会代表大会对博物馆的定义进行了修订，并首次将"教育"作为博物馆的第一功能予以阐述。它将"教育"调整到博物馆业务目的的首位，并取代了多年来将"研究"置于首位的认识，表明教育功能不仅是博物馆对社会的责任，而且是首要的任务。这反映了国际博物馆界时下对博物馆社会责任的强调，对其社会效益的关注，以及现代博物馆经营理念及其目标的转变。另外，定义在表述时，还将"教育"作为"征集、保护、研究、传播、展出"等博物馆基本业务的共同目的，也就是说，各项业务活动都应贯彻"教育"的目的。

博物馆教育的内容、形式是丰富多样的，总体可分为自主式学习与被动式接受教育，其中少部分观众可以依照展览内容、展览时间、自身需要独立完成学习的自主式教育,而绝大多数观众因知识量有限,需要更多的引导、帮助才能完成学习,从而完成在博物馆接受教育的过程。博物馆教育需立足群众,面向社会,充分考虑到社会的需要和群众的需求,并以此为轴心开展工作。博物馆教育活动多为实现博物馆教育的主要手段,参与博物馆教育活动的观众数量决定接受博物馆教育的受众面的广薄,而博物馆教育活动的优劣却直接影响到博物馆教育的品质。

一、博物馆教育理念的雏形

并非绝大多数民众都知道"博物馆是民众接受终身教育的大学堂,是现代国民教育体系的重要组成部分;博物馆教育是一种社会教育,属于终身教育的一部分,从幼童到退休老人,大家都可在馆内得到持续的教育。"要想这一理念为广大民众所知,博物馆就需要大力发挥其教育职能。博物馆教育则需要引导全体民众潜在的学习欲望,扩展其眼界,增长其知识,协助和促进民众的成长。虽然博物馆本身是教育机构,但相对于学校这样的正规教育机构,它具有非正式性,而这种非正式性,使其拥有特殊的教育资源和教育阵地,具有独特的优势。

博物馆以各类展品为基础,精心组织陈列展览,通过大量运用文物、模型等实物资料,结合文字作用于观众的感官。除走学校进课堂、下基层进社区,以授课、讲座等传统博物馆教育手段外;本着公益的前提,在博物馆内,以实物为载体,全体社会成员为教育对象(侧重于 6~12 岁儿童),依托动手活动为主要的博物馆教育手段,使受教育对象亲身参与、互动到动手活动中,教育者通过启发、引导等教育手段,使寓教于乐贯穿于整个教育过程,最终以受教育者得到一件在博物馆中亲手制作的手工作品为结束。这种以受教育者最终得到实物为手段的博物馆教育模式,在人的心理机制或者认识过程来说,都会使受教育者感到亲切,易于教育者向受教育者传送既定的教育信息并且受教育者乐于接受和理解教育者所传送的既定教育信息。

动手类活动逐渐成为最吸引公众目光的博物馆教育活动,但是随着时间的推移,这种动手类博物馆教育活动模式逐渐显露出其致命的弊端。当博物馆教育以其独特的魅力吸引到广大公众关注博物馆、普遍认识博物馆具有教育职能的同时,受教育者同时正在悄然转变其在整个博物馆教育中的位置,反客为主、制约、忽略、弱化教育者对其以启发、引导等教育手段传送的既定教育信息的初衷,误以最终得到动手活动实物为核心,将博物馆等同于特殊的手工作坊,致使博物馆教育"引导全体民众潜在的学习欲望,扩展其眼界,增长其知识,协助和促进民众的成长"的教育理念发生偏离。

二、博物馆教育理念的进一步发展

美国博物馆专家古德(G. B. Goode)曾有句名言:"博物馆不在于它拥有什么,而在于它以其有用的资源做了什么。"这句话一直被西方博物馆界奉为至理名言。参照国际通行的展览教育评估框架,展览教育活动的成效取决于它是否给予了观众高质量的参观体验,是否提供给了他们良好的学习机会。而评价一座博物馆的价值,也需看其在鼓励观众参与和学习方面所取得的成绩。因此,对博物馆教育而言,更重要的是在此基础上,纠正博物馆教育理念雏形所发生的偏离,并提供正确的博物馆教育导向、丰富博物馆教育形式内容、完成富有成效的认知学习便成了对博物馆教育理念雏形的进一步发展。

现以山西博物院《文明的足迹——中国社会科学院考古研究所优秀成果展》临时社会教育活动为例。

案例一:

《文明的足迹》临展社会教育活动方案

为了配合《文明的足迹——中国社会科学院考古研究所优秀成果展》,让观众对近 60 年中国考古学现状有所了解,并从考古学的角度追寻中华文明形成与发展的历史足迹,现计划根据展览,针对不同的观众群体的文化需求,设计了丰富多样的宣教活动,通过馆内活动与馆外讲座的进行,最大限度地宣传展览。

一、活动时间

2012 年 12 月 22 日—2013 年 3 月 24 日

二、活动内容和形式

此次展览的宣教活动分为讲座类、动手活动类以及小小讲解员三大部分。

(一)专题讲座

1.《中华文明号》趣味故事会(配套趣味折页)

(1)活动对象:太原市中小学校学生

（2）活动时间：2013 年 1 月—3 月 24 日

（3）活动内容：本次展览内容很多被收入中小学教材当中，故事会将展览带入小学课堂，通过浅显易懂的故事结合课本中的文物资料以丰富的课堂互动形式，让孩子们在听故事的同时，加深对课本知识的理解并对中国古代文明起源发展有所了解。在讲解的当中向孩子们发放趣味折页，鼓励孩子们在听完讲座后进入山西博物院参观，参与相关的宣教活动。

2.《文明印记》知识讲座

（1）活动对象：太原市高中、大中专院校及各社区

（2）活动时间：2013 年 1 月—3 月 24 日

（3）活动内容：以展览为素材，分别赴山西各大中院校举办《文明印记》主题讲座。讲座以多媒体的形式，通过讲座过程中问题的设置、礼品的发放，让大家在轻松的氛围中了解此次展览的内容。

（二）"识文刻字"动手活动

1. 活动目的

配合本次临时展览《文明的足迹》，以文明的一种表现形式——文字为切入点，通过传统篆刻的动手形式以及对文字发展、演变及中外文字知识介绍等内容的展示让受众了解"文字文化"。

2. 活动对象

每场活动招募 8 周岁以上受众 10 人，其中 8 至 12 周岁（包括 12 岁）儿童如要参加，须有家长陪同，并由家长完成刻字环节。

3. 活动时间

2012 年 12 月 30 日—2013 年 3 月 24 日，每隔一周的周日开展活动（2 月 10 日除外）上下午各一场次，共 12 场次

上午：9:30—11:30　下午：2:30—4:30

具体时间如下：12 月 30 日；1 月 13 日、27 日；2 月 24 日；3 月 10 日、24 日

4. 活动流程

（1）看一看、写一写

指导老师为每位参与人员发放"文字长河"图纸以及一张空白卡片，参与者观察图纸后写下自己对于"文字长河"想要说的一两句话；指导老师收回卡片交叉分发给参与者，交流感想。

(2)想一想、问一问

指导老师为每位参与者发放空白卡片一张,参与者在卡片上提一个最想问的关于"文字长河"图纸的问题。指导老师收集参与者问题并讲解"文字长河"图版,回答提问。

(3)认一认

每位参与者从陶罐中抽取一张甲骨文文字,贴在对应的白板楷体文字下边,并试着讲解自己所选甲骨文的由来、演变。指导老师辅助并纠正参与者错误。

(4)刻一刻

在指导老师的辅导下,亲自动手在石块上刻出参与者之前从陶罐中选出的甲骨文相对应的篆书。

(三)2013 年寒假小小讲解员

1. 活动目的

为了配合山西博物院《文明的足迹——中国社会科学院考古研究所考古成果60 年》展览,更好地吸引观众的参观,延续小讲解员团队精神,现计划针对在编小小讲解员开展 2013 年寒假小小讲解员活动。

2. 活动时间

2012 年 12 月—2013 年 2 月

3. 活动项目及流程

以山西博物院临时陈列《文明的足迹》为核心,对报名的小小讲解员进行寒假培训和考核,最终选拔出 15 名优秀的小小讲解员。在寒假期间以小组形式,为展厅观众提供讲解服务。

通过阅读案例一的社会教育活动方案,我们可以清楚地看到,在经过博物馆教育理念雏形的沉淀后,博物馆教育理念的进一步发展更为先进、完善,导向更为清晰,教育活动形式、内容更为丰富,认知学习方式更具自导性和探索性。

针对展览的专题讲座——"趣味故事会"、"知识讲座"是对展览背景知识的普及,沿袭了课堂授课、讲座的形式,但不同之处在于:本次知识讲座将受众群体按年龄和接受程度划分得非常清楚。"趣味故事会"针对中小学生,在课堂式授课的同时,并配以趣味折页(工作纸)的发放。以这样的形式,中小学生在被动的接受教育后,可以通过所发放的趣味折页(工作纸)进行知识巩固及自我检测;"知识讲座"针对人群为高中、大中专院校及各社区,讲座通过现场互动、提问的方式发放礼品。礼品佐以吸引受教育者的注意力、调动讲座现场气氛。

小小讲解员更好地吸引观众的参观,不但延续了小讲解员团队精神,同时还丰富了展览及博物馆教育的形式与内容。

"识文刻字"动手活动,调整了博物馆教育动手类活动的思路,完成了博物馆教育理念的转型:博物馆教育动手类活动弱化了动手环节,由之前强调动手环节转为提倡动手体验式参与;将教育者向受教育者传送既定的教育信息的形式以"看一看、写一写"、"想一想、问一问"、"认一认"的环节将获取知识的途径变为自导式和探索式。教育者没有既定的教育信息传送,转而教育者提供了更多的正确性引导,使受教育者依照个人兴趣,自己提出问题,经独立思考、相互讨论、探索找出自己所提问题的答案,最后并与其他参与者共同分享自己收获的知识的内容及获取知识的思路与方法。

案例二:

山西博物院社会教育活动评估标准

活动名称:识文刻字

项目	内容	扣分	扣分说明	得分
活动规划(20分)	1. 活动目标明确,活动主题鲜明,受众范围设定清晰合理,符合博物馆教育资源的特点和社会教育活动理念。(12分)	0		12
	2. 活动方案撰写完整详细,可实施性强,包含活动形式、组织方式、实施保障、活动评估计划等重要内容。(8分)	2	方案在前期并没有考虑到除来馆受众以外的群体,但后期在活动进行的同时,方案修改一直在跟进。	6

项目	内容	扣分	扣分说明	得分
活动准备 (40分)	1. 项目负责人和团队成员具备良好的团队合作精神，团队合作默契，配合高效。(10分) 2. 活动人员培训计划安排合理，培训参与人员在知识和技能考核中全部达到合格。(10分) 3. 团队分工明确，准备工作负责到人，活动工具准备齐全，符合安全性、实用性的要求；活动资料收集完整、充分。(15分) 4. 场地布置契合活动主题，能在一定程度上促进活动有效开展。(5分)	3	同场次活动人员能够做到分工明确，但不同场次的工作人员在活动结束后缺乏沟通，活动改进不大。	7
		0		10
		5	活动未能做到负责到人，工具缺失未能及时补齐。	10
		0		5
活动实施 (20分)	1. 活动过程始终符合活动主题，严格按照活动可实施性方案实施安排活动，遵循活动流程。(10分) 2. 活动环节衔接自然，节奏紧凑。活动人员能够灵活把握现场气氛，保证活动现场秩序。(10分)	0		10
		3	由于每场活动的负责人员不同，风格也不统一，所以节奏快慢始终难以把握，工作人员也不能全程融于活动当中，与观众互动较少。	7
活动总结 (20分)	1. 项目负责人在第一次活动后开展活动总结交流会议，填写活动情况记录表，根据调查问卷和现场状况提出改进建议。(10分) 2. 每次活动结束后活动人员需填写《活动用品使用表》，在最后一次活动结束后进行活动工具及活动材料的清点、整理，完成该表的统计，并与宣教人员交接，签字确认。(3分)	5	这是本次活动最为缺失的地方，没有很好地进行活动总结，提出改进意见，后期活动较为机械，没有根据具体受众改变活动方式。	5

项目	内容	扣分	扣分说明	得分
	3. 项目负责人需要在最后一次活动结束后3个工作日内对整个活动以及活动团队中的每位成员的表现进行评估，填写《活动情况评价表》以及《活动成员评价表》，交予宣教活动对接人员。团队每位成员则须对该活动进行评价，填写《活动情况评价表》。(7分)	0		3
		0		3
活动效果(10分)	能利用各类有益工具辅助与活动相关的知识导入，求新求变，不断追求更高的受众接受度。(2分)		参与活动的人员根据活动的具体要求涉及了本次活动所需的展板、汉字长河卡、文物信息卡、活动答题卡等与活动相关的一系列自主活动材料，有效地帮助活动进行和传播，在受众和教育人员之间起到很好的沟通作用。 活动已经在进学校以及其他节假日的宣教活动中系列化体系化，并将继续开发相关的课程。	2
	活动能将知识性与趣味性融为一体，让活动受众和工作人员都能有愉快的参与体验。(2分)			2
	对博物馆文化起到一定的宣传作用，有较大的社会影响力，包括媒体报道、文化交流等。(2分)			2
	在经验累积的基础上，项目负责人有意识地将活动系统化、规模化，不断更新活动内容，加入新颖的活动形式，从多角度寻求该活动的可持续发展。(2分)			2
	注重参与者的个人体验，认真收集整理活动的调查问卷，并从中总结经验，切实提出建设性意见建议。(2分)			2

案例三：

"识文刻字"调查问卷分析结果
之为什么要参与

		频率	百分比	有效百分比	累积百分比
有效					
	加深对展览的理解	67	28.5	28.6	28.6
	获得作品	20	8.5	8.5	37.2
	增进家庭感情	6	2.6	2.6	39.7
	培养学习兴趣	33	14.0	14.1	53.8
	培养动手能力	58	24.7	24.8	78.6
	对篆刻感兴趣	43	18.3	18.4	97.0
	其他	7	3.0	3.0	100.0
	合计	234	99.6	100.0	
缺失	0	1	0.4		
合计		235	100.0		

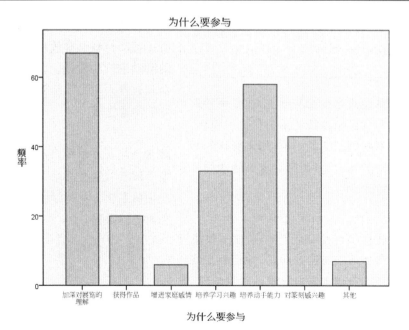

为什么要参与

开展教育活动评估是一项重要的管理任务,是对本次活动的总结、对下一次博物馆教育活动的决策导向。通过对《山西博物院社会教育活动评估标准("识文刻字"活动)》及《"识文刻字"调查问卷分析结果之为什么要参与》的解读,我们不难看出:博物馆教育理念的进一步发展,将受教育者由被动获取知识的境地成功转型为主动获取知识的模式,而博物馆教育也由之前"传送既定知识教育者"的形象转变成扮演知识宝库及积极努力寻求方法传播知识的教育者角色。与此同时,受教育者在案例三《为什么要参与("识文刻字"活动)》图表内表现出,通过教育者的引导,受教育者已逐渐将收获重点转向获取知识。除此以外,通过此次动手活动而立足的"文字"主题,将衍生出一系列以"文字"为主题的教育活动,这一系列博物馆教育活动的延伸和拓展,是不断的试验、调整和完善博物馆教育获得的。

三、结论及对博物馆教育理念、形式的展望

好的博物馆教育活动,不仅契合展览主题,内容、形式丰富,更重要的是,还能深刻反映博物馆的教育职能和博物馆教育人员的使命。博物馆教育活动是现代博物馆教育的核心内容,是实现博物馆社会价值的重要体现。

就目前而言,博物馆教育工作者的背景、技能、经验大不同:有些是内容策划人员,有些是形式策划人员,有人拥有博物馆方面的背景,有些则拥有技术方面的技能。鉴于他们需要担负的广泛职责,并且博物馆教育是一个非常专业的领域,开展人员培训以及逐步积累经验,于他们而言,不可或缺。

博物馆教育活动不但要做到以立足某一主题延伸、拓展、衍生一系列的博物馆教育活动,还应加强对观众、受教育者的研究,从多种层面将观众对象进行细致划分,以最适合的教育形式对其进行最大化的博物馆教育。

以"博物馆教育活动评估标准"和"博物馆教育活动调查问卷分析结果"评估博物馆教育活动,我们就可以对未来的博物馆教育活动方向进行准确把握。虽然在当前博物馆教育时期,受教育者还存在着重动手、轻知识的情况,但是我们本着坚定的博物馆教育理念,通过不断正确引导,使受教育者逐渐拥有美好的博物馆体验经历的同时,形成良好的参与博物馆教育活动习惯。

浅谈博物馆课堂宣讲的设计

山西博物院　　刘　琳

内容提要：中国博物馆正在逐步从内向型（收藏、研究）向外向型（公共教育）转变和发展。2008 年免费开放的实施，为博物馆进一步发挥公共教育职能提供了条件。在近年来的探索过程中，山西博物院针对青少年群体做了大量教育尝试，其中，课堂宣讲是针对青少年群体最直接、有效的博物馆教育方式。那么，课堂宣讲有哪些特征，应如何进行合理有效的设计，本文结合实际工作经验围绕这些内容进行阐述与讨论。

关键词：博物馆教育　　青少年　　课堂宣讲　　设计

博物馆作为一种特殊的社会教育机构和文化基础设施，教育活动是实现博物馆社会功能的主要方式。作为宣传教育机构，博物馆的历史文物吸引了无数的游客前来参观，在这些不同年龄段、不同文化水平的观众中，青少年是一个特殊而且至关重要的群体：1. 他们富有朝气、敢于幻想，接受新事物的能力很强，它们需要了解历史、增长知识。2. 随着时间的推移，青少年对于博物馆的兴趣和热爱会伴随相当长的一段时间，对于博物馆各项事业的长期开展是很重要的支持力量。这就决定了对青少年的教育在整个博物馆宣传教育工作中的主导地位。

如何培养青少年对博物馆的兴趣，让他们享受博物馆，进而爱上博物馆，对于文化、教育以及博物馆事业来说都格外有意义。目前，山西博物院针对青少年群体做了大量教育尝试，例如：小小讲解员系列活动、以传统节日为主题的动手参与类活动、以馆藏文物为主题的参与类活动、以展览或历史为主题的课堂宣教等等。都获得了理想的效果和相当的社会辐射力和影响力。其中，课堂宣讲是针对青少年群体最直接、有效的教育方式。

课堂宣讲是以课堂教学的形式进行的博物馆教育活动，是一种有目的、有计划、有组织的宣讲者的讲授和学生的学习交互作用的共同发展过程。简单来说，就是把博物馆送到青少年的课堂上,通过课堂宣讲的形式,进行文物、历史、博物馆知识的导入,最终实现博物馆的教育职能。对于学校而言,博物馆课堂宣讲是加强和提高学生素质教育的一个环节,也是新课改的重要途径之一。笔者通过工作实践,对博物馆课堂宣讲的设计谈一谈自己的想法。

一、课堂宣讲的特征

成功的课堂宣讲要具备几个特征:针对性、知识性、趣味性、连续性。

(一)针对性

课堂宣讲是针对青少年学生群体的,受到时间、场地、学生注意力等因素的影响,要求课堂宣讲必须有明确的主题和针对性,对课堂宣讲目标进行合理的定位与设计。按照对象可划分为:小学低年级、小学高年级、中学生。从宣讲内容上来说,大致可以划分为四类:

1. 历史文化类。目的是使学生了解某段历史或某个地域的历史文化。主要通过人物、事件、传说故事、典型器物或习俗等渠道形象地勾勒、还原历史。例如:介绍两周时期晋以及三晋的历史变迁, 可选择这个历史区间内有代表性的历史故事:桐叶封弟、"锦囊妙计"、退避三舍、三家分晋、东郭先生和狼,通过有趣的故事,逐层递进、分析从而还原历史事件及人物的原貌。

2. 文物类。目的是使学生了解文物的器型、分类、功用、制作工艺以及掌握文物的欣赏方法。例如:通过古今对比来说明一类或一组出土文物的使用功能、象征意义以及欣赏要点。

3. 知识类。介绍与文物或者文化相关的工艺、技能等。例如:瓷器的制作工艺、青铜铸造工艺、玉器制作工艺以及拓碑、石膏翻模、木版年画等。

4. 专题展览类。目前,山西博物院已保持周期性开放新展览的模式,主要涉及书画类和专题类展览。其中来自全国各地的专题展览非常多, 例如:《瓷都风华——江西省景德镇博物馆藏景德镇瓷器精品展》、《荆楚长歌——九连墩墓出土文物展》、《发现霸国——山西省考古研究所六十周年特展》、《天山往事——古代新疆丝路文明展》等。围绕这些专题展览进行的课堂宣讲需要和展览主题、陈展思路相吻合。

(二)知识性

根据主题的设计,选择安排知识性较强的内容。知识点的选择要有针对性,能够支撑本次课堂宣讲目标。青少年学生处于知识的启蒙和成长阶段,对于一些抽象的、专业性很强的内容,可能听不懂。要尽量做到把复杂的问题简单化,历史的问题现实化,通俗、直观、易懂。

(三)趣味性

课堂宣讲不同于讲解,也不同于课堂教育,要有足够的趣味性,并引发青少年对某些问题的意识以及对文物背后问题的进一步思考,从而使他们的记忆、观察、剖析、推理和判断等能力得到提高,并终身受益。这就需要对学生的认知、接受能力进行客观准确的定位,找好切入点。例如:在青少年学生的生活中寻找切入点,寻找古人生活的踪迹:谁有挑食的习惯——古人吃什么?家里的炊具都有什么——最早的蒸笼在哪里出现?我们玩什么——古人有哪些娱乐游戏?

(四)连续性

俗话说一口吃不成胖子,课堂宣讲不是孤立的,也不是一次就可以完成博物馆教育职能的。在多次、多组宣讲的设计中要体现一定的连续性。例如涉及领域的连续性,或者宣讲深度的连续性深入等。例如配合山西博物院一系列临时展览设计的《走进校园系列趣味讲座》,从不同的角度诠释中华文明、了解博物馆的展览。

二、课堂宣讲设计

有了丰富的素材、好的想法,接下来就是要完成一堂成功的课堂宣讲。要在有限的时间内实现教育目标,必须进行科学的设计。

从现代教育心理学角度出发,课堂宣讲设计应遵循以下几个基本原则。1.系统性原则。从宏观角度出发,对课堂宣讲活动中的基本要素以及各要素之间的相互关系进行认真的分析,比较各种不同要素组合产生的效果,从而选择最优的宣讲方案,获取最佳课堂效果。例如:两周贵族墓葬中出土的大量青铜礼器、玉器可以说明墓主人尊贵的身份,而通过青铜食器所占的比例的增加则反映周人尚礼重食的特点。2.发展为本原则。要面向全体学生,课堂宣讲设计关注的不只是学生对历史文物知识的掌握,还要关注所学知识的过程和方法,更要关注学生的情感、态度和价值观方面的提升和发展。3.接受性原则。首先要使学生保持高度注意和积极向往甚至期待的心态,以维持学生对学习内容积极探索的认知倾向。而要做到这点,最有效的方法就是要增强学生对宣讲设计的可接受性,符合学生的需要,调动、激发学生的学习兴趣,使其变被动为主动、化消极为积极,从而让课堂宣讲真正建立在学生自主活动、主动探索的基础上,形成有利于学生的主体精神、创新意识健康发展的宽松的课堂环境。

参考课堂教学设计的方法,完整的课堂宣讲设计需要解决好四个基本问题:现在在哪里;要去哪里;如何去那里;是否到达那里了。这四个环节是四个相互联系、相互制约的逻辑序列,而且每一序列又由许多要素构成。

(一)现在在哪里(起点)

这一环节是宣讲设计的一个逻辑基点,是预备阶段和基础。需要做好两方面的工作:一是对学生的分析,二是对宣讲者的分析。

(二)要去哪里(目标)

实际上是课堂宣讲目标的设计,是对课堂教学活动预期所要达到的结果的规划,也是实现博物馆教育功能的关键。它对课堂宣讲的发展起着调整和控制的作用,制约着课堂宣讲设计的方向。另外,目标的设计要注意面向全体学生。

(三)如何去那里(途径方法)

这一环节是课堂宣讲设计的核心,主要包括以下几个方面的内容:(1)课堂宣讲内容的设计,及对根据目标选定的宣讲内容进行恰当的安排,使之既合乎知识本身内在的逻辑序列,又合乎学生认识发展的顺序,从而把知识结构和学生的认知结构很好地结合起来;(2)课堂宣讲组织形式的设计,即课堂教学是采取合作式、探究式、讲授式还是活动式或其他组织形式;(3)课堂宣讲方法和媒体的选用设计;(4)课堂宣讲管理设计,即如何应对和控制课堂上的突发事件,如课堂上学生的问题行为等。

(四)是否到达那里了(评价)

这一环节是课堂宣讲设计的保障,即评价设计。主要目的是了解课堂宣讲目标是否达到,并为课堂宣讲设计的修正和完善提供依据。

上述四个环节相互联系、相互制约,完整的课堂宣讲设计过程中的其他环节都是在四个基本环节的构架上建立起来的(如图1)。

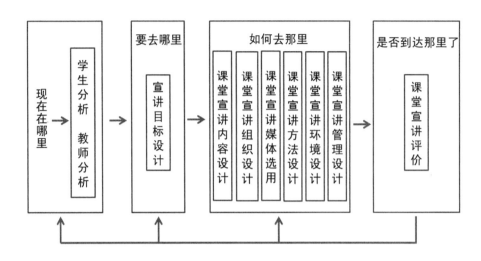

图 1　课堂宣讲设计的基本过程

接下来,我们具体阐述以上各个环节。

1. 宣讲主体分析与设计

课堂宣讲是宣讲人的教授活动与学习者的学习活动相互作用而成的一个活动整体,二者都是课堂教学的主体。要设计有效的课堂宣讲,必须对课堂教学的主体——宣讲者和学习者进行分析,让学习者和宣讲者在课堂中表现出其"自然"的角色,并在课堂互动的过程中共同成长。

(1)学习者

"世界上没有两片相同的叶子",学习者也是如此。每一个学习者都是一个独特的个体,对学生的分析,主要分析其年龄阶段和学习环境,目的是确定他们的认知水平和接受能力,然后有针对性地确定课堂宣讲的方法和途径。

(2)宣讲者

宣讲者本人,应清楚地了解自己的专业素质和教学能力,包括驾驭宣讲内容的能力、语言表达的能力、运用多种媒体组合的教学能力、观察了解学生的能力,以及组织、管理、调控的能力等。

英国教育心理学家恰尔德(D.Child)认为良好的教师口头言语表达应做到以下几点:①运用简洁而规范的描述,要点指示明确;②根据学生年龄特点与知识水平,运用易于接受的语言;③不用含混不清或拼凑的语言;④多用简练、富有吸引力的新闻报道式语言;⑤恰当地运用比喻与隐喻;⑥保持语言的流畅性和不间断性;⑦讲授应尽早进入主题;⑧讲授重点应要言不烦;⑨增强语言效果,发音应注意抑扬顿挫;⑩利用辅助性语言,辅以动作表情。

2. 宣讲目标设计

课堂宣教目标是课堂宣教活动的出发点和归宿,也是评价课堂宣讲效果的主要依据。因此,它的设计对课堂宣讲的成功至关重要。怎样设计一个科学的、操作性强的课堂教学目标是一个不得不面对的问题。课堂教学目标设计包括需求分析、需求细化、目标筛选的基本步骤。

(1)需求分析就是要找出"希望是什么"与"实际是什么"之间的差距,这种差距是要我们通过课堂宣讲去缩小或消除的。以介绍晋侯鸟尊为例(图2),现在学生只知道晋侯鸟尊是一件珍贵的青铜器,而我们希望的是学生知道鸟尊是一件宗庙祭祀礼器、鸟与象是西周时期晋国独有的一种器物造型(图3),这里现实与希望的差距是这件器物的内涵。需求分析的结果是形成目标方向。

图 2　晋侯鸟尊　　　　　图 3　晋侯鸟尊局部

(2)需求分析所得出的需求很可能是广泛的、繁杂的。为了进一步明确目标,我们有必要把需求进行细化,转化成目标项。需求细化的结果是形成子目标。延续上一步骤的例子:为了使学生了解这件器物的内涵,我们需要分别解释诸侯、宗庙、祭祀、古代的酒、礼器、为什么山西会出现大象等细化后的子目标。

(3)细化生成的子目标需要我们根据客观条件与宣讲主题特点等因素筛选。目标筛选的结果就形成了宣讲目标。如根据学生的年龄阶段取舍子目标,针对低年级学生的宣讲中,祭祀、礼器等内容深奥、严谨的部分不宜过分深入展开。

3. 宣讲组织形式设计

有效地进行课堂宣讲活动、实现宣讲目标离不开有效的宣讲组织形式。教育学中教学组织形式的定义是指教学活动中师生相互作用的活动方式,它所涉及和所要解决的主要问题是:教育者怎样把学生组织起来,通过教和学使师生紧密联系;怎样科学地利用空间、时间和其他教学条件来安排教学活动,使宣讲者有效地讲,学生有效地学,实现教学目标。以教育心理学原理为切入点,博物馆课堂宣讲常用到合作式、探究式和讲授式三种课堂组织形式。

(1)合作式课堂组织设计

合作式课堂教学组织形式,就是指主要利用合作小组成员之间的分工合作进行学习、找到解决问题的对策,并以小组与个人评价相结合的评价营造团队心理气氛以增进学习有效性的一种课堂教学组织形式。主要应用于多年级、多班级集合的大规模课堂宣讲。按照合作学习活动全过程,课堂合作学习教学的基本过程可以总结为图:

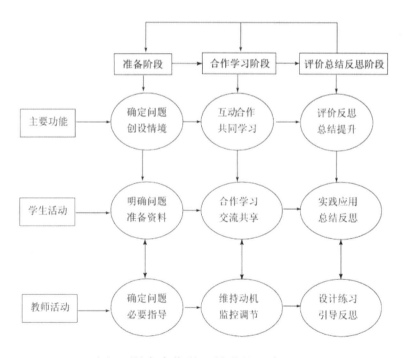

图 4　课堂合作学习教学的基本过程

(2)探究式课堂组织设计

探究式课堂组织形式是以学生探究学习为主,在宣讲者引导下,以学生探讨、研究为前提,学生通过个人、小组、集体等多种活动进行学习。探究式教学的目标不仅在于推动学生主动获得知识、更深刻理解知识、学会学习、学会思考,而且在于培养学生的探究精神、责任感和合作意识,从而为培养学生对博物馆历史、文化、文物等方面的浓厚兴趣打下基础。主要应用于小学高年级学生和中学生。

(3)讲授式课堂组织设计

所谓讲授式是指通过简明、生动的口头语言向学生系统地传授知识的教学方法。从宣讲者的角度看,它是一种传授的方法;从学生学的角度看,它是一种接受性的学习方法。主要应用于小学低年级学生。

4. 宣讲操作方法设计

教育学指出,一切有效的教学直接依赖于科学而具体的教学操作行为。博物馆课堂宣讲操作的有效性直接决定着课堂宣讲效果的优劣和宣讲效率的高低。设计合理的宣讲策略、选择适当的宣讲方法、运用有效的教学媒体、营造和谐的氛围等,能引起和提高学生的学习兴趣,激发其内在的学习动机,从而获得良好的效果。因此,在课堂宣讲中,应对策略的设计、方法的选择、媒体的应用等操作行为给予高度重视、精心设计,才能实现最优化。

(1)有效宣讲策略的设计

有效宣讲策略就是那些能够达到良好宣讲效果、对学生有极大帮助的宣讲策略。有效教学策略具备针对性、可操作性、灵活性等特点。

宣讲策略的灵活性主要体现在两个方面,一是在选择和制订宣讲策略时,应依据不同的宣讲目标、宣讲内容、学生的先前知识和已有的物质条件,选择和制定符合实际情况的宣讲策略;二是在宣讲过程中运用宣讲策略时,应依据实际宣讲情境和对象的变化而进行相应的改变。没有一成不变的宣讲策略,只有符合实际需要的、能使课堂宣讲达到最佳效果的策略才是最好的宣讲策略。

(2)课堂宣讲方法的选择

有关课堂的教学方法不胜枚举,如何选择合适而有效的博物馆课堂宣讲方法,应考虑以下一些因素(表1):

宣讲方法 / 利用条件	口述法	直观法	实际操作法	复现法	探索法	归纳法	演绎法	独立工作方法
1. 最适宜解决的任务	形成理论的和实际的知识	发展观察能力，提高学生对所学问题的注意力	发展实际操作技能和技巧	形成知识、技能和技巧	发展思维的独立性，形成研究性的技能和创造性态度	发展概括能力和归纳推理的能力	发展演绎推理的能力和分析现象的能力	发展学习活动中的独立性，形成学习技巧
2. 相应的学生特点	学生具有掌握文字形式的知识信息的准备	学生能够接受直观教具	学生具有完成实际操作方向的作业准备	学生不具有以问题性方式学习该课题的准备	学生能够以问题性方式学习该课的准备	学生能够进行归纳推理，而进行演绎推理则有困难	学生具有进行演绎推理的准备	学生已做好独立学习课题的准备
3. 宣讲者应具备的可能性	掌握这一方法胜于其他方法	宣讲者具备必要的直观教具或能够独立制作直观教具	宣讲者具备组织实际操作练习的物质材料和教学资料（文物模型）	宣讲者没有时间以问题性方式组织该课题的学习	宣讲者有时间以问题方式组织该课题的学习，熟练掌握探索性教学方法	宣讲者能够较好地掌握归纳教学法	宣讲者能够较好地掌握演绎教学法	具备在课堂上组织学生独立工作的教学材料和时间

表 1　各种宣讲方法运用的条件

在教育学领域,任何一种教学方法都不是万能的,每一种方法都有其适用范围和局限性,在具体应用中也有利有弊,我们在选择的时候要扬长避短。探索法可以很好地启发学生的思维,发展其创造力,但有费时费力的缺点;讲授法对概念教学很有用,但却很难发挥学生的主动性。所以在选择方法的时候,要考虑到该方法的优势和短处,选择能够达到最好教学效果的方法。比如,近年来小组讨论法在中小学课堂教学中被广泛运用。它的优点很多,若设计合理、组织得当,则能充分调动全体学生参与的积极性;但若组织不好,小组讨论就可能演变成少数人漫无边际的争论,这种所谓的讨论常常是无结果的、低效的。宣讲者需要了解各种教学方法的优缺点,根据具体的情境做出最佳的选择。

(3)课堂教学媒体应用设计

"媒体"一词来自英文"media",有"中介、媒介、工具"的意思。目前,就太原市迎泽区十多所小学的硬件配置情况来看,课堂教学媒体包括黑板、图片等传统教学工具以及投影仪、电视、电脑等现代化教学工具。

选择课堂媒体需要考虑一些因素,不同的人提出了不同的影响因素。罗米斯佐斯基(A.J.Romiszw-ski)提出了如图的因素影响模型,他认为影响课堂教学媒体选择的因素主要有教学目标、教学方法、学习任务、学生、经济条件和教师的特征(图5)。

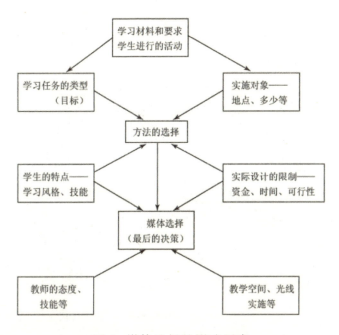

图 5　媒体选择的影响因素

　　从可操作性和可移动性两方面考虑,山西博物院课堂宣讲主要使用模型教具和电脑、音响等现代化教学媒体。其中,利用电脑制作播放 PPT 是课堂宣讲最主要的方法,而利用文物模型或材料则是最受学生欢迎的宣讲方式。(图 6、7)

图 6 《晋国故事会》现场　　　　　图 7 《你不知道的瓷器》
　　　　　　　　　　　　　　　　　　趣味讲座 PPT 画面

　　研究表明,大脑长时间地接受同一种刺激会使大脑处于抑制状态,而新异刺激则能吸引人的注意,使大脑从抑制状态转化为兴奋状态。在课堂宣讲过程中,要掌握时机,恰当使用媒体资源或者教具等唤醒学生们的兴奋点。如在《揭秘霸国》讲座中,介绍考古发掘步骤时,把真正的洛阳铲作为教具交给学生体验,极大地调动了课堂气氛以及学生的好奇心、求知欲。(图 8)

图 8 《揭秘霸国》趣味讲座教具洛阳铲

在学习过程中,有些基础性的知识是需要学生记住的,但不是所有需要记忆的东西学生都能够很容易地记住。有些知识可能比较抽象而难以记忆,这时需要把抽象的东西形象化、具体化,使学生形成关于这些知识的表征和心理表象,从而更有效地记住这些内容。看图说话是实际操作中最常用的方法之一。(图9、图10)

图 9　《你不知道的瓷器》趣味讲座 PPT 画面

图 10　《晋国故事会》PPT 用图

三、课堂宣讲的考评

课堂宣讲内容结束后,宣讲者的工作并没有全部完成。接下来要做的就是关于本次宣讲的考评。考评的主要目的是了解课堂宣讲目标是否达到,并为课堂宣讲设计的修正和完善提供依据。课堂宣讲评价可分为三个阶段。

1. 准备阶段。主要是评价宣讲者根据课堂宣讲目的,在宣讲设计阶段的完成情况。

2. 实施阶段。运用各种评价方法和技术收集各种评价信息,并在整理评价信息的基础上做出价值判断。包括:现场氛围、学生知识点的掌握、学生思路的打开、学习方法的掌握、参观博物馆的兴趣等方面。可以使用发放调查问卷的形式收集反馈信息、了解学生的兴趣爱好。

3. 评价结果的处理与反馈阶段。在对宣讲设计的每一个阶段评价完之后,会得到一系列的数据和评价信息,宣讲者应及时做出分析和整理,最好提出书面的评价结论和修改意见,以便日后修改和完善。

博物馆是承载历史、连接未来的地方,选择合适、恰当的博物馆教育方式,通过一系列符合少年心智和兴趣需求的教育举措,让青少年与博物馆发生更多有意义的联系,让博物馆成为青少年生命中不可或缺的一部分,他们将影响、带动更多人走进博物馆并爱上博物馆, 他们也将成为未来博物馆最忠实的观众和支持者, 这样博物馆的未来才会变得更加明朗。

参考文献:

1.皮连生:《教学设计——心理学的理论与技术》,高等教育出版社,2000 年。

2.皮连生:《教育心理学》,上海教育出版社,2005 年。

3.郭成主编:《课堂教学设计》,人民教育出版社,2006 年。

4.余林主编:《课堂教学评价》,人民教育出版社,2006 年。

5.郑奕:《博物馆教育活动研究》,复旦大学博士论文,2012 年。

新形势下革命纪念馆
如何充分发挥社会教育功能

红军东征纪念馆　　宁续平

内容提要：纪念馆是通过历史的或革命的重要人物和重大事件的陈列展览，对广大人民群众进行爱国主义、革命传统教育的重要阵地，应该在健全设施、陈列布展、环境营造、讲解服务等方面提升水平，发挥功能。

关键词：开放　环境　布展　服务

纪念馆是纪念历史的或革命的重要人物和重大事件的专题博物馆，主要通过征集、收藏文物，进行科学研究，通过陈列展览，对广大人民群众进行爱国主义、革命传统教育，是人类文化记忆与传承、创新的重要阵地，是地域代表性文化的汇聚，在传承历史、维护文化多样性方面发挥着极其重要的作用。

红军东征纪念馆是介绍红军东征的专题纪念馆，是广大民众集中了解和认识我党我军这一段光辉历史的窗口，同时还是弘扬民族精神、宣传先进文化、提高公民思想道德素养的重要教育基地。主题展览集中、全面、翔实地展示了党中央和毛主席于1936年2月至5月率领中国人民抗日先锋军在三晋大地东征抗日的丰功伟绩，展览缅怀和纪念东征历史事件和毛主席的历史功绩，反映了中国共产党领导下的人民军队奋起抵抗日本侵略的爱国精神，体现了在抗日战争初期中共中央、中央军委和毛泽东把山西作为坚持敌后抗战的战略支点奠定了历史性的基础，为抗日战争时期我党建立和完善广泛的抗日民族统一战线创造了重要前提，基本陈列鲜明地反映了陈列主题思想，体现了红军东征在中国革命史上的重要地位。

新形势下革命纪念馆应从以下几方面工作着手以提升公共文化服务效果。

一、确保开放时间

一个公共文化服务机构，必须结合自身行业特点，在做好保护和研究的基础上，最大限度满足广大人民群众的文化需求。以东征纪念馆为例，我们馆一贯秉承以观众的参观需求为出发点，全年开放，制定完善的免费开放制度措施，全力保证最大限度满足群众的参观需求。

一是根据实际情况将接待人员分为两班，每天从上午 8 点接待人员准时上岗，8 点半开馆接待，中午 1 点另一班准时接班，直至下午 5 点 30 分闭馆，保证每天每一时间段来人参观都能开馆接待。二是无节假日，在星期天或法定节假日不休息，按时开馆接待，最大限度满足群众的参观需求。三是定量参观，团体预约。纪念馆设有发票点，观众凭票参观，门票当日当次有效。根据展厅接待能力，每日限量参观人数 2500 人，并实施分时段发票，其中上午 1500 人，下午 1000 人，以确保文物展品和观众的安全。

二、营造学习氛围

博物馆的环境和建筑，是给观众的第一印象，是决定一个博物馆是否有吸引力的重要标尺。笔者认为观众的第一印象可以决定观众是否上你那里去，一个博物馆是否有吸引力，博物馆的陈列是关键。一般展出方式有三种，一种是封闭式的，一种是半封闭式的，一种是全露式的。但不论什么展出方式，展出的内容与展品的多少，和展出的面积、展线的长短要相适应，要考虑到空间的充分利用，减少观众参观时的疲劳，展品与展品、组与组、单元与单元、部分与部分之间都要有合理的空间，以使内容眉目清楚，使观众有短暂的休息，减少参观疲劳。要考虑空气的流通以及温度、湿度适宜，从各方面努力创造一个良好的舒适的展出与参观环境，使观众的注意力能比较轻松自然地为展出内容及展品所吸引。其次是用陈列艺术去感染观众，从工作实践中，总结出陈列艺术设计的几点体会：

1. 组织好展品

展品对于陈列可谓是核心与关键，我馆所选展品均具有鲜明的代表性，并能充分展示红军东征的壮举。展品选用始终紧紧围绕和突出红军东征当中的亮点或闪光点，尽可能充分展示红军东征在中国革命进程中的独特地位和作用；既契合主题和内容，又有一定的代表性。

展品安排中贯彻了"以人为本"的思想理念。一些文物展品，我们也考虑到能够让观众较近距离接触文物。"以人为本"的思想和增强对观众服务意识这个理念，已经全面充分地体现在陈列的各项工作中。陈列艺术设计较好地处理了主题文物展示与辅陈品的关系，辅助性展品运用恰当避免了陈列主题不明、本末倒置的现象。陈列没有偏重于文物以外的环境氛围和辅陈品的设计，着重于文物陈列展示，合理地营造氛围，使展示主题更加突出。陈列将辅陈品弱化，避免文物展品周围复杂化,致使观众无法辨认文物还是辅陈。

2. 塑造艺术形象

红军东征纪念馆主题陈列《红军东征——影响中国革命进程的一次战略行动》鲜明地反映了陈列主题思想,陈列共分为序厅和四个专题,完整有序地再现了红军东征的历史壮举,其中展出珍贵历史图片 608 张,文字图表 298 份,实物展品 458 件套。改陈后,辅助以电动地下沙盘和声光电结合的半景画,全新设置的展柜,浮雕,灯光,将使主陈列更加科学、更具感染力。在整个专题中,使用场景复原手法,真实地再现了历史情景,凸现出陈列的个性风格和基调,有助于纪念馆历史陈列的表现。

在展柜和墙体处理上,强调以简衬繁,使主题陈列能够在不大的空间充分展现。陈展设计与场馆建筑浑然相成,展厅空间大气流畅,展线简洁明快。墙壁与地面,展柜与标牌,灯光与色彩,随主题的变换而各具特色,忠实地再现历史,准确地渲染主题,使科学和艺术臻于和谐。

3. 陈列的多样与变化

在具体的陈列中,科技手段的合理运用无疑会给展览锦上添花。展览在展厅多次运用了声光电,使重要战斗、重要会议等场景得以生动展现。精彩的互动演示,合理运用高科技手段,再现了红军东征中的重大事件,使展览更加直观、更加吸引观众,尤其是青少年朋友。

4. 展览的互动与趣味

陈列设计突出科学性与艺术性效果,加强知识性与趣味性展示。博物馆是公益性文化事业的重要组成部分,我们按照贴近实际、贴近生活、贴近群众的要求,在内容、创意、设计、制作和展示等方面,积极借鉴其他革命纪念馆的成功经验,引进新理念、尝试新模式,努力实现思想性与艺术性、科学性与观赏性、教育性与趣味性的完美结合,以满足观众多样化、多层次、多方面的文化需求。在多处复原场景的制作过程中,尽量恢复旧址环境外貌,真正做到"作假如真"的艺术效果,比较准确地反映了内容主题。在加强知识性、趣味性、观赏性方面,我们也做了许多尝试。触摸屏、电子书储存了全部的红军东征纪念馆影像资料供观众欣赏。观众们可以亲自查阅了解有关陈列展览的各种信息,甚至可以答题,调阅有关专题学术研究资料等;一些文物展品,我们也考虑能够让观众去用手触摸、感觉。这些设施都大大提高了观众的参与性和互动性,使陈列与观众更贴近。

5. 陈展的艺术感染力

红军东征纪念馆是介绍伟大红军东征的专题纪念馆，是广大民众集中了解和认识我党我军这一段光辉历史的窗口，同时还是弘扬民族精神、宣传先进文化、提高公民思想道德素养的重要教育基地，基本陈列鲜明地反映了陈列主题思想，体现了红军东征在中国革命史上的重要地位。展览专题陈列，紧紧抓住了红军东征在中国革命史中的重要地位，结合相对应的文物史料优势，以红军东征进程为主线，采用散点形式，以物带史，史物结合，充分而又重点突出地展示了红军东征的伟大历史功绩。展览主题凝聚了伟大红军东征的历史功绩，一改旧式陈列主题面面俱到的传统历史线路模式，所选主题既能表现红军东征之精髓，又将最新的研究成果第一时间展现在世人面前，处处跃动着红军东征对我国历史进程的重要影响。

三、健全服务设施

博物馆应该使观众愉快地参观、游览、学习、研究和休憩，这就需要一些基本的服务设施；而且每个博物馆在本馆财力条件下都应该尽力改善服务设施，适应观众参观活动的需要，创造优美舒宜的环境，为观众提供各种方便，减少观众疲劳，使其得到精神上的愉快。笔者以为这些服务设施包括：

1. 参观服务设施。如：(1)停车场；(2)寄存处；(3)问询处；(4)洗室；(5)观众休息室；(6)饮水处、食品部；(7)纪念品出售部、书亭等。

2. 学习服务设施。如：(1)讲演厅；(2)电化教育厅；(3)博物馆教室；(4)成人教育学习室等。

3. 研究服务设施。为便利馆外专业工作者从事研究工作，博物馆应专门开放学术研究室、实验室、图书馆等免费或有偿提供研究资料。

4. 老年人、残疾人服务设施。如轮椅、电梯、残疾人用厕所、专供盲人触摸欣赏文物标本的展览室等。

服务设施的置备，要根据各个博物馆的具体情况而定。目前，我国许多博物馆在这方面还不可能很完备，很理想。但是，为观众提供一些基本服务设施，是完全必要的。今后，要根据不断增长的客观需要和财力、物力的可能条件，逐步加以补充、改善，并且，加强现有服务设施的管理。

四、提高讲解艺术

陈列讲解是博物馆辅助参观的重要手段。它可以帮助观众对展品和陈列加深理解，掌握重点，增加参观兴趣，开阔视野，得到更多的收获；它是博物馆与观众联系的桥梁和纽带,使人们在参观过程中潜移默化地受到教育,是纪念馆对公众教育的前沿和窗口。为了更好地服务于公众,笔者从工作实践中总结出讲解工作须从以下几方面入手:

1. 接待热情大方

讲解员进行的工作虽然属于有声语言的艺术范畴,但态势语言,包括其仪表、姿态、举止、手势、动作、面部表情在讲解中都起到了重要的作用,甚至一个眼神的运用都会影响讲解效果。态势语言在讲解中不是独立存在的,它辅助和强化了有声语言,但又必须和有声语言配合得自然和谐,恰到好处。我认为纪念馆的讲解员一定要保持良好的仪表和姿态。在有条件的纪念馆应该统一着装,制定出遵守条例,严格要求。另外,讲解员在讲解时要注意身姿挺拔,挺胸收腹,站要直立放松,走要端庄稳健,切不可把脊背面对观众,更不能故作姿态。面部表情要亲切、真实,眼光要充满诚恳和自信,赋予目光一定的感情色彩,这被称为讲解的目光语言。在开始讲解前,目光一定平视面前观众,尽量要照顾到每个人,用眼睛告诉他们:您好!欢迎你们来参观!这样一下子就缩短了讲解员与观众之间的距离,使观众感觉到你是他们的好朋友,就会对你产生好感,从感情上接受了你。并用你的目光随时观察观众的心理反应,不断调整、变换讲解形式和语言表述方法,与观众达到心灵的沟通、交流,使你的讲解更加精彩。从另一方面说,讲解员的目光也能起到对观众的引导作用。它比讲解棍的运用更亲切、自然,更能起到补充语言不足、强化印象、加深理解的作用。总之,运用你所掌握的一切讲解技巧,使语言、态势、目光、手势(讲解棍)协调配合,定会使你的讲解获得成功,真正发挥出讲解的教育功能,体现出讲解员的工作价值。

2. 合适的仪表、仪态与着装

饱满的精神状态和美的仪表,是讲解员赢得观众的第一步。讲解员衣着穿戴一定要得体、大方,气质要庄重、典雅,言谈举止要不卑不亢、大方,掌握好分寸感。漂亮的脸蛋只是"静态"下的美像,而独特的气质风度才是"动态"中的真美,一个整体"美",也就是说职业形象(个人形象)直接体现着纪念馆的精神风貌、单位形象,影响着观众受知的情绪,关系到我们每一次讲解的成功,更要提到对文物事业发展的高度来认识,所以我们革命纪念馆的讲解员必须要具备较高文化素质、审美能力和高层次的整体气质,并用自己的知识功底对观众产生吸引力。同时,讲解员不能以教育者的姿态在观众面前出现,而是要有为观众服务的情感,真心真意地尊重他们,用自己的人格去赢得观众的尊重和信任,取得说服的成功,必须要认识到人格美不仅仅是个人所追求的修养,更是职业的需要。

3. 讲解要因人而异,因人施讲

由于讲解工作的服务对象复杂,有各行各业的人,他们的年龄、兴趣、文化程度、素质涵养都有所不同,审美情趣和参观目的也各不相同,这就需要我们认真思考,逐一分析与对待,根据不同对象的具体情况,在讲解内容、语言运用、讲解方式方法上有所不同,要"因人施讲"。我们要根据不同层次观众参观的目的、兴趣、职业、年龄等特点,在追求达到理想效果的目的上,运用思维方式,开动脑筋注意观察,认真分析,找出其共同点及差异性,运用自己的综合应变能力,创造出各种方式方法,有针对性地讲解。如:对少年儿童,不仅要满足他们的求知欲,还要紧紧把握住"以史育人"这个宗旨,以历史结合现实的方法进行启发教育,用浅显易懂的语言进行讲解,采用提问启发式,调动他们的积极性。讲解内容要以他们能接受、理解、记忆的认识面为限,突出重点也可穿插一些有血有肉的生动故事情节达到教育的目的。对一般观众的接待,要注意观察分析他们注意力和兴趣的变化,适当增减讲解内容,掌握时间,变换讲解方式吸引他们,完成讲解任务。对专家学者则可以向他们请教问题,在交谈中反馈回信息并向他们学到知识。总而言之要具体情况具体对待,因人而异,因境而异,因时而异,因愿而异。这样我们才能掌握施教的主动性,才能和观众同声相应,同气相应。我们应力求做到看层次,定深浅重点;看要求,定表述方法;看时间,定内容长短;看人数,定音量大小。"因人施讲"是衡量讲解员水平高低的标志之一,也是区分讲解和背诵讲解讲稿的唯一标准。针对不同类型的观众,讲解员的每一次"因人施讲"都是一次锻炼提高,使讲解工作中的主客体都能受益匪浅。

4. 讲解要带着感情去讲

在革命类型纪念馆讲解工作中,讲解员要带着感情去讲,每一个革命纪念馆都有许多可歌可泣的革命事迹和人物,我们要充分挖掘其中的亮点,引起观众的共鸣,以达到参观教育的效果。例如在我馆的讲解词中,有关牺牲于东征途中的刘志丹烈士的词汇,感情色彩强烈,我们的讲解员在讲刘志丹的事迹时,有好多观众都眼含热泪,达到了效果。在讲到红军东征歌、讲到幸福泉、讲到东征吕梁民谣、讲到战士们宣传发动群众演出文艺节目时,轻轻地唱,缓缓地跳,观众打起节拍与讲解员同歌共舞。这时的观众绝不会以讲解员的唱歌跳舞水平的高低来说长道短,而是自己融入了讲解中,他们感动的是那个年代,是一张照片、一件事迹、一件文物带给他们的震撼力,而不是跳、唱本身。所以革命类型纪念馆的讲解工作,有别于其他类的博物馆,要注重各种讲解形式,讲述是根本,感情等辅助形式也必不可少。在讲解中要充分调动观众情绪,利用声调、表情、手势等生动形象,将讲解词变得真实可信、生动感人,使观众与历史发生共鸣,以达到讲解效果。

五、与学校建立固定联系

博物馆的校外教育的功能日趋重要。学生是博物馆的观众。我国的各级各类博物馆必须对校外教育工作予以足够重视。要把校外教育活动的开展与博物馆的社会效益联系起来,从组织机构、人员配备、工作重点、教育方式等方面进行必要的调整、改革,迅速加强这一工作,充分发挥博物馆的"校外潜力"。与博物馆所在地附近的中小学校建立固定联系,设立校外辅导员,或兼任学校少先队辅导员,经常到学校开展活动,如故事会、辅导历史课外小学、讲座、巡展、赠送红色书籍等活动,聘请学生利用节假日经过培训担任讲解员,达到教育与学习的有机结合。

六、旅游和文化服务

博物馆属于人文旅游资源,是旅游者的重要参观景点。博物馆与旅游的关系更加密切。国内旅游日益兴起,使参观博物馆人数大量增加。随着人民群众物质生活水平的提高,旅游者大量涌进博物馆,给博物馆的管理带来新的课题,所以有必要对博物馆的服务工作加以改进。游览作为一种文化活动,旅游者是博物馆的一部分特殊观众。旅游者参观博物馆一般不是为了获得某方面的系统知识而是为了游览,因此大部分时间在馆内晃来晃去。旅游者大多不对陈列认真地参观,只有新奇精美、富有魅力的陈列品,著名的文物瑰宝能够吸引他们的注意力。许多旅游者,参观博物馆时往往有所选择,对爱好的展品看得很认真,喜欢安静的环境和较好的服务设施,旅游者的这种参观心理及其特殊需求,要求博物馆必须做好服务工作。首先,接待要热情,要使他们有宾至如归的感觉。第二,加强参观辅助服务。博物馆应该印制中文、外文陈列说明书;图片、说明牌增加外文介绍,做好导引工作和咨询服务活动。第三,尽可能提供较好的服务设施,办好博物馆服务部的经营管理。参观纪念品的供应,要满足各种旅游者的不同需要,做到品种多样,价格合理,有本馆特色。特别是那些博物馆的珍贵藏品的复制品、仿制品、图片、图录,往往最受旅游观众的欢迎;因为这类令人喜爱的纪念品,可以使他们长时间地保留参观这个博物馆的最深刻的美好回忆。

事实上,文化产品是博物馆文化产业的一个最基本、最常见的存在形式,它是博物馆文化的重要载体,是"博物馆文化的缩影",是实现博物馆社会文化服务功能的最直接、最有效、最重要的途径之一。成功的博物馆特色文化产品能够以更加直观的形态传承和创新博物馆文化,把博物馆文化和创新文化紧密结合起来,使"文化"这座无形的精神宝藏以有形的物质产品的形式融入人民群众的社会生活中,更好地培育民族精神,构建核心价值体系。

七、做好流动展览

纪念馆要做到更好地为公众服务,在基本陈列基本固定不变的情况下,应该结合形势每年都推出或引进临时展览,每次临展都经过充分的前期策划、论证,设计详尽的展览宣传方案。以我馆为例,开馆以来,共引进和推出各类临时展览 30 余次,在香港、澳门回归时,推出祖国的明珠——澳门图片展、祖国宝岛——台湾巡回展;在开馆十周年之际,推出十年成果展;红军东征 70 周年成就展;在建国五十周年,推出国旗颂;十八大图片展,党的群众路线的一次具体实践——红军东征,将东征陈列简化,制作东征简史展等等。这些展览的引进和推出,极大地补充了馆内展览单一的现状,同时结合临展,开展了一系列活动,例如,红军东征进校园、进社区、军营、农村巡展,红军东征征文、讲座等活动,在具体的工作实践中,取得了很好的效果,已经成为我馆每年工作的一项重要内容。广大观众对红军东征纪念馆的临时展览反应极好,热情很高,纷纷留言、致信。每年开展临展或各项活动接待人数达到馆内固定参观人数的 25%,已成为当地各校素质教育的一项重要内容。

八、强化宣传,扩大影响

博物馆要取得公众更多的关心和支持,使更多的观众到博物馆来,得到精神需求的满足,是需要大力宣传的。无论博物馆本身具有何种历史、文化、艺术价值,如果宣传不到位,公众就不了解,尤其是像我馆这一类型的纪念馆,地理位置偏远,又是革命事件纪念馆,知名度不高。在具体的工作中,我们十分注重宣传工作,开馆之初即设立宣教科,专门负责纪念馆的宣传和教育,以使各项工作有计划地开展。具体措施,以重大节日和临时展览为契机,策划实施一系列宣传活动。近年来,我馆自主策划了文化系列节日,如国际博物馆日和文化遗产日、儿童节、残疾人日、教师节等一系列活动。同时,拍摄制作了介绍我馆的专题片,在其他电视片中对我馆也有重点介绍,在省、市等各级电视台多有播放,报刊宣传覆盖省、市各级媒体,形成了一个广泛的宣传网络。在下一步工作中,我们已将纪念馆网站、馆刊等利用新媒体开展工作。

　　总之,在新时期,纪念馆要充分利用国家文化大繁荣、大发展这一有利契机,在自身得到发展壮大的同时,采取多种手段更好地服务于公众。我们不禁要说,让我们架起一道从博物馆通向观众的桥梁,让人民了解博物馆,熟悉博物馆,热爱博物馆。

从晋城博物馆《长平之战》
陈展讲解谈讲解技巧

晋城博物馆　　岳莉培

内容提要：本文以晋城博物馆的基本陈展《长平之战》为基础，结合自己的实际讲解工作，对讲解词的掌握技巧、讲解的表达技巧等讲解工作进行阐述。

关键词：长平之战　　讲解　　技巧

讲解员的语言介绍是让陈展说话的主体媒介，是沟通观众心灵的桥梁，也是使讲解员与观众产生情感交流、传递知识的重要载体。要成为一名优秀的讲解员，掌握一定的讲解技巧是必不可少的。讲解语言要摒弃书面表达方式，要做到口语化，并针对不同的观众变换灵活的讲解方式。让讲解语言活跃起来，使讲解话题不断拓展，内容越来越充实和丰富等等，这些都是讲解的基本技能。掌握讲解技巧是讲解员讲解水平提高的重要环节，是成为一名优秀讲解员的必备素质。在此我就晋城博物馆的基本陈列展览之——《长平之战》，具体探讨一下讲解员的讲解技巧。

一、讲解词的掌握技巧

就《长平之战》的讲解而言，讲解员在背诵讲解词之前，首先要对这场战争的历史有一个充分的了解。长平之战，是先秦时期也是中国古代史上规模最大的战役，参战人数赵军四十五万人，秦军保守估计也在百万以上。长平之战，还是古代军事史上被讨论最多的战役之一。从国家战略到具体战术，军事家直到现在依然在探讨长平之战的得失。长平之战，是中国古代史上最扑朔迷离的战役，白起如何坑赵，赵括如何战死……层层迷雾一直笼罩在史书中。长平之战，是一场对中国历史走向有着深远影响的战役之一，它催生了中国历史上第一个封建集权的大帝国。因这场战争的主战场就在今天的山西省晋城市的高平境内，所以晋城博物馆把《长平之战》作为重要的基本陈展之一。

其次，了解陈展背景也可以帮助讲解员提升讲解意识。这场战争已经过去了两千多年,战场遗址遗留下的文物极少,这也是博物馆在陈展中面临的最大困难。因为缺少有价值的文物可以陈列,还想让这场战争在小小的展厅里表现完整,我们只有采用陈列仿制兵器、仿真的塑像和微型景观,同时也采用了一些声、光、电的高科技手段,例如影像资料的播放等。为了进一步让展览"活"起来,我们还专门为《长平之战》的展览制作了配乐讲解循环播放。配乐讲解试用了一段时间,观众的反应并不太好,观众一致认为在他们单独参观时,仅仅凭借说明牌上的介绍和配乐讲解,还是难以理清整场战争的头绪。事实证明,在这个展厅讲解员的讲解就显得尤为重要。

为配乐讲解编写的讲解词比较书面化,没有丰富历史知识的普通观众很难接受和理解,改编讲解词就成为讲解员讲解前的重要环节。讲解词是讲解与陈展的结合,是对陈列语言的注释、补充和延伸。讲解词要确立总体基调及各部分的表达方式。长平之战是一场惨烈的战争,悲壮、沉痛应当是讲解词表达内容确立的基本调子,口语化、生活化则是讲解词表述内容的基本原则,讲解员在实景讲解中的表达方法则应有轻重缓急、断连疏密、刚柔扬抑。对此,讲解员要做好充分的准备,在讲解员的头脑中要不断设置各类观众,要有明确的对象感,根据不同的对象和文化层次,因人而异选择好讲解内容,我们针对未成年人和成年人专门编写了两套不同的讲解词。在运用讲解技巧上也是如此,对一般的观众,讲解员可多用一些问答法、讲故事法等;而对层次较高的观众,可运用画龙点睛法、巧妙穿插法等。

二、讲解的表达技巧

讲解时的表达技巧主要是讲解员要运用好语调、重音、节奏等。

1. 舒缓沉稳、掷地有声。进入展厅首先看到的是残垣断壁上的文字:孙子曰"兵者,国之大事也,死生之地,存亡之道,不可不察也"。这句话向人们阐述了"战争"对于一个国家的重要性,可以舒缓沉稳、掷地有声地向大家说明。前言说得很清楚,公元前262年至公元前260年,在今天的晋城市高平地区秦与赵两国之间爆发了一场规模空前、惨烈罕见的"长平之战",双方投入兵力上百万,秦军坑杀赵国战俘四十万,赵国的失败为强秦统一六国奠定了坚实的基础。我会用低缓悲凄的语气来讲解这一部分,引领人们进入这场悲壮的战争。

2. 活泼生动、语气转换。转过身去,接着向大家介绍战前形势和七国变法,这一部分的讲解很轻松,尤其在讲解秦国商鞅变法前,商鞅为了取信于民,想出了"立木赏金"的办法,讲述这个小故事的时候,要用活泼生动的语言,让大家感受到变法成功后为人们带来的喜悦和富足。赵武灵王在赵国推行的军事改革"胡服骑射"也可以用同样的方法讲述。随后便是秦王接受范雎"远交近攻"之计,战争序幕即将拉开!这时,语气转换,紧张之中混杂悬疑。为了实现统一六国的梦想,秦王接受了范雎"远交近攻"之计,首先攻打韩国。韩上党十七城被困,处于孤立无援的状态,上党郡守冯亭将如何选择? 带着这个疑问吸引着大家去破解长平之战"导火索"之谜,观众自会主动跟随我进入第二部分,共同去了解长平之战爆发的原因"冯亭献地"。

3. 语速适中、干净利索。冯亭不愿向秦国投降,为了合纵赵国,冯亭决定献地赵王,年少的赵孝成王欣然接受了上党。秦王得知赵孝成王竟敢抢走他即将到口的肥肉,恼羞成怒。在讲解这里时,赵王受地的喜悦同秦王失地的恼怒语气要形成鲜明的对比,然后在语气上乘胜追击引出结果,秦、赵两国的战争不可避免地爆发了,双方发兵进驻长平。两国的进军路线和战争形势是比较重要的部分,尤其是老将廉颇的持久战术一定要细致分析,但不可以拖泥带水,千万不能把听众讲得满头雾水。语速适中,干净利索是讲解这部分的关键。帮观众理清头绪之后,进入第三部分。

4. 有缓有急、无可奈何。展览在第三部分,首先布置了三个景观。这是决战前发生的三个真实的历史故事——"范雎用计"、"赵母觐见"、"长平换将",故事虽小,却关系到战局。三个故事环环紧扣、层层递进,语气应该有缓有急,最终以无可奈何的语气讲解双方换将的定局,之后,进入"决战"。

5. 一泻千里、淋漓尽致。决战是整场战争的核心,也是展览最精彩的部分,每次讲到这里我都有一种淋漓尽致、挥斥方遒的感觉。这部分的讲解必须字字句句一泻千里,要让观众跟着我的讲解毫无喘息之机,更要让人们通过我的讲解深刻感受到战争的悲壮和惨烈,以及在战场上灵活用兵的重大意义。替代了老将廉颇的少将赵括求胜心切,改变老将廉颇的战术贸然出兵。秘密换将的秦军在白起的指挥下佯装败退、诱敌深入。最终,赵军被秦军四路人马包抄……赵军被困四十六日,军中无粮草发展到"士卒相杀食"的地步。赵括率精兵突围,被秦军乱箭射死,主将一死,赵军无力再战,四十余万将士全部降秦。长平之战以赵国失败而告终!战俘的结局是悲惨的,为防降卒反叛,白起决定坑杀战俘。我无限悲痛地向观众展示"永禄一号尸骨坑"的白骨,讲述杀俘的方法和过程。战俘的鲜血把丹河之水染成了红色,此时展览已接近尾声。

6. 有条不紊、抑扬顿挫。展厅的最后一部分在墙壁刻着一部古书,内容是司马迁在《史记》中对长平之战决战部分的记载。我会把历史的记载有条不紊、抑扬顿挫地念给大家听,这段文字我已经熟记于心。整个讲解过程中,我的感情表露真的会感染观众的情绪。此刻,观众们都沉陷在无限的惋惜和哀怨之中。为了缓解观众的情绪,我会转换用愉快的语气告诉大家,虽然这场战争已经过去两千多年,但它留给后人的警示却是无价的,善待生命,拒绝战争将成为人类永恒的追求。这也是我所使用的长平之战讲解词的结束语。

讲解工作虽说很平凡,却是一项需要具备专业技术的工作,同时也是一项复杂的艺术工程,讲解的过程就是一个再创作的过程,讲解员自身的业务素养、肢体语言以及对讲解技艺的合理运用等, 多种因素结合在一起才能成就有血有肉、震颤灵魂的讲解。讲解员只有不断提高自身修养,在充分熟悉理解讲解词的基础上,有效运用讲解技巧,才能形成自己的讲解风格。讲解的作用在陈列展览中不可小视,一名优秀的讲解员能够引导观众用心去体验展览并与之产生共鸣。观众真诚、热烈的掌声响起就是对讲解员的最高嘉奖。

从维护中小学生学习书法的基本权益做起

——西安中国书法艺术博物馆"书法进校园"活动一周年思考

西安中国书法艺术博物馆　　庞任隆

内容提要:2011 年 8 月 2 日教育部颁布了《关于中小学开展书法教育的意见》,要求从 2012 年秋季试行;后又出台了《中小学书法教育指导纲要》(简称《指导纲要》),并从 2013 年春季开始执行。这可以说是国家在中小学书法教育搁置了 40 多年之后,颁布的一项惠及广大中小学生的重大公共政策,在神州大地引起了强烈反响。同时亦为全国各级各类博物馆的公共服务,提供了一个很好的机会和展示平台。

关键词:维护　中小学生　书法权益

"博物馆"一词系指以公众利益予以管理的任何永久性机构,其目的在于通过各种保护、研究、增加,特别是为娱乐及教育之目的向公众展览具有文化价值的成套物品和标本,即艺术、历史、科学等。① 即博物馆是一个代表公众利益,并致力于为公众服务的公共文化机构。我认为一个博物馆生存和发展壮大的基本职能,就是要根据国家不同时期颁布的公共政策的要求,发挥自身的资源优势和品牌优势,选择最佳的为公众服务的形式,践行公共价值,实现公共利益的最大化。公共政策的目标就是实现公共利益,让公众享受到最佳的服务。

一、展览办到校园,书法教官现场指导

文化部 2005 年 12 月 22 日颁布的《博物馆管理办法》第四章要求"博物馆应当根据办馆宗旨,结合本馆特点开展形式多样、生动活泼的社会教育和服务活动,积极参与社区文化建设"。② 创建于 1989 年的中国第一座书法艺术专题博物馆——西安中国书法艺术博物馆,秉承"守护历史责任,传承文化使命"宗旨,突

---

①、④《关于博物馆向公众开放最有效方法的建议》,《博物馆工作手册》,陕西省文物局、西安市文物局汇编,2011 年 5 月。

②《博物馆管理办法》,《博物馆工作手册》,陕西省文物局、西安市文物局汇编,2011 年 5 月。

出公益性服务原则,积极响应国家号召,结合陕西省市文物局"文物惠民"和"博物馆进百校"活动要求,及时策划制订了"书法进校园"活动方案 12 个,自 2012 年 6 月至 2013 年 6 月我们先后组织 100 多名书法教官,来到延安市、渭南市和西安市的十二所中小学校(附活动照片 12 幅),把温暖和关爱送到了最基层,对中小学书法教育的普及起到了积极的推动作用。

一年来,在校园举办馆藏书法展 10 场,展出篆、隶、楷、行、草不同字体书法作品 360 多件,为学校赠送《中国书法简史》和《写字》课本 920 多册,文房四宝 860 多件,赠送书法作品 443 幅,现场指导老师学生 650 多人,接受教育总人数达 4000 多人次(见附表)。这些活动得到了老师、学生、家长、校长和教育局的"五满意",临潼华清小学校长张宏涛激动地说:"西安中国书法艺术博物馆'书法进校园'是雪中送炭,是及时雨,为师生增长了见识,开阔了思路,为学校扎实有效开展书法艺术教育增添了动力!"西安中国书法艺术博物馆的"书法进校园"活动,2013 年初已被中共西安市委宣传部列为西安市文化下乡的品牌活动,在社会各界产生了很好反响。

西安中国书法艺术博物馆"书法进校园"活动简表(附表)

序号	时间	地点	捐赠书法和文房四宝用品	受教育人数
1	2012.6.8	西安市高陵县高家小学	赠送书法作品 100 幅、《写字》课本 100 册;展示馆藏书法作品 30 幅	400 人
2	2012.6.15	西安市长安区第一小学	赠送《写字》课本 100 册,现场创作书法作品 30 幅;展示馆藏书法作品 30 幅	200 人
3	2012.6.19	西安市临潼区华清小学	赠送书法作品 31 幅、展示馆藏书法 30 幅	100 人
4	2012.6.21	渭南市富平县华朱初中	赠送《写字》课本 120 册、毛笔 100 支、书法作品 20 幅;展示馆藏书法 30 幅	400 人
5	2012.9.7	西安市启智学校	赠送《写字》课本 50 册、庞任隆馆长的书法作品 1 幅	200 人

6	2012.12.14	新城区二马路小学	赠送书法作品 30 幅、《写字》课本 30 册；展示馆藏书法 30 幅	100 人
7	2013.3.14	西安市临潼区岳沟小学	赠送"蔡侯贡纸"10 张、《写字》课本 200 本、书法 80 余幅；展示馆藏书法 30 幅	200 人
8	2013.4.18	延安市黄龙县中心小学	赠送庞任隆馆长的书法作品 1 幅、《写字》课本 60 册、书法 30 幅；展示馆藏书法 30 幅	800 人
9	2013.5.10	西安市长安区二中	赠送《中国书法简史》50 册；现场创作 20 幅；展示馆藏书法 30 幅	100 余人
10	2013.6.6	西安市雁塔区北池头小学	赠送《写字》《中国书法简史》等书籍 82 册、毛笔 100 支、"蔡侯贡纸"30 份，展示馆藏书法 30 余幅，赠送书法作品 55 幅，发送参观券 650 多张、宣传资料 1200 份	1100 人
11	2013.6.20	蓝田县葛牌镇九年制学校	赠送毛笔 100 支，毛边纸 500 张，墨盒、墨汁 20 件；赠送《写字》60 册；现场创作 38 幅；展示书法 30 幅	380 人
12	2013.6.22	新城区二马路小学	赠送书法作品 8 幅；展示书法教师、教官作品 40 幅；张挂"西安市书法教育实践基地"铜牌一块	120 人
合计		12 次	展示馆藏作品 350 幅；赠送书法教材 952 册、书法作品 443 幅、文房四宝 860 多件；发放宣传资料 2000 多份	4000 多人次

二、各校程度不一，书法教育方兴未艾

"公共政策的执行是公共政策理念转变为现实的关键环节，公共政策只有在现实生活中得到了真正的执行，才完成了其使命。为了使公共政策的执行获得更好的实效性，必须提出分类指导的操作方案。"③ 在"书法进校园"活动中，我们深深地感受到中小学生对接受中国书法传统文化教育的需求和渴望。据了解，目前各级政府、教育部门和各学校对这一"公共政策"执行的程度不一，部分学校基本能保证学生每周一节的写字课，有一些学校或由于校舍，或资金，或教师的原因，或教材，书法教育还没有开展起来，尤其是山区和农村中小学面临的困难重重。

《中小学书法教育指导纲要》明确提出："中小学书法教育以语文课程中识字和写字教学为基本内容，以提高汉字的书写能力为基本目标，以书写实践为基本途径，适当融入书法审美和书法文化教育。"并要求做到四点：一是面向全体，让每一个学生写好汉字；二是硬笔和毛笔兼修，实用和审美相辅；三是遵循书写规范，关注个性体验；四是加强技能训练，提高文化素养。目前存在的普遍问题是：中小学生可以熟练地操作电脑，但不能熟练地书写汉字，而最终的升学考试，必须手写汉字或画符号完成，却不能带电脑答题。特别是能写一手漂亮字的学生，作文还可以加分。这些实际情况一定要通过各种途径，告诉我们的青少年朋友，不抓住今天，明天会后悔。

《指导纲要》还对小学3—4年级、5—6年级、初中阶段和高中阶段四个不同时期的学习目标和内容做了具体规定，对小学低、中年级的书写评价，主要是基本笔画、结构的正确把握；关注认真的书写态度和良好的书写习惯的养成。小学高年级还要关注书写的美观和美丽。中学要关注书写练习的坚持和书写水平的提高。《指导纲要》还向中小学生推荐了临摹楷、行、隶的18个范本和30多种欣赏的作品。

中小学生要在七年中完成以上这么多学习任务和内容，的确是一项巨大的文化教育工程，仅仅依靠学校来实施，有相当的难度和缺陷，需要社会各界伸出援助的双手，实实在在地关心、关注和支持。

三、维护学习权益，书法精神世代传承

众所周知，中小学是接受各类教育的关键时期，同时中小学生又是"弱势群

---

③周中之：《公共政策对青少年道德成长的影响和对策》，载《唐都学刊》2013年5月第3期第29卷(总第135期)。

体",写好汉字,学好书法,是国家赋予每一位中小学生的权利,让每一位中小学生接受书法文化教育,不仅是老师、学校的职责,而且是我们博物馆宣传教育工作者义不容辞的任务,尤其是以传承中国书法为己任的西安中国书法艺术博物馆。《指导纲要》明确要求要"充分利用少年宫、美术馆、博物馆、名胜古迹等资源,拓展书法学习空间"。中国书法是中国人身份的象征,是中国传统文化的精髓。中国书法精神的核心是"创造精神"。书法需要"童子功",书法更需要一代代人的传承。对此,西安中国书法艺术博物馆在继续做好"书法进校园"活动的同时,拟开展以下三项创新工作,持续地推进中小学的书法教育,为青少年的健康快乐成长,提供良好的社会环境和氛围,把维权工作做到最基层。

(一)举办"一字一世界"书法展,让学生感悟中国汉字的魅力

"感受汉字和书法的魅力,激发热爱汉字、学习书法的热情,提高审美能力和文化品位,增强文化自信和爱国热情"是中小学生书法教育的总体目标。西安建筑科技大学贾平凹文学艺术馆木南馆长用"一字一世界"的独有书写激情和表达方式,为青少年展示出汉字与书法的新天地。"一字一世界"的主要特点是给一个个干巴巴的汉字,赋予了全新的生生不息的寓意,让连接生命的每一个线条,飞动了起来,写出了思想,写出了感情,写出了智慧,成为极具观赏力、感召力和趣味性的"意象书法符号"。

正因为如此,西安中国书法艺术博物馆联合陕西省书法家协会权益保障工作委员会、华商报社、西安建筑科技大学贾平凹文学艺术馆共同举办木南"一字一世界"书法展,并于 6 月 29 日在大明宫国家遗址公园的西安中国书法艺术博物馆拉开帷幕,展期为 60 天。书法展共展出书法作品 120 幅,一字一文,内涵丰富,形式独特。将为全国各地的广大中小学生"快乐暑假,体验书法"系列活动提供展示交流平台。展出近一月收到了中小学生和家长的热烈欢迎。

(二)联合各地市书法家协会,每月帮助一个学校开展书法教育

"博物馆与社会团体如专业组织、工会及工商企业的社会服务机构之间,应建立密切的文化关系;对于博物馆为学校和成人教育所能做出的贡献,应予以承认并给予奖励。"④ 7 月初,陕西省书法家协会权益保障工作委员会在西安中国书法艺术博物馆召开书法维权工作专题会议。研究制定陕西省权益保障工作规划,在做好为广大书协会员服务的同时,提出了"为中小学生书法教育做贡献"的新思路;号召各主任委员,各地市书协团体会员单位的维权委员负责调研,一年内联系

一到两个没有开展书法教育或开展书法教育相对薄弱的学校,以西安中国书法艺术博物馆"书法进校园"品牌活动的形式,为中小学生能及时学习书法开展系列展览、指导和书写示范活动,帮助、促动学校书法教育工作常态化开展。

(三)倡导企业和社会贤达人士,为困难学校捐赠书法教育基金

目前,由于城市化建设的飞速发展,农村的中小学教育越来越弱化了。主要表现在生源下降,师资力量薄弱,教室设施简陋,有些学校竟连购买"文房四宝"的费用都没有,更不用说学生是否了解什么是"文房四宝",这直接影响到书法教育工作的开展。据我们初步调查所掌握的情况来看,从2012年9月到现在,农村至少还有三分之一的中小学校没有开展书法教育,这种现象令人十分担忧。

作为这一"公共政策"的响应者和践行者,西安中国书法艺术博物馆的员工已开始尝试做这方面的工作,即动员和倡导企业单位、社会团体和贤达人士,积极为贫困学校奉献爱心,捐款捐物,为老师和同学鼓劲加油,支持这些学校尽快为青少年补上这一课。我相信,这一举动一定能引起社会各界的关注,同时产生积极的社会效益。

博物馆公共服务的实践与思考

秦始皇帝陵博物院　　何　宏

内容提要：中国的博物馆历经时代变迁和文化的变革，在当代社会中受到了前所未有的重视，逐渐成为现代人社会生活中不可或缺的组成部分。随着不同类型博物馆数量的不断增长、免费开放政策的执行、观众数量的递增，社会和公众对博物馆和博物馆人的期望也随之提升。21世纪的博物馆已经从过于强调收藏、保护、研究的内在机构性特征发展到注重展示传播和社会教育的外部功能性特征，成为传播文化、展示文明的时代之窗。今天的博物馆人需要重新思考自己的社会使命，以社会性、开放性、公益性为特征，探寻诸多服务公众的标准、方法和渠道，达到博物馆教育、研究、欣赏的目的，是当前促进博物馆事业健康发展的重要议题。

关键词：博物馆　公共服务　实践　思考

随着博物馆免费开放政策的持续实施和国家一级博物馆评估工作的开展，博物馆应该注重服务于社会和公众成为业内普遍共识。19世纪末美国著名博物馆学者古德(G.B.Goode)就提出："博物馆不在于它拥有什么，而在于它以其有用的资源做了什么。"这句话也已被业内诸多同行所认可。在博物馆社会关注度日益提高的今天，作为博物馆人，需要重新思考自己的社会使命，以社会性、开放性、公益性为特征，探寻诸多服务公众的标准、方法和渠道，达到博物馆教育、研究、欣赏的目的，这也是当前促进博物馆事业健康发展的重要议题。

一、为社会及其发展服务是博物馆的宗旨

1683年5月24日对公众开放的英国牛津大学阿什莫林博物馆是目前博物馆界公认的世界上第一座公共博物馆，它开了私人收藏品服务于社会和公众的先河，300多年后的今天，全世界的博物馆总数已经超过50000座，博物馆已成为一种全球性的公共文化设施。国际博协在1974年哥本哈根会议上就明确指出博物馆是"为社会和社会发展服务"的社会文化机构，在之后分别于1989年、1995年、2001年和2007年四次对博物馆定义进行的修改中，"为社会和社会发展服务"始

终贯穿其中。正如苏东海先生所言,博物馆社会化思想自1974年进入国际博协章程及其定义后,"为社会和社会发展服务"的战略方向不断深入人心、深入实践,把博物馆从自我封闭引向开放。①

世界各国博物馆组织对博物馆定义及责任进行阐述时,也都确定了博物馆服务社会的宗旨。美国博物馆协会在解释博物馆时,将"教育"与"为公众服务"并列视为博物馆的核心要素,在其道德准则中申明,竭力服务当今和未来的公众是博物馆最根本的原则。英国博物馆协会期望所属博物馆做到"积极服务公众",《大英博物馆法》中有博物馆"不仅是为学习者和猎奇者调研与娱乐的场所,也是为普通功用和大众福利"的导言,说明博物馆属于每一位公众,它们为服务公众而存在,它们将公共利益置于所有利益的首位。法国《博物馆法》中规定,博物馆是以服务公众知识、教育和欣赏为目的而组织藏品,是代表公共利益保护和陈列藏品的永久性机构。

而我国博物馆在起步阶段就显现出服务公众的理念。1931年史学大师陈寅恪先生在《一九三一年五月国立清华大学二十周年纪念特刊》上发表了《吾国学术之现状及清华之职责》一文,陈寅恪先生从如何发展本国艺术史学的角度,对公立博物馆提出的三点要求:降低"入览券"(即参观门票)、举办展览、印制精美的图册。在中国博物馆事业的发展历程中,人们对博物馆是"为社会及其社会发展服务"的认识和理解是逐步形成的。相当长的时期内,中国博物馆的核心要素是"藏品的保管、研究和陈列展示",而向观众的宣传教育,更多的是依靠经验提供服务内容,很少研究普通观众的需求与感受,缺乏对服务对象的吸引和激励。在这样的经营理念支配下,博物馆工作人员往往埋头于文物藏品的保管和研究,而对观众和社会对博物馆的需求并不重视,使得一些博物馆远离社会和公众,缺少与社会的交流,陷入门可罗雀的尴尬境地。随着时代的发展,与时俱进、以人为本已成为当代社会各行业的基本理念。许多博物馆开始重视公众研究,期望通过高质量的博物馆服务提高公众满意度,吸引更多的公众走进博物馆。博物馆界已经发出这样的声音:博物馆不再单纯是文物标本的收藏、保管和研究机构,而应该是一个紧密联系民生、惠及民众、为公众和社会服务的公共文化服务机构。特别是博物馆免费开放后其社会性和公共性变得更强,社会公众急剧增加的文化消费需求,迫使

---

①苏东海:《国际博物馆理论发展中两条思想路线札记》,载《中国文物报》,2010年6月16日。

博物馆加速其社会化进程,身处这一时代大潮,博物馆人应该转换思路,通过改进陈列展览、创新教育项目、强化服务手段等内容,采取更加积极主动的方式吸引公众来博物馆参观,努力推动博物馆向"藏品的保管研究机构"和"公众文化教育机构"兼具的方向发展。

二、当前博物馆服务公众的实践与探索

今天的博物馆肩负着改善民生的职责,作为社会文明进步的标志,保障公众的基本文化权益,本质上就是利用优秀文化遗产为公众服务,使博物馆成为人类文化记忆与传承、创新的重要课堂。为此,近年来相当一部分博物馆结合自身特点、所在区域,积极在公共服务方面开展工作。以陕西省为例:近两年陕西省文物局先后推出"文物惠民——百万青少年走进博物馆"系列活动,包括"秦陵"杯博物馆知识竞赛、"我与博物馆"征文、小记者采访大馆长等,并向广大青少年赠送《陕西历史文化遗产读本》,举办第五届全国青少年文化遗产知识大赛等。

陕西省内各博物馆也相继推出各具特色的博物馆教育品牌,陕西历史博物馆开展了"陕博文化寻根之旅"系列活动。一系列主题鲜明、形式多样的互动体验活动,如"唱龙文、写龙字"、"龙形我塑——巧克力 DIY"、"昔日美妆:长安水边多丽人"及"随身携带的庙宇"、"探秘殷墟宝藏"等临时展览,拉近博物馆与观众的距离。秦陵博物院的"丽山园探秘——秦陵模拟考古"、"秦文化大讲堂"和"秦陵文化系列行"活动走进山区、高校、军营。其中"秦文化大讲堂"系列专题讲座内容深、层次高、受众广,收到良好效果。西安碑林博物馆利用"中国书法艺术的殿堂"这一独特的教育资源,开展"走进碑林、亲近汉字"、"心手相牵、相聚碑林"少儿书法绘画交流活动,以及"走进碑林、重温经典"、"小小历史剧、伴我度六一"等一系列形式多样的博物馆教育活动。汉阳陵博物馆充分发挥"陕西青少年模拟考古体验基地"的教育职能,面向社会公众开展大型"模拟考古"系列活动,其中"模拟考古夏令营"、"穿越汉代六一体验"等活动寓教于乐,形式多样,中央电视台和多家媒体进行了专题报道。

西安博物院开办的"乐知学堂"现已推出互动体验项目 14 种,天天有活动、人人可参加,真正做到了"互动体验活动"常态化。同时,他们结合中华传统节日开展了"我们的节日"大型系列文化活动。西安半坡博物馆推出了"原始部落快乐行"大型系列博物馆教育活动,集"参与、互动、体验"于一体,内容丰富新颖,形式活泼有趣。西安"八办"纪念馆的"理想·信念"宣讲和"小八路"体验活动,西安事变纪念馆、西安钟鼓楼博物馆的"博物馆进百校",延安革命纪念馆的听"妈妈"讲故事等"走进校园"系列宣讲活动,以及宝鸡青铜器博物院的"历史文化进校园"活动,通过历史话剧的形式,加强了文化课堂的互动性和趣味性。渭南市蒲城县博物馆,充分利用当地传统文化节日及非物质文化遗产,开展多项主题教育活动。这些活动的举办,反映了陕西的文博工作者在新的历史时期,在博物馆公众教育的形式和手段上有了一定的思考和新的探索实践。

三、当前对于博物馆服务公众的片面性认识

尽管当前博物馆人以教育为导向,在思想上对服务社会和公众有了一定的认识,在服务的方法和手段上做了积极的探索和尝试,但在公共关系与服务方面整体上依然是短板,一些博物馆"一流的展品、二流的展览、三流的服务"的现状还在继续,服务公众的体制、方法和绩效评估机制,还有待科学化、系统化、制度化。博物馆如何从自身藏品资源优势出发,通过对服务公众的内容、质量、效果的科学策划和评估,提高服务公众的能力和水平,这是目前博物馆界需要深入思考的时代课题。

近年来,我国博物馆向社会免费开放,产生了良好的社会影响,但这仅仅是打开了博物馆的展览之门。多年来在既有成规塑造下,我国的博物馆给人一种封闭僵化、曲高和寡的印象。"官本位"的行政体制、"机关化"的管理模式以及"教化者"的职业心态,导致博物馆人高高在上看不到自己的基脚;一些博物馆部门间划分势力范围,部门之间沟通少,遇到事情相互推诿,很少把注意力或工作的重心放在观众身上;博物馆的领导者对博物馆的公众教育职能认识不足,以致一些博物馆的建筑设计思路就是一个"宝盒",而博物馆功能也错误地理解为只是"藏宝",博物馆人仅扮演着"文物仓库"保管员的角色;博物馆教育职能被简单理解为是社教部门的责任,全部推给博物馆讲解员来完成,以"讲解"替代"教育"。②作为社会公益性文化机构,服务公众应该包括博物馆的各方面工作,而目前有人往往认为只有陈列部、社教部,特别是社教部具有服务公众的具体职能,博物馆其他部门和工作职能与服务公众没有太大关联,讲解员的日常讲解和社教部的其他活动就是博物馆服务的全部或者大部分内容,这种片面认识对博物馆服务公众能力和水平

②宋新潮:《打开博物馆的门》,《光明日报》,2013 年 8 月 17 日。

的提升十分不利。服务公众应该是博物馆各个部门的共同责任,需要从思想和工作行为上加以纠正。

四、他山之石　可以攻玉

随着博物馆界学习与交流平台的搭建,同行在公共教育服务方面的做法值得我们借鉴、思考。比如:作为同一文化背景下的台湾地区博物馆十分重视观众需求,做到以服务公众为中心,在公共服务方面具有鲜明的特色。台湾博物馆门类丰富、独具个性,有科学类博物馆、历史类博物馆、艺术类博物馆、综合性博物馆及专题类博物馆等,这些不同类别的博物馆展示手段新颖多元。比如:自然科学博物馆的临展"工安福尔摩斯特展",以环保型纸质为展示原料,通过互动游戏的方式告知人们遇到危险时该如何正确对待。科学工艺博物馆,针对公众饮酒的习惯,策划了"新曲水流觞——酒的故事"展览,效果也很好。特别是当一项决策要推出时,他们都慎重地先做观众需求调查。如夜间开放,也是台湾地区博物馆目前正在思考的方向。

台湾地区博物馆把教育观众、服务观众作为博物馆的中心工作在做。这一点,在自然科学博物馆中体现得尤为明显。首先负责对外教育的科学教育组人员配备充裕,占全馆员工总数五分之一的70多位工作人员来确保教育工作的开展。其次是教育工作细分,有负责场馆解说的导览解说组,有专门负责馆内外活动推广的活动组,有负责剧场教学的剧场组,有负责接待观众的现场服务组,还有服务弱势群体的学友之家,有服务学龄前儿童的幼儿科学园,服务志工的志工室和出版博物馆季刊、阅读物的编辑室等,教育职能齐全。此外,科学教育组还拥有3000余件科学教育标本,有专人保管,每年都会根据需要采集相关标本,以确保教育活动的开展独具博物馆形象生动性。自然科学博物馆一年开展大大小小的活动5000余场,受益人数达60万人次。

台湾地区几乎每一家博物馆都十分重视未成年人的教育,都有针对儿童开设的教育区域和丰富的教育项目。如科学工艺博物馆为儿童开设动手做、闯关、冬夏令营等竞赛性活动,种类繁多的遭遇困难、野外求生、引光生火、渡河求生等生活体验活动,引导儿童阅读的科普图书馆,以及针对偏远孩童设计的科普流动车等,教育设施齐备,教育项目丰富有趣。台湾博物馆每年要面向弱势群体开展各种主题活动,如邀约正常的小孩与那些视听障碍生一起前往博物馆参加学习,通过活动,让正常的小孩知道如何去关怀弱势学生,同时也让弱势学生感受到社会对他们的关怀与温暖。

台湾地区博物馆文创产业都是采用委外经营,经营比较成功的除了台北"故宫博物院",当数历史博物馆,据了解,开发的文创产品营销额已成为该馆的主要经济来源。他们开发的文创产品很有特色,经常是配合临时展览开发各种各样的产品。同时他们对产品开发进行比较周全的前期调研。如当要全面开发某一款产品时,他们会先行生产一批样品,放置于商场中,详细记录观众问询的次数,如果价格合理,品质优良,观众兴趣度大,才会考虑大批量投入。③

再以美国大都会艺术博物馆为例:门票成人20美元,学生和老人10美元,博物馆会员及有成人带领的12岁以下儿童免费,所有特展不另行收费。咨询处提供英、法、德、意、西、日、韩、葡、俄等语种的咨询服务和义务导览,并备有包括中文在内的多语种导览图、导览手册,活动预告材料等,可免费索取。导览种类有"精品导览"、"馆长推荐"和18种业务部类的专题导览。"精品导览"和专题导览由义工承担,每15分钟即有一次,其中每天中午12点整为"中国艺术"专题导览。在"馆长推荐"录音导览中,馆长亲自用4种语言讲解54件他最喜欢的大都会艺术博物馆的藏品,他还经常亲自为特展的录音导览录音。义工导览的导览词由义工自己撰写并经业务主管审核。其他公众服务项目有展厅谈话、电影、演讲、音乐会等。餐饮设施有自助餐厅、酒吧、咖啡厅、大厅廊台酒吧、公共大餐厅、董事餐厅和员工内部餐厅等。在中央大厅和很多展厅附近,均设有商店或商品柜台,出售各类艺术书籍、儿童读物、卡片、明信片、雕塑复仿制品、珠宝首饰等,其中大部分内容与大都会艺术博物馆的藏品有联系,提供黑白馆藏照片的出售,彩色透明片、幻灯片的租借服务。

大都会艺术博物馆每年举办大约40个展览,出版大约35种书籍、期刊、论文集和光盘,其范围从面向专家的研究著作到面向儿童的普及读物均有。举办21000多次导览、演讲、电影放映,以及专门针对不同群体如学生、儿童、老年人、残疾人、家庭、社区和工厂等设计推出各种活动。以2000—2001年度为例,该馆新开放2个展厅,举办42个特展,外借4个展览,出版53种书籍、期刊、电子读物,全馆员工发表文章275篇。该馆在一年内为37名研究学者和研究生提供4周到

---

③兰国英、李怡红:《台湾地区博物馆的公共服务——赴台考察观感》,《中国文物报》,2013年6月17日。

1年为期不等的研究基金,接受他们来馆从事与博物馆藏品有关的研究。④通过一些案例可以看出中美博物馆界在工作理念和方式上的不同。中国博物馆是以藏品展览为主,确定目标"教授"给公众;美国博物馆则更多地"引导"公众发挥自我意愿和兴趣。

五、让博物馆服务公众成为必须

思想指挥着人的行动。要真正做好公众服务工作,博物馆每一位员工都必须真正树立以人为本和观众至上的服务理念,从观众的角度和视野思考工作,以观众的需求和感受开展工作,要将观众服务纳入到自己的工作范畴中,在实践中创新服务开展工作。美国史密森学会的玛丽·格拉斯·波特尔认为:"博物馆的职责主要是要尽最大的努力扩大每个公众积极、有益地参观博物馆的机会。为此,从观众进馆的全过程中,我们必须从各个角度、各个方面去关心和照顾观众。"

博物馆服务从内容上讲有藏品服务、展览服务、公众服务等多种渠道。除了以往通过书籍、照片、光盘等实物和各类陈列展览、讲解咨询、语音导览、电化教育、博物馆之友、公众讲座、特殊观众服务及票务、餐饮、安保、投诉等形式对公众服务外,现在还可通过新媒体技术延伸公众服务项目。数字博物馆的建设将使博物馆藏品欣赏、科技成果、科研论文、讲解预约、购物指南、基础设施方位、残疾人服务设备申领、紧急救助等快捷便利,让社会公众随时去体会和感受博物馆最新考古成果、前瞻的文物保护技术、丰硕的学术论文、完善的基础设施以及最为优质的服务精神。它让博物馆的公共文化服务体系更加完善,让博物院与社会、观众有了真正的交流平台,让优秀的科研成果、学术论文有了很好的展示平台,让历史文化的传承与发展更为广泛、更为直接。

博物馆应在机构设置上为观众服务提供可靠的组织保障。随着时代的变革,有的博物馆设置了信息资料中心,有的将宣教部更名为社教部、公共服务部、教育推广部等等,这一切都是基于博物馆在向观众提供各项服务时,希望使观众获得积极的参观体验和学习效果。因此,博物馆在机构设置时就必须尽可能地使机构的设置科学合理,符合提高观众服务质量和效率的要求。

制定服务标准、优化服务流程、提升服务质量、建立服务评估反馈体系、注重多样性观众服务是当今社会推动博物馆生存和发展的重要手段。博物馆的服务要

---

④陈建明:2009年《面向未来的博物馆服务》讲座。

以公益性服务为主,这是博物馆的性质所决定的,在此基础上应该编写观众服务手册,其中可包括藏品服务、展览服务、参观服务、讲解服务、经营服务等具体标准,这样才能真正使博物馆公共服务走向规范,增加博物馆的社会公信力、吸引力。所以,博物馆界应该运用现代服务管理理念和方法对博物馆服务进行全面诊断,并且通过与国际一流博物馆的分析对比,取长补短,改进现有服务管理措施,在高起点上提升服务品质。

建立博物馆员工培训长效机制是为公众提供高质量服务的基本元素,这一点在实际工作中是显而易见的。因为人的因素是第一位的。此外,博物馆需要持续有效的公众服务项目,比如:向公众提供的讲解服务就可以形式多样,既有常规的讲解员陪同参观和专题导览等方式,也有观众随到随进式的自助体验。在很多博物馆,自助式参观观众占观众参观人数的比例不断增加,如果对这批观众的服务质量持续改进,就有可能最有效地提高参观率,而且成本最低。在展览和教育项目之外,博物馆服务内容包罗万象。而影响博物馆参观的质量的因素很多。比如:指示牌的用途、商店和食品服务的质量如何、展览维护的关注度有多大、员工的友好度有多高,等等。所有这些虽然与博物馆公众教育不直接相关,但它们构成了博物馆服务的全貌。这不仅让我们想起马斯洛的需求金字塔:人除非满足了基本需求,否则不会追求精神满足。

美国博物馆观众研究协会依据多年对观众行为、环境和人类心理的研究,总结出观众共有的 11 种需求:舒适度、方向感、归属感、趣味性、社交性、尊重、交流、学习、选择和控制、挑战和自信、新鲜感。1.舒适度。"满足我的基本需求。"观众需要快捷、简便、轻而易举地进入到干净、安全、无障碍的卫生间、直饮水、食物、婴儿料理台和足够的座椅。他们还需要充分接近展品。2.方向感。"让我轻而易举地找到路四处参观。"观众需要了解自己所处的环境。清晰的标牌和规划完善的空间帮助他们知道期望什么、上哪里去、如何去和关于什么。3.归属感。"让我觉得宾至如归。"友好的员工有助于使观众感到自在。假如观众觉得展品、项目和员工能代表自己的利益,他们会有更多的归属感。4.趣味性。"我想玩得高兴。"观众想玩得高兴。如果遇到障碍(比如破碎的展品、与己无关的活动、威胁性的标签),他们会觉得虚度此行、索然无味,或无所适从。5.社交性。"我是来与家人和朋友共度时光。"观众来博物馆是为了与家人和朋友社交出行(抑或为广义的社会互动)。他们期望交谈、互动和分享经验,展览为此搭建了平台。6.尊重。"吾在、吾知,接受如是的我。"观众希望在自己的知识水平和兴趣水平上被接受。他们不希望展品、标签或员工排斥他们,凌驾于他们之上,或觉得他们懵懂无知。7.交流。"助我了解,也让我说话。"从标签、项目和讲解员那里,观众期望精确、真诚和清晰的交流。他们希望提问,还希望听到并表达不同的观点。8.学习。"我想学习新知识。"观众到博物馆来(而且带孩子来)"学习新知识",但是他们学习的方式不一样。知道观众如何学习并评估他们的知识和兴趣至关重要。控制干扰(如客流、噪音和超负荷的信息)也不无裨益。9.选择和控制。"让我选择;由我做主。"观众需要一定的自主权:选择的自由和一定程度做主的自由,只要可以,能够接近和触摸,他们需要利用自己的肢体,而且可以自由地四处参观。10.挑战和自信。"给我一个我能应付的挑战。"观众需要成功。太容易的任务让他们觉得索然无味;太难的任务又让他们焦虑不安。提供丰富多样的体验会适合他们各种各样的技能。11.新鲜感。"让我兴致不减,兴趣重燃。"当观众聚精会神、全神贯注和兴趣盎然之时,时间过得飞快,而且他们觉得兴趣重燃:展品可以创造的一种"时光飞逝"的体验。⑤ 综述以上观众需求可以看出:博物馆教育的使命,如果不建立在为观众服务的基础上,教育难以实现。

英国曼彻斯特博物馆馆长 V. 彼斯特曼 (V.Bisteman) 在中英博物馆论坛中提出:"博物馆最值得珍视的资源不是展品,而是观众。"他认为与传统博物馆的教授式教育方式相比,现代科学中心、科技博物馆应提供一种集"探索、启蒙与乐趣"为一体的教育模式。⑥ S.韦尔(S.Weil)指出:"如果我们的博物馆运行的最终目的不是改善人民的生活质量,那么在什么基础上我们才可能寻求公众支持呢?"他认为只有当博物馆为人们的公共福利服务时,才值得大众支持。这也是当前我国博物馆发展的现实需要。⑦ 希望在社会高度关注和中国博物馆同人的共同作用下,观众在博物馆里能够享受称心舒畅、有问必答、有求必应的博物馆服务,更希望英国人的那句名言能成为中国公众的口头禅:"我不在家,就在去博物馆的路上。"

⑤洛克扎·那亚当斯:《博物馆观众服务手册》,外文出版社,2013年第1版。

⑥曾光:《近代中国与文物》,2007年第1期。

⑦单霁翔:《从"馆舍天地"走向"大千世界"》,天津大学出版社,2011年2月第1版。

博物馆与公共服务

乾陵博物馆 樊英峰

摘 要：博物馆作为一个历史记忆的收藏单位，其目的就是让所有观众都能平等地分享历史文化遗产的精神馈赠，所以博物馆是观众与历史互通的信息桥梁。博物馆必须以独特创新的观念，更好地体现新形势下的社会服务，使文化遗产大放异彩。

主题词：博物馆 转型与功能 公共服务

博物馆是传承文明的重要文化机构。我国是世界四大文明古国之一，历史文化资源丰富，这在客观上有利于博物馆的发展。据不完全统计，我国现有各种博物馆3600余座，其数量之大，在世界上都是很少见的。目前，我国社会正处在改革开放的攻坚阶段，博物馆也正在转型。随着部分博物馆免费政策的实施，人民大众对博物馆的关注程度越来越高，要求也越来越高。在这种情况下，博物馆如何搞好公共服务就显得非常重要。本文拟具体谈一谈博物馆与公共服务的相关问题。不妥之处，请大家指正。

一、时代的巨变与博物馆的转型

改革开放以来，我国的国情发生了巨大的变化。特别是进入21世纪之后，其变化的速度更加迅猛。21世纪是知识经济的时代，也是信息爆炸的时代。社会的巨变对我们所从事的博物馆事业提出了严峻的挑战，也带来了新的发展机遇。对此，我们要有清醒的认识。

在新的历史时期，我国博物馆事业所遇到的挑战主要来自三个方面：一是改革开放对博物馆管理体制和经营模式的挑战。改革开放以前，我国博物馆的数量较少，管理体制统得很死，经营模式也很单一。改革开放以后，博物馆如雨后春笋般层出不穷，旧的管理体制已经不能适应新的需要，形势的变化在客观上要求国家和地方政府对博物馆的管理体制和经营模式进行改革。近些年来，我们虽然也进行了一些改革，并取得了不少成果，但总的来看，管理思想还不够先进，管理体制还不够完善,离时代的要求还有一定的差距。二是私营博物馆对公立博物馆的挑战。改革开放之前,我国基本上没有私人经营的博物馆,有些与名人有关的博物馆也是国家经营的。也就是说,那时候国营博物馆一枝独秀,不存在竞争。改革开放之后,情况发生了翻天覆地的变化。随着国家文物政策的改变和我国经济社会的发展,民间的收藏热一浪高过一浪,大量的珍贵文物落入私人之手。私立博物馆应运而兴,大有后来居上之势。这种情形是前所未有的,无论是公立博物馆还是私立博物馆,都面临着如何生存、如何发展的大问题。三是国外博物馆对国内博物馆的挑战。改革开放之前,我国基本上处于半封闭状态,国外博物馆与国内博物馆之间很少往来,基本上没有什么联系。改革开放之后,这种情况也在悄然改变,经过几十年的时间,世界变成了地球村,外国人来中国参观博物馆者不少,中国人到外国去参观博物馆的情况也很普遍。外国博物馆的触角已经伸向中国,并在一定程度上对我国的博物馆发起了挑战。

当然,挑战总是与机遇并存的,在新的历史时期,我国的博物馆事业也有新的发展机遇。一方面,随着改革开放的深入,我国政府和人民对博物馆的重要性的认识有所提高。国际上一些较为先进的博物馆管理理念和经营模式逐渐传入我国,而我国的一些博物馆在改革开放中也摸索出了一些适合中国国情的经验。另一方面,来自国内国际的各种竞争对我国的各级各类博物馆虽然带来了冲击,但同时也注入了新的活力。特别是,随着人民群众物质生活的改善和精神需求的增加,博物馆的受众人数较前有了很大的增加。每年都有大量的国内国外游客前来参观博物馆,这就为博物馆实现自身的社会功能创造了良好的条件。因此,我们应当抓住机遇,迎接挑战,共同促进博物馆事业的发展。

二、强化博物馆公共服务功能的必要性

如前所述,我国的博物馆事业正处于一个变革时期。时代变了,博物馆的定位也要与时俱进。否则,我们的博物馆就会在激烈的竞争中落伍。我国的博物馆虽然数量巨大、种类很多,但不少博物馆经营理念落后,公共服务相对较差,远远不能满足社会大众对博物馆的需要。在新的历史时期,我们的博物馆有必要加强公共服务的功能。这是时代对我们的要求。

博物馆具有公共服务和教育两大功能,这一点已经成为国际博物馆学界的共识。关于博物馆的教育和服务功能,海外学者一直比较重视。早在 19 世纪末期,美国学者詹金期在其名著《博物馆之功能》一书中就曾明确指出,博物馆应成为普通人的教育场所。20世纪初,美国博物馆协会成立时,也在其宣言中称,博物馆应成为民众的大学。因此,西方学者一直把"教育"和"服务"作为博物馆的核心内容来对待。事实上,只要我们打开世界博物馆的历史,就可以清楚地看到,西方的一些著名的博物馆,不管是自然博物馆、社会博物馆,还是专题博物馆,都是非常重视博物馆的教育与服务功能的。比如,美国大都会艺术博物馆的宗旨就是"收藏、保存、研究、展示共同代表人类最高艺术成就的艺术品,鼓励人人鉴赏艺术,提高对艺术品的认识能力,以最高的专业水准服务于公众"。在我国,改革开放前比较重视博物馆的展示功能及其在文化传承方面的作用,也就是说,比较重视博物馆的教育功能。因此,不少博物馆被列为"青少年爱国主义教育基地"。但是,长期以来,对博物馆的公共服务功能重视不够,不仅缺乏应有的服务设施,而且缺乏应有的服务意识。应当说,这是我国博物馆系统存在的一个严重的缺陷。

我国的博物馆系统在公共服务方面所存在的问题林林总总,不一而足。择其要者,大抵有三。其一,公共服务意识不强。改革开放之前,我国一直将博物馆作为事业单位来看待。改革开放之后,有些地方将博物馆划归企业,有些则仍旧按事业单位来对待。在"一切向钱看"的社会思潮中,博物馆既要追求社会效益,又要追求经济效益,往往处于进退维谷的状态。由于博物馆不赚钱或者赚钱较少,所以一些领导对博物馆不够重视,而博物馆本身也没有把公共服务放在应有的地位,这在一定程度上影响了博物馆的发展。其二,缺乏公共服务的硬件设施。博物馆的核心工作是教育和公共服务。在欧美一些发达国家,博物馆都有比较完备的公共教育和公共服务设施。如美国的史密森尼研究院博物馆系统就配有适合各类观众学习和参观所需要的教育与服务设施。在我国,由于种种原因,博物馆往往缺少教育和服务的硬件设施。这种情况在一些老牌博物馆中尤为突出。没有教育和服务的设施,要从事这方面的工作当然就会遇到困难。其三,缺少公共服务的软件项目。博物馆的性质不同,内容各异。海外的一些知名博物馆一般都是根据自身的资源对观众进行具有自己特色的教育和服务。如史密森尼研究院博物馆亚洲艺术馆经常举行演讲、音乐、书法等活动,大都会艺术博物馆经常免费印发介绍各国艺术的图书资料或举办相关的学术活动。在我国的博物馆,则很少见到此类软件项目。所有这些缺陷,都是应当克服的。当前,我国的国际地位正在迅速提升,国人外出参观的机会越来越多。如果我们不能更新管理理念,提高公共服务意识,改进服务设施,增加服务项目,那么,我们就不可能很好地弘扬中国优秀的传统文化,当然更不可能做出令人满意的成绩。无论从哪个层面来讲,都有必要强化博物馆的公共服务功能。

三、提升博物馆公共服务能力的方法与途径

那么,怎样才能强化博物馆的公共服务功能呢?我想,不同的学者对此肯定有不同的观点。在此,我想谈点自己的看法。我认为提升博物馆的公共服务能力是一个重要的系统工程,需要政府部门、博物馆系统和社会人士的共同努力。

从政府的角度来讲,应当提高对博物馆重要性的认识,加强对博物馆的有效管理。博物馆是展示历史文化的重要平台,是传承优秀文化的重要基地,是文化交流的重要窗口。相关部门要高瞻远瞩,理顺博物馆的管理体制,对各级各类博物馆进行正确的定位,制定切实可行的政策法规,加大对博物馆的支持力度,引导博物馆沿着可持续发展的道路前进。就博物馆自身而言,要充分认识目前我国博物馆所面临的机遇和挑战,引入国际上先进的博物馆管理理念,根据自身条件、观众要求和国家发展战略,制定本博物馆的短期发展规划和中长期发展目标,想方设法筹措资金,改进或完善博物馆硬件设施,特别是与教育和公共服务相关的设施,开发教育与公共服务的软件项目。当然,博物馆事业的发展,离不开社会大众的支持。应当提倡向博物馆捐款、捐献文物或出谋划策,养成参观博物馆、爱护文物、传承文明的好习惯。

我所工作的乾陵博物馆是以唐高宗和女皇武则天的陵墓为依托的博物馆。这个博物馆在弘扬唐代文化、传承唐代文明方面具有重要作用。过去,我们在文物保护和旅游开发方面曾做了很多工作,但也留下了一些缺憾。目前,我们已经意识到自身在教育和公共服务方面存在的不足,正在以"申遗"为契机,更新管理理念,营建教育和公共服务设施,并开发一些新的软件项目。我们已经成功地举办了"唐代胡俑展"和"武则天时代展",《乾陵文化研究》也已经出到了第八辑,其他方面的工作也有了一定的进展。相信再过若干年,我们会在教育和公共服务方面做出更大的成绩。

民办博物馆与公共服务

大唐西市博物馆　王　彬

摘　要：民办博物馆作为中国博物馆事业重要的组成部分,如何充分利用自身资源更好地为社会公众服务,切实发挥民办博物馆的社会功能,是关乎民办博物馆发展的一个重要课题。本文在对民办博物馆公共服务现状调研分析的基础上,肯定其成绩,指出其不足,进而探讨民办博物馆完善公众服务的路径。

关键词：民办博物馆　公共服务　问题　建议

公共文化服务是实现公民基本文化权益的主要途径,是形成文化软实力的重要支撑。博物馆是公共文化服务的重要载体,从"对物的关怀"到"对人的关怀"的根本性转变使公共服务成为博物馆最核心的职能之一。诚如苏东海先生总结的,"这就把博物馆的观众工作推到了一个前所未有的重要位置上来, 观众工作的好坏将会关系到博物馆的命运","能否重视外化前沿的观众工作, 将是衡量博物馆领导是否具有现代意识的试金石"。 美国史密森学会副秘书长乔治·布朗·古德则说:"博物馆不在于它拥有什么,而在于它以其有用的资源做了什么。" 美国博物馆协会 1990 年在解释博物馆的定义时,将"为公众服务"作为博物馆的两大核心要素之一。

民办博物馆作为中国博物馆事业重要的组成部分,如何充分利用自身资源更好地为社会公众服务,切实发挥民办博物馆的社会功能,是关乎民办博物馆发展的一个重要课题。本文在对民办博物馆公共服务现状调研分析的基础上,肯定其成绩,指出其不足,进而探讨民办博物馆完善公众服务的途径。

一、目前民办博物馆公共服务的良性态势

1. 丰富了博物馆公共服务的内容

截至 2011 年底,全国登记注册的民办博物馆已达 535 家,约占全国博物馆总数的 15%,民办博物馆数量快速增长。民办博物馆类型呈多样性局面,一些是国有博物馆尚未关注或关注不够的领域。例如民俗产业某一类;瓦当、青铜盉等某小

专题,其专题性与独特性态势明显,某种程度上已成为国有博物馆的重要补充,丰富了博物馆公共服务的内容。另外,民办博物馆分布广泛,城市、城乡间、社区内不拘一格,有利于民众就近参观,丰富了城市和社区的文化生活。因此,一些民办博物馆很快就融入了社会,激发了民众主动参与社会公益活动的积极性,使其对民族传统文化更加关注,公共文化服务特征日益彰显。

2. 形式多样的展览及配套活动活跃

一些民办博物馆尽可能地运用自身掌控的公共资源,为大众提供极富特色的展览及相关服务。例如成都蜀锦织绣博物馆的陈列,既有特色文物,又有活态演示,更有工艺品销售,其中,非物遗"蜀锦织造技艺"约 500 平方米的演示区,请回了 7 位 70 多岁高龄的蜀锦老艺人,经过近 6 年耐心细致的口传心授,培养了十几名平均年龄 23 岁的学徒,而多台清代花楼木织机现场手工织锦、"挑花结本"、手工刺绣现场演示,则使游客观赏到蜀锦制作的全过程。该馆在保护和传承民族非物质文化遗产的基础上满足了不同层次消费者的需求。

台湾震旦博物馆的展览从内容与形式均注重拉近文物与观众的距离,展出的很多文物没有加围栏或玻璃罩。金缕玉衣采取了开架展示,玉璧则直接嵌附于墙面,便于观众观看与拍照。该馆还根据观众的需要开放文物库房参观,并允许将文物拿出来展示和研究,讲解尽量采用专家导览并答疑解惑,使观众对展览有深度而专业的了解。

西安大唐西市博物馆通过既相对独立又相辅相成的陈列体系,寓教于乐。基本陈列中重视多媒体技术的运用和调动观众的听觉、触觉、嗅觉等感觉器官以达到感染观众的目的。专题陈列则是集展、演、销的形式实现与观众的互动。经常举办富有特色的临时展览将民间艺术、风土人情、衣食住行、生产生活等题材整合展出,如《陕西皮影展》《世界珍稀特货币展》《民国绣品展》等。丰富的展览内容,配套的文化活动,在再现唐代西市文化的基础上又营造出别具一格的陈列氛围,既注意贴近民众又达到了吸引游客的效果,其发展的模式也得到了各级文物管理部门的肯定与认可,并被授予国家二级博物馆的称号,成为我国首家,也是迄今唯一获评国家二级博物馆的民办博物馆。

3. 免费、优惠对外开放已成为自觉

随着越来越多的国有博物馆对社会实行免费开放,一些民办博物馆也自主仿效对社会实行免费或优惠开放。据不完全统计,免费或优惠对公众开放的民办博物馆数量占总数的60%。例如浙江德清莫干山陆有仁中草药博物馆一直实行免费开放,依靠陆有仁中医门诊收入维持博物馆的运转;浙江临海珠算博物馆基本实行免费开放,以下设的算盘厂养馆。杭州高氏相机收藏馆虽规模小,但建馆十多年来,向公众提供免费鉴定和参观,仅靠维修相机收取费用。湖北的民办博物馆多已实行免费开放。此外,以西安大唐西市博物馆为代表的大部分民办博物馆依照国有博物馆对国家规定的六种免费人群实行了免费。如65岁以上老人、中小学生团体、现役军人、残疾人等。而以陕西关中民俗博物院为代表的部分民办博物馆则在节假日和"5·18博物馆日""文化遗产日"等特殊日子里实行了门票折扣,或减、免等优惠办法。

4. 以节假日为契机开展特色活动

寓教于乐也是民办博物馆开展公共服务关注到的形式。节假日是一种资源,是博物馆推广自身的重要契机。民办博物馆利用节假日策划和开展各类活动,在宣传推广、打造品牌的基础上,实现了博物馆与观众的互动和呼应。

例如,西安大唐西市博物馆在节假日,特别是传统节日,策划和开展了一系列文化活动。如:六一节"关爱聋哑儿童　快乐幸福成长"活动;七夕节"大唐西市　美丽邂逅——青梅竹马运动会";中秋节"月圆西市　嘉礼迎宾——中秋民间祭月礼仪"活动;重阳节"弘扬中国传统文化　九九重阳敬老礼"活动;春节文化庙会活动等。

每年的国际博物馆日和中国文化遗产日,民办博物馆也十分活跃。如广东东莞民办博物馆举办"走进东莞文明"系列活动、唯美陶瓷博物馆举办的"陶瓷文化艺术之旅"、饮食风俗博物馆举办的"粽子包裹大赛"、东莞市圣心糕点博物馆的"糕点制作比赛"、森晖自然博物馆的"保护地球,幸福家园"活动、粤剧博物馆的"粤剧曲艺展演"都受到群众的广泛欢迎,取得了良好的社会效益。

5. 合作交流、展览互换逐渐增多

民办博物馆不仅着眼自身资源的开发,还积极主动地与学校、社区联系,与社会各界交流合作,通过资源整合推进工作。

一些民办博物馆与社区、高校共建"爱国主义教育实验教学基地";与国有博物馆合作举办展览;与收藏家们达成长效合作意向,整合民间优秀资源,打造特色展览,实现展览互换,甚至为走出国门打下一定的基础。例如大唐西市博物馆整合民间资源打造的《明、清皮影展》《世界珍稀特货币展》已经分别在武汉、广州展出并为西安市民带回了广州、武汉打造的《民国绣品》《明、清玉器精品》文物展览。

中国回族博物馆自 2006 年开馆以来，已接受社会个人或团体的捐赠 30 余批，捐赠图书资料 536 册，捐赠文物 323 件，捐赠书画作品 181 幅。该馆先后被多家学术研究机构命名为"科研教学基地""文化传承基地""文化产业示范基地"，成为文明成果共享单位。

重庆宝林博物馆开馆以来，积极动员社会力量参与博物馆的建设，搭建友好的交流平台。主动联系中小学、社会团体进行以巴渝文化为主题的文化宣传活动，开展了博物馆进高校、招募志愿者、宣传文化遗产保护知识、调动学生保护文化遗产热情的系列活动。

6. 重视未成年人教育，不断拓宽服务渠道

现在的未成年人很可能就是博物馆将来热忱的志愿者、永久的观众与会员，甚至慷慨的捐赠者，所以从娃娃做起，培养他们对博物馆文化的认同感尤其重要。

厦门奥林匹克博物馆通过举办"激情奥运·快乐博饼"、"和你在一起"亲子互动活动，包括"你比画我来猜"、"奥运知识抢答"、"韵律操"、"抢椅子"等活动对青少年进行奥林匹克文化教育，加强青少年体能锻炼。利用春游、秋游、夏令营和冬令营推出不同主题的游戏活动，吸引了众多的学生团体，其中，来自边远、贫困山区的学生约 5 万人次。

西安秦砖汉瓦博物馆作为"西安市青少年素质教育示范基地"和西北地区的拓展训练基地，以及挑战者户外运动匹特博彩弹竞技中心，5 年来接待、培训学生及成人团队多达 15 万人次。

大唐西市博物馆专门设置了儿童活动中心和未成年人教育专区。在这里，讲解员指导孩子们做传统游戏和进行传统手工艺制作。节假日为儿童专场播放历史典故主题影片，深受欢迎。

7. 文化产业发展相对活跃

民办博物馆大多重视文化产品的创新和文化产业的开发，呈现出生机勃勃的活力。如宁波陈明伟紫林坊艺术馆，既展示了陈明伟个人创作的工艺品，更重视多种经营及骨木镶嵌礼品的销售，形成了集研究、创作、生产、展览、销售为一体的文化产业链。唯美陶瓷有限公司建立的唯美陶瓷博物馆将博物馆的运营与企业经营相结合，自主研发出集工艺艺术和实用装饰于一体的唯美陶瓷壁饰，一年的直接经济效益超过 300 万元。该馆还通过陶艺作坊，为观众提供动手陶艺制作服务，并与其他企业、单位合作开发紫砂壶等陶制礼品，实现了社会效益与经济效益的良

性发展。

成都蜀锦织绣博物馆以产品研发、销售为依托,形成蜀锦文化品牌,产品颇受市场欢迎,已成为该省、市政府、当地企事业单位馈赠礼品的首选。年收入从几十万、几百万到现在的上千万。

综上所言,民办博物馆公共服务的工作已经取得了一些成绩。虽然各馆因人才、规模、设施、地域等客观条件的限制,工作质量呈现出一定的差别,但各馆对其重视程度不断增强,社会作用日益明显,逐渐成为有效服务社会的重要力量。

二、存在的主要问题

不能否认,目前一些优秀的民办博物馆在开展公共服务方面做得有声有色,与国有博物馆各秀一枝。但是为数不少的民办博物馆对这项工作认识不足,少有作为。抑或开展了活动的博物馆,也大都没有制度化、经常化,活动方式和内容还有待改善、提高,同时在行业管理层面由于缺乏可资借鉴的经验和相应的指导,对民办博物馆的管理和运营机制缺少要求,故存在的问题不一而足,大致如下:

1. 开放时间、馆舍条件尚不具备

《博物馆管理办法》规定"无正当理由,非国有博物馆全年开放时间不少于 8 个月"。开放时间以及相对固定的馆址应是民办博物馆服务社会必须具备的基础。

事实上,民办博物馆对社会开放的情况有三类:一、常年开放;二、通过预约开放;三、因为条件限制难以正常开放。例如,深圳注册的 10 余家民办博物馆中,真正处于开放状态的仅占 50%。全国民办博物馆的不良运营状态,一是运行经费不足导致无法正常开放;二是个别建馆人的动机不纯致使其"有始无终";另外,也不乏民办博物馆存在着"半隐身"状态,馆址经常变化,开放时间也不固定,缺乏专业性管理。此类博物馆均因不具备对公众开放的馆舍条件,不断进行内部调整,不断变换"新的馆舍",更枉谈保证足够的开放时间。

2. 公共服务意识不强,公众认知需要时间

一些民办博物馆的创办人一方面热爱收藏,有着一定的文化自觉;另一方面却对博物馆行业缺乏了解和认知,实践中存在很多的误区。如有的认为陈列展览可以一劳永逸,常年不变;有的把博物馆当作个人收藏文物、朋友聚会交流的私人会所;有的以景区为依托开办博物馆,看中的主要是旅游商品的销售,忽视了博物馆的社会功能,诸如此类均在一定程度上制约了博物馆社会作用的发挥。还有一些企业跻身博物馆建设热潮是基于商业目的,以自己的产品为依托,开办具有行

业特征的博物馆。但由于缺乏相应的认知和博物馆专业人才,办馆水平往往停留在企业或个人产品展示状态。还有一些民办博物馆馆主虽有服务公众的意识,但因没有接受过博物馆专业培训,在组织开展公共文化服务方面缺乏专业常识,使民办博物馆公共服务偏离了公益性和科学性的基本规范。

社会公众对民办博物馆缺乏认同的现象也较为普遍。一方面个别民办博物馆的粗制滥造影响了其声誉;另一方面优秀民办博物馆的精彩表现真正得到社会公众的认可仍需要一定的时间。

3. 志愿者服务管理能力薄弱

民办博物馆的志愿者服务普遍不足。一方面其性质和观众数量决定了招募志愿者相对困难;另一方面有的民办博物馆对志愿者服务的意义认识模糊,甚至将其视为廉价劳动力,重使用轻培养,把志愿服务完全当作免费的午餐,舍不得投入,其结果既挫伤了志愿者的积极性,也不利于博物馆服务水平的提高。

4. 民办博物馆门票价格不尽合理

民办博物馆普遍认为自己的藏品是最好的,并希望通过收取门票减轻运营负担,因此门票定价大多缺乏论证,价格不菲。动辄百元,甚至有的高达300元。毋庸讳言,民办博物馆在展览质量、研究水平、社会服务等方面差距明显,加上公众对民办博物馆缺少了解和认知,不菲的票价只能让观众望而却步,甚至宁愿花长时间、排长队领取国有博物馆的"免费午餐"。

5. 博物馆网站建设屈指可数

目前大多数民办博物馆尚未开通网站,即使个别馆已开通,但网页设计不专业,更新缓慢,不能够为观众提供参观预约、虚拟展示、藏品赏析、资料分享、咨询答疑、文化产品营销、互动联系等便捷和有效的在线服务。

6. 文化产品开发参差不齐

民办博物馆文化产品也存在品类单一、模仿跟风的情况。博物馆的资源优势在文化产品开发和有效利用方面远远不够。文化产品的销售表现出的差距也较为明显,有的博物馆文化产品丰富多彩,体现了博物馆的文化优势,其销售额上千万;有的则相当单一,谈不上销售;有的博物馆文化产品经营理念,不符合博物馆定位和自身文化特色,模仿多于创意,销售没有渠道和策略,文化产品的社会认知和认可度较低。

7. 公众调查、咨询服务能力不足

　　大多数民办博物馆因人才的短缺，根本不具备为社会公众提供有关藏品知识、藏品保护、保养的咨询服务能力。个别民办博物馆虽勉强能提供咨询服务，但方式简单，内容单一。

　　8. 经费和评价对民办博物馆的关照不足

　　民办博物馆都是由个人和企业出资开办，运营资金短缺的问题较为普遍。因此引发了一系列问题，如宣传不到位，活动开展受限制，观众服务跟不上，甚至有的博物馆为节省日常支出缩短开放时间，直接影响了博物馆的办馆质量。因此，经费短缺、投入不足成为制约民办博物馆社会服务的重要因素之一。近年来，虽然政府在资金方面加强了对民办博物馆的扶持，但因政策和法规的不对接，其力度有限，对于实行"以票养馆"的民办博物馆，在国有博物馆免费参观的竞争下，面临巨大的压力。

　　近几年，随着国家文物局对博物馆运行评估工作的开展，国有博物馆的公共服务明显得到改善，各馆有计划、有组织地构建各种公共关系，创新开展精彩纷呈的各项活动，社会作用明显提高，取得了社会各界的支持和观众的厚爱。但民办博物馆目前尚没有相对统一的评估考核机制，缺少前进的推力。

　　三、民办博物馆参与公共文化服务的思考与建议

　　在鼓励兴建民办博物馆的同时，如何依法对其进行管理，充分发挥其社会服务功能，是当前民办博物馆管理的重要内容。现就如何有效推进民办博物馆公共文化服务建设提出如下建议：

　　1. 不断创新，打造特色展览

　　美国私立博物馆界认为：如今的观众来到博物馆已不再是为了寻找一个权威，而是寻求一种对话；不仅是为了获得某种知识，更是为了一种体验，可以是审美、学习、发现，也可以是娱乐、休闲和社交。因此民办博物馆展览要突出个性，以满足观众需求为导向，展览力求新颖、亲民、精彩，注重互动。同时，要举办与展览相关的文化活动，将复杂的学术问题用通俗的语言简洁地表达出来，并配合展览举办科普讲座，出版专业书籍和普及读物等服务于观众。

　　2. 逐步完善志愿者队伍建设

　　志愿者是博物馆与公众联系的桥梁和纽带。民办博物馆首先应该充分认识开展志愿者工作的意义，加大对志愿者的投入，完善招募、培训、管理、保障、激励等机制，使志愿者队伍年龄结构合理，职业构成多样，让志愿者通过在博物馆的服务能够丰富知识,增长才干,奉献社会,陶冶情操,服务未来。

3. 发挥资源优势,彰显文化产品创意

文化产品开发和销售是民办博物馆的强项。应积极鼓励研发具有自身特点且兼具实用、欣赏和收藏价值的文化创意产品;集中人力、财力,采取整合、借力、跨专业委托等方式,有计划地设计、开发一系列能够体现文博行业水平的高端文化产品,提升产品档次,使之成为传播和弘扬中国文化遗产内涵的一种新载体;要引入竞争激励机制,按照现代企业制度的要求,激发博物馆的内部活力,做大做强自身产业;积极开发多层次的博物馆纪念品和文化产品,让观众能够更多地将博物馆文化"带回家"。

4. 把"问计"于观众的工作引入民办博物馆

提倡民办博物馆定期进行公众调查。通过问卷调查、实地访问、网络评价等方式了解公众意见,保持双向沟通,关注潜在观众和观众的个性化特征;对调查结果进行科学分析,形成调查报告、分析性文章等成果,并及时采取有效的改进措施。只有这样,才能在信息的新颖度、信息量的分布和安排上做到恰如其分,提高民办博物馆的社会效益和其在公众心目中的形象及公信力。

5. 创新传播方式及手段

博物馆的经营者要懂得并充分利用各种有效传播渠道,充分认识互联网在博物馆事业建设方面的巨大影响,增强自身的表现力、吸引力和影响力。一些民办博物馆已在这方面进行了有效尝试,例如,湖北华芳名酒博物馆馆藏中国名酒2514种,其中比较珍贵的名酒达600余瓶,消息见报后,在国内引起了很大反响。为了发挥藏品的最大社会效益,该馆2011年6月又正式开通了网上博物馆,注册域名为"中国名酒收藏酒文化博物馆"。至2011年底,仅半年时间累计点击量多达126万次,平均日点击量过万次。大唐西市博物馆在建立之初就重视网络的宣传力度,聘请专门的网络公司进行设计,网页简洁大方,功能完善,方便用户使用,扩大了博物馆的影响力。

同时应积极运用大众传媒或其他具体的公共关系手段向公众宣传和介绍博物馆,增进公众对博物馆的了解和信任,以赢得更多的支持者和参与者。

6. 着眼持续发展,引进并培养人才

民办博物馆与国有博物馆一样,同样需要专业人才来从事管理、运营和博物馆文化产业开发,保证提供完善的公共服务。民办博物馆应积极引进专业技术人员,为其创造良好的工作环境,并支持和鼓励其参加文博行业的各类培训和专业技术职务的评审,加强与国有博物馆专业人员的交流,不断提升业务素质。政府部门应引导专业技术人员到民办博物馆工作,并帮助博物馆严格选拔符合要求的专业人才。实践证明,聘请具有国有博物馆经验者从事管理工作,是一条行之有效的途径。例如大多有影响的民办博物馆均得益于有国有博物馆经验者的指导;大唐西市博物馆则因直接邀请到国有博物馆优秀管理者,实现了良性发展。

7. 加大扶持力度,完善绩效评估及督导机制

在政策方面,应进一步制定促进民办博物馆健康发展的相应规章,明确民办博物馆在社会文化事业中的地位、作用、权利,使民办博物馆的权益得到充分的保障;在资金方面,应建立民办博物馆的专项奖励资金,加大对民办博物馆的扶持力度;在社会服务方面,应采取鼓励和协调文化、教育事业单位及旅游部门与民办博物馆携手合作,举办各项活动等。

相关部门应推动各省、市建立民办博物馆运营评估机制,依托评审,开展绩效评估,严格督导。将国家对国有博物馆的定级评估以及运行评估的做法有改进地运用到民办博物馆的考核上,相信民办博物馆在内外力的推动下,公共服务的质量一定会不断提高。

肯尼斯·赫德森说:"博物馆不再被认为仅仅是保管一个国家文化和自然遗产的宝库或代理人,而是广泛意义上的强有力的教育手段。"博物馆必须强化以人为本的观念,努力构建多层次的观众服务体系,提供全方位的优质服务。民办博物馆也不例外,必须以科学精神收藏文物,以敬畏之心守护文物,以公益之情服务大众,以开拓精神发展创新,以润物细无声的方法传承文明,进而使自己真正成为中国博物馆事业的生力军,让更多的人走进并爱上民办博物馆。

浅析博物馆公共文化服务及其实现方式
——兼论汉中博物馆公共文化服务发展策略

汉中市文物旅游局　周化银　周显辉

内容提要:博物馆是连接昨天、今天和明天的重要桥梁,是一国文化、教育、经济、科技、社会等构成的综合国力的重要组成部分,是提升国家文化软实力的重要环节之一。随着服务型社会的到来,博物馆在这一历史大潮中应牢牢抓住"服务"这一核心,从文化"输入"与"输出"两个重点做出努力,有助于实现博物馆的公共服务职能。同时,把握国际博物馆界发展大势,紧密结合汉中本地的实际情况,为汉中博物馆在公共文化服务发展方面寻求一条可行之路。

关键词:博物馆　公共文化服务　实现方式　汉中博物馆　发展策略

博物馆是一个国家或地区物质精神文化集中荟萃之地,担负着保存文化、发掘文化、传承文化、凝聚文化认同、鼓励和创造新兴文化的重大使命,故博物馆的发展程度与社会发展息息相关,积极探索博物馆的职能及服务方式,构建良性的博物馆生态文化,有助于在更广泛的层面实现全民的文化权利。

一、当代博物馆公共文化服务内涵

博物馆一词源起于希腊语—Mouseion,意思是"供奉缪斯(Muse 是掌管学问与艺术的九位女神)及从事研究的处所"。17 世纪英国牛津阿什莫林博物馆建立,Museum 才成为博物馆的通用名称。[①] 博物馆是社会发展的产物,其产生与发展和社会关系密切,其角色、地位和功能的演变带有鲜明的时代特征。从这种意义上看,社会的发展和需要,是推动博物馆前进和变化的重要动力,适应社会和时代的客观要求,就是博物馆事业发展的新趋势。

从博物馆的发展史来看,博物馆的职能经历了收藏—研究—公共服务三个阶段。随着社会的发展,19 世纪末至 20 世纪 70 年代,经历两次博物馆革命即博物

[①] 王宏均:《中国博物馆学基础》(修订本),上海古籍出版社,2001 年 12 月第 1 版第 36 页。

馆现代化运动之后,"博物馆承担着服务于社会和社会发展的重要使命"成为世界性共识:教育职能不仅长期和收藏、研究职能鼎足而立,而且其作用得到进一步的加强。20世纪70年代以来,随着西方"服务经济时代"的到来,博物馆发展深深受到服务经济乃至服务型社会的影响,故第三次博物馆革命开始强调"以人为本"的运营理念,使得博物馆历史上第一次把"人"与"物"置于同等重要的位置。[②] 在此背景下,2007年8月24日国际博物馆协会(以下简称"国际博协")在维也纳召开的全体大会通过的经修改的《国际博物馆协会章程》规定"博物馆是一个为社会及其发展服务的、向公众开放的非营利性常设机构,为教育、研究、欣赏的目的征集、保护、研究、传播并展出人类及人类环境的物质及非物质遗产"。通过国际博协关于"博物馆"的定义不难看出,随着经济社会的发展,博物馆的公众性、公共性是在不断加强的,其注重人性、以人为本的人文内涵正好反映出了现当代博物馆的文化内涵——公共文化服务。

二、我国博物馆公共文化服务现状分析

随着服务经济与服务型社会深入发展,博物馆的公共服务的重要性将进一步地凸显出来。博物馆作为文化事业单位,其在公共服务体系中主要在"公共文化服务"方面发挥作用。就博物馆所处的位置而言,博物馆的公共性与公共文化服务具有内在一致性。博物馆的公共性主要有如下三个特征,"公有性是指博物馆所征集、研究、保护、传播和展示的人类及人类环境的见证物,是人类的共同财产,归全社会所有,为全体民众享有……开放性是指博物馆是一个对所有公众开放的公共领域,任何一个公民都有权利来到这个开放的空间,参与这里的公共文化活动,接受教育,休闲娱乐……公益性是指博物馆对社会的服务是永久而非营利的,是社会全体民众在博物馆这样一个公共空间行使公共文化权利,享受公共文化利益的体现。"[③] 从博物馆公共属性的内涵来看,其三重属性与公共文化服务"以保障公民的基本文化生活权利为目的、向公民提供公共文化产品与服务"的宗旨是一致的。既然在当代社会中博物馆肩负着公共文化服务的重大使命,那我国目前博物馆公共服务的现状又是怎样的呢?

---

②丁福利:《强化公共服务—我国博物馆追求国际化与中国特色的双重呼唤》,《中原文物》,2011年第2期,第91—92页。

③孙丽霞:《志愿服务与博物馆公共性的发展》,《四川文物》,2011年第5期,第94页。

　　尽管改革开放 30 年以来我国经济社会飞速发展，博物馆事业也取得了巨大的成就，但在公共服务方面依然有很多不尽如人意的地方。因此业内人士在网络、报纸、期刊上发表了一系列文章，剑锋直指我国博物馆公共文化服务。2006 年 5 月 17 日，星岛环球网"舍利子"发表的《尴尬的中国博物馆 四不像的公共服务》一文认为："5 月 18 日是国际博物馆日，今年国际博物馆日的主题是'博物馆与青少年'，但在中国，虽然在 2000 年底就已经达到两千多家的博物馆，作为一项公共服务，却与民众有着一段遥远的距离。"尽管言辞激烈，却也反映出了博物馆公共服务能力差的现实。2010 年 9 月 8 日《中国文物报》载张健《以人为本关注民生构建博物馆公共服务体系》一文指出："改革开放以来，特别是近十几年来，我国博物馆事业取得了令人瞩目的成就，但仍然存在融入社会程度不高、实现博物馆的宗旨和目标的能力不强；博物馆的展示和服务内容、形式有待丰富和精化，教育职能的发挥处于较低层次；粗放运行的管理方式没有发生根本改变，博物馆的自主创新能力不强，体制机制等深层次的矛盾和问题亟待解决。"较为深刻地指出了我国博物馆公共服务中存在的问题。此后，夏婷在《中美博物馆的运行机制比较及对我国博物馆发展的启示》一文中认为："除去个别大馆及特色馆之外，我国大多数博物馆还没有树立'以人为本'的经营思想和服务理念，对公众服务不够重视，既不重视观众的需求调查，也不考虑如何做才能更好地吸引观众……一些博物馆公共服务还缺乏科学的规划，未找到既符合博物馆公益要求，同时又符合本馆特色和优势的准确定位，未形成一个有机而完善的服务体系。"[④] 不久之前，2013 年 6 月 8 日宁波文化遗产保护网转载《中国文化报》的《中国博物馆亟待提升公共服务的能力》一文详细地点出了我国博物馆公共文化服务中存在的问题：从经营理念和手段方面看，我国博物馆存在经营理念落后、手段方法简单的问题。大部分博物馆仍然将博物馆视为文物保管和研究机构，工作重心和经营目标仍然是收藏、保管和研究……"重展"不"重教"，普遍忽视展览的延伸和拓展教育活动……另外，博物馆与学校、社区的联系不够密切，深入民众尤其是青少年的程度较低。上述博物馆界 4 篇文章反映了一个共同的问题——我国博物馆的公共文化服务能力较为薄弱，有待于进一步加强。

---

④夏婷：《中美博物馆的运行机制比较及对我国博物馆发展的启示》，《科普研究》，2012 年 02 期，第 32 页。

三、汉中博物馆公共文化服务的发展策略

前面已经谈到我国博物馆公共文化服务能力较为薄弱的现状,我们应该怎样应对这些问题呢?这是时代给博物馆界提出的一个重大课题。同时,汉中博物馆作为地市级博物馆,有着鲜明的地方特征,蕴含着广大人民群众质朴的文化传统和气息,凝聚着本地的信仰习俗与行为习惯,能够反映出本地的文化价值观念,能够增进民众对汉中文化和汉中历史的了解,增强本区域内人民的传统文化认同感,进而提炼出汉中文化精神。既然汉中博物馆肩负着如此重大的使命,又与国际博物馆公共服务强势发展的态势、国内博物馆公共服务需求十分突出的现实交织在一起,作为地区性博物馆的汉中博物馆应该如何规划自身的公共文化服务发展策略呢? 这正是本文所要探讨的核心问题。

1.汉中博物馆公共文化服务的现状分析

汉中博物馆的公共文化服务业务开展的情况基本上是很不错的。首先,博物馆服务观念明确。汉中博物馆在其网站"馆长致辞"中说道:"(博物馆)以精美的展览、独特的韵味、创新的活动、优质的服务在弘扬和展示汉中优秀传统文化的舞台上扮演着重要的角色……博物馆是属于全社会的文化空间,博物馆事业是全社会共同的文化事业,需要社会各界大力协助和共同努力。"汉中博物馆的定位中有一个鲜明的特点——与社会各界共同努力,创造一个属于公共的文化空间。这个定位十分符合当今国际国内形势,符合服务型社会对博物馆公共文化服务的要求。其次,汉中博物馆组织机构基本上符合公共文化服务的要求。汉中博物馆在自身组织机构建设上分为"保卫科、宣教科、业务科、财务科、汉中历史文化遗产研究中心、文化产业科、复制科、基建科、项目科、办公室"10个部门,其中宣教科、汉中历史文化遗产研究中心、文化产业科和复制科基本上可以满足公共文化服务业务。其三,汉中博物馆的门户网站建设与时俱进,符合公共文化服务的要求。在其网页设置上,分为"汉博动态""汉博概述""数字博物馆""风物汉中""汉博导游""汉博论坛""网上预约"及"在线交流"等9大主要栏目,其中"汉博动态"栏目实时反映博物馆活动情况,"数字博物馆"栏目下设"汉博地图""汉台由来""汉台掠影""名人驻足""学术研究"及"天汉流光"6个子栏目,基本上可以反映博物馆的发展情况,"汉博论坛""网上预约"及"在线交流"则可以实现博物馆与观众的互动交流。此外在主栏目下面还设有"图片新闻""汉博快报""最新公告""文博资讯""视频欣赏""最新活动""馆藏文物""天汉风光""民俗风情""学术文库"及"旅游

推介"11个子栏目作为补充,完全可以胜任公共文化服务业务要求。其四,在对外展示与互动方面,汉中博物馆亦做出了很大的努力。在学术研究方面,汉中博物馆创办过《石门——汉中文化遗产研究》(现在更名为《汉中市博物馆馆刊》)旨在为汉中及汉水文化研究者搭建一个交流的平台,实现双向互动。此外汉中博物馆还深入学校教育机构,如2013年5月18日,汉中博物馆围绕"5·18国际博物馆日",专门针对学生,策划了"追寻石门"——青少年书法体验活动,更好地配合了学校在中小学生书法第二课堂的教育。在中国文化遗产日开展了"6·8中国文化遗产日"系列活动:"可爱的家园"走进校园系列讲座为汉师附小师生带去了一道文化大餐。同时,2012年汉中博物馆馆长冯岁平先生被陕西理工学院历史文化与旅游学院聘为特聘教授,积极与高校交流互动。综上所述,汉中博物馆自2012年5月重新整合资源组建新馆以来,立志高远、目标明确,初步形成了以服务为核心的现代化博物馆运作体系。

2.汉中博物馆公共文化服务发展的政策依据

从国家战略层面来看,2003—2012年这一系列政策规划及立法为全国博物馆公共服务打下了坚实的政策基础,这也从国家层面为汉中博物馆公共文化服务提供了重要的政策保障。

表3.2-1 2003—2012年关于公共文化服务部分政策

时　间	文件名称	政策要点
2003年12月22日	《中共中央宣传部、文化部、国家文化局关于进一步加强博物馆宣传展示和社会服务工作的通知》	坚持以人为本,强化服务意识,把社会和观众的需求作为博物馆工作的出发点和落脚点……把社会效益放在首位。
2005年12月22日	《博物馆管理办法》	第二十七条　博物馆应当根据办馆宗旨,结合本馆特点开展形式多样、生动活泼的社会教育和服务活动,积极参与社区文化建设。

时　间	文件名称	政策要点
2008 年 1 月 23 日	《关于全国博物馆、纪念馆免费开放的通知》	博物馆、纪念馆免费开放符合世界文物展示业的发展趋势，有利于完善我国现代国民教育体系和履行教育职能，有利于发挥博物馆、纪念馆作为公益性文化机构的社会价值。
2012 年 11 月 8 日	《坚定不移沿着中国特色社会主义道路前进 为全面建成小康社会而奋斗——在中国共产党第十八次全国代表大会上的报告》	全面建成小康社会，实现中华民族伟大复兴，必须推动社会主义文化大发展大繁荣，兴起社会主义文化建设新高潮，提高国家文化软实力，发挥文化引领风尚、教育人民、服务社会、推动发展的作用……继续推动公共文化服务设施向社会免费开放……增强国有公益性文化单位活力。

除了国家政策保障之外，结合汉中市文化发展实际情况以及《汉中市"十二五"旅游发展规划》，使得建设博物馆公共服务体系的任务更加迫切和重要。《规划》之中有十大重点项目，其中分为"精品项目"和"特色项目"两大类，精品项目有定军山（温泉）度假旅游项目、汉文化旅游项目、天汉水城旅游项目和青木川古镇旅游项目，特色项目包括"四园"、乡村休闲旅游项目、张良庙-紫柏山旅游项目、五龙洞国家森林公园及南沙湖风景名胜区。其中，文化旅游部分占整个旅游发展规划的 40% 以上，这为汉中市博物馆的公共文化服务提供了良好的契机。从事文化旅游开发，提升文化品位，让外界认识、体验汉中文化，提供优质的公共文化服务产品，也正是建设公共文化服务体系的内在要求。

3. 汉中博物馆公共文化服务发展策略

前文提到，随着服务型经济与服务型社会的兴起，博物馆界的工作重心突出体现在"展出与公共服务"上，深刻地体现了"以人为本"的现代化服务理念。结合汉中市博物馆的实际情况，以及汉中博物馆所承载的文化服务使命，我们必须在新时期、新起点上重新探讨其公共文化服务的策略。笔者以为,我们的总体规划应该是"以服务为核心,以'输入'与'输出'为重点",努力构建以人为本的公共文化服务体系。

3.1 以服务为核心

服务是当代博物馆最重要的职能,也是建设社会主义先进文化的立足点。博物馆的公共服务,体现的是博物馆作为公共性、公益性、文化性机构的特点和性质。博物馆公共服务不是仅仅体现在各种服务设施上,重要的是体现在其服务的理念上、服务的态度上和服务的手段及项目上。[5]在国际业界,古德(G.B.Goode)说过:"博物馆不在于它拥有什么,而在于它以其有用的资源做了什么。"同时,美国博物馆理论家斯蒂芬·艾德华·威尔(Stephen Edwar Weil)也说过:"丰富的收藏是很多人的向往,但是,如果这些收藏不能被充分利用,它就不能体现博物馆的价值,那就不如一笔壮观的捐赠,或是一座壮丽的新建筑。"这两句话点明了博物馆"公共服务"的重要性。从我国建设社会主义文化强国及中华民族伟大复兴的历史使命来看,博物馆公共文化服务建设应紧跟乃至赶上国际先进水平,努力做好公共文化服务。同时,从地区文化发展的实际需求来看,博物馆,尤其是汉中市以历史文化为主的综合性博物馆更肩负着提升地区凝聚力、发掘地区文化特质的重大使命,故此我们的工作必须从"收藏与研究"向"公共文化服务"靠拢,让文物说话,让文化发言,让民众沐浴在历史悠久的汉中文化光泽之中。

3.2 积极做好"输入"工作

"输入"是"输出"的前提条件。从汉中博物馆发展的情况来看,"输入"主要包括"管理理念""文物征集"和"志愿服务团队建设"等3个方面。由于博物馆的中心工作是服务,建立公共文化服务平台,首先必须解决管理方式、理念问题。自新中国成立以来,我国文化事业单位皆以行政化等级科层管理为主要特色,博物馆亦未能例外,现在逐渐实现"馆长负责制",这是一个很好的开端,借着博物馆自主意识的增强这一趋势,在管理过程中更需要实现人性化、集体化决策管理。其次,建立"博物馆之友"组织,发动群众促进文物的征集与流通。我市文物来源多为考

---

⑤八路军太行纪念馆网站:张少鲲:从后台到前台 由配角变主角——对博物馆公共服务和社会教育职能的重新认识与定位,http://www.balujun.org/yjzx/rwzl/zsk/7685.html,2012-06-23/2013-06-20。

古发掘、捐赠、破案移交和购买，但是在文物的流通方面似乎不太通畅，有鉴于此，我们应建立"博物馆之友"组织，广泛发动群众、吸纳群众参与到文物交流事业当中，从民间征集部分文物，从而实现馆藏文物的增量和更新。其三，建立志愿服务常态制度。从国际博物馆发展的情况来看，"据不完全统计，美国博物馆中正式员工和志愿者的比例是 1:4。"⑥同时在我国台湾省，其博物馆志愿者公共服务系统运营也是相当成熟的，"志工对台湾地区博物馆的贡献是巨大的。据科学工艺博物馆统计，他们志工人数为 1078 人，每天出勤 200 人，年服务时数是约 16 万小时，相当于 82 位全职员工，节省了 3000 万台币的人事费用。"志愿者加入博物馆公共服务事业，便于扩大博物馆的业务范围，节省日常运营开支，提供更加优质的文化服务产品。我市可以和陕西理工学院合作，直接招募专业对口的志愿者(如历史学、图书馆学专业)及时进行基本从业能力培训，充分利用社会人力资源，提高公共服务的效率，提升公众参与度。

3.3 努力做好"输出"工作

通过第一阶段的"输入"工作之后，"输出"工作则关乎博物馆公共服务的效果。从博物馆的职能及现实需求来看，"输出"工作应分为"公共设施建设""陈列展示""宣传推介""学术研究"及"文化创意产业开发"5 个主要的方面。

增加公共服务设施建设。与国际及国内发达地区博物馆相比，我们缺乏一些公共设施，如博物馆附属图书馆、影院、大型会议室报告厅、体验厅、餐厅、卫生医疗室等，有待于进一步建设。

做好陈列展示。传统的博物馆仅立足于馆内静态展示，为了适应现代化运营模式则可以在展位旁运用现代化"声、光、电"的手段营造原生态博物环境。以石门十三品为例，可以在其周围配上石门开凿及刻字短片影像资料，增强其感染力。其二，博物馆作为公益性文化机构，积极实现"走出去"战略。博物馆可以走向社区，农闲时走向乡村，多办流动性特展，让广大人民群众真正享受到我市文化建设的优秀成果，真正接纳并积极参与到博物馆事业当中来。其三，加强宣传教育与推介工作。在西方，博物馆的公共文化服务业务中有很大成分都是"宣传与教育"。冯馆长积极投入到本区域的高等教育当中以及宣教科讲解员到中小学，到军营，到企

---

⑥夏婷：《中美博物馆的运行机制比较及对我国博物馆发展的启示》，《科普研究》，2012 年 02 期，第 31 页。

业去宣传展示汉中博物馆是一个很好的开端。在下一阶段,我们可以为本地学校开设学修课程,如"走进汉中""汉中历史文化""汉中文物"等,设置一定的学分,将偶然性文化宣传服务内化为常态性文化宣传推介,真正做到将宣传推介与公共文化服务相结合。

组织和培养志愿者的业务与服务能力。在博物馆公共服务中,我们应该大力培养志愿者的业务能力,让他们广泛参与到文化宣传与教育推介的事业当中,体现博物馆的公共性与公益性,提高公众参与度。

积极开展不同层次的汉中博物馆学术研究活动。充分利用馆藏文物资源,有区分度地组织学术活动。对于一般文化层次的博物馆爱好者朋友,可以让他们介绍馆藏文物大致情况,发表参观的感想,以调动更多民众参与博物馆公共文化服务事业;对于有一定研究能力的馆友、志愿者及文化研究者,按照研究者的专长,主要对汉中博物馆文物进行文化意义的阐释方面做出精而深的研究,以期带动汉中文化研究,促进博物馆公共文化服务业务的发展,积极发挥文化效能,凝聚汉中文化意识,全面推进文化建设。有鉴于此,笔者建议将《汉中博物馆馆刊》办为两版,即"文化推介版""文化研究版",做到通俗文化与经典文化的融合。在宣传与研究之后,结合具体研究现状,利用大型学术报告厅集中举办《汉中历史文化大讲堂》,尽量使其制度化和常态化。

积极做好文化创意产业开发。在博物馆公共文化服务体系建立的过程中,在博物馆文化输出的过程中,最后一步也是最关键的一步就是需要在文化宣传、研究的基础上促进文化创意产业的发展,让公共文化资源回到公共层面,在更广泛的社会背景下形成强势的文化影响力。

四、结语

博物馆面向群众,21世纪的博物馆必须切合社会大众的需要,这已成为现时博物馆业界的一个普世价值。[⑦]随着服务型社会的到来,博物馆的主体业务亦随之转向了公共文化服务,积极与公众沟通,团结协作良性互动,共同努力构建和谐的博物馆生态文化。同时,从汉中博物馆公共文化服务来看,已经取得了一定的成果,从其未来的发展来看,牢牢把握"服务群众"的核心,积极组织民众参与博物馆

---

⑦(中国香港)黄秀兰:《面向未来的博物馆定位与职能》,《中国国家博物馆馆刊》,2012年第8期,第26页。

公共文化服务建设事业,鼓励志愿者队伍参与博物馆文化建设,抓住"输入"与"输出"两个重点,真抓实干,必将推动汉中公共文化服务业的发展,进而可以在更广泛的社会层面上发挥公共文化建设的社会作用,彰显汉中文化精神,提升汉中文化品位,让公共文化服务产品惠及最广泛的社会大众,真正建立"公益文化大家办,公益成果大家享"的良性文化生态循环模式。

浅议高校博物馆公共服务职能的发挥

陕西师范大学博物馆　张弛

摘要:高校博物馆是高校教学科研的基地、教育育人的平台、校园文化的载体;同时也应成为面向公众开放、为社会及其发展服务的公益机构。无论从历史的发展还是从现实的维度来看,充分发挥高校博物馆的公共服务职能都是大势所趋。作为政府部门来说,要设法解决高校博物馆公众服务的投入问题;作为高校来说,要进一步明确高校博物馆的发展定位。积极转变办馆理念,主动做好公共服务,实现服务学校教学科研和人才培养与服务社会公众相统一,才能使高校博物馆的价值最大化。

主题词:高校　博物馆　公共服务

高校博物馆既是我国教育事业的重要组成部分,也是我国文博事业的重要组成部分,有着丰富的资源和巨大的发展潜力。据统计目前我国高校博物馆已超过200座,而且规范化、专业化、综合化发展的趋势日益凸显。以陕西为例:已经备案的高校博物馆已达18座。2012年以来,西安交通大学、西北大学都已建成规模较大的综合性校级博物馆,再加上2007年已建成开放的陕西师范大学博物馆,具备对社会开放条件的综合性大学博物馆已有三家。

关于高校博物馆,首先应该承认它是隶属于高校的教学科研的重要基地,是进行人才培养、社会实践的育人平台,也是校园文化建设的重要载体;同时也应该看到,作为博物馆它也应该具有为社会及其发展服务,向公众开放的非营利性常设机构的一般特征。但从我国高校博物馆的现状来看,绝大部分还处在"养在深闺人未识的"初级阶段。不少高校博物馆还处在"是否对社会开放"的纠结之中。其中,既有博物馆定位及办馆理念的羁绊,也有管理体制和运营成本的考量。本文试从历史与现实两个维度对这一问题进行简要剖析。

一、历史的维度:面向公众是现代博物馆的基本特征

1. 博物馆的发展轨迹:宝物库—研究机构—面向公众的文化教育机构

在古代希腊，另外有一种与现代博物馆性质比较接近的专门保藏宝物的机构，它是一种专门保存版画、珠宝、王室的旗帜和权杖以及其他珍贵饰物的收藏机构。这种宝物库在欧洲其他国家也有发现。一直到了文艺复兴时期，随着收藏内容的扩大，原来一些宝物库逐渐使用了当时流行的拉丁文"museum"。

公元前4世纪，马其顿的亚历山大大帝在建立地跨欧亚非大帝国的军事行动中，把搜集和掠夺来的许多珍贵的艺术品和稀有古物交给他的教师亚里士多德整理研究，亚里士多德曾利用这些文化遗产进行教学、传播知识。亚历山大去世后，他的部下托勒密·索托建立了新的王朝，继续南征北战，收集来更多的艺术品。公元前3世纪托勒密·索托在埃及的亚历山大城创建了一座专门收藏文化珍品的缪斯神庙。这座"缪斯神庙"，被公认为是人类历史上最早的"博物馆"。"博物馆"一词，也就由希腊文的"缪斯"演变而来。

与我们今天见到的博物馆不同，缪斯神庙其实是一个专门的研究机构，里面设有大厅研究室，陈列天文、医学和文化艺术藏品，学者们聚集在这里，从事研究工作。传说在洗澡时发现了浮力定律的著名物理学家阿基米德，以及著名数学家欧几里得都是在这里从事研究工作的。

具有现代意义的博物馆是在17世纪后期出现的。在18世纪，英国有一位内科医生汉斯·斯隆，他是个兴趣广泛的收藏家。为了让自己的收藏品能够永远"维持其整体性、不可分散"，他决定把自己将近八万件的藏品捐献给英国王室。王室由此决定成立一座国家博物馆。1753年，大英博物馆建立，它成为全世界第一个对公众开放的大型博物馆。随着时代的推移和社会教育发展的需要，改了名称并扩大了规模的博物馆逐渐取代了原来的宝物库，终于成为今天为广大公众开放的文化教育机构——博物馆。

2. 博物馆定义的流变：收藏—展出—面向公众开放，为社会及其发展服务

1946年，国际博物馆协会在法国巴黎成立。《国际博协成立决议》对博物馆的定义是："博物馆一词包括所有向公众开放的艺术、科技、科学、历史或考古的物品的收藏，包括动物园和植物园，但不包括图书馆，具有展厅的图书馆除外。"

1951年国际博协通过的协会章程第二条"定义"对博物馆的定义是，"第一款：这里的博物馆一词是指任何为公共利益而管理的，为保护、研究和宣扬的目的，运用各种手段，特别是向公众展出其具有愉悦和教育作用的有艺术、历史、科学和技术的文化价值的物品和标本的机构、植物园、动物园和水族馆。第二款：设

立常设展厅的公共图书馆和档案馆也可被视为博物馆。"

1969 年国际博协通过的协会章程对博物馆的定义是,"第三款:国际博协将承认任何为研究、教育和欣赏的目的而保护和陈列具有文化或科学意义的物品收藏的常设机构为博物馆。第四款:上述定义将适用于:公共图书馆管理的展厅和档案馆的收藏;正式向公众开放的历史古迹及历史古迹组成部分或共存物品,如教堂珍宝,历史、考古和自然遗址;植物园、动物园、水族馆、人工生态园及其他展示活动物的机构;自然保护区。"

1974 年协会对博物馆进行了明确的定义,公益性成为它的首要职责。

2001 年国际博协通过的《国际博物馆协会章程》对博物馆的定义是:"博物馆是一个为社会及其发展服务的、向公众开放的非营利性常设机构,为研究、教育、欣赏的目的征集、保护、研究、传播并展出人类及人类环境的物证。(1)博物馆的上述定义应不受任何主管机构、地方特征、职能机构或有关机构收藏取向等因素的限制而予以适用。(2)除被指定为"博物馆"的机构外,为本定义之目的,以下具有博物馆资格:i 具有博物馆性质的从事征集、保护并传播人类及人类环境物证的自然、考古及人种学的历史古迹与遗址;ii 收藏并陈列动物、植物活标本的机构,如植物园、动物园、水族馆和人工生态园;iii 科学中心及天文馆;iv 图书馆及档案中心常设的非营利性艺术展厅、保护机构和展览厅;v 自然保护区;vi 符合前述定义的国际、国家、区域性或地方性博物馆组织,以及负责博物馆事务的政府部门或公共机构;vii 从事与博物馆和博物馆学有关的研究、教育、培训、记录和其他事务的非营利性机构或组织;viii 保护、延续和管理实物或非实物遗产资源(活遗产和数字模拟活动)的文化中心或相关机构;ix 执行委员会经征求咨询委员会意见后认为其具有博物馆的部分或全部特征,或通过博物馆学研究、教育或培训,支持博物馆及博物馆专业工作人员的此类其他机构。"

2007 年 8 月 24 日,国际博物馆协会(ICOM)在维也纳召开的全体大会通过了经修改的《国际博物馆协会章程》,章程对博物馆定义进行了修订,修订后的定义是:"博物馆是一个为社会及其发展服务的、向公众开放的非营利性常设机构,为教育、研究、欣赏的目的征集、保护、研究、传播并展出人类及人类环境的物质及非物质遗产。"比较国际博协 2001 年的博物馆定义:"博物馆是一个为社会及其发展服务的、向公众开放的非营利性常设机构,为研究、教育、欣赏的目的征集、保护、研究、传播并展出人类及人类环境的物证。"我们注意到 2007 年定义有三处比较重要的调整,其一是调整了博物馆业务目的的表述顺序,将"教育"调整到第一位,在2001年定义中"教育"列第二位;其二是将博物馆工作对象的外延延伸到非物质遗产,即"物质及非物质遗产",而2001年则为较宽泛的"物证"。根据人们的理解,物证通常只涉及具有物质实体的物件;其三是去除了沿用多年的对可视为博物馆的组织的列举,只保留了对博物馆组织目的、性质、功能和工作对象的原则表述。

2007年定义将"教育"调整到博物馆业务目的首位,取代了多年来将"研究"置于首位的认识。看起来这只是表述语序的调整,实际上反映了国际博物馆界近年来对博物馆社会责任的强调,反映了对博物馆社会效益的关注,也反映了博物馆在工作态度上更采取外向的选择。我们还应该注意,定义在表述时,是将"教育"作为"征集、保护、研究、传播、展出"等项博物馆基本业务的共同目的,也就是说,博物馆各项业务活动都应贯彻"教育"的目的,不应将本职业务的内容作为自己的工作目的。此外,各项业务活动要协调配合,发挥各自专长,使博物馆教育发挥实效,丰富多彩。

二、现实的维度:高校博物馆蓬勃发展,但其公众服务举步维艰

1. 从世界视域来看,高水平大学都有面向公众开放的高校博物馆

目前世界一流的大学几乎都有自己的博物馆,少则1~2座,多则10余座。英美一些名牌大学由于其深厚的文化积淀,在这一方面走在世界的前列。英国的剑桥大学有着悠久的历史,她以那些著名的学院建筑物和7座博物馆吸引着来自世界各地的参观者。同为世界名校的牛津大学约有900年的建校历史,因此8座博物馆的历史和规模也不容小觑。全世界学子神往的美国哈佛大学也同样拥有众多的博物馆,并形成了属于哈佛自己的博物馆文化。这些博物馆在服务于学校教学科研的同时大都向公众开放。

2. 从我国高等教育发展的现状来看,高校博物馆数量增长较快,质量提升尤其是对外开放、服务公众方面仍具有较大提升空间

我国高校博物馆近年来数量有较大幅度的增加,但要发展高校博物馆,还有一个重要的前提条件是要改变高校博物馆是教学标本、从事专业学术机构的认识,明确现代高校博物馆的定位和办馆指导思想,强调高校博物馆在育人和校园文化建设方面具有独特作用的同时,要注意建树高校社会形象,加强高校博物馆与社会的联系。高校博物馆只有立足高校,服务社会,才能得到更好的发展。

3. 受办馆理念及经费制约，"自闭"或"开放"成为不少高校博物馆的两难

据调查，目前我国200余座高校博物馆中能做到对公众开放的尚不足三分之一。大部分高校博物馆"养在深闺人未识"，博物馆管理者慨叹有"开放"的愿望、而无"开放"的条件。公众服务更无从谈起。其中运转经费问题、人员编制问题是掣肘的难点。

三、高校博物馆开展公共服务的问题与对策

那么，高校博物馆能否由单一的服务学校，拓展为服务社会公众，实现既是教学科研基地，也是公共服务平台，由"校内博物馆"向"公共博物馆"的转变呢？笔者认为只要政府部门、高校、博物馆共同努力，妥善解决发展定位、管理体制、办馆理念、运转经费等问题，答案是肯定的。

1. 对政府部门来讲，要设法解决高校博物馆经费不足的问题

据了解，目前绝大部分高校博物馆经费匮短缺是导致不能对社会公众开放服务的主要原因，由于经费原因高校博物馆在收藏保护、陈列布展、宣传教育、服务公众等方面心有余而力不足，建议国家文物局和省级文物部门对面向公众开放的高校博物馆实行经费补贴政策，以此激活高校博物馆服务社会公众的能力和热情。

2. 对高等学校来说，要进一步明确高校博物馆的发展定位

高校博物馆的责任在以学校教育为主的同时，也应兼顾公共教育，在力所能及的情况下承担部分公共教育的责任。不仅仅将博物馆作为教学科研的基地，还要把博物馆建设成为学校对外宣传的窗口和公众服务的平台，充分发挥博物馆的社会服务教育功能。

3. 对高校博物馆而言，要积极转变办馆理念

要积极策划活动和项目，努力争取政府部门、社会各界、学校对博物馆公众服务工作的政策、经费支持。高校博物馆只有做好社会服务，实现服务学校教学科研与服务社会公众的统一，才能使博物馆的价值最大化，才能赢得学校的认可和社会的美誉。

论博物馆教育的人文关怀

秦始皇帝陵博物院　　田　静

内容提要：博物馆丰富而珍贵的实物资源，是任何教育机构都无法拥有的，这些资源经专业人员的研究，再通过陈列、讲解和互动体验的形式传达给公众。博物馆教育应体现人文关怀，博物馆在发挥教育功能、策划教育活动时必须因人施教，承认观众的个性差异和个体需求，平等地对待每一位观众，积极营造和谐互动的"社会课堂"，促进人的全面发展。

关键词：博物馆　教育　人文关怀

博物馆教育是人类文明得以延伸、传承的重要手段。博物馆在发挥教育功能时，一定要体现人文关怀。博物馆教育的人文关怀，就是尊重每一位观众，承认观众的个性差异和个体需求，在释读藏品、办好展览的基础上，设置欣赏、学习、体验活动，激发观众的潜能和创造性，促进人的全面发展。

一、博物馆是社会教育机构

中国博物馆有重视教育的优良传统。1905 年，张謇创立南通博物苑时的初衷是"设为庠序学校以教，多识鸟兽草木之名"，强调"庶使莘莘学子得有所观摩研究，以辅益于学校"，明确把博物馆看作是普及科学、历史知识的社会教育机构，是学校教育的补充。蔡元培认为，博物馆是重要的社会教育机构；杨钟健说，博物馆的作用相当于若干个大学。京剧大师梅兰芳三至南通，每次都下榻于苑内花竹平安馆；1920 年 6 月，美国著名哲学家杜威来南通访问，专程参观了博物馆；1922 年 8 月 20 日，中国科学社第七次年会在南通举行，梁启超、杨杏佛、竺可桢、丁文江、陶行知和张謇等在藤东水榭开会，盛况空前；1928 年，德国汉堡大学教授颜复礼来南通参观博物苑，并说自己在德国就知道南通有个博物苑，可见当年博物苑已经声名远播。

新中国成立后，党和政府明确提出，博物馆事业的总任务是进行爱国主义教育，使人民大众认识历史，认识自然，热爱祖国，提高政治觉悟与生产热情。博物馆应以历史唯物主义为指导,举办展览,建立群众解说工作制度,使博物馆走出"庙堂",和人民大众的文化生活密切联系,使博物馆的社会教育功能得到充分体现和发挥。随着更多的意识形态和政治因素的出现,博物馆逐渐从文化教育机构变成政治教育机构。博物馆是一个开放的公共文化机构,应该开展形式多样、灵活易学、雅俗共赏的教育活动,帮助人们体验、发现、欣赏、深化已有知识。

博物馆是社会教育机构,博物馆教育既不能局限于馆内,也不能采用一成不变的简单形式,而应面向社会,走进大千世界,贴近群众,设置寓教于乐的教育体验活动。博物馆教育必须以服务为主,以平等的姿态来进行,诚如苏东海先生所言:"博物馆是通过为观众自我学习提供服务而实现教育目的的。"

二、博物馆的教育面向全民

博物馆教育具有全民性。博物馆教育的对象,没有性别、年龄、出身、民族、职业、文化程度、健康状况等条件的限制。只要公民有提高自身素养的意愿,就可以根据自己所需去博物馆汲取知识、拓展视野、激发创意。博物馆应借助自身优势打造互动交换最频繁、最持久的"社会课堂"。

博物馆教育的目的是提升国民素质,教育的内容是培养审美情趣,教育的方式是观赏体验。

1. 提升素质

中国历史类博物馆居多,博物馆的展品和展览主题与小学的德育教育、中学的历史教学、大学的素质教育有密切关系,所以博物馆可以策划不同的教育活动。在博物馆里,受教者不受课堂教学形式的制约,也没有竞争、考试的压力,足以在开放的条件下完成自我学习和教育的过程。

2008 年以后, 中国的一大批博物馆免费开放, 使得普通百姓能够走进博物馆,国家博物馆、首都博物馆、南京博物院、陕西历史博物馆等很多博物馆外常常可见等待参观者排起的"长龙"。有人说欧美国家的孩子们是"在汽车和博物馆中长大的",足见博物馆教育的重要性。全美国共有 1.7 万个博物馆,其中 88% 提供从幼儿到少年的教育项目。英国制定了"国家课程",明确指出博物馆教育可与学校课程连接。法国的中小学生每周都有一两次参观博物馆的专门课程,并有具体的教学大纲和计划。①

---

① 张炯强:《中国青少年每年只进博物馆 0.15 次》,《新民晚报》2012 年 5 月 18 日。

2. 培养情趣

博物馆是典藏人类文明的殿堂，是进行美学教育的最佳课堂，是提高人们修养、品位的最佳场所。博物馆教育是一种审美体验。博物馆优美整洁的环境，就是对观众的美育教育，它对塑造民众健全的人格具有重要作用。博物馆的文物藏品和陈列展示，蕴藏着深刻的美；许多藏品是艺术珍品，集艺术、历史、科学价值于一身。博物馆的陈列设计是依照美学原则把文物藏品进行陈列展示。讲解员通过自己的语言，使凝固无声的文物"活"起来，实现文物与观众的人文情感交流。

美国纽约市布鲁克林博物馆地处纽约闹市区，当地有很多贫民，博物馆的教育部负责人将每周五晚上定为"博物馆艺术之夜"并免费开放。于是，博物馆成了大家约会的地点，人们坐下来一边喝咖啡一边谈艺术聊生活，这种方式，把博物馆教育与社会教育结合起来。

3. 注重体验

博物馆教育内容丰富多样且具有愉悦性，是实施教育的活教材。只有博物馆这样包罗万象的教育场所，才能提供最全面、最深刻的教育内容。调查表明，多数观众喜欢参与互动的体验。"互动"是一种理念、一个过程，不只是动手，还可以动脑、动眼、动口、动心。在参观过程中，观众希望博物馆提供愉快的体验活动。观众参与了什么活动，感觉如何，与看到了什么展品一样重要。博物馆教育是在完全自由的状态下，通过对文物展览的观赏、阅读、听讲、触摸及操作等方式进行的科学文化、道德礼仪等方面的熏陶。黄春雨认为："博物馆教育的本质应该从满足公众的体验、求证、验证等这样一种心理需求，这样的博物馆教育就能与课堂教育区别开来。"[②]

博物馆是"立体教科书"，"观众在博物馆中学习具有非正式、自愿性、情感性和变革性的特征，这是博物馆教育与正式的学校课程、阅读印刷品、进图书馆和互联网搜索的区别所在。博物馆学习是一种变革性的、情感性的体验，在此过程中，观众在一种非正式的、自愿的环境中，培育新的态度、兴趣、鉴赏、信仰和价值观。"[③]

三、博物馆教育应有人文关怀

博物馆丰富而珍贵的实物教育资源，是任何教育机构都无法拥有的，这些资

---

②赵汇、卢冬、茹实：《全国百余专家学者在兰把脉"博物馆与教育"》，《兰州晨报》2013 年 7 月 7 日。
③瞿群：《博物馆教给我们什么》，《中国文化报》2013 年 7 月 11 日。

源经博物馆业务人员的研究,通过陈列与讲解传达给公众,而由于公众缺乏欣赏与解读的能力,自然而然地处于资源利用的被动境地,即博物馆提供什么,公众接受什么④。

应该承认,目前博物馆教育还存在一些误区,主要表现在三个方面:一是热衷于使用新技术、新材料。电子触摸屏、4D 穹幕影厅、电子沙盘……越来越多的音频、影像、触摸屏等多媒体技术在博物馆展览中得到应用,成为博物馆陈列展览的一种重要辅助手段。这些具有良好互动性和参与性的多媒体技术,在一定程度上起到了烘托展览效果的作用。但是,多媒体技术只能作为辅助手段,不能取代文物展品的重要地位。在多媒体技术投入上还应考虑到博物馆的经济承受能力及后期运营,毕竟多媒体技术更新换代快且费用高。二是为"博物馆日""文化遗产日""文物法宣传日"等节日而设计的活动,属短期行为,缺乏长效机制。博物馆的教育功能没能完全融入中小学教育中,一些博物馆虽然与中小学校共建教育基地,但活动形式都是以参观展览为主,走马观花式的参观效果平平。三是为完成任务或者某项指标而做,徒具空壳。很多博物馆只是挂了一个"爱国主义教育基地""科普教育基地""廉政教育基地""青少年体验中心""学生社会实践基地"的牌子,平日不对外开放,大众没有体验参观的机会。

我以为,博物馆教育要有服务意识,要服务于学校教育、成人教育、国民教育这个中心,科学组织相关的辅助教育活动,不拘形式,注重实效,帮忙不添乱。

1. 博物馆展览:让人看明白、愿意看

展览是博物馆将藏品蕴含的信息传递给观众并与公众交流的重要方式,是为让观者对物品产生兴趣而展示博物馆最出色的藏品,更是博物馆实现教育使命的重要媒介。文物不会说话,但文物蕴含着丰富的信息,成功的展览设计要达到这样的效果:所有的展品都应在人们看到它们的第一眼就向观众讲述自己的故事。

博物馆展览是给广大观众看的,而不是给少数专家或者精英人士看的。因此,展览必须主题鲜明、文字通俗,形式设计赏心悦目,要对展品进行通俗化、大众化的解读,使观众在心理上产生共鸣。

人们面对具有科学、艺术和历史价值的陈列展品,在欣赏享受美的同时,也能得到知识和启迪,感受文化的魅力,得到精神上的熏陶。因此,陈列布置上,要以观

④⑦刘迪、夏子婕:《博物馆教育应"授人以渔"》,《中国文化报》2013 年 6 月 20 日。

众的参观需求为根本,每一个细节都应该考虑到观众的感受,包括展品的文字说明、灯光、声音、色彩以及参观路线等,以达到博物馆教育的目的。

2. 博物馆讲解:让人听得懂、喜欢听

如果说展览是对展品的系统解读,讲解就是对解读的必要补充,是把展览主题和展品内涵准确传递给观众的媒介。因为理论体系的巨大差异,中国的博物馆以历史知识为主,而西方的博物馆则带有强烈的美学和人类学特征。再加上中国传统的文化传播方式,重知识灌输而少启发思考,更使得我们的博物馆变成专家学者的自说自话。⑤

博物馆教育要让人们在轻松、愉悦的气氛中掌握学习内容,要有符合大众认知特点的解说词。博物馆的讲解员肩负着教师的职责,应该向学校的老师学习,了解学生心理,掌握与学生沟通的技能。讲解员要对文物内涵做深度挖掘和高度概括,并通过富有感染力的讲解,用社会公众能够理解的方式和语言沟通交流,这样传递的信息才能被接受。一位观众在国家博物馆在听完讲解后这样说:"好像整个展览都豁然开朗起来,那些19世纪的画作连同朋朋出色的描绘,构成了一个无比美好的瞬间……"⑥

3. 博物馆服务:让人来得了、留得住

博物馆要有与博物馆文化内涵相关的图书馆、影剧院和餐饮等配套服务设施。首先,博物馆周边要有便捷的交通道路,让观众通过火车、汽车、地铁等交通工具迅速到达。其次,博物馆服务应该多样化,要有游客服务中心,负责解答观众提问,指导参观路线,馆内要有无障碍通道。第三,博物馆要借鉴宾馆、旅游景区的服务标准,用制度规范服务质量,不能因员工的好恶情绪而降低服务标准。第四,积极应对投诉。一旦观众提出投诉,博物馆必须坦然面对,迅速反应,认真处理。好的服务本身就是广告,观众如果在博物馆享受到高质量的服务,自然会对博物馆留下美好的印象。

四、博物馆是"第二课堂"和"终身学校"

2008年后,一大批博物馆免费开放,普通大众能够走进博物馆,增加文化修养、受到艺术陶冶、获得精神享受。无论是以技术手段改变陈列面貌,还是以互动项

⑤刘彤:《愿意跟世界上最优秀的博物馆交流——访韩永》,《经济观察报》2006年7月31日。
⑥易明:《一位博物馆志愿者的十年讲解时光》,《中国文化报》2013年3月21日。

目增强与观众双向交流,博物馆在提升自身教育能力的同时,观众解读博物馆的能力却未得到明显的改变,"传受失衡"的矛盾在博物馆与公众之间日益突出。⑦

　　博物馆的社会教育要围绕着为学校教育、成人教育、国民教育服务的中心,科学组织辅助教育活动,内容丰富,时间灵活,形式多样,注重实效。博物馆在服务公众的过程中,自身也在成长和提升。一个博物馆,不仅要有壮观的建筑、精美的藏品和完善的设施,更要有自己的气质和品格。观众可以通过博物馆的人文精神看到它的社会责任感、工作态度和服务水平等。博物馆的人文精神是博物馆的灵魂,是生机与活力的所在。⑧

　　1. 关爱未成年人,发挥"第二课堂"作用

　　博物院作为教育机构和学生的"第二课堂",除通常的免票参观和讲解外,还可以根据学生特点设置教育体验活动,加深参观印象。故宫博物院的"故宫知识课堂"、秦陵博物院的"秦文化大讲堂"、西安博物院的"乐知学堂"、内蒙古博物院的"欢乐大课堂"等活动都有很好的社会反响。很多博物馆在寒暑假期间的"小小讲解员"培训、"夏令营游博物馆",先让孩子观看博物馆文化知识的短片,对博物馆有直观的了解后,再到展厅参观,经过观摩讲解培训,穿插进行馆藏文物知识、消防安全实践活动、趣味文史讲座、讲解技巧等训练,重在培养"奉献、友爱、互助、进步"的志愿服务和团队协作精神,以提高青少年沟通交流的综合能力。

　　未成年人是非判断力差、善于模仿、可塑性强,他们"童言无忌"的特殊心理表达和在当今家庭中扮演的主导角色,决定了他们比成年观众更具人群影响力。未成年人在学校承受以分数划等级的学习压力,在家庭受到家长的溺爱或强权。这就要求博物馆弥补应试教育和家庭教育的缺憾。山东博物馆的"小小志愿者特训营"值得一提,特训营采用"饥渴培训"法激发孩子的好奇心,鼓励他们多提问题,主动探索。特训营不仅提高了孩子参观博物馆的热情,而且还促进了他们智力的发育、发展。⑨福建博物院的"小小讲解员"让孩子们在学习中收获知识和快乐。美国游客安伯·科克在听了11岁男孩徐恩泽的讲解后说:"能用这么流利的英文讲述历史,真的很棒。他显然是这里的小主人!对于像我这样第一次到中国的游人来

⑧张晓洋:《故宫的人文精神》,《中国文化报》2013 年 7 月 11 日。
⑨孙友德:《关爱未成年人:博物馆社会教育的起点——以山东博物馆为例》,《中国文物报》2013 年 2 月 6 日。

说,他讲解的信息很有价值。"⑩

博物馆是青少年素质教育的基地,学生就是博物馆的服务对象。秦陵博物院作为爱国主义教育基地,建立了通过预约方式向有组织的学生团队免费开放的制度,并无偿提供讲解。秦陵博物院十余年来已接待学生团队五百余万人,特别是来自贫困山区、地震灾区和打工子弟学校、聋哑学校的师生。这样的举措使博物馆教育润物无声,而且富有人文关怀。

2. 弘扬优秀传统,发挥"终身学校"作用

博物馆有文物资源,有展览场所,有参观的观众,应该延伸教育功能,举办与传统节庆或时代热点相关的临时展览、讲座、活动等,培育民族精神,弘扬传统文化。博物馆教育要与公众分享文化资源,让不同背景、兴趣、能力及年龄的人学习不同的知识。河南博物院的道德讲堂深受欢迎。讲堂设有自省、学唱道德歌曲、学礼仪、诵经典、发善心、送吉祥、向德鞠躬七个环节。首先由主持人带领全场观众闭目自问:"我的心诚不诚,我的情真不真,我的行正不正?""爱不爱自己的工作,有没有做到尽心尽力、精益求精?"接下来再开始讲座。"道德讲堂"的启动是文明的传承,是爱心的接力,是博物馆教育的创新。

深圳博物馆通过反映文化多样性来促成不同文化群体之间的相互交流和理解,促进社会和谐,以达到传播积极向上的正能量的目标。《深圳改革开放史》陈列有1000多件(组)展品、1200多幅图片,让观众感受改革开放中的艰辛和困苦,感受至今洋溢在城市里的光荣与梦想;原居民的家庭用具、票证、农村城市化改造实物、创业者珍藏的家书等展品以细节感人,传递了筚路蓝缕、拼搏进取的能量;深圳对边缘地区的对口帮扶、募师支教等事迹,传播了"送人玫瑰、手有余香"的观念。深圳博物馆展陈中包含着的情感因素让市民对城市产生归属感,有助于培育公民意识和感恩的情怀、阳光健康的心态,也因此赢得了广大观众的强烈共鸣。⑪

博物馆是知识殿堂、终身学校和精神乐园。博物馆在传承文明、普及知识、弘扬民族精神、提高公民素质等方面发挥着重要作用,必须强化教育功能,策划教育项目,实施教育计划,才能更好地完成传承文化的重任。

---

⑩刘旸、邵晓安:《福建博物院"小小讲解员"的暑期生活》,新华网2013年7月24日。
⑪何红梅:《走进生活和心灵的博物馆教育——从深圳博物馆谈起》,《中国文物报》2013年7月24日。

走出文化圣殿的博物馆

——浅谈西安碑林公众教育服务的探索与实践

贺　华

内容摘要：博物馆作为文化的神圣殿堂、人类的精神家园，肩负着传播文化、传承文明的使命与责任。本文以西安碑林博物馆开展公众教育服务活动为例，通过博物馆举办内容多样、形式新颖、面对公众的喜闻乐见、互动参与的教育活动和服务项目，阐述了对博物馆开展公众教育服务的实施方法和有效途径，提出博物馆只有走出文化圣殿，走进社会公众，努力转变观念、健全机制和创新理念才能不断提升博物馆公众教育服务的能力和水平。

关键词：博物馆　公众教育　社会服务

博物馆作为公共文化机构，传播历史知识、弘扬传统文化，体现了人类精神文明的核心价值观，成为公共文化服务体系中的重要组成部分。西安碑林博物馆作为文化传承与创新的神圣殿堂，深入挖掘自身的文化内涵，充分发挥教育优势，突出碑林文化特色，以其文化的独特性、教育的广泛性，问计于民，问计于社会，让文化惠及民众，从以"藏品为本"转向"以人为本"、从"坐等参观"变为"主动服务"，开展了内容丰富、形式多样的公众教育服务活动。

一、开展博物馆公众教育服务的途径与方法

为了培养和增进公众对博物馆的兴趣与热情，让更多的公众走进博物馆，爱上博物馆，将参观博物馆作为生活中的一种习惯，西安碑林博物馆努力改善教育服务项目，创新教育服务手段，充实公众服务内容，以丰沛的文物资源、生动的教育方式、广阔的服务空间，精心策划并打造了品牌化的"流动碑林 1+3"、"书家面碑巡展"和"三五活动"等教育项目，以满足公众的精神文化需求。博物馆通过"1+3"模式，以"石墨镌华——西安碑林名碑拓本展"为中心，举办学术讲座、笔会座谈和文化产品推介三项活动。碑林书法名家通过"面碑书作巡展"的形式，开展书法艺术交流、书法文化论坛。特别是"三五活动"，以"三贴近五走进"的形式，通过传

统文化体验、碑刻文化讲座、国学经典吟诵、历史短剧演绎等活动,科学诠释和趣味解读博物馆文化,努力增强文化信息的辐射与渗透,使博物馆成为公众生活的伙伴。

1. 碑林文化讲堂

为了充分发挥博物馆在国民教育中的积极作用,博物馆走进机关部队、企业厂矿等开展系列的碑林文化知识讲座。在陕西澄城矿务局,讲座《西安碑林与书法艺术》以西安碑林的缘起与发展、中国古代碑刻的种类、西安碑林与中国书法等为内容,使职工们仿佛置身在碑石之林的翰墨清香中,不仅对中国书法艺术有了深刻的认知,更沉浸在千年历史遗存和对古老文明的沉思里。讲座《走近碑林 感悟中国文化》走进空军工程大学,围绕西安碑林的历史沿革和宏富巨藏,阐释了西安碑林的领袖地位和厚重蕴藏。特别独具碑林文化特色的"一轴二翼"展示格局,使广大师生耳目一新,受益匪浅,更加对碑林充满了向往和新奇。在讲座中,书家学者们还泼墨挥毫,为他们演绎和传播书法艺术,在增强公众对传统文化的感知中,也丰富了他们的文化生活。

2. 趣味汉字解密

汉字是中华民族传统文化的精华,是中华文明的特有载体。西安碑林博物馆作为世界上最大、历史最悠久的汉字宝库,以"趣味汉字 魅力碑林"为内容走进西安市实验小学。在课堂上,结合碑石中龙、蛇、鸟、马等汉字的变化和特点,通过形象的演示、生动的故事,以及通俗的语言和直观的图片,从结绳记事、汉字起源到书法演变,为孩子们精心讲述和真情解读。为了激发孩子们的兴趣,博物馆改变传统讲解方式,增强互动参与性,使孩子们根据不同的汉字,不仅列举了熟悉的成语,而且在轻松愉悦的氛围中,感受汉字的独特魅力。为了适应小学高年级学生,博物馆还走进后宰门小学,以"畅游碑林——寻找知识宝藏"为内容,介绍了碑林的历史及馆藏的国宝珍品,使同学们在体味传统文化中,增强爱国情怀,为实现中国梦而发奋努力。

3. 传统文化体验

碑林文化体验活动是博物馆针对未成年人教育开展国民教育体系工作的一项重要内容和率先举措。体验活动突出碑林文化特色,结合学生的成长特点,为孩子们提供看得见、摸得着的趣味活动,让他们在观察参与中学习知识,感知传统,享受快乐,增强自信。体验活动突出操作性和互动性,开设了石膏翻模制作、陶泥压模、碑石捶拓、水写临书、"永字八法"沙盘演示等内容,特别是陶泥压模、碑石捶拓,不仅生动直观、寓教于乐,而且丰富和充实了青少年们参与的方式方法,让更多的青少年了解古代传统文化的特殊魅力。为了进一步扩大参加传统文化活动的群体范围和社会影响,还以"文化大篷车"的形式将文化体验好的送进校园之中。"博物馆的优势就体现在能够为观众提供独特的体验,提供一种交流互动的场合。"这种"体验式"教育,引导孩子们对文物进行"零距离"接触,让他们从中有所发现、有所收获。原来课本上的遥远历史,却在亲自体验中感悟到文化就在身边。

4. 国学经典吟诵

西安碑林博物馆收藏着儒家经典《开成石经》和《石台孝经》等。为了传承中华经典、弘扬国学精粹,博物馆走进西安小学,开展"吟诵中华诗文 亲近碑林文化"活动。孩子们通过对《诗经》《论语》等古典名句的吟诵和朗读,加深了对儒家经典的理解和学习。博物馆还走进环西小学,举办"弘扬国学,诵读弟子规"活动。孩子们身着传统汉服,在接受"首孝悌,次谨信,泛爱众,而亲仁"的思想教育中,达到"以诗文辅德,塑造人格美;以诗文践行,引导行为美"的目的。通过系列经典诵读活动,孩子们从古代的经典中领略国学的精华,寻找中华民族的传统美德和崇高品质。这些不仅陶冶了孩子们的情操,更增强了他们对中华文化的认知度和崇敬感。西安市第八中学珍珠班的学生们,在吟诵儒家经典《孝经》中的语句时,感慨地说:"我们是得到社会资助的班,我们要用力所能及的行动感恩社会,回报社会。"

5. 名碑荟萃教学

在我国小学阶段语文六年级的教材中,有篇为《名碑荟萃》的课文。文章以简洁的文字和生动的内容,介绍了西安碑林的历史地位和著名书家。"博物馆应注重'耳闻目染、习以为常'的感官培养。对已进入义务教育年龄的儿童,留意课本和博物馆的相关性。"为了加深学生对课文的了解,博物馆进行了一种创新教学模式的尝试,将学校教育和博物馆教育进行有机结合。西安韦曲街道中心学校开展"名碑荟萃"教学活动,为同学们详细介绍西安碑林的书法地位和名家碑刻,并根据课文结合碑刻进行开放和互动的教学,还以"假如我是西安碑林的讲解员"为题目进行作业。这不仅增添了学生学习的兴趣和好奇,也是对传统课堂教学的一种突破。校长王韶斌讲道:"此次活动开展得非常好,意义深远。讲解内容与学生课文'名碑荟萃'紧密结合,可以让学生有机会并且很容易看到具体实物,不再是简单停留在书本上,从而真正达到知识教育和素质教育相结合的目的。"课堂教学活动是西安碑林开展博物馆教育纳入国民教育体系的系列活动之一，也是结合学校教育、配合新课改革的重要内容之一。

6. 历史短剧演绎

为了更好地宣传碑林文化，传承古代文明，西安碑林博物馆不断深化教育活动的形式和内容，挖掘碑石背后的故事，让博物馆里的文物"活"起来、文字"走"出来、人物"动"起来。博物馆将碑石中的历史故事、书法家的传奇经历，甚至碑刻的迁移情况等，以历史小短剧的形式，为孩子们进行直观而形象的演绎。在社区广场、在高校礼堂，讲解员以碑刻《官箴言》等为背景，通过幽默诙谐的语言、生动形象的表演，为公众精心阐释廉政文化、书法故事等，使他们在笑声中感受碑石上鲜为人知的内容，在思考中体会碑石蕴含的意义。

7. 校本教材开发

为了探索校本课程开发的新途径、新方法，博物馆走进校园，积极与学校加强沟通和联系，共同协作开发校本教材，与开通巷小学共同开发了《可爱的家乡——守望千年遗产"碑林"》。教材介绍了博物馆的名碑珍藏和书法知识，并通过设置不同板块来增强教材的趣味性和可读性，引导学生积极实践。为了更好地发挥教材的作用，讲解员还担任了校外辅导员。

针对八一街小学校内的古建筑——雷神庙万阁楼，博物馆以介绍古代建筑小常识、培养古建保护意识为出发点，举行"爱身边文物，寻百年历史"活动，挖掘校园历史文物，为学校开发和编写校本教材。教材不仅介绍了古代建筑的种类、斗拱、屋脊、瓦当等结构和特点，普及了古建知识，更增强了对古代科学活动的感性认识。校本教材的开发，让学生在"兴趣"和"特色"中，感受传统，学会做事；在实践与体验中，陶冶情操，学会学习；在美学与鉴赏中，感悟文化，懂得做人。"中国社会需要美，需要美育，需要培养人们的美感。博物馆需要在社会树立一种对美的追求。"

西安碑林博物馆依托碑林文化特色，坚持育人为本、德育为先、重在实践的原则，运用鲜活通俗的语言、生动典型的事例、喜闻乐见的形式，在丰富主题思想、挖掘精神内涵、拓展教育功能、创新教育内容等方面不断改进提高，组织开展的教育活动丰富多彩、有声有色，从多方面、多层次、多角度让博物馆融入社会，服务公众。

二、关于博物馆公众教育服务的思考与探索

博物馆作为公共文化教育机构，已成为我国文化强国战略的重要组成部分。

博物馆日益成为公众生活的重要内容，博物馆文化不仅改善了人们的生活条件，美化着人们的生活环境，更增强着公众的文化自信，提高着公众的文化品位，满足着公众的精神文化需求。博物馆要"改变重藏品研究的经营理念，确立以展示教育、开放服务为核心的经营新理念"。当然，要让博物馆真正成为公众生活的常态化体现，必须转变观念、完善机制、创新理念，在教育功能的发挥、教育形式的探索上有所突破，将专业化的知识转化为大众化的认知，甚至是平民化和本土化，而并非完全的国际化、全球化。也就是说，博物馆教育一定要符合普通公众的认知水平、审美情趣、知识结构和心理需求，方能使博物馆的公共教育服务作用得到充分发挥。

1. 转变观念，培养博物馆文化教育的参与者

"观众是博物馆的服务对象，也是博物馆赖以生存的社会基础，博物馆要更好地为观众服务。"博物馆要满足公众日益增长的精神文化需求，就要以最大的可能、最佳的方式扩大公众能够参与到博物馆的机会，而且是主动的、积极的。我们的城市中处处弥漫着浓浓的博物馆文化气息，这种得天独厚的教育资源，只有充分发挥和合理使用，才能让每一位公众在参与中感受到博物馆文化的亲切感和教育的亲密度。

博物馆应突破传统教育模式，探索多元化的服务模式。对公众进行问卷调查和跟踪分析，细化受众群体，对公众的参观心理、参与兴趣和来访诉求予以分类研究，真正从公众的角度出发，不同的服务对象、不同的教育内容，以"开放式"的理念，培养"参与者"的情愫。公众应是博物馆教育环境的主人而不是客人，他们具有自主性和选择性，他们需要的不是单向的知识传递，不是"说教"，而是双向的情感交流，是"对话"。博物馆要多维度、多视角地策划，并推出有创意、有影响、社会公众易接受，并能激发公众参与欲望的教育活动。同时，公众也可以参与到博物馆的工作、学习和生活中，通过切身的体会和经历，使博物馆成为自己的一种牵挂、一种渴望和期待。"博物馆受众是知识的创造者，也是知识的消费者；他们的深刻理解和专业技能丰富并改变其他人的博物馆体验。"

2. 健全机制，培训博物馆服务公众的教育者

博物馆是历史的宝库，文化的殿堂。是谁，掌管着宝库的钥匙；是谁，开启着殿堂的大门。是博物馆人，是每一位从事和实现博物馆收藏研究、展示服务、文化传播的博物馆教育者。他们是博物馆事业生存和发展的重要因素和有生力量，他们

不仅可以成就博物馆事业,也可以成就公众的文化体验。

博物馆教育者应走出文化圣殿的大门,强化服务意识和公众意识,弱化、淡化居高临下的心理和姿态,为公众架起一座文化的桥梁,连接一条文明的纽带,激发公众在博物馆的自豪感、自信心、爱惜情。每一位博物馆人应具有一定的业务能力、专业素质、文化修养,甚至在项目策划、服务理念等方面更应加强学习。博物馆公众教育服务要提升,就必须大力培养和培训公众服务方面的专业人才。然而,当前博物馆中教育人才相对紧缺,人才队伍结构也不够合理,特别是社会学、心理学、教育学等专业的人才匮乏,博物馆教育者在知识的全面化、系统化、专业化上更有待提高。教育者队伍只有不断培养和培训人才,形成人才结构的有力支撑、人力资源的充分使用、人员素质的自我完善,才能使博物馆的教育资源得到有效发挥。"博物馆作为不同文化的熔炉,以巨大的包容性向南来北往的人类群体开放,提供平等的服务,本身就是对人类自身主体地位和创造性的尊重。当代博物馆以完善的公共服务积极参与社会变革,在多元文化交流、共享中推动着社会的和谐进步。"

3. 创新理念,培育博物馆事业发展的合作者

博物馆作为文化的传承者、时代的引领者,必须开阔眼界,打开思路,与不同领域合作,寻找发展事业的合作者。博物馆教育和服务的对象不同,在开发教育模式的内容和形式上也应有所不同,博物馆应与合作者通过互动协作的教育项目,培养公众与博物馆的文化情结。"博物馆是博物馆人的,也是公众的,归根结底是百姓的。"

博物馆应着眼社会资源,拓展教育领域,与学校、教师,家长、孩子,以及社区、机关,甚至酒店、旅行社等搭建教育平台,与社会上的优势互补、资源共享,互动交流,形成合力,努力奠定良好的教育基础。同时,博物馆之间由于地域、时代、内涵等的差异,也具有各自的文化特色。所以,博物馆馆际之间应打破局限,整合资源,建立培育多方位的教育伙伴关系。在合作中发展,在交流中促进,在共享中构建着公众教育服务体系。

博物馆要注重教育理念的转变、教育功能的发挥、教育方式的创新以及教育效果的提升,建立和完善公共服务体系,不断推进博物馆事业的发展,提高博物馆公众教育服务水平。

提升公共服务能力
有效推动博物馆的良性发展

延安西北局革命旧址管理处　　马月霞

摘　要：随着社会的进步和公众对精神文化需求的不断增长，博物馆服务社会的功能将日渐强化。坚持以人为本，贴近公众；发挥特色优势，吸引公众；确保运行的科学化和规范化，方便公众。不断提升公共服务的能力和水平，是博物馆在新的历史条件下实现全面、协调和可持续发展的有效途径。

关键词：公共服务　　博物馆　　发展

博物馆是传承文化血脉的重要载体，是激发民族凝聚力和创造力的精神殿堂，也是代表公众利益并致力于为公众服务的公共文化机构。随着社会的进步和人民群众对精神文化需求的不断增长，博物馆在构建公共文化服务体系、加强公共文化服务、实现人民基本文化权益方面的作用和功效，日益得到了凸显和提升。2011 年 3 月中共中央、国务院《关于分类推进事业单位改革的指导意见》，明确把博物馆列为"公益服务的事业单位"。现如今，国际博物馆界倡导的"将有助于人的发展和愉悦作为主要任务，坚持为社会和社会发展服务"的理念，得到了公众的普遍认可和欢迎。对社会服务功能的逐渐强化和突出，已成为当前博物馆发展的根本趋势和命脉所在。坚持以人为本、发挥特色优势、确保运行的科学化和规范化，是新的历史条件下推动博物馆实现全面、协调和可持续发展的关键所在。

一、以人为本、统筹兼顾，切实贴近公众

博物馆是进行文化宣传教育的重要场所，其社会教育目标就是充分利用博物馆的各种资源，最大限度地为社会大众提供优质服务，从而推动社会文化的发展和精神文明建设。随着博物馆的飞速发展，[①] 参观人数增加、软硬件建设要求更高

---

① 国家文物局 2011 年 12 月印发的《博物馆事业中长期发展规划纲要（2011—2020 年）》表明：截至 2010 年，全国依法注册的博物馆有 3415 个，到 2020 年，博物馆公共文化服务人群覆盖率明显提高，每 25 万人就将拥有 1 个博物馆。

和观众对博物馆的需求不断提升等新情况和新问题将更加突出,如何有效吸引公众,已经成了博物馆建设必须首先面对的挑战。

一座博物馆要想在众多的同行中脱颖而出,成功地吸引公众的眼球,单靠坐等观众上门肯定是不行的。必须不断策划和推出丰富多彩的活动、推出引人入胜的展览,才能吸引观众积极主动地走进博物馆。

在新形势下,博物馆应把"以人为本"作为实施其主要功能的前提,博物馆唯有以此为基础,才能得到高效的实施并切实发挥作用,只有积极转变观念、贴近观众,才能增强博物馆发展的活力并提供持续和强劲的动力。博物馆应充分考虑参观者的需求,多从观众的关注点和兴趣点考虑问题。博物馆是公众了解历史、文化和其他相关知识的直接窗口,是公共文化服务场所。博物馆作为国家公益性事业单位,有责任也有义务为大众和社会发展服务,因此要致力于使博物馆的展示教育成为与大众沟通的桥梁。还要不断探索陈列展览的类别和手段,充分发挥藏品本身所固有的价值,把观众真正喜爱和关注的藏品尽可能多地展示出来,既要对观众表示出足够的诚意,也要进一步提高藏品的使用率。同时,博物馆从业人员必须从思想上确立为观众服务、为大众服务的意识,充分尊重并认同"以人为本"的观念,加强学习业务知识,提高服务能力和服务质量,统筹兼顾,逐步取得观众和社会的认同。为此,在规划和统筹上,应该重点考虑以下四个方面。

首先,要实现保管功能和综合功能的有机结合。近年来,随着公众科学文化素养的提高,他们参与各种活动的文化品位和知识含量也越来越高,博物馆要不断满足大家的文化需求,因此,其中心功能开始由收藏保管向教育传播转移。同时,世界范围的旅游热、收藏热已将越来越多的观众吸引进了博物馆。为适应这些转化,在传统模式之外,许多博物馆需要增加会议、图书甚至餐饮、商业、娱乐等服务设施,使其成为文化综合体,这些都应该成为博物馆发展和建设过程中必须考虑的重点因素。

其次,要实现前瞻性和整体性的有机结合。在博物馆的建设过程中,必须突破传统的地区思维模式,尽可能地邀请国内权威策划团队在第一时间参与其中。要求博物馆的设计者们一定要吃透和把握当地历史文化的特性;要求专家学者和博物馆人全程参与新馆建设;加强博物馆与建筑界的沟通,对新馆建设进行专业评估。延安地区可以有效结合国家大遗址保护规划、陕北生态保护实验区规划、延安革命遗址群维修保护规划、文化旅游产业发展规划和城市总体规划,高起点地编制全市博物馆发展总体规划,统一掌控和配置资源,科学合理布局,实行差异化建设,对重复雷同、缺乏特色的市县博物馆进行撤并。

再次,要实现走出去和请进来的结合。要广泛动员以讲解员为主体的工作人员必须接地气,鼓励大家都能走出博物馆,迈向千家万户。充分利用博物馆这个传播的载体,积极搭建普通观众与博物馆之间良性沟通的桥梁,深入浅出地传授博物馆所包容的各类文化信息,提高普通民众的文化素养和接受能力。博物馆工作人员还要抓住时机,举行各种类型的纪念、宣传和推介活动,盛邀各级电视台、报刊、广播电台、网络等媒体共同参与,积极营造强有力的博物馆文化氛围。开展有奖知识竞赛、举办专题知识讲座、青少年夏令营和爱国主义教育基地循迹等活动,增加电台、网站或户外人口稠密区域的公益广告宣传,吸引广大观众的关注度,引发他们进馆参观的热情。

最后,是社会效益和经济效益的有机结合。应该积极引入市场化运营理念,大力拓展文化产业,培育博物馆自身造血功能。在强化公益性属性的同时,博物馆应坚定不移地走一条市场化投入产业的管理模式,积极利用自身的资源优势,变文化资源为文化资本,打破传统的管理方式,引入市场机制,发展对博物馆事业有所促进并能产生经济效益的投资、经营和产出,以实现资源的最大化利用。为此,应该不断加强品牌意识,宣传和推广自我;还应积极拓宽资金来源渠道,除争取政府拨款外,可以重点考虑各类纪念品的销售、博物馆会员费、个人和社会团体的捐赠、专项基金运作收益、授权和特许销售费,对外承办展览设计制作、筹划宣传活动、艺术和纪念品经营、休闲娱乐、简便餐饮,举办各种专题临时展览。通过不断的创新与尝试,实现社会效益和经济效益双赢,从而为博物馆整体运营提供保障,推动博物馆事业全面健康发展。

二、特色鲜明、陈展出彩,深深吸引公众

随着经济社会的不断发展,人民群众精神生活呈现多层次、多方面、多样性的特点,审美情趣、欣赏习惯、评价标准与过去有很大不同并且在不断发展变化。陈列展览必须准确把握社会文化生活的新特点和人民群众的新期待,在陈列展览内容、形式上积极探索,大胆创新,做到展出内容丰富多彩,展出形式新颖多样,要常办常新,最大限度地吸引观众,否则难以得到社会的认可和支持。

在日常的工作中,我们经常会发现有些博物馆在建设过程中投入巨大,装修华丽、流光溢彩,但是开展后却门前冷落,观众认可度低。为什么会这样呢?我们认为是混淆了陈展所要服务的主体和客体,在定位上出现了偏差。因为博物馆陈展的目的不外乎是要向观众传播某一方面的特定信息。因此,必须最大限度地与观众的认知结构相一致。要牢固树立"观众至上"的服务理念。要与观众换位思考,用"为观众展"替代"我要展"这种主观主义的思维定势,无论是基本陈列还是临时展览,陈列主题的确立、陈列展览的选配、陈列形式的设计都应以满足该馆主要观众层的基本需要为根本出发点,在展示内容上要充分考虑他们的接受能力和兴趣点,并与之产生最大的共鸣,使更多的人愿意走进博物馆,并被展览本身的精彩所打动。

以延安为例,当地历史文化丰富独特、博大雄浑。从类型上可以分为黄帝文化、革命文化、黄河文化、黄土风情文化四大板块。革命遗址主要集中在市区,黄帝文化根植于黄陵县,黄河文化以宜川壶口瀑布、延川乾坤湾最为神奇,黄土风情文化以安塞腰鼓、陕北民歌、剪纸、农民画驰名中外。立足这一现状,在确定博物馆的功能定位时,一定要依据"特色立馆"的思想,根据不同的文化特质,合理布局、实施建设、完善陈列、提升服务水平,倾力打造品牌博物馆。市级中心博物馆应突出延安依托黄土高原所孕育形成的地域历史文化,挖掘和体现黄帝文化、边塞军事文化、民俗文化,以及中原农耕与草原游牧的相互交融,揭示延安成为红军长征落脚点和夺取全国革命胜利出发点的深厚历史底蕴。县级博物馆的陈列展示要与市级和邻近县博物馆相衔接,避免雷同和文化阐释、解读的不一致甚至自相矛盾。在陈展方面,2008年新建成的延安革命纪念馆可以说就是这一方面的典范。该馆标志性建筑雄浑大气、特色鲜明,陈列布展全面、系统、鲜活、生动,采用历史编年体与专题展示相结合的方式,用1000多幅珍贵照片和2200多件革命文物,全方位展现了党中央和毛主席领导下的延安十三年辉煌革命史,并荣获"建国六十周年全国百项经典工程"和"全国十大精品陈列特别奖"。

总结延安革命纪念馆的基本经验,我们不难发现,一个成功的博物馆,最重要的是要充分运用馆藏文物办好基本陈列和展览。在此一定要把握住三条:一是要办出特色。特色就是生命,特色就是核心竞争力。文化遗产的价值不在于雕之以连城璧、制之以万两金,而在于它凝结、承载、传达的历史记忆,时代特征和文化的代表性与典型性。正是这些个性和特色最具有生命力,也最令人向往、眷念和回味;二是要赋予文物深刻的内涵。这就要求在布展时,要运用博物馆的展览手段,按照文物年代、作用,使文物与版面文字、出土地点、图片、文化类型、雕塑、沙盘、地图景观有机地结合成一个整体,突出当地地方历史、重大事件、重要人物,重要遗址等,使观众参观后感受到展览反映的主题,了解当地的历史,引起人们的关注,产生共鸣,增强民族自豪感;三是要运用一切有效的展示手段。如图表、文字、景箱、雕塑、沙盘、声光电等手段,配以必要的语言讲解等形式,以感染观众,打动观众。在长期的工作实践中,我们发现场景复原、多媒体投放、四维影院、幻影成像等参与性,趣味性和互动性强的陈展方式很受观众的欢迎。分析后我们认为,这种方式不仅向观众提供了知识,而且注重了思维拓展、动手能力的提升和探索精神的培养,因此更容易被大家接受和喜爱。

三、运行有序、管理规范,有效方便公众

博物馆是收藏、保护、研究、展示人类活动和自然环境的见证物并向社会开放的公益性服务机构,只有实施科学高效、规范有序的管理,才能将弥足珍贵的文化遗产永久地传承下来,使其不断焕发出夺目的时代光辉,供观众们源源不断地汲取知识的营养,获得精神的沐浴,激发创新的灵感。加之文化遗产具有特殊重要性、珍稀性、脆弱性和不可再生性,不容有任何受损和遗失。由此可见,博物馆的科学管理弥足重要,并在一定程度上成为整个博物馆发展和服务能力能否得到充分发挥的重要保障。具体到实际工作中,应该把握好以下四个方面:

第一,文物安全是管理的生命线。各级政府和文物部门、文博单位,应切实增强安全意识、责任意识和风险意识,以高度负责、精益求精的态度做好文物安全保护工作。政府应从人员机构、政策资金、技术设备、应急管理、宣传教育等方面予以重视和支持。文物部门应完善馆藏文物保护管理制度,进一步加强博物馆藏品登记、建档、备案等基础工作,建立文物数据库和藏品目录,落实离任移交和藏品丢失、损毁责任追究制,预防和杜绝各类文物安全事故的发生。在强化文物安全的人防、物防、技防体系建设的同时,应充分认识"心防"的重要性,引导全民树立文物保护观念,形成政府主导、各方联动、全社会参与的立体式全员防护网,确保文物的安全和妥善陈展。

第二,人才建设是发展的根本。博物馆应采取多种方式进行人才培养,提高队伍素质。要有针地性地选派专业人员到大专院校、专业培训机构或相关博物馆深造和提升;组织开展业务讲座与交流、答疑,不断促进从业人员业务知识和相关技能的储备与更新;适时建立健全以绩效考核为基础的博物馆各级各类工作人员的等级评定制度,并使之与薪酬相挂钩,严格责任考核,加强动态管理,充分调动大

家的工作热情和主人翁意识。面向社会招聘选拔有较高文化素质并热衷于博物馆事业、乐于奉献的义工或志愿者,及时补充博物馆专业人员的不足。坚持不懈地开展博物馆领域和地方历史文化的基础性研究,以科学研究和史料挖掘为引擎,有效增进博物馆工作人员的创新发展能力和业务提升的内生动力。

第三,科技跟进是重要的支撑。应充分运用计算机、多媒体和网络技术,建设市级数字博物馆,对传统博物馆的管理和业务工作进行信息化、数字化改造和提升,进一步提高馆藏文物保护管理、科学研究和社会服务能力。采用 3D 电影、幻影成像、半景画等技术,发挥其可视性、交互性、扩展性、灵活性等技术优势,实现文物的复原、收藏、展示和情景再现,让历史的、静态的文物"动起来""活起来",甚至可以让参观者直接参与其中,切实增强其趣味性和感染力。

第四,品质服务是永恒的追求。博物馆要体现"以人为本"的服务理念,牢固树立质量意识和品牌意识。发挥好延安地区在讲解方面"讲、唱、跳"相结合的传统优势,积极开展温馨、贴心和舒心服务,不断美化周边环境,合理配置公共服务设施,切实关注、收集参观者的服务需求和反馈意见,并积极改进。有条件的博物馆应配备公共广播和语音导览系统,有效提升休息厅、礼品部以及咖啡、茶座、自助餐等人性化和细微化的休闲服务项目的品质,使参观者在受教育的同时可以获得多方面的放松和休闲。

总之,博物馆的建设与发展,是传承文明、启迪未来的灵魂工程与民生工程。在新的历史条件下,突出时代风貌和地域特色,建设好博物馆,发挥好博物馆的独特功效,使其竭力发挥存史、资政、教化等功能,不仅能够促使文化资源实现不断整合与优化,有效提升城市文化内涵,而且可以进一步促使博物馆在彰显时代特色和科技文明的同时,积极带动文化产业、旅游业和服务业的产业升级和跨越式发展,并切实成为惠及民生、提升公共文化服务能力的窗口和重要载体。

遗址博物馆拓展公共服务职能的几点思考

——以秦始皇帝陵博物院为例

秦始皇帝陵博物院　　张　岩

内容摘要:本文以秦始皇帝陵博物院的实践为例,从依托开放式发掘构建公共展示体系、专题展示考古及文物修复工作流程、提供特色馆外教育服务、利用新媒体技术优势搭建互动式公众服务平台等四个方面探讨了遗址博物馆如何利用自身特有的文物文化资源,不断拓展公共服务的深度和广度,从而实现遗址博物馆社会效益的最大化,促进遗址博物馆的健康发展。为新形势下遗址博物馆如何更大限度地满足观众及社会对遗址博物馆的专门化需求提供了启迪和思考。

关键词:遗址博物馆　　公共服务职能　　思考

自 1974 年国际博协第 11 届大会将"为社会及社会发展服务"写入博物馆的定义,博物馆的服务职能随时代的发展不断拓展强化,博物馆服务的内容逐渐丰富,服务范围不断扩大,服务手段和形式日益多样,构建完善的服务体系已成为博物馆发展的重要目标。

博物馆是公益性文化教育机构,博物馆向公共提供的服务内容是以文化教育服务为主,包括举办展览、开展教育活动等,兼及相关的非教育性辅助服务,如休闲、餐饮服务等等,其中教育服务无疑是博物馆服务于公众及社会的核心内容。博物馆以科学研究为基础,充分利用其藏品,依托博物馆的各项服务设施,举办体现自身特色并适应公众需求的展览,开展相应的博物馆教育活动。通过出版物及互联网等媒介与公众共享博物馆资源,是博物馆教育服务的基本形式。

遗址博物馆作为博物馆大家庭中的一个特殊门类,其收藏及展示内容与其他博物馆有很大不同,决定了遗址博物馆为观众及社会提供公共服务时,必然要体现出遗址博物馆的特性,以不断满足观众及社会对遗址博物馆的专门化需求。本文拟以秦始皇帝陵博物院为例,探索遗址博物馆如何利用自身特有的文物文化资源,不断拓展公共服务的深度和广度,从而实现遗址博物馆社会效益的最大化,促进遗址博物馆的健康发展。

一、依托开放式发掘构建公共展示体系，与公众共享考古资源

遗址博物馆是依托于遗址而建立的专题性博物馆，是"唯一拥有时间和空间相统一的历史实体的博物馆"，拥有历史现场是遗址博物馆不同于其他类型博物馆的最大特色和优势。因此，以教育服务为核心的遗址博物馆的公共服务的基本要义是要充分挖掘遗址内涵，向公众介绍遗址知识，阐释遗址价值，展示遗址魅力。具体到以秦始皇帝陵博物院为代表的考古遗址博物馆，教育服务工作展开的前提是系统科学的考古遗址发掘与文物保护修复工作。

秦始皇帝陵的考古工作始于20世纪60年代。1962年，陕西省文物管理委员会组织专家对陵园进行了为期数月的考古调查与勘探，测绘出第一张陵园平面布局图，拉开了秦陵科学考古的序幕，但此后十余年间，秦陵考古几近停滞。1974年秦兵马俑的发现震惊世界，秦始皇帝陵的考古工作再度开启。随着考古工作的不断深入开展，铜车马、青铜水禽、石铠甲、百戏俑等重要考古发现相继面世，不断带给公众惊喜与震撼。尤其是2009年我院取得考古团体领队资格后，引入新的科技手段，对兵马俑一号坑K9901陪葬坑、K0006陪葬坑继续发掘，对秦始皇帝陵园内城陵寝建筑遗址进行探沟式局部发掘，并对秦陵大遗址区域进行了系统规划并开展了全面系统的调查勘探，取得了秦始皇帝陵考古工作的重大收获。为了使公众及时了解秦陵考古工作的进展，实现与公众共享考古资源，自2009年6月兵马俑一号坑第三次发掘启动以来，采取了在发掘中展示的工作模式，在发掘工作的现场向公众公开展示，游客在一号坑的参观不受影响，可以看到各种遗迹遗物出土时的现状，了解考古发掘工作的过程。2011年9月，秦始皇帝陵K9901陪葬坑与K0006陪葬坑陈列厅试运行开放，观众同样可以观察到这两处重要遗址实时的发掘状况，亲眼见证文物的发掘与保护过程。

考古发掘现场的公开展示，满足了观众对考古和文物修复工作的心理需求，拉近了博物馆与观众的距离，使观众能够目睹考古现场中科技发掘与科技保护的融合，丰富了公众的参观体验，而更重要的意义在于充分体现了博物馆公共服务的公开、公平、公益性原则，考古工作不再闭塞于象牙塔，考古资源不再为博物馆专有，所有人都可以了解并利用博物馆资源，平等地享有博物馆提供的教育服务。

二、专题展示考古及文物修复工作流程，使考古工作走近公众

考古遗迹的发现与遗物的出土，以及最终在遗址博物馆内向公众展示的全过程,始终离不开考古工作者与文物保护修复工作者的辛勤劳动。但是,长期以来,博物馆的传统展示只注重展示文物,而忽视了考古学本身。考古到底是什么?考古学家究竟要做什么? 对于这些许多观众很感兴趣的问题,博物馆并未充分提供便捷的了解渠道。公众对于考古学知识的缺乏,直接影响到他们在博物馆参观的兴趣,影响到博物馆教育服务的成效。

为此,秦始皇帝陵博物院今年特举办了《考古工作者手札:2009—2012 秦始皇帝陵考古纪实》展览,打破了以往展览只注重文物展示的传统模式,全面介绍了秦兵马俑一号陪葬坑的第三次发掘、秦始皇帝陵陵寝建筑遗址的勘探、K9901 陪葬坑和 K0006 陪葬坑考古发掘工作的进展情况以及最新的考古成果,展现了文物从出土到修复完整过程中的各个不同时段的状态,通过大量的考古工作照片,以图文并茂的形式介绍了考古与修复工作的流程,使得公众在欣赏文物的同时,能够了解到考古工作及文物保护修复工作的基础知识,认识到考古工作的重要意义与价值。通过这个专题展览,架起考古工作者与普通大众之间的桥梁,满足公众了解考古专业知识的需求,使公众对考古工作者有更深入的了解,从而拉近公众与考古的距离,提高社会公众文化遗产保护意识。

三、针对公众多样化需求,提供特色馆外教育服务

自 2008 年起,我国的公共博物馆、纪念馆开始逐步向社会免费开放,这是我国博物馆积极应对社会变革,拓展博物馆公共文化服务职能的重大举措。博物馆界以此为契机,改进管理、改善服务,积极推动公众共享博物馆文化资源。受各方面条件的限制,目前我国大多数的遗址博物馆尚未全面实行免费开放,在一定程度上影响博物馆社会效益的发挥。为了使不同层次的社会公众都能享有博物馆的文化教育资源,秦始皇帝陵博物院的教育工作者走出馆外,开展多种形式的公众教育活动。

为推进博物馆进社区活动,博物院组织实施了"秦陵文化山区行"教育服务项目,旨在丰富山区学校学生课余文化生活,提高中小学生特别是秦始皇帝陵所在地周边山区学生对世界文化遗产的认知,激发他们对秦史、秦文化及文物保护知识较深层次的学习,树立爱祖国、爱家乡、保护文化遗产的自觉意识。秦始皇帝陵博物院根据馆藏文物的特色,结合中学课程的教学内容,通过举办专题讲座、论坛、赠送博物馆科普读物等多种形式的互动学习实践活动,促进博物馆教育与学校教育的相互结合,得到了参与师生及相关部门的一致好评,收到了良好的成效。

博物院与西安工程大学合作策划组织了"丽山园探秘——考古探测实践"活动。活动实施前先由考古队、保管部的专业人员做有关考古与文物保护基础知识的普及讲座，活动中由经验丰富的考古专业人员向学生们讲解考古勘探概要，并演示探铲的使用方法，教授学生如何辨认土层的变化以及如何确认文化现象等必要的相关知识。参与活动的学生们分组在技师指导下进行现场考古探测活动。并安排学生参观考古勘探人员的钻探工地，将之与学生自己的探测工作做对比，进一步强化所学。这项活动成功地将考古学理论与实践相结合，使学生们增长了知识、开阔了视野，既对秦始皇陵的建造布局有了基础认识，也初步了解到秦陵考古工作的规范流程，感受到考古工作的艰辛。活动主题鲜明，受到了同学们的热烈欢迎，得到了参与师生的高度评价和肯定，并引起社会媒体的广泛关注，有多家高校提出了合作要求。

这些专题性馆外教育服务活动，是遗址博物馆走出围墙，拓展公共服务职能的积极尝试。利用这些活动成功的契机，总结经验，针对公众需求，不断推出特色教育服务，建立长效机制，是我们今后工作的努力方向。

四、利用新媒体技术优势，搭建互动式公众服务平台

近年来，以互联网和手机应用（APP）为代表的新媒体技术的蓬勃兴起，极大地改变了信息交流的方式，对社会经济、文化、政治产生了深刻的影响，博物馆界也开始积极探索如何利用新媒体技术提供的发展机遇，以提升博物馆的信息传播能力，搭建博物馆与公众互动交流的平台，使博物馆的公共服务从单向封闭转向互动开放，更加及时有效地满足公众的多样化服务需求。

秦始皇帝陵博物院针对当前智能手机不断普及的趋势，开发制作了《秦始皇帝陵博物院展览集萃》手机应用程序，为智能手机用户提供博物馆在线展览平台。该应用集中展示博物馆的精品展览，实时更新相关新闻报道，展示文物高清图片，介绍展览出版物，并提供博物馆及展览的路线导引，二维码扫描讲解等功能，为公众打造了一个及时了解展览资讯、欣赏展览内容的便捷工具。目前已有《丽山园遗珍：秦始皇陵园出土文物精华展》《萌芽·成长·融合：东周时期北方青铜文化臻萃》《南国楚宝 惊采绝艳：楚文物珍品展》《考古工作者手札：2009—2012 秦陵考古纪实》等多个精品展览上线。其中《丽山园遗珍：秦始皇陵园出土文物精华展》在苹果APP 商店上线后，引起了国内外的广泛关注，上线当月成为苹果公司在全球 APP推荐的第一位。在《考古工作者手札：2009—2012 秦始皇帝陵考古纪实》中首次应用了二维码展品数据扫描技术，参观者只要用手机扫描一下二维码数据标识，就能通过手机在网上浏览该展品的相关信息资料，该项技术的运用大大提升了游客的参观兴趣，使观众有了独特的参观体验。

新媒体技术的运用，有力地推动了遗址博物馆公共服务水平的提升，是遗址博物馆积极应对社会发展趋势，参与社会变革，实现创新发展的成功实践。而新媒体技术日新月异的迅猛发展，更为遗址博物馆提供了日益广阔的利用前景与机遇，需要博物馆人重新思考与定位博物馆的公共服务模式。

回顾秦始皇帝陵博物院近来拓展公共服务职能的实践，都是依托遗址博物馆的自身优势，来积极探索应对社会的多样化需求。提升博物馆公共服务职能的关键在于建立长效的管理和运营机制，要通过媒体等多种渠道，利用科学的调研方法了解公众需求，将公共服务意识渗透到博物馆工作的各个环节，转换思想观念，转变工作方式，以满足公众及社会的合理需求，并且通过科学的服务评估手段来不断完善服务工作。在社会快速发展变革的今天，博物馆需要以更加开放的姿态切实面向社会，推进资源的合理、有效利用，为公众提供更加优质的服务，从而吸引更多的社会公众参与、支持博物馆事业，实现博物馆事业的可持续发展。

发挥红色资源优势　搞好公共服务的实践

河南省确山竹沟革命纪念馆　　鲁金亮

摘　要：党的十八大提出了"扎实推进社会主义文化强国建设"的要求。《国家"十二五"时期文化发展规划纲要》明确了"构建公共文化服务体系，加强公共文化产品和服务供给，加快城乡一体化发展，广泛开展群众性文化活动"的目标。《国家基本公共服务体系"十二五"规划》对基本公共教育、公共文化体育、基本社会服务等十大项公共服务的重点任务、基本标准、保障工程等都做了清晰界定。革命纪念馆如何构建贴近实际、贴近生活、贴近群众，面向社会、面向大众的公共服务体系，已成为紧迫的课题。本人结合我馆的实践与探索，浅谈如何发挥陈展、讲解、文化、共建等优势，搞好公共文化服务。

关键词：革命纪念馆　发挥优势　公共服务

红色文化资源是我党的宝贵精神财富，更是实现中国梦的力量源泉。革命纪念馆丰富的革命文物不仅是我党领导中国人民浴血奋战创建新中国的历史物证，也是传承革命精神和红色文化的主要载体。我馆实行免费开放 5 年来，在发挥自身优势，面向社会和大众提供贴心公共服务方面做了大胆有益的尝试。

河南省确山县竹沟镇素有"小延安"之称。抗日战争时期，竹沟曾是中共中央中原局、中共河南省委、竹沟地委和竹沟县委四级党组织所在地，河南、湖北、安徽、江苏地区党的工作概归中原局领导。刘少奇、李先念、彭雪枫等老一辈无产阶级革命家先后从延安来到竹沟，很快打开了敌后抗战新局面，使竹沟成为我党在中原地区发展的重要阵地和战略支撑点。我党在这里通过举办党训班和教导队等形式，培养了大批党政军干部，新四军二师一部、四师、五师主力均诞生于此，三师、七师的部分骨干也来自竹沟，因此被誉为"小延安"。确山竹沟革命纪念馆占地 60 亩，紧邻新(蔡)阳(南阳)高速公路和 334 省道，交通便利，建有东、西展厅各一座，陈展面积 3100 平方米，现存中原局旧址房屋 182 间，陈列革命文物 1200 多件，目前是"全国爱国主义教育示范基地""全国红色旅游经典景区""首批国家国防教育示范基地""全国青少年教育基地"和"国家 AAAA 级旅游景区"、"全国红色旅游先进集体"。我馆还拥有革命纪念地 30 多处,红色资源丰富,为多样性、全方位搞好公共服务提供了前提和条件。

一、发挥陈展优势,搞好公共服务

陈列布展是革命纪念馆业务工作的重中之重,也是传播红色文化和历史知识的有效载体,担负着教育、引导和启迪观众,服务社会的重要职能。2009 年,我馆抓住实施一期红色旅游发展规划的契机,着眼搞好公共服务的需要,立足举办好永久性的特色展览、专业展览和重点展览,在重新布置《竹沟革命斗争史展览》和陈列《新四军与竹沟展览》《竹沟英明展览》中,以时间为经,以重大历史事件为纬,突出"抗日纪念地,竹沟小延安"主题,采取"版面+文物+场景+油画+声光电"等多种展示方法和手段,增强爱国主义教育基地陈列布展的吸引力和感染力,扩大了爱国主义教育基地工作的覆盖面和影响力。《竹沟革命斗争史展厅》荣获 2010 年河南省文物系统"十佳"陈列布展最佳服务奖。在此基础上,我们发挥陈展主题鲜明、重点突出、图文并茂、生动直观的优势,充分利用节假日、重大革命历史事件和重要人物纪念日、建馆日,组织开展丰富多彩、特色鲜明的主题教育活动,把青少年作为重点人群,把深刻的教育内容融入生动有趣的互动中,收到事半功倍的效果。为社会更好地提供人性化服务,满足不同参观团体的需求,我们发挥红色资源丰厚的优势,在抗战时期彭雪枫举办竹沟军政教导大队、操练学员的军事训练场开办了"军事教育拓展园",协调济南军区调拨并摆放了一批坦克、加农炮、榴弹炮、高射炮等国防教育装备;在中原局旧址群举办了《廉政教育展览》,在中原局供给部举办了《确山民俗展》,增加了亮点,丰富了看点。我馆还先后举办了《彭雪枫将军展览》《朱理治展览》《今日确山展览》《确山竹沟革命纪念馆免费开放书画展览》等多个切合时事、群众喜闻乐见的临时展览,并开展"入校园、进机关"展出活动,丰富了人民群众的文化生活,赋予革命纪念馆新的生机与活力。目前,我们本着"知民需求、想民所想、利民观瞻、便民服务"的原则,从观众的角度出发制订陈展方案,正在对《新四军与竹沟展览》《竹沟英明展览》进行提升。

二、发挥讲解优势,搞好公共服务

革命纪念馆担负着"传承红色文化、传播历史知识、教育广大人民、建树时代支柱、服务社会大众"的重任。讲解以陈列为基础,陈展是讲解的前提,运用生动的语言和真挚的感情,将革命精神、革命传统和革命信念等传输给观众,是革命纪念馆联系社会大众的纽带,也是搞好公共服务的桥梁。讲解服务质量影响革命纪念馆的声誉和形象,更关系到功能和作用的发挥,如何面向社会和大众搞好讲解服务显得十分重要。近年来,我们每年都公开招聘具有大专以上学历、才貌俱佳、年轻有为的毕业生充实到讲解员队伍中来,按照"感情丰富真挚,语言恰如其分,仪态美观大方,知识积累全面,综合能力较强"的标准,采取"专门培训、外出学习、参加大赛、组织演讲"等行之有效的方法,锻造了一支集"资料员、研究员、宣传员、服务员、管理员"于一体的复合型讲解人才队伍。2010 年 5 月,在"驻马店市讲解员大赛"中,我馆派出的 4 名参赛选手包揽前四名,并代表我市参加"河南省第六届讲解员大赛",均获优秀奖。在讲解服务方面,我馆坚持以人为本搞服务,把观众的要求作为第一目标,把观众的满意作为第一追求,把观众的利益作为根本出发点和落脚点,做到权威讲解,贴心互动,微笑服务,驾轻就熟,收到良好的讲解效果。坚持"因人施讲"搞服务。对青少年运用讲故事、引导、提问、设问和互动等通俗易懂的方法,寓教于乐,以增强讲解的趣味性、知识性和亲和力、感染力;对中老年观众,采取简单明了、直白阐述的方法,适当留给观众提问和怀旧的空间,围绕观众提出的问题共同探讨,相互交流,以追忆历史,牢记过去,加深理解,强化记忆;对专家学者和领导,采取探讨性和研究性方法,有所讲有所不讲,突出重点,围绕疑问,在讲解中探讨、在探讨中释疑、在释疑中交流、在交流中提高,满足了不同观众对讲解工作的要求。我们还坚持按照需求搞服务,根据党政机关和企事业单位的需要,组织讲解员深入机关、学校、部队、厂矿宣讲竹沟革命斗争史,较好地服务了社会。

三、发挥文化优势,搞好公共服务

红色文化是培育和弘扬革命精神与时代精神的重要载体,更是实现"中国梦"的力量源泉。革命纪念馆必须深入挖掘这些宝贵的精神财富,找准文化与公共服务的结合部与着力点,将革命历史、革命传统和革命精神通过旅游参观方式传输给观众,精心打造红色文化品牌,培树时代支柱。竹沟军民在长期的革命斗争实践中积累了丰厚的红色文化,当地流传的山歌、民谣等无不包含红色元素。为使红色文化深入人心,我们在编辑出版《确山竹沟革命纪念馆五十年纪实》《确山竹沟革命纪念馆创 AAAA 纪实》,再版《小延安——竹沟》《刘少奇主持中原局》《红色竹沟》等革命读物,为社会提供宝贵精神食粮的基础上,自 20 世纪 80 年代创作《竹沟颂》《巍巍青山,悠悠竹沟》等歌曲之后,近年来又特邀词曲作家创作了《石榴花开》《喊一声竹沟》等革命歌曲和《刘少奇与竹沟》等小品,在全国东西部合作经验交流会和省、市春节文艺晚会上演出,并发布在中国音乐原唱基地网站上。与河南省红旗公司联合举办了"鄂豫皖苏四省红歌大赛"和"放歌红土地"文艺晚会。配合中央电视台拍摄制作了《彭雪枫将军》电视剧和《李先念》《丰碑》《刘少奇在河南》《思念》等纪录片,拟筹拍以抗战时期的中共中央中原局为题材的电视连续剧《中原烽火》。高度重视《确山竹沟革命纪念馆》互联网站的建设、管理和运用,充分发挥电台、电视台、报刊等多种媒体的传播渠道,丰富传播手段,增强文化产品的表现力、吸引力和影响力。为提高红色文化的欣赏品位,赋予鲜明的时代特征,我们把旅游纪念品的开发与红色文化有机结合,在庆祝中国共产党成立 90 周年前夕,由河南省委宣传部、河南省邮政管理局、河南省集邮公司主办,与邮政部门联合开发了以中原局旧址群和在竹沟战斗和工作过的刘少奇、李先念、彭雪枫等老一辈革命家为图文的邮票珍藏册,在我馆举行了隆重的首发式,并开发了金银纪念币、明信片、首日封等,销售业绩显著,不仅发挥了红色文化引导社会、教育人民的功能,还较好地宣传推介了我馆,在社会上引起震动和反响。

四、发挥共建优势,搞好公共服务

共建共享,是构建社会主义和谐社会的基本原则和基本特征,也是实现中国梦的客观需要。革命纪念馆与共建单位共同建设特色纪念馆、和谐纪念馆、文明纪念馆、文化纪念馆、生态纪念馆和效益纪念馆是共同的责任,共享共建成果是应有的权利。"共建"是"共享"的前提,"共享"是"共建"的目标。我馆先后被 120 多所大中院校确定为"爱国主义教育基地",被 40 多个部队确定为"实现当代军人核心价值观教育基地",并签订了共建协议,成为中原大地辐射爱国主义情操的阵地,传播精神文明的窗口。为做到"在共建中共享、在共享中共建",我馆在为共建单位搞好服务,协助开展"大学生暑期社会实践"等活动的同时,部分设有文物考古专业的高校主动派出教授和研究生来馆做文物修复、文物保护和展示利用等工作,共建部队积极帮助我馆整治环境卫生,修复损毁道路,把搞好公共服务作为共建的目标之一。同时,把公共服务内容延展向社会。山东大学发挥人才、智力、设备等优势,与我县签订了《关于在教育、卫生、科技、文化广电等领域开展互容共建的协议》,把我县作为教学实践基地,分期分批选派师生支持老区确山建设,并在招生方面给予降分照顾,提供了人才和智力支持,优化了公共服务环境。驻确山某训练基地和某炮旅在协助我馆搞好基础设施建设的同时,还派出官兵和提供设备,帮助地方筑路 62 公里,架桥 6 座,在旅游旺季为观众提供义诊等服务,丰富了我馆公共服务内容,创新了公共服务形式,游客好评如潮。

参考文献:

1.胡锦涛:《在中国共产党第十八次全国代表大会上的报告》

2.《国家"十二五"时期文化改革发展规划纲要》

3.《国家基本公共服务体系"十二五"规划》

4.《"博物馆与公共文化服务"馆长论坛观点摘编》

浅谈博物馆资源与社区服务

八路军驻洛办事处纪念馆　刘纯凯

摘　要：博物馆作为社区公共事业机构，担负着征集、保护、研究、传播并展示人类及人类环境物证的任务，它是为社区和社会发展服务的。博物馆"生活"在社区与社区构成的地域性群体里，应利用丰富的资源，为社区的居民提供文化服务和经济服务。本文简要介绍了博物馆资源与服务社区的重要性，阐述了博物馆资源与社区文化和经济的相互关系。最后笔者提出了希望借鉴西方国家社区博物馆的经验，建设一批适合自己国情的社区博物馆，充实社区文化和经济建设，更好地服务社区居民。

关键词：博物馆资源　社区文化　社区经济　社区服务

社区是社会学上的一个概念，指一定区域内的生活共同体，是城镇发展与管理达到相应程度后的必然产物。社区是居民的家园，社区无论大小，都有居民居住，我们每天的生活主要是在社区中，与社区关系密不可分，对社区的居住环境、文化娱乐、医疗卫生等服务设施有着多层次、多样化的需要。博物馆作为社区公共事业机构，担负着征集、保护、研究、传播并展示人类及人类环境物证的任务，它是为居民和社会发展服务的，这个社会当然包括社区。博物馆"生活"在社区与社区构成的地域性群体里，博物馆应利用丰富的资源参与社区的文化建设和经济建设，为居民提供各类形式的服务。2001 年世界博物馆日的主题是"博物馆与建设社区"，其目的就是强调博物馆与社区建设的重要性、地域性和直接性。当博物馆从象牙塔里走出来，把关怀社区、研究社区、服务社区作为自己的实践目标时，它就会从社区获得社会效益和经济效益的回报，从而得到自身的发展。

一、博物馆资源与服务社区的重要性

国际博物馆界将建设社区作为目标提出来，标志着博物馆服务社区、为居民和社会发展服务的思想已经成熟。毋庸置疑，博物馆社会化已是大势所趋。博物馆与社区建设将紧密相连，博物馆对社区的服务已成为博物馆积极拓展社会教育职能的重要环节。

1. 服务社区是博物馆事业发展的必然结果

1793 年,罗浮宫向社会开放,标志着博物馆社会化进程的开始。19 世纪,博物馆以强调器物和标本为突出特征。20 世纪 60~70 年代,博物馆快速发展后,才开始研究社会需求,把博物馆的行为放在社会需求上,从而产生了自觉的社会服务意识。1971 年,国际博协第九届大会的主题是"服务于全人类今天和明天的博物馆",这一观点在第十届大会中再次得到全面体现。本次大会通过了新的《国际博协章程》,明确了"为社会和社会发展服务的"定义,这是博物馆服务社会意识从自发达到自觉的标志。20 世纪 80 年代,世界博物馆无论是结构、功能还是运作方式都出现了前所未有的繁荣局面。为所在社区服务,变博物馆机构为"社区服务中心"的观念正在成为一种博物馆时尚。由此可见,服务社区思想的形成和发展,从自发到自觉,从幼稚到成熟,从模糊到清晰,都来自于实践,运用于实践,是对博物馆教育职能的拓展和延伸。服务社区、建设社区是博物馆事业发展到一定阶段的必然结果。

2. 服务社区体现了新博物馆学的最高指导原则

"新博物馆学"是博物馆学中的一个学派。1984 年,"新博物馆学"在加拿大发表了《魁北克宣言》,它的思想内容是:扩大博物馆功能,协调人类与自然环境的生态关系;深入社会,为社区和特定的群体服务。社区居民是博物馆的主人,把历史与未来衔接起来,使博物馆能反映社会的演变。新博物馆学把关怀社区、为居民提供服务作为博物馆的最高指导原则,而"博物馆与服务社区"正是这一原则的体现。

3. 服务社区是博物馆融入社会更深一步的实践

博物馆与社区服务是富有创新精神的实践。当关怀社区、服务社区成为博物馆的实践目标时,博物馆就会从社区获得社会效益。河南省洛阳市八路军办事处纪念馆主动与所在社区的学校协商,实施综合素质教育,把纪念馆办成学校的第二教育基地。从建馆至今,纪念馆每年都要主办一个针对在校学生教育的展览,每年学生参观人数达 10 多万人。同时,学校还把学生自己的展览搬进纪念馆,使各个学校能够有机会互相学习、互相交流,达到共同提高的目的。河南省博物院、洛阳市博物馆等一些现代化的大馆更是走在前列,他们积极创造条件,走向社区,服务社区。通过与相关社区一起举办各种展览、知识讲座、征文活动、文艺会演等活动,促进本地区的文化活动和精神文明建设,较好地满足了社区居民在休闲娱乐中的精神需求。社区因博物馆提供的完善的服务而使文化品位得以提高,博物馆也因社区之所在而使功能得以延伸。

二、博物馆资源为社区文化服务

在为社区居民提供文化服务的过程中,文化建设处在非常重要的地位,它对于实践先进文化的前进方向,提高社区居民的道德水平和文化素养,为社区发展提供精神支柱和服务活动,都有着积极的作用。博物馆资源一般被人们理解为某些物质性的或非物质性的财产。我们可以把博物馆资源理解为开展收藏、研究、展教职能活动中形成的物质性和非物质性的财产。博物馆作为文化基地,有着丰富的文化资源,应为繁荣社区文化,推动社区文化建设,积极为居民提供服务做出自己的贡献。它应是社区居民的精神家园。博物馆要针对居民不同层次的要求,提供各项精神文化服务。如举办各种展览、讲座、咨询服务及各种培训班,充分利用其资源来丰富社区居民的文化生活。

1. 博物馆走进社区,丰富居民的文化生活

博物馆走进社区,无论对博物馆还是对广大市民来说都是一件很有意义的事情。一方面体现了博物馆的亲和力,同时也是博物馆更新观念,适应新形势,实现历史文化资源共享的重要举措;另一方面也有利于交流互动,提升社区居民的文化品位。

为保护和展现我国丰富的非物质文化,传承非物质文化遗产,保护传统手工艺术,弘扬以洛阳为代表的皮影戏、捏糖人、民间杂技、快书说唱、剪纸等非物质文化遗产技艺。洛阳市民俗博物馆每年都要组织举办"流动博物馆"进社区文化遗产宣传活动。非物质文化遗产传承人及民间艺人进行传统技艺展示以及文艺表演,为广大社区居民"烩"出一道丰盛的文化遗产大餐,同时也让我们深深地感受到民族传统文化所蕴含的强大生命力。在今年国际博物馆日宣传中,周公庙博物馆与洛阳市老城区西关办事处联合举办了"移动博物馆"进社区活动,在金业路社区外的小广场上,一块块图文并茂的展板,展示着洛阳市周公庙博物馆、汉光武帝陵、邙山陵墓群等景点的风貌。周公庙博物馆工作人员绘声绘色的讲解,让社区居民不用到景区就体验了一次"文化之旅"。

2. 博物馆走进社区,提高社区居民的文物保护意识

近些年来,人民群众的文物保护意识在逐步提高,这与文博工作者的努力是分不开的,是博物馆宣传文物保护法,科学保护文物的必然结果。博物馆不仅担负

着征集、保护、研究文物的职责,而且,还要提高个人收藏者的文物保护意识,提高全社会公民热爱文物的意识。2000 年,在河南省"继往开来,百年文物征集"活动中,洛阳市民俗博物馆征集文物 1 万多件,其中大部分是各个朝代的匾额。正是因为有了这 1 万多件匾额作基础,洛阳市匾额博物馆于 2009 年建成,并对外免费开放。在 2004 年进行的全市革命文物征集活动中,八路军驻洛办事处纪念馆共征集革命文物 200 多件,其中 70%都是来自于社区居民的家中。

3. 社区活动走进博物馆,提高博物馆的知名度和社会影响力

目前,博物馆只能按照国家和当地政府的规划,建立在某个社区。博物馆建立在哪里,对于当地社区来讲可谓是近水楼台,增加了当地居民参观学习、提高文化素质的机会。博物馆对所在社区的影响是不可低估的,起着潜移默化的作用。

洛阳市博物馆坐落在河南省洛阳市洛龙区,该区是全国社区教育实验区,在全国影响很大。博物馆多年来一直积极配合区里开展一系列丰富的、有创意的、生动活泼的社区文化活动,他们与洛龙区聂湾社区教育委员会共同创建了洛阳市首家"社区学习中心",受到了社区群众的欢迎。社区内的机关、学校、居民都把"社区学习中心"作为自己政治活动、教育活动、文艺活动的场所,党课在这里上,组织生活在这里过,书画爱好者在这里切磋技艺,学生夏令营在这里办,社区合唱队在这里引吭高歌。晨练时,这里又成了社区群众扇子舞、秧歌队的表演场所。

近几年,八路军驻洛办事处纪念馆在社区中的地位逐渐上升,影响力不断扩大。随着红色旅游和教育的不断发展,人民群众的文化素质逐渐提高,很多机关、部队、学校、企事业单位的各类组织活动和文化活动,都要到纪念馆举办。每年的清明节、"七一"前后都是各类活动的高峰,很多学校组织学生参观学习时,都邀请纪念馆的工作人员为他们讲解八路军驻洛办事处建立的历史背景以及在抗日战争中的地位和历史作用。纪念馆还定期邀请老八路到纪念馆为工作人员上课,给参观的学生讲革命的故事,讲八路军战士英勇善战、不怕牺牲的大无畏革命精神,使青少年学生进一步接受了爱国主义教育。

北京孔庙和国子监管理处(原首都博物馆)与所在地安定门街道办事处,联合创办了全市首家"国学启蒙班",利用博物馆资源开办培训班。他们主要进行国学经典诵读,从"三字经""弟子规"开始,国学经典为必修课;还有"文物欣赏""书法""民乐""古诗词吟唱""经络健身操"等辅课,孩子们学得津津有味。截至 2012 年底,已结业学员十批,受到了家长和社会的认可。

在改革开放和发展市场经济的今天，继承和发扬中华民族博大精深的文化，是我们博物馆人研究的课题，更是博物馆人的责任和义务。

三、博物馆资源为社区经济服务

社区经济是指在一定区域范围内利用社区资源为社区成员提供福利和服务的一切经济活动。它既不是营利性的，也不是完全公益性的，应属于第三领域经济范畴，虽不以营利为目的，但也要计算成本。博物馆作为社会文化机构，与社区的文化建设具有更多的共性，是社区经济的一个组成部分。博物馆应充分挖掘自身资源，为社区经济发展服务。

1. 在服务社区经济中，博物馆应发挥其品牌资源作用

博物馆拥有极其宝贵的藏品资源，即品牌资源。在文化领域，品牌效应虽不像生产企业那样可以直接产生经济效益，但它是一种无形资产，具有产生经济效益的潜力，有些博物馆的品牌效应还能促进某些地区经济的发展。当然，这种品牌效应与博物馆影响力成正比。如何利用博物馆这一品牌效应，为发展社区经济服务，关键是要开动脑筋、想办法，根据博物馆自身特点，找好切入点，下大力气，切实把自己融入社区经济建设中，博物馆的品牌效应就会产生更大的社会效益和经济效益。如上海鲁迅纪念馆在其所属的虹口区具有很强的品牌效应。位于鲁迅纪念馆附近的文化名人街和鲁迅纪念馆组成了一个重要的文化商业区域。虹口区政府把鲁迅纪念馆、鲁迅故居和其他名人故居列入发展规划，用以增加整条商业街的文化气氛，从而推动文化、经济的共同发展，成为上海以博物馆品牌带动地区经济发展的成功例子。

2. 在服务社区经济中，博物馆还应发挥专业人才的作用

博物馆拥有一批有各种专长的人才，他们既是博物馆的宝贵资源，又是可以为社区经济发展服务的特殊资源。应该让这些宝贵资源充分发挥作用，为社会和社区服务。

中国茶叶博物馆曾对博物馆周围社区的茶农进行知识培训。茶叶博物馆坐落在杭州著名的产茶区，四周都是世代以茶为生的茶农。茶叶博物馆在与社区茶农的交往中发现，茶农虽有丰富的种茶实践经验，但缺乏理论知识，缺少科学种植技术，各家各户各自为战，不能形成规模种植。针对这种情况，博物馆主动与茶农联系，在茶区举办知识培训班，系统地介绍科学种植茶叶和开发利用技术。茶农们在得到茶叶专家的培训后，对茶叶的品种有了更多的了解和认识，纷纷改种了优质

茶,这样不仅大大提升了茶叶品质,同时也增加了茶农的经济收入,使周围社区的茶叶经济得到了发展。这是博物馆利用其人才资源服务社区经济的典型范例。

3. 在服务社区经济中,博物馆能促进旅游业经济发展

近年来,国内许多城市出现了建博物馆热,一方面是满足人民群众日益发展的文化生活需求,更重要的是与发展地方经济有关联。如内蒙古呼和浩特市兴建的马文化、乳业、旅蒙商人、走西口等一批有特色的中小型博物馆。其目的一是积极保护文化遗产,二是大力发展博物馆旅游事业。他们把一个又一个特色博物馆串起来,以呼和浩特为中心,连接周边草原、城市、农村,形成内蒙古文物旅游特色,从而带动整个内蒙古自治区的经济发展。

博物馆作为旅游资源对地区经济发展所做的贡献是巨大的,它不仅实现了其文化价值,也带动了与旅游消费相关行业的兴旺。洛阳市天子驾六博物馆在今年国际牡丹节期间,对参观的游客进行了随机抽样调查。抽查结果显示,天子驾六博物馆的观众中,80%是外地观众,外地观众都是消费者,根据他们开列的活动项目估算,每一位外地观众用于购票、休闲、餐饮和旅馆住宿的费用一般为500元左右。外国人开销更多,一般为1000元左右。在外地观众中,半数有购买计划,在购买礼品、纪念品、书籍等方面的开销金额平均为200元左右。这些数据都说明了在观众参观博物馆的后面,存在着一个巨大的消费市场,餐饮、住宿、休闲、纪念品等方面的消费覆盖许多社区,可以促进社区经济的发展。

四、建立适合我国国情的社区博物馆

20世纪70年代,西方资本主义国家出现了大量的、各种类型的社区博物馆,以社区为中心,为社区服务。20世纪80年代日本发展了社区博物馆的理念,以每年建立200座社区博物馆的速度来发展壮大区县级社区博物馆,有的县还建立了县立中央博物馆,下面再分别建立不同类型的博物馆。尽管在我国没有特别冠名的社区博物馆,也没有专门为社区服务的博物馆,但我国一些区县级博物馆与社区有着千丝万缕的联系。这些博物馆无论从藏品还是展览,多是反映本地区历史文化的,是社区教育的直接素材,不仅承担着本社区政策导向和乡土教育展览,还提供适合社区群众的多层面的、更加丰富的文化生活,是社区群众文化生活的重要场所。由此看来,区县级博物馆定位在服务社区这一点上,不仅是其本身条件所限定的,更是我国基层文化市场的普遍需要。因此,可以借鉴西方国家社区博物馆的经验,建设一批适合自己国情的社区博物馆,以推进各社区的文化教育和经济

建设,更好地为社区居民提供优质服务。

五、小结

博物馆走进社区、融入社区,为社区提供服务,不是一蹴而就的,它将面临诸多的挑战,如:来自网络化的挑战,来自旅游业的挑战,多种多样的娱乐方式的挑战。同时,博物馆自身也面临着经费短缺与藏品来源紧张的挑战。在现实面前,我们只有努力奋斗,除了用行动代替语言,别无其他选择。否则,关怀社区、服务社区不过是纸上谈兵。因此,博物馆要根据自己能力的大小、影响力的不同,以及所产生的效益差异,发挥自己的特长。只有把自己植根于社区服务的土壤中,才能获得生存和发展,获得社区和居民的支持,从而促进博物馆事业的进一步发展。

参考文献:

1. 自庶:《社区需要博物馆,博物馆也需要社区》,《中国文物报》,2001 年 5 月 16 日。

2. 吕建昌:《博物馆与社区经济的发展》,《中国博物馆》,2005 年第 1 期。

3. 黄利平:《再谈"博物馆与建设社区"》,《中国文物报》,2001 年 9 月 7 日。

4. 苏东海:《峪博物馆社区服务的思担由来》,《中国文物报》,2001 年 4 月 25 日。

浅谈创新发展新时期的博物馆与公共服务
——以内乡县衙博物馆为例

内乡县衙博物馆　　王晓杰　苗叶茜

摘要：博物馆发展的本质是创新，而创新的结果是新的发展，博物馆要想在激烈的市场竞争中赢得优势，必须及时更新创新理念。内乡县衙作为我国保存最完整的封建时代县级官署衙门，肩负历史文化研究与传承的重任，以社会发展和市场为导向，积极抓好体制机制、文化内容、文化形式、陈展方式、传播手段、人才培养利用、教育服务等方面的科学创新，在传承中创新，在创新中传承，不断增强博物馆发展活力，取得了明显成效。

关键词：创新　文化　博物馆　内乡县衙

创新是推动文化繁荣发展、提高国家文化软实力的不竭动力，对博物馆而言，发展的本质是创新，而创新的结果是新的发展。应根据博物馆特点，发挥优势，按照面向现代化、面向世界、面向未来的要求，大力抓好体制机制、文化内容、文化形式、陈展方式、传播手段、人才培养利用、教育服务的科学创新，不断增强博物馆的发展活力。

一、抓好体制机制创新，为博物馆发展激发源头活水

改革是解放和发展文化生产力的根本途径，解决制约文博事业发展的深层次矛盾和问题，关键还是要深化改革，全面推进博物馆管理体制和运行机制创新。一是按照加大力度、加快进度、取得实质性进展的要求，充分结合自身实际，推动体制改革，进一步完善研究、保护、展示、管理等配套机制，使博物馆各项工作流程化、规范化。二是紧紧抓住增强活力、提高标准、改善服务这个重点，推动形成有利于出精品、出人才、出效益的内部管理体制，深化博物馆内部人事管理。三是建立健全竞争机制，充分利用内部人才资源，针对人才资源的优势和特长，使人才资源得到合理利用。杜绝岗位安置与提拔靠资格、靠关系、没功劳有苦劳的陈腐观念，以能上能下的流动人才运用模式，形成人人想干事、人人能干事的良好氛围。四是健全考核、激励和约束机制,形成比、学、赶、帮、超的良好发展环境和风气。工作任务实行激励与责任双重机制,使人人知责任,事事有人管,让博物馆每名成员有主人翁意识和创新发展动力,激发文博工作者支持参与改革、投身文化建设的积极性和主动性,并进一步培养使博物馆可持续发展的业务骨干力量。

内乡县衙近年来积极进行人事制度改革, 以层层责任制度规范部室管理,什么工作归哪个部室负责,详细进行了细化,形成事事有人管,人人知职责的梯次管理模式。每半年对全体人员进行一次总结、测评,年终进行综合评定,根据任务完成情况,通过民主测评、中层表决、班子会研究,对具体岗位进行调整,以能上能下的岗位浮动调动工作责任心和积极性。制定具体奖惩制度,对年度个人获取荣誉和对集体做出积极贡献的,严格按制度规定标准实施奖励,形成了自动自发加强文化及课题研究的主动性,并在不断的激励锻炼中培养了一批能担责、善攻坚的骨干力量。

中国特色社会主义事业的全面推进必然催生社会主义文化建设新高潮,文博工作者只有抓住机遇,乘势而上,切实承担起传承文化、繁荣文化的历史责任,充分发挥博物馆的社会作用,才能为中国特色社会主义文化大发展大繁荣做出积极贡献。

二、抓好内容和形式创新,增强博物馆吸引力

随着经济社会的不断发展,社会大众的精神文化需求呈现出多层次、多方面、多样性的特点,人们的审美情趣、欣赏习惯、评价标准等与过去相比有了很大不同。对游客来说,博物馆的吸引力最初产生于文化的差异性,求新、求奇、求特、求知是游客主要的旅游动机和目的,博物馆旅游开发要想占领市场并取得成绩,必须从深度、合理和可持续发展的角度,开发出富有民族和地域文化特色,且能适应市场需求的旅游产品;博物馆旅游产品的特色越典型、内容越丰富,品位和档次越高,竞争力也就越强,其社会效益也就越大。因此,博物馆必须准确把握群众文化生活的新特点和社会大众的新期待,在服务内容上、形式上进行积极探索和大胆创造,依据博物馆自身特点,触类涉及社会大众日常生活,使精神文化产品为人民群众喜闻乐见,引发兴趣和共鸣。紧跟社会发展动态,开发拓展与博物馆相关联的文化内容,开发与时代脉搏互动的文化产品。实施"请进来、走出去"的发展战略,对丰厚的传统文化资源进行科学梳理、深入挖掘,以精致的固定陈列和临时展览,使民族优秀文化得以传承,并不断发扬光大。突破传统的以陈列展览为主体的服务理念,坚持以人为本、多元发展,努力营造更加高效、更加贴心的和谐文化发展环境。

内乡县衙博物馆是以古建筑为依托的县级官署衙门博物馆,经过多年挖掘,内容涉及官署文化、建筑文化、廉政文化、楹联文化、礼仪文化、陋俗文化等。在形式上积极进行创新探索,始终走在时代前列,1992年依据旧时知县听讼断狱职责,首先推出《知县审案》节目表演;随着旅游演艺的风生水起,内乡县衙又根据旧时知县教化百姓职责,再推《宣讲圣谕》大型节目,同时依据官署礼仪程式和陋规陋俗,推出《仪仗迎宾》、《知县出巡》、《知县过年》、《衙门闹年》、《正月十五闹元宵》、《正月十六看太太》等节目。按旧时知县劝民农桑职责,恢复立春前官署《鞭春牛》活动等。为充分利用地方资源,与内乡非物质文化遗产宛梆有机结合,推出游天下第一衙,品天下第一腔《品茶听戏》活动;邀请部分非物质文化遗产传承人走进内乡县衙,在与游客的现场互动中展示非物质文化遗产的独特魅力。现内乡县衙节目演艺与游客互动项目20多个,游客在寓教于乐的氛围中以直接体验的方式感受博大精深的官署文化,旅游演艺互动以一种易于接受的方式,使内乡县衙在游客心中留下深刻印记。

2008年7月,内乡县衙被河南省纪律检查委员会评为"河南省廉政教育基地"。2013年内乡县衙进一步加强廉政教育基地打造,对廉政建筑、廉政楹联、廉政展览、廉政演艺进行归纳梳理,充分利用内乡县衙丰富的传统廉政文化资源,使廉政文化以更丰富的内涵和姿态展现给社会大众,内乡县衙现为河南省多家单位的廉政教育基地。在突破传统以陈列展览为主体的服务理念上,内乡县衙2013年在中国旅游日举办了"县衙颂"千人朗诵活动、"县衙杯"中学生作文大赛活动;非物质文化遗产日举行"河南省非物质文化遗产精品展演"等活动,以活动的方式营造氛围,让广大游客更直观地了解官署文化和民俗传统文化。

三、抓好陈展方式创新,以精品展览拉近与游客的距离

陈列展览是博物馆发挥文化服务功能的重要手段,在当前的博物馆中,陈展仍是游客了解博物馆特色及文化内涵的主要途径。随着社会经济的发展,博物馆必须结合时代精神和社会发展要求,发挥独特的资源优势,突出博物馆自身和地区文化特色,与时代发展同步,以高水平的陈列展览,深入开展积极的历史文化和传统文化宣传教育,使广大游客了解祖国的悠久历史和灿烂文化,并从中汲取营养,增强社会意识形态的吸引力和凝聚力。同时,通过多样化的现代信息技术和举办与展览相关的文化活动,尽可能多提供知识信息,让公众充分了解历史与现实的传承,让更多的人了解传统文化,喜爱传统文化,感受中国传统文化的魅力。

内乡县衙 1984 年建馆成为我国第一座县级官署衙门博物馆,当前的诸多陈列展览虽然不断更新升级,但仍有一部分保持着 20 世纪陈旧陈展模式,随着现代声、光、电、磁、力、热、机械、电子科技集成等现代科学技术的运用,这种用形象生动的手段反映科学原理和应用,鼓励观众亲自动手,在参与中学习和探索,进而激发创造精神,不但使文物得到了有效保护,陈列方式也更适应现代人们渴求知识的审美需求。内乡县衙自 2010 开始,不断对部分陈列展览按现代化陈展要求更新升级,现在的六房、元好问、章炳焘专题陈展都按声、光、电一体化要求布展,展品设计注重科学性、知识性、趣味性相结合,不但使展览美感效果突出,也迎合了新时代游客的审美需求,同时也更为形象、直观地让游客欣赏展品,认识展品历史时代的背景及特点,以及展品背后隐含的历史文化。

四、抓好传播手段创新,争取更大生存空间

宣传是带动旅游前进的火车头。博物馆传播的手段多种多样,关键是要看哪种方式能发挥更大效应,博物馆必须下大力抓好传播手段的创新,充分利用各种有效传播渠道,丰富传播手段,增强自身文化产品的表现力、吸引力和影响力。

1. 突出宣传个性,以独特赢得青睐

个性就是形成别人没有的亮点,做到"人无我有,人有我新,人新我特"。以内乡县衙为例,内乡县衙在宣传推介时,首先推出的是"天下第一县衙"。内乡县衙保存完整,要想了解原汁原味的古代县级官署衙门,请到内乡县衙来;内乡县衙是我国开辟最早的县级官署衙门,经过多年挖掘,文化底蕴深厚,要想更多地了解官署文化,请到内乡县衙来;内乡县衙由在内乡任职九年的五品知县营造,此人曾在工部投效任职,擅长土木工程,所建衙署规模宏大,布局严谨,建筑融长江南北建筑风格于一体,特色明显,要想了解建筑风格独特的官署衙门,请到内乡县衙来;内乡县衙有"龙头在北京,龙尾在内乡""一座内乡衙,半部官文化"的美称,如果看了"龙头",再想看"龙尾",请到内乡县衙来。

2. 合作共赢营销,小投入大收益

随着旅游市场细分化的趋势越来越明显,景区之间竞争日趋激烈,景区要想长期保持比较大的市场份额,可通过合作增强景区对市场的适应能力,减少无效竞争。以营销联盟的方式共担营销费用,资源优势互补,协同进行营销传播、品牌建设、产品促销等方面的营销活动,使游客资源共享、信息共享、合作共赢,获得成本优势,在竞争中争取更大生存空间。近年来,内乡县衙改变了以往单打独斗的营销模式,以"大旅游、大市场、大产业"的大格局整体战略观念,与周边知名景区联手,在对外宣传上整合力量,优势互补,在宣传促销上组合重拳,形成打一个市场就能轰动一个市场的大宣传格局,通过旅游说明会、推介会,参加国际国内旅游交易会、展销会、博览会,开展面对面的直接宣传促销;大力实施"以节促旅""以节会旅",定期举办高档次有影响力的文化节庆活动及文化研讨活动;加强对市场信息的收集、分析和整理,对薄弱市场开展有针对性的强势攻击,打破在市场竞争中信息不"对称"的弱势局面。

3. 既要把握全局,更要甄辨区别

随着旅游市场的发展,单个景区的点即使优势再突出,也打动不了游客的心,只有点与点结合组合成线,即与周边景区进行搭配组合形成旅游线路,才能赢得旅行社和游客的了解欲望。同时,如果线路搭配特色不明显,得不到游客认同,也同样达不到期许效果。因此,旅游线路的组合需要把握全局,甄辨区别,人文景观与自然景观交叉组合,优势互补,强强联手才能达到理想状态。同时,线路组合还需考虑季节性、时效性与顾客特性,否则也会影响到营销效果,如夏季可以组合漂流,但如果冬季再组合漂流或以山体为主的一些景区,则会明显暗淡失色;青年为主要群体还是老年人为主要群体等也是考虑的因素。其次,营销还需把握共性与个性,对不同年龄、不同职业、不同性别的顾客群体,在调查研究的基础上,把握共性特征,以目标市场和消费群体的不同层次和需求,预设侧重点,宣传营销中适时灵活调整内容,尽可能以较强的针对性提高宣传效率。营销人员的共性问题是,宣传推介时往往一股脑把所有内容都推荐给顾客群体,但如果不区别对待,不分东西南北、老少妇幼皆是一个内容,不能准确把握不同群体的共性问题,在满足共性的前提下满足个性要求,与宣传对象产生不了共鸣,就引发不了顾客强烈的求知欲望,达不到应有的宣传效果。

4. 把握时代特征,加强网络运用

互联网作为现代人离不开的生活工具,其广泛与便捷,也给博物馆带来了文化传播方式的深刻变革,要充分认识互联网在博物馆事业建设方面的巨大潜能和不可估量的影响,高度重视互联网的建设、运用和管理,努力使网站成为传播博物馆文化与动态的新阵地、公共文化服务的新平台、人们健康精神文化生活的新空间。2008年,内乡县衙建设网站,分16个版块以图片、视频、图文结合的形式分别展示内乡县衙风景、文化、动态,专人负责网站日常维护与管理,及时对内乡县衙动态进行展示;在开辟的游客留言栏内,及时对游客提出的问题进行回复,在互动沟通中加强与外界的联系宣传。近年来,多次举行"网络媒体走进内乡县衙"系列采风活动,加强这些网络媒体与内乡县衙网站的链接,使社会大众通过网络便利地了解内乡县衙,进而走进内乡县衙。

五、抓好人才培养利用创新,为博物馆发展提供智力支持

人才是博物馆发展的第一资源,是保证博物馆健康发展的力量之源,对赢得行业竞争优势起着决定性作用。博物馆要想把事业做大、做强,就必须依靠人才为博物馆发展提供智力支持,推动博物馆的可持续发展。因此,博物馆发展需要建立一支知识结构合理、基础理论扎实、专业技术水平突出、具有现代管理水平的多种人才结构,建立有效的人才引进、培养、流动机制和能上能下的干部管理体制,营造出有利于出精品、出效益、出人才的良好发展环境。近年来,内乡县衙在众多工作中采取"内部挖潜,外部借智"和"请进来,走出去"的工作思路,在自身人才充分培养利用的基础上,对外采取向专业人才引智的方法,有效弥补了自身短板,不仅提升了标准档次,也在不断的引智中开阔了视野,明确了方向。

1. 搭建平台,深挖文化内涵

博物馆的建设发展需要站在人类文明进步的高度,纵观历史,横看世界,围绕人民群众的需求,与当代社会相适应、与现代文明相协调,不断挖掘、整理和保护民族文化遗产,开展经常性的学术研究活动,举办群众性学术讲座,出版专业书籍等,营造浓厚的学术氛围,服务博物馆的各项工作。内乡县衙在文化挖掘上,邀请一大批以中国人民大学教授、博士生导师、历史学家为主的专家作为研究顾问,经常进行指导帮扶工作。这些专家学者研究范围广泛,尤其是尖锐性问题意识独到,利弊分析透彻,为内乡县衙对官署文化研究拓展了思路、指明了研究方向。内乡县衙成功举办了两届全国衙署文化研讨会,邀请全国知名历史学家、教授、同行业博物馆参加,不但解决了部分困惑性问题,也为博物馆研究提供了大量素材。2012年创办了《衙门文化》期刊,面向全国博物馆、历史研究机构和广大历史研究爱好者征稿,全年收到各类历史论文200多篇,为内乡县衙文化研究提供了广泛素材;杂志向同行及历史研究部门赠阅,不但使更多群体关注内乡县衙,不断增加了投稿数量,也使内乡县衙在文博界增强了影响力。

2. 借智借力,提升陈展档次

陈列展览是博物馆文化向社会大众传输的主要方式。内乡县衙近年来在陈列展览上,聘请在中国历史研究中成果显著、造诣突出的历史研究专家为顾问。开办展览中,这些专家学者的指导性意见为内乡县衙成功开辟一项又一项展览提供了指导。如内乡县衙开办的胥吏衙役文化展,该展览内容国内尚属空白,通过专家学者指导,馆内人员采取"走出去"的方式,向同行学习展览形式,陈展新材料运用和灯光效果搭配,在利用自身资源的同时,向外界借智借力。该展览荣获河南省优秀陈列展览最佳形式奖,并填补了国内胥吏与衙役这一历史角色的展览空白,受到业界和广大游客的一致好评。

3. 紧跟市场,发展特色演艺

近年来,随着旅游业的迅速发展,文化演艺风生水起,一度成为景区景点一道亮丽风景线,不仅成为景区宣传推介的重要招牌,也成为吸引游客眼球的最大卖点。内乡县衙根据古代官署职责、节日习俗、陋规陋俗,本着"让历史活过来,让文化动起来"的理念,让高深知识生动化、趣味化,相继推出《知县审案》、《宣讲圣谕》、《知县出巡》、《知县过年》、《正月十六看太太》等节目,2013年与宛梆戏校又联合推出了具有本土特色的新节目《鼓乐迎宾》。近20种节目与互动项目,不仅成为景区重要卖点,更使游客在寓教于乐中进一步了解博大精深的官署文化与民俗文化,延伸了游客通过实景直观了解古代官署文化的途径。一系列节目编剧、排练邀请国家非物质文化遗产传承保护人员指导,重要演员聘请国家三级以上演员参与,普通人员由馆内职工参加,使每个节目都具有相当专业水准。正是利用了术业有专攻的专业人员,内乡县衙每推出一个新的节目,就会成为景区一个时期新的卖点,产生轰动效应,也正迎合了求新、求变、求奇的旅游市场特点,为内乡县衙每年收入都有大的突破奠定了基础。

4. 借智育才,以人才促发展

内乡县衙在对内部人才的培养上采取"请进来,走出去"的培训经营模式。"请进来"是请专业学者走进内乡县衙进行现场授课,手把手帮扶;"走出去"是利用冬季旅游淡季,走出去学习先进管理经验、运作模式、工作特点。同时,与地方消防、公安部门加强联动,每年协同做好防火、防盗等防事故演练,确保博物馆安全。

在外部借智的同时,加强内部人才的培养锻炼。内部人才培养主要采取集中授课与加压自学相结合,一是鼓励报考历史与博物馆专业文凭考试,对取得文凭人员报销一半学习费用,以此培养组建自己的人才队伍,现全馆90%人员都取得了大专或本科文凭,为各项工作任务完成奠定了良好基础。二是培养锻炼内部员工理论知识水平,成立新闻通讯组,定期研讨新闻素材和写作技巧,每年通讯组在各报纸、杂志、网络都能发表各类文章 200 多篇,既对景区做了宣传,又提高了人才队伍的理论知识水平。通过外部借智、内部挖潜策略,为博物馆发展提供智力支持。

六、抓好教育服务创新,满足公众多元文化需求

促进社会主义文化大繁荣,保障人民群众的基本文化权益,博物馆应当仁不让。围绕人民群众多层次、多方面、多样性的精神文化需求,博物馆应充分发挥资源优势,以更深刻的认识、更开阔的思路、更有效的政策、更得力的措施,贴近实际、贴近生活、贴近群众,积极拓宽服务渠道,努力建设功能完善的博物馆服务公众体系,以丰富多彩的文化产品,让公众分享历史文化资源,使人民群众的社会文化生活更加丰富多彩,精神风貌更加昂扬向上。

1. 更新转变观念,创新教育方法

群众教育和服务是博物馆的主要社会职能之一。当代博物馆事业的发展,其中重要的一个方面就是博物馆观念的更新和教育活动的创新。现在博物馆教育中传播给观众的知识信息量越来越大,知识的传播不再是教育者向受教育者的单向传递,而是双向交流,互动影响。博物馆教育的目的不再是“教”,而在帮助观众“学”,通过为观众自我学习提供服务而实现教育的目的,以新的指导思想创造出更多富有博物馆特色的教育方式和方法。内乡县衙近年来在教育方式和方法上不断进行尝试创新,以动态体验、交流方式,在寓教于乐的模式中进行文化传播教育,深受游客青睐和好评。

2. 坚持以人为本,提升服务功能

坚持以人为本是博物馆公共服务体系的核心,观众满意度是博物馆公共服务功能的基本体现和根本依据。因此,博物馆必须强化以人为本的观念,不断加强文博工作者的业务和技能培训,提高服务意识、服务水平、服务质量和精神面貌。要不断加大投入,健全和完善观众服务设施,努力构建多层次的观众服务体系,提供全方位的优质服务。内乡县衙近年来在加强硬件建设的同时,不断加强软件建设,2012 年以“服务质量提升年”为载体,不断加强服务理念、服务技能、服务载体、服务内容等的提高延伸,切实把人性化服务落实到具体接待服务工作中。

3. 着眼特殊群体,突出公益特征

博物馆在正常社会服务功能作用发挥的同时,应充分利用自身资源优势,发

挥独特教育功能,为社会公众尤其是特殊群体、弱势群体提供同质服务,特别是加强青少年教育,拓展服务渠道,以良好的社会环境保证青少年的健康成长。多年来,内乡县衙除贯彻实施旅游法,对符合优惠政策的现役军人、记者、70岁以上老人、军残退役人员实施免费政策外,对60岁以上老人、持学生证的各在校学生实施半价优惠。针对暑期,当年中招、高招考生持准考证免费参观内乡县衙;2011年内乡县衙开展向南阳市考入清华、北大考生免费送机票、送内乡县衙全套文化书籍等活动,以活动为载体,以特色文化为内容,着眼特殊群体,突出公益特征,真正把博物馆变成学生的"第二课堂"。

4. 发挥特色优势,加快产业开发

观众参观完博物馆,买一件具有博物馆符号的纪念品已成为很多参观者的习惯,以作为博物馆体验之后的珍藏记忆。博物馆不仅要为民众提供通俗易懂的文化产品,还要着力培养民众的文化素养,提高他们的欣赏品位、欣赏能力。博物馆作为发展公共文化的重要载体,产业开发不但有利于博物馆的文化宣传,通过文化传播吸引更多社会群体接受博物馆教育,同时产业开发也是博物馆创收的一条重要途径。博物馆产业开发既要有传统的文化产品,又要有体现现代文化的产品,以传统的文化意蕴开发具有时代特征的现代实用产品,以满足社会公众需求。同时,以产业开发扩大影响力,提高经济效益,增强博物馆自身的造血功能,做大做强自身产业。内乡县衙通过多年经验积累,现已开发12个系列94种产品,职工通过产品销售抽取提成,不但为职工谋了福利,每年集体纯收益达60余万元。

博物馆作为社会文明进步的标志,承载着历史文化的传播,对人类有重要的教育意义。为继承这一神圣职业,根据社会发展需要,在科学发展观的指导下不断探索自身发展的新思路、新方法,在传承中创新,在创新中传承,以改革创新为动力,不断抓好体制机制、文化内容、文化形式、陈展方式、传播手段、人才培养利用、教育服务等创新工作,在适应求新、求奇、求特、求知的市场规律中探索出一条适合自身发展的新途径,主动适应新形势下博物馆的社会角色,谋求发展之路,不断增强博物馆发展的生机和活力。

内乡县衙作为我国保存最完整的封建时代县级官署衙门,肩负历史文化的研究与传承重任,近年来,以社会发展和市场为导向,不断创新发展理念,门票年收入从1984年建馆时的几千元增加到目前的1200万,并成为全国重点文物保护单位,国家4A级旅游景区、全国旅游品牌百强景区、河南省十佳人文景区、河南省优秀爱国主义教育基地、河南省廉政教育基地。2013 年内乡县衙加强全国廉政教育基地品牌打造,为充分发挥这一丰厚的传统文化资源,使更多的社会大众在寓教于乐的氛围中受到教育,得到启迪,任重而道远。

驻马店市博物馆着力提升公共文化服务水平

驻马店市博物馆　　彭爱杰　李合强

摘　要：驻马店市博物馆是驻马店市唯一一座历史与艺术并重，集收藏、展览、研究、考古、公共教育、文化交流于一体的综合性博物馆,本文根据其现有陈列特点及管理理念等诸多方面,揭示驻马店市博物馆着力提升公共文化服务水平的好的做法。

关键词：博物馆　提升　公共文化　服务水平

博物馆作为公益性、公共性社会文化机构,为社会发展和人民大众提供公共服务,是其全部工作的主旨和目标,这就要求博物馆必须主动地去适应、满足社会和人民大众的需要,并以之为取向,不断强化服务意识,积极开展优质的、丰富多彩的以教育为核心、以人为本的公共服务活动。

驻马店市博物馆作为驻马店实施文化强市战略的一项重要的公共文化基础设施建设项目,自 2010 年 10 月建成并对外免费开放以来,根植底蕴深厚的天中文化,依托一流的硬件设施,着力提升公共文化服务水平和质量,积极构建公众平等、全民共享的服务体系,吸引公众走进博物馆,推进博物馆文化走进社会、校园,切实保障公众的基本文化权益,让党的文化惠民政策雨润万千公众。

驻马店市博物馆是驻马店市唯一一座历史与艺术并重,集收藏、展览、研究、考古、公共教育、文化交流于一体的综合性博物馆。建筑面积 12000 平方米,共设 8 个展厅,陈列面积 7585 平方米。现有《厚重天中》基本历史陈列和《古泉天地》、《火土之魂》、《水墨华章》三个专题陈列,展览文物、图片数量达 2000 余件,临时展厅举办各类专题讲座、艺术品展览 20 余场,并开展了一系列宣传教育活动。先后有近百位省市级领导前来参观、指导,累计接待观众突破 80 万人次,平均每日接待观众 1000 余人次,受到社会各界的一致好评,并逐步形成以“一流的服务感动人,一流的展览吸引人,一流的教育发展人,一流的环境留住人”的服务新亮点。

一、以人为本,创新管理理念

以人为本是科学发展观的核心,也是博物馆公共服务体系的核心。为此,驻马店市博物馆适时地提出"公众价值"理念,要求博物馆的研究、展览、教育活动都要以公众为中心,以实现公众价值为目标,主动融入社会生活。在强化服务功能的基础上,让观众通过自身"体验"置身其中并得到身心的满足,从有限的馆舍天地走向广阔的大千世界,从单纯的文物收藏保护单位转变成人人共享的"精神家园"。

开馆之初,驻马店市博物馆就提前着手构建服务体系,先后制定和完善了《驻马店市博物馆公众服务管理规定及细则》《驻马店市博物馆公众服务应急预案》、《驻马店市博物馆社会教育制度》《驻马店市博物馆公众服务流程及细则》《驻马店市博物馆服务质量监督检查制度》等规章制度。开馆后,针对庞大的观众接待量和不同文化程度、不同年龄段的复杂观众结构,积极应对,统筹部署,相继开展了服务工作日竞赛、优质服务质量评比、讲解员大赛等活动,确保公共服务一次到位。即使在参观人数的高峰期,各项服务和接待工作都能有效运转,实现优质服务零投诉。

队伍是根本,人才是关键。驻马店市博物馆从人员管理入手,引进与培养相结合,培育合理人才梯队,提高业务人员综合素质。两年多来,共引进各类专业技术服务人才35人,其中硕士研究生4人,本科生20余人,丰富了驻马店市博物馆的人才结构。制定周密的日常培训运行机制,将培训常态化、规范化,将服务意识和以人为本理念放在首位,基本形成了一支学历层次高、专业结构好、业务能力强、具有激情与朝气的创新型人才队伍,为博物馆顺利开展各项工作奠定了坚实的基础。

由于编制有限,驻马店市博物馆没有从社会上招聘专职讲解员,而是从内部培养了一批讲解员,她们从自身的优势出发,自己撰写讲解词,在一遍一遍的试讲中逐步得到提升,最终打造出一支具有扎实的专业知识、良好的职业修养、高超的讲解艺术和富有人文情怀的讲解导览团队。此外,讲解员还走进学校、走进社区、走进广场积极参加各种社会教育活动,成为博物馆公共服务的一支重要力量。

二、提供多元化展陈,满足观众多样需求

驻马店市博物馆依托天中大地的悠久历史和灿烂文化,借助文化大市的丰富文物资源,充分挖掘馆藏文物优势,打造出全新的气势宏伟、看点纷呈的陈列展览。以弘扬天中文化为主导思想,以历史事件、人物为背景,以馆藏文物为基础,打造了"厚重天中"基本历史陈列,全面再现了驻马店地区数万年的辉煌文明,包括启封文明、天中侯国、楚风北渐、熔铸辉煌、汝南望郡、蔡州遗事、汝宁府地、红色天中8个单元,每个单元时间上相互衔接,陈列风格迥异,所陈文物韵味迷人,并配有精美的图片、文字标牌、知识点链接、遗址造型、发掘现场复原图、著名历史事件场景等辅助器具,将不同文化背景造成的解读困难降到最低,使展品的历史和审美的价值得到恰如其分的展现,让更多的人了解驻马店的历史,感受传统文化的魅力。博物馆又根据馆藏文物地域性特征和独特魅力,以突出本土文化特色为主题,打造了三个专题陈列,《古泉天地》展示了驻马店地区古钱币的发展历程,其中有国家一级文物楚金币 "郢爰";《火土之魂》展示了驻马店地区精湛的古瓷器艺术;《水墨华章》展示了驻马店地区古代名家佳作,其中有国家一级文物"王铎草书条幅",三个专题陈列自成体系又与基本陈列相辅相成,深受观众欢迎。

博物馆还利用临时展厅的便利条件,策划举办了"崔国荣今楷竹叶体书法展""芦建平奇石展"等多场临时展览。这些展览内容丰富,形式多样,既关注社会热点,又体现高品质文化内涵,准确把握了建设文化强市,促进文化大发展大繁荣的主题,给广大公众带来了极具审美震撼的文化盛宴。

三、开发文化产品,满足公众文化消费需求

博物馆在建馆之初就十分重视文化产品的开发与研究,与驻马店地区有一定知名度的社会文化企业联合,为公众提供通俗易懂的文化产品,并专门开辟了展区,现展示的文化产品有"天下第一剑"西平棠溪宝剑,风靡全国的汝南麦草画、中国河南老字号"白云翁"毛笔及上蔡的古代青铜器复仿制品等,这些已成为非物质文化遗产的文化产品得到了参观者的追捧和喜爱,也为传承民族文化开拓了更为广阔的空间。

四、利用网络技术,建设"没有围墙"的博物馆

驻马店市博物馆正在建设文物藏品数据库,配合全国第一次可移动文物普查,制作本馆藏品名录,并在完成后向公众公布。同时,博物馆正在加紧制作对外公共网站,第三次改版工作基本完成,改版后的网页内容丰富、检索便捷、功能强大、图片美观,是驻马店市博物馆对外开放的一个重要窗口,通过互联网,把博物馆的公共服务扩展到我国的每一个角落。

驻马店市博物馆作为天中历史文明的载体,以物为语,以物示人,以物育人,讲述着这座城市的历史,维系着华夏民族的精神,是传播公共文化的重要阵地。博物馆将紧紧抓住文化强市的历史机遇,切实保障公众的基本文化权益,做大做强博物馆事业,让公众平等地享受基本的文化权益,真正使驻马店市博物馆成为驻马店地区的历史文化名片、科学知识宝库和民族精神家园。

浅谈博物馆如何建立公众服务体系

廊坊博物馆　王　辉

内容提要:博物馆是知识的海洋,是趣味的殿堂,要满足广大游客享受文化盛宴的需求,满足人们对精神与文化生活的热切追求,博物馆应根据自身特点,完善职能,探索新的公众服务理念。作为一名博物馆工作者,如何完善自己的公众服务工作,值得我们重视和探讨。

关键词:博物馆　公众服务

博物馆是一个面向社会的公益文化系统,它与社会各界的关系是密不可分的,他们之间存在着广泛的联系,这种联系,是通过公众服务体现的,离开了公众服务,博物馆就无法生存和发展。建立完善的公众服务体系,能否吸引社会公众,是评价一个博物馆效益的标准。当今社会,经济、文化多元化发展,科学、人文的呼声高涨,博物馆要想取得长远发展,必须密切联系公众,让博物馆成为公众日常生活中的一部分,建立完善的公众服务体系,是博物馆发展过程中不可或缺的一部分。

一、博物馆公众角色的转变

1. 早期博物馆的公众角色

公元前 3 世纪,托勒密·索托在埃及的亚历山大城创建了一座专门收藏文化珍品的缪斯神庙。这座"缪斯神庙",被公认为是人类历史上最早的"博物馆"。这个时期的博物馆,仅仅是"珍奇异宝的收藏之所",此时,并没有公众的概念。

2. 文艺复兴时期博物馆的公众角色

文艺复兴时期,博物馆的收藏进一步发展,艺术和学术被定为极少数贵族的特权,公众对收藏品感兴趣会被认为是荒唐可笑的举动,此时的博物馆对应的是贵族和文化精英,普通公众的权利受到冷漠与藐视。

3. 工业革命时期博物馆的公众角色

17 世纪,博物馆的大门向公众敞开,标志着博物馆公众时代的来临,但是,当时的公众能够参观博物馆被认为是一种恩赐。到了 18~19 世纪,由于工业革命的兴起和不断深化,博物馆成为工人技术教育的场所,公众的权利进一步得到了确认。19世纪末,博物馆教育职能全面发展,此时出现了讲解员,为博物馆增加了新内容,公众的需求得到了更多满足①。

4. 现代博物馆的公众角色

1976年,博物馆的定义被提出:博物馆是征集、典藏、陈列和研究代表自然和人类文化遗产的实物的场所,并对那些有科学性、历史性或者艺术价值的物品进行分类,为公众提供知识、教育和欣赏的文化教育的机构、建筑物、地点或者社会公共机构②。真正明确了博物馆作为一个公众服务体系,表示博物馆从政府机构、学术机构走向了公众服务机构。

5. 当代博物馆的公众角色

今天的博物馆,面临着各种各样的竞争,要保持活力,持续发展,就要与公众建立良好的交流互动,让公众切身加入到博物馆事业中来。因此,博物馆要为公众营造一个良好的服务机制和服务设施,让公众达到满意的同时,更应该建立博物馆公众的主人翁意识,让他们加入到博物馆的大家庭之中。

二、博物馆如何开展公众服务工作

博物馆免费开放以来,观众日益多样化的需求审视着我们的公众服务工作,博物馆应在公众服务方面做更多的探索,以提高公众满意度,他们需要的不是一顿“免费午餐”,而是一顿可口的“文化盛宴”,因此,博物馆的公众服务工作仍面临着诸多挑战③。

1. 提供简单易懂的陈列语言

博物馆免费开放以后,观众结构呈现大众化的发展趋势,农民、老人、孩子和以家庭为单位的参观者日益增多,他们不可能对考古、历史等专业领域进行学习研究,因此,博物馆要使观众得到丰富的文物信息,使博物馆的功能更好的发挥,就要让观众感受到文物的味道,这就需要在文物的文字诠释方面多下功夫,将单一的“文物名称、出土地点、年代”等简单文字表述向更加通俗生动的方向发展。让

①苏文涛:《论当代博物馆观众角色的转变和“以人为本”的服务理念》,《丝绸之路》,2010年16期。
②吕章申:《当代博物馆的文化传播与公众服务》,《中国国家博物馆馆刊》,2012年08期。
③刘康:《博物馆公众服务工作面临的挑战》,《中原文物》,2009年02期。

文物会说话④。

2. 多种文物鉴赏方式的并存

博物馆有着丰富的藏品,这些文物藏品是五千年中华文明的瑰宝,但是,这些宝藏并不能完全展示在世人面前。许多文物精品都在库房里妥善保管着,观众看到的不过是博物馆众多文物的冰山一角,这样,就远远不能满足广大社会观众的求知欲。伴随着人们文化生活的发展,文物爱好者越来越多,越来越多的观众希望全身心投入到知识的海洋,如何让馆藏文物焕发生机,在确保安全的同时展现在公众面前呢?

(1)建立网络博物馆

当今社会已经进入了信息化时代,网络的应用已经以惊人的速度进入了千家万户,人们不但可以从网络上获取知识,也可以利用网络找到自己需要的信息,因此网络对于博物馆来说,既是机遇又是挑战。为了迎合新世纪的需要,我们建立起网上博物馆,人们可以通过网络了解博物馆,也可以通过网络熟悉博物馆中的各个展品。

(2)建立数字化博物馆

随着科学技术的不断发展,博物馆的投入也提高到了一个前所未有的程度,将博物馆展览数字化,利用电影、灯光、场景再现、微缩展示等高科技手段,将观众带入到文物的知识殿堂。

(3)提供特殊预约服务

面对特殊的观众,可提供文物鉴赏预约服务,在保证文物安全的前提下履行必要的程序,满足一部分人对文物的求知欲。

(4)建立文物鉴赏模块

定期举行文物鉴赏会,广大学者、文物爱好者、文物专家可以在鉴赏会上各抒己见,相互切磋。

(5)建立图书资料阅读室

博物馆建立图书阅览室,利用图书资料为文物收藏、陈列、展览、研究以及宣传教育等铺好道路。博物馆的藏书主要围绕文物、考古、博物馆学等相关资料进行

---

④方光耀:《浅谈博物馆公众服务工作中的公共关系问题》,《浙江省博物馆学会2004年学术研讨会文集》,2004年,35—37页。

收藏,专业性强,使博物馆图书阅览从公众服务的幕后走向前台,在博物馆的公众服务中充分发挥作用,在博物馆公众服务舞台上大显身手是当今博物馆社会服务活动中不容忽视的一部分⑤。

(6)建立有趣的纪念品商店

在博物馆设立有趣的纪念品商店,广大游客在参观的同时,还可以购买到城市相关的纪念品和标志性产品,既可以引发人们探索的兴趣,也可以提高观众对历史文化的热爱。博物馆的纪念品应以特色为主,可以收藏,可以把玩,可以在生活中实用,在给观众提供娱乐心情的同时还不乏纪念意义,增加了对文物美感的熏陶。

三、博物馆工作人员的素质培养

由于工作性质的原因,博物馆员工思想有其特殊性。博物馆员工从事文物研究、展览设计以及管理等工作,整体素质较高,有一定的知识储备。但作为一名合格的公众服务工作者,只有这些是远远不够的,还应具备以下能力:

1. 应具备一心为公众服务的社会意识

博物馆从事公众服务的工作人员应有一种独特的奉献精神,具备"一切为观众、事事为观众"的工作理念,坚持"观众第一、服务至上"的工作思想。工作人员的服务意识是博物馆公众服务开展的生命线,这种意识对公众服务工作有着直接的影响。

2. 培养良好的性格

博物馆从事公众服务的工作人员在工作中遇事应沉着冷静、耐心从容,这样,对于工作中出现的各种情况都能从容应对,也会给广大观众留下深刻的印象。

3. 具备深厚的文化素养和广博的知识

博物馆公众服务人员应当尽量多地摄取文化知识来充实自己,能够解答广大游客提出的各种问题,以满足游客的求知欲,既要懂得观众参观心理又要熟悉馆内基本陈列状况,还要对陈列有较强的历史扩展,只有增强自己的内涵,工作起来才会得心应手。

4. 不拘于狭隘的形式,具备创新开拓能力

博物馆的公众服务不能拘于一种形式,应在创新中谋求发展,因此,博物馆公

---

⑤郝迎军:《博物馆发展前景探析》,《科技论述》,2009年第28期。

众服务工作应跟上社会新形势、新需求、新竞争,工作人员懂得创新,通过想象力和创造力开展公众服务工作,使广大观众乐于走进博物馆,全身心投入博物馆的知识海洋之中⑥。

5. 具有良好的宣传表达能力

博物馆的公众服务工作人员应具备良好的宣传表达能力,应当走出馆门,在了解文博当前的新形势、新动态的同时,宣传自己的博物馆品牌,让观众高兴而来,满意而去。

6. 具备组织能力和社会能力

博物馆公众服务工作人员应具备良好的组织能力和社会能力,一切以观众为中心,树立良好形象。能够组织完成社会活动,在各种场合能够见机行事,应付自如。

四、建立"以人为本"的服务体系

博物馆需要发展,只具有特色的建筑和特色的陈列展览是远远不够的。还应具备高水平、个性特色的服务体系。国际博协在对博物馆的定义中明确指出:博物馆是不以营利为目的,为社会和社会发展服务的永久性机构。1979 年,在全国博物馆工作座谈会议上通过的《省、市、自治区博物馆工作条例》中明确规定,博物馆是文物和标本的主要收藏机构、宣传教育机构和科学研究机构,是我国社会主义科学文化事业的重要组成部分,博物馆通过征集收藏文物、标本,进行科学研究,举办陈列展览,传播历史和科学文化知识,对人民群众进行爱国主义教育和社会主义教育,为提高全民族的科学文化水平,为我国社会主义现代化建设做出贡献。因此我们可以看出,博物馆定位于社会服务性机构,它是为广大人民群众设立的。《管子·霸言》中管仲对齐桓公提出"夫霸王之所始也,以人为本",这里所说的以人为本指的就是以人民为根本,博物馆的发展,应当是以人为本,服务于民的。观众的满意程度是博物馆服务功能的基本体现,因此应注重人才培养,加强对讲解员和接待人员的专业知识和业务的培训,提高服务水平,增强服务意识。这里包括了:咨询服务能力,讲解服务能力,宣传服务能力,应急事件服务能力等,只有打造完善的公众服务体系,培养观众的博物馆情结,才能更好地打造博物馆文化,树立博物馆形象,创造博物馆特色。

---

⑥张美东:《谈我国博物馆的现状与发展》,《边疆经济与文化》,2012 年 03 期。

　　博物馆公众服务体系的建立,目前已经取得了前所未有的成绩,在这个过程中会遇到许多困难和各种问题,作为博物馆工作者,我们应树立坚定的信念、牢固的服务意识,尽可能地独立解决工作中遇到的各种问题,为公众提供完善合理的服务,敞开胸怀、服务社会,才能赢得广大人民群众的认可和尊重。

以人为本　融入社会

——廊坊博物馆社会公共服务的探索与实践

廊坊博物馆　徐晓川

内容提要：博物馆是为社会和社会发展服务的，利用自身资源优势，为公众搭建一个文化交流的平台，满足社会文化需求，寓教于乐，传播文化知识，以志愿者为桥梁更好地融入社会，服务大众。本文以廊坊博物馆探索公共服务道路上的实践与经验为例，浅谈博物馆如何更好地为社会服务，拓展博物馆社会公共服务思路。

关键词：文化生活　教育　志愿者

博物馆随着社会进步和发展而产生，以服务社会为目的，肩负人类文化记忆与传承的社会责任，帮助人们探索未知的世界。今天，为满足不同的社会需求，让更多的人走进博物馆，博物馆正不断重新界定自己的社会角色，既发挥着传统的教育、研究的功能，也在延伸和拓展新的文化传播途径。博物馆有义务推动其所在地区的社会发展和进步，反映当前社会热点问题，成为城市文化的有机组成部分，把博物馆服务延展到社会中。

一、展览特色化，丰富市民文化生活

"我不在博物馆，就在去博物馆的路上"，博物馆以其自身独特的历史底蕴和文化内涵，正逐渐成为大众推崇和追逐的一种新的生活休闲方式。博物馆为大众提供了比书本上更多的视觉体验，观众通过参观博物馆亲身感触到更加感性和直观的知识氛围。面对快速的社会变革，为满足不同的社会需求，转变传统的博物馆社会功能观念势在必行。需要由传统的以收藏文物标本为重心，转变为"以人为本"的博物馆。通过特色化、生态化、社区化和人性化的发展，用丰富多彩的文化精神成果，全方位为社会服务，满足大众需求，焕发自身活力。①

---

① 单霁翔：《关于新时期博物馆功能与职能的思考》，《中国博物馆》，2010 年 04 期。

　　廊坊博物馆自 2005 年建馆以来，为方便市民了解廊坊的历史，感受廊坊6000 多年的文化底蕴，在周六、周日和节假日上午 10 点、下午 3 点为参观游客提供免费的展厅讲解服务。同时，对不同的社会群体，实行分类负责制。残疾人、青少年、老人和儿童团体由专人负责讲解接待，编制不同年龄阶段讲解词，设立助残志愿者岗位，并对工作人员进行手语培训，延伸了便民服务尺度。在社会团体参观时，简化参观团队预约程序，简化预约参观工作流程，实行上门预约和电话预约两种形式，方便学校、单位等社会团体参观。廊坊博物馆还不断完善社会监督机制，拓宽投诉反馈渠道，设立了网站留言、微博留言、QQ 群互动、现场反馈、服务台咨询、留言簿、意见箱和电话反馈等多种形式的投诉机制，定期定时处理反馈信息。

　　在新形势下，博物馆的"社会性"和"开放性"要求博物馆切实面向社会开放，利用博物馆特有的资源优势，为多元文化的交流与对话搭建平台，广泛吸引社会力量的参与，整合资源，谋求自身发展的同时也为市民带来一片文化绿洲。博物馆举办展览不应该是简单地重复别人的展览，而应该以人为本，具有针对性，注重展览质量，能有效传播文化，让观众在参观中切实受到教育。博物馆不能办成展览馆，应重视、研判、分析各种参观需求，根据不同的社会需求，针对不同群体，结合各种专题举办不同的展览，让市民零距离感受文化的魅力。博物馆应主动、积极地不断适应社会发展与社会需求的变化，接触社会，融于社会，服务社会，展示博物馆和馆藏品的特色，为博物馆的长足发展在社会上赢得良好的环境。

　　廊坊博物馆在固定展览的基础上，充分利用馆内资源，不断丰富展览内容，以传统节假日春节作为文化载体，弘扬民族文化。在春节期间先后推出"岁月·年画·我"——武强年画展、蔚县剪纸艺术展等年味十足的特色展览，为广大市民增添了浓厚的节日文化氛围，在参观中找回过去岁月中久违的年味儿，丰富市民文化生活，提升城市文化品位。学生是博物馆最重要的参观群体之一，针对学生观众的特殊性，廊坊博物馆推出"穿越七十万年 探索远古文明"——周口店遗址展，让市民在家门口感受远古文明的魅力，扩大青少年的文化知识视野，进一步发挥博物馆科普宣传的职能。今年，廊坊荣获"书法城"称号，廊坊博物馆借此契机将"闽台墨宝"——厦门博物馆馆藏闽台书画珍品展带到廊坊，以满足广大书法爱好者的文化需求。此外，"文化瑰宝 影动廊坊"——唐山皮影艺术展、"沧桑百年，浴火重生"——老天利景泰蓝巡回展、廊坊历史名人展、"牢记历史 珍爱和平"——河北抗日英雄图片展等多形式的临时展览、巡回展览，打破了博物馆固定展览的局限，提升了博物馆的服务内涵,激发了市民的文化身份意识,成为培养市民审美情趣的文化绿洲,在这里不仅感受到前所未有的文化冲击,更获得精神的升华、心灵的陶冶。

二、突出互动体验,市民在享受中寓教于乐

博物馆是文物和标本的主要收藏机构、宣传教育机构和科学研究机构,是中国社会主义科学文化事业的重要组成部分。② 博物馆的社会功能,除了丰富精美的典藏、专业权威的学术研究以及各具特色的展览外,更重要的是它负有教育服务的使命,并提供社会大众多样参与的机会,唯有如此,才能彰显博物馆的生命与活力。在藏品的研究与使用方面,强调将研究纳入区域性历史文化综合研究的框架中,更加深入充分地提示展品的文化意义与精神内涵,并结合展览的综合性诠释手段对观众进行有效传播。③ 博物馆的教育不同于校园和培训式的教育,它是一种面向社会的公共文化服务教育,它既没有具体的授课老师、固定的课时和传统的授课方式,也没有任何学习成果的评测。博物馆的教育是在创设一种情感和认知相互感染的教学情境中进行探索和体验的学习氛围。博物馆发挥文物资源、教育资源和空间资源的优势,开展各具特色的主题教育活动。

为满足城市日益增长的文化需求,廊坊博物馆在社会教育方面不断进行探索、创新,以己之力,推出深入浅出、通俗易懂的文化大讲堂活动,解答"我们的祖先是怎样生活的?我们城市的个性特色在哪里?生我养我的地方有哪些能令人自豪的东西?"④ 使广大观众对博大精深的中华文化有更加深入了解的同时提升了市民的文化认同感,更加生动地将文化传播于大众,丰富市民文化生活。廊坊博物馆利用自身资源优势,举办主题中队会,配合地方部队开展新兵入团仪式,进一步发挥博物馆爱国主义教育基地的作用。在节假日和"5·18"国际博物馆日、"6·12"中国文化遗产日、"12·5"国际志愿者日等重要节日,我们以传播中华文化为导向,普及文物知识为目的,积极走出博物馆,走进社区、校园,开展"送展进社区"、"精品展览进校园" 等系列文化活动, 举办廊坊历史名人展、"牢记历史 珍爱和平"——河北抗日英雄图片展等流动展览,拉近了博物馆与市民之间的距离,极大地

---

② 马继贤:《博物馆学通论》,四川大学出版社,1994 年。
③ 严建强:《新的角色 新的使命——论信息定位型展览中的实物展品》,《中国博物馆》,2011 年第 1 期。
④ 龚良:《博物馆事业发展促进社会和谐》,《文博之窗》。

丰富了市民的精神文化生活。

廊坊博物馆针对广大市民推出"文化体验"专题活动,将观众从被动观看、听讲变为主动参与和积极互动,将丰富的历史文化知识融入趣味盎然的互动体验之中,在参与中感受快乐,极大地调动了观众的热情。廊坊博物馆在腊月二十三(小年)推出"木版年画亲手做,喜庆楹联带回家"活动,为了给大家提供一个与文化遗产亲密接触的机会,让市民为自己和家人亲手制作一幅年画,在体验浓浓的年味儿的同时也把博物馆带回了家。"远古探秘——骨针磨制体验"、"十二生肖模型制作体验"及"画出我心中的文物"传统木版年画印制等多项互动体验活动,通过展览和与观众的互动项目,为观众提供了一个与文化遗产接触的机会,使观众在寓教于乐的过程中更加深入地了解到中国传统文化的精髓,同时也开拓了博物馆在社会教育方面的思路。

三、优化志愿者服务,架起沟通社会的桥梁

博物馆日益成为推动文化多元发展的重要力量,成为社会发展与变革的动力之源,成为沟通文化交流的桥梁,成为保护历史文化遗产、服务社会的永久性机构和最佳场所。这一过程中,博物馆志愿者的地位和作用越来越突出。志愿者是博物馆最虔诚的读者和最无私的挚友,是博物馆从馆内走向社会、从社会走向未来的文明使者,是博物馆交流、创新、前进最活跃的角色,是博物馆实践新文化生活方式和实现社会功能的最鲜活的文化力量。在博物馆中,志愿者的身影遍及诸多岗位,志愿者工作为博物馆架起沟通社会的桥梁和纽带,志愿者用服务拓展了博物馆公共服务范围,对博物馆社会公共职能的发挥具有积极的导向作用。

廊坊博物馆以服务社会为原则,结合博物馆自身实际工作经验,根据应征者的专业知识、经验、兴趣及特殊技能等合理取舍,建立了一支高素质的志愿者队伍,通过参与各种类型的公共服务和教育推广活动,引导社会公众了解历史、感触文化、享受艺术,传承社会文明,普及优秀的人文精神与价值理念,为廊坊博物馆服务社会工作的顺利开展和宣传推广做出了重要的贡献。

廊坊博物馆根据博物馆行业特点对志愿者组织相关知识和技能的培训,例如开展接待礼仪、讲解技巧、阳光心态讲座和消防知识等培训,并合理安排培训计划,使培训内容与服务内容紧密结合,加强志愿者的社会公德和志愿精神等建设,为志愿者安排文物鉴赏、历史统揽、非遗知识普及等专业课程,全面增强志愿者综合素质。同时在寒暑假期间,举办"中小学生志愿者培训讲座",旨在提高中小学生的综合素质,内容不仅涵盖文物鉴赏、讲解技巧、发声训练等志愿者必修课程,而且包括非遗知识、燕赵历史故事、消防安全等多领域的知识。廊坊博物馆通过志愿者考核,充分调动每位志愿者的积极性,规范志愿者服务行为,提升志愿者服务水平,促进他们不断提高业务水平和服务意识。

利用"国际博物馆日""中国文化遗产日"等节日,开展流动展览进校园、进社区、进农家等活动,带领博物馆志愿者将展览带到群众身边,和市民零距离接触。进一步发挥博物馆的社会功能的同时将志愿服务带到每个人的身边,增强志愿活动的针对性和时效性;组织优秀志愿者外出学习,在比较中成长。廊坊博物馆每年组织本年度优秀志愿者赴北京、天津等优秀的博物馆参观学习,学习借鉴他馆的志愿者工作经验,提升自身的志愿服务能力。他们在学习中收获了很多,并能运用到以后的志愿服务当中。

予人玫瑰,手有余香。博物馆志愿工作也得到人们越来越多的肯定与支持,博物馆为志愿者提供了实现自身价值的空间,志愿者们亲切的笑容和热情的服务撑起了博物馆的一片天。

博物馆服务社会与社会需求是一个不断适应、不断完善的过程,博物馆通过利用自身特有的资源积极而理性地适应社会需求,完善其公共服务职能,全方位地面向社会、服务公众,成为公众摄取知识、接受熏陶的文化休闲场所。因此,加强社会服务意识,提高人性化服务质量,真正走进社会,融入社会,才能培育观众的博物馆情结,充分实现博物馆的公共价值。

传承红色经典　服务社会大众

唐县白求恩柯棣华纪念馆　　陈玉恩

内容提要：本文从博物馆、纪念馆免费开放后，博物馆人如何更好地为社会大众提供优质服务，改变服务理念，创新服务模式，追求教育和服务的目标转型，以及在实践中探索出一条自我完善、自我发展的新途径等方面进行论述。作者认为只有在发展中科学定位，建设服务型博物馆，担负起更多的社会责任，将服务社会、服务群众、拓宽服务渠道等有机结合，才能更好地发挥博物馆的属性和功能。

关键词：博物馆　免费开放　服务　社会大众

博物馆、纪念馆免费开放是党和政府加强公共文化建设和文化惠民的重要举措。博物馆、纪念馆不仅参与了向社会大众提供免费的公共文化服务活动和产品，而且这一举措也改变了博物馆、纪念馆的服务理念。首先是让更广泛的公众走进博物馆、纪念馆；其次是促进了工作与服务的实质性提升；再次是改变了博物馆、纪念馆的生存和发展环境，改变了文博人的意识和观念。重新界定自己的社会角色，科学认识本质属性和定位，不断提升业务和服务水平，适应时代的发展、社会的需求。积极推行服务型博物馆、纪念馆建设的新理念，创新服务模式，牢记宗旨，服务社会，走出一条自我发展的新路子。追求与完善教育和服务的目标转型，担负起更多的社会责任，提高公共文化服务能力和水平，以推动博物馆事业的健康发展。

一、提高认识、应对变革

对于博物馆、纪念馆来说，免费对社会公众开放是一场深刻的改革，它考验着我们的服务理念和水平，对免费开放单位是新挑战、新考验，客观上提出了一道又必须解答的难题。

在实践工作中，要想转变服务理念，服务社会大众，仅仅站在免费开放单位的角度来思考问题、解读问题、处理问题是不够的，还必须有更高的层面：即政府、社会和公众的理解、关心和支持。

1. 社会公益性

　　免费开放的博物馆、纪念馆都是公益性事业单位。"公益"一词是五四运动以后才出现的,即"公共利益"。免费开放的博物馆、纪念馆主要是依靠国家或地方财政投资建设的公益性事业单位。当然,应把"社会公益"放在首位,追求公共利益最大化。真正实现公益服务的平民化、常态化和无偿性。而决不能利用国有资产营利创收,这就违背了博物馆、纪念馆社会公益性的基本属性。

　　2. 文化惠民性

　　改革开放 30 多年来,我国经济建设和社会发展已经上了一个新台阶,社会已经从温饱型逐步向小康社会过渡,人民日益增长的文化需求已成为现实需要。我们认为,公益性文化事业单位应该是服务型政府为人民大众提供公益文化服务的平台,利用自身优势,主动为社会大众提供免费的爱国主义教育,并开展丰富多彩的文化公益服务活动,满足人民群众不断增长的文化需求,为社会主义精神文明建设做出新的贡献。

　　3. 服务主动性

　　对于已经免费开放的博物馆、纪念馆来说,仅仅把门打开,免费开放是不够的。还应该在为民服务的主动意识方面下一番功夫。在新形势下,如何转型、如何创新,考验着我们文博人的事业心、责任感和服务理念。在新形势下检验博物馆、纪念馆是否转型的标准,在于我们能否最大限度地为人民群众提供满意的公益文化服务。因此,事业型博物馆、纪念馆必须向服务型转变。不是转与不转的问题,而是必须做到。

　　所以,主动为民服务,应该成为文博人的共识,成为我们的自觉行动。诚然,这一切离不开政府的支持、社会的认可和媒体的关注。

　　二、主动服务传播对象

　　传播对象是指到博物馆、纪念馆参观学习的群体和个人。他们是传播的初因和中心环节之一,离开了对象,传播活动就失去了目标和方向。唐县白求恩柯棣华纪念馆的传播对象比较广泛,既有大、中、小学生,还有解放军、武警官兵,更有广大医务工作者、机关团体、企事业单位、离退休干部和国际友人。而且各阶层年龄跨度大,需要的服务和汲取的知识不尽相同。那么,如何关注传播对象的现实需求,因人而异,从而更好地为他们服务呢?唐县白求恩柯棣华纪念馆在这一方面做了积极的探索。

　　针对青少年的心理特点,编写通俗易懂的讲解词,与学校联系,走馆校共建之路。积极配合学校举办教学活动,使广大青少年学生在参观的氛围中,潜移默化地接受爱国主义教育。因此,我馆与唐县一中、望都一中等学校保持着密切的合作关系,每年清明期间都组织学生举办形式多样的主题教育活动。唐县一中、望都一中20年来,始终坚持每年清明期间都到我馆参观学习,是保持时间最长的学校。唐县教育系统还把每年的11月份定为"学习白求恩精神月、争做五种人"。

针对卫生系统的行业特点,在河北卫生系统掀起了学习和弘扬白求恩精神的高潮,全省卫生系统医务工作者纷纷到我馆参观学习,参加"白求恩式医药工作者"评选活动,收到了良好的教育效果。

在参观接待活动中,主动配合机关团体、部队、学校举办系列活动,提供一切便利条件,做好服务,甘当"配角"。

2010年,我馆被河北省卫生系统命名为"白求恩精神教育基地",同年被命名为河北省首批省级少先队实践教育基地。

三、创新服务模式、服务社会大众

博物馆、纪念馆在免费向社会公众开放后,已经不仅仅是高高在上的神圣殿堂,而是以其日益增强的亲和力、感召力和服务水平,吸引越来越多的社会公众走进博物馆、纪念馆。博物馆、纪念馆的建设越来越贴近实际、贴近社会、贴近群众,在其传承文化记忆、融合多元文化和助推文化创新方面超过了以往任何时期,陈列展览的质量和数量也大幅提升,博物馆、纪念馆的服务意识明显增强,社会关注度空前提高。博物馆、纪念馆是坐等观众上门,还是主动提供服务,是摆在我们面前的一个新课题。如何创新服务模式,为社会公众提供服务,我们的具体做法是:

第一,积极参与社会活动,广结人缘、善缘、情缘,广交朋友,扩大影响。我们参加了在人民大会堂举办的纪念白求恩、柯棣华来华70周年大会,并应邀参加了由中国国际友人研究会在宋庆龄故居举办的纪念印度援华医疗队来华70周年纪念活动。我们还与加拿大白求恩纪念馆共同组织了中国、加拿大、西班牙三国小学生"纪念白求恩逝世70周年小学生自画像活动",两馆工作人员还一起共同制作了"中加友谊之毯"。

白求恩柯棣华纪念馆作为教育、激励后人的重要场所和开展"红色旅游"的重要载体,传承着红色的历史。白求恩医科大学、白求恩军医学院、白求恩基金管理委员会、白医大北京校友会以及老白校的校友们经常来唐县追根寻源。小学生入队、青年人入团、新党员入党都来我馆举行庄严的宣誓仪式。

　　第二,把服务的触角伸向社会,服务群众。我们联系社会各界力量,打井修路、建希望小学、捐资助教、救助贫困生并为老区人民捐款捐物。组织医疗队深入山区,开展义诊活动,为老区人民送医送药。系列活动的开展既丰富了参观内容,又拓展了我们的服务外延,收到较好的效果。

　　第三,从小事做起,从点滴做起,提供细微服务。对前来参观的游客提供一切便利条件,代他们安排食宿和介绍附近的旅游景区。并派人陪同线路的考察、景区的踩点、带路等全程服务。天津和平区检察院为了答谢我们热情周到的服务,捐赠特殊党费 2000 元。

　　综上所述,博物馆、纪念馆在免费条件下如何服务社会、服务大众,除自身的努力外,还有许多亟待解决的问题,尤其是目前大多数中小型博物馆、纪念馆面临的难题:体制不顺、人员僵化、专业人才匮乏、资金短缺等等困扰着我们的生存和发展,也成为提高服务质量、创新服务模式的拦路虎。希望能引起上级主管部门的高度重视,为大多数中小型博物馆、纪念馆解决面临的问题提供支持。总之,前途是光明的,道路是曲折的,我们仍需努力。让我们携手并肩为博物馆事业的繁荣发展做出新的贡献。

赴英考察学习博物馆教育的体会

八路军驻西安办事处纪念馆　　王晓莉

内容提要:在重视人文教育的当今,博物馆教育工作有待进一步提高。传统上中国的博物馆大多更加重视保藏和研究功能,而今它们正逐步转向更加突出文化传播、宣传教育和休闲娱乐的功能。在这方面,有着更加丰富的经营经验的欧美博物馆,也许可为我们提供一些参考。2013年我有幸赴英国先后在伦敦、纽卡斯尔、爱丁堡、伯明翰等地对其历史文化遗产保护和旅游开发进行专业讲座22场、实地考察27处。本文试结合我的实际工作,谈谈我此次外出考察的一些体会。

关键词:考察学习　博物馆教育　体会

2013年6月10日至30日, 在西安市文物局郑局长的带领下, 我们一行17人赴英国先后在伦敦、纽卡斯尔、爱丁堡、伯明翰等地对其历史文化遗产保护和旅游开发进行专业讲座22场、实地考察27处。收获颇丰,受益匪浅。

下面,结合我的实际工作,谈谈我这次出去考察的一些体会。

体会之一:真实性和完整性是人文类博物馆获得游客认同的有力保障。向观众提供真实的展览、完整的陈列,传播真实的信息,是博物馆应遵循的重要原则。

印象之深之一:比米什露天博物馆,它通过真人的实景完整地再现了18世纪初,煤矿工人生产和生活的场景。整个建筑物都是按原样复制的,所有的工作人员都穿着过去的服装在各自的岗位上工作并担任讲解。

进入露天博物馆之前,有一辆很大的拉煤车。在拉煤车的后面,有一个很小的博物馆。博物馆里有一个导游图,中间放着视频、旁边有一段滚动的黑白胶卷,再现了当时矿井工人和矿主的一些生活场景。如果我们是第一次来这里的游客,通过这些简单的介绍就可以知道我们在这里可以看到什么。

走出博物馆,我们可以看到仍在运营的煤矿、当年矿工居住的房屋、街道上行驶着当年的有轨电车、马车,以及车上穿着当年的服装的工作人员;矿工居住的房屋上从烟囱里飘出的炊烟让游客产生无限联想。厂房的工人现场炸薯条、制作面包,整个制作流程展现在游客面前,同时可供游客购买品尝。房间的布局和生活用品都是按照当年复制的。妇女穿着当年的服装在加工地毯,同时把做好的地毯出售给游客。牧场里的农民为爱马梳理鬃毛。操场上,工作人员穿着一战时期的军装进行队列训练、打靶,感兴趣的游客也参与其中。工作人员带我们也亲自下煤矿体验了当时煤矿工人恶劣的工作环境。矿井很低,阴暗潮湿。人都是半蹲着进出,整个矿井工人的作业不可想象。教室里陈列着当年的教学用具。学校教室里的教师穿着当年的服装,讲着当年的课程内容。

看到这些,我们仿佛已经穿越到那个年代。它的展览内容和展示手段将博物馆的真实性和完整性发挥得淋漓尽致。

印象之深之二是维京海盗博物馆。它位于商业中心地段。从外观上看,游客怎么也不会想到它是在遗址之上建立的博物馆。这种保护方式既没有影响整个城市建筑的规划和发展,同时又对遗址进行了保护和开发。它是怎么开发的呢?在博物馆的地下室,通过仿生机器人的形式为游客再现了一千多年前维京海盗生活的一个场景。

我们乘坐四人旅游小火车,进入了一个仿生机器人复原的海盗生活场景。我们看到他们有的在上班的时候在制作工艺品并解说,休闲的时候在吃东西、聊天。夜晚的树叶在微风的吹动下随风飘荡,傍晚时房间里透出微弱的灯光,孩子在门外玩耍,旁边还有一条黑狗,房屋外挂着一些生活用品。案板上的肉块仍淌着鲜血,还有一只老鼠在偷吃,非常逼真,动感十足。路过房屋时,甚至能闻到烤肉的香味,好像主人还在房间里一样。工作人员都穿着当年的服装进行讲解。

前两种不同的展示手段都是一种场景的再现。一个是真人实景的再现,一个是仿生机器人的再现。观众看完后一目了然,能产生浓厚的兴趣,印象深刻,流连忘返。

西安"八办"作为当年全国诸多"八办"中成立时间最早、坚持时间最长、影响力最大的一个办事机构。今天,如何充分发挥其爱国主义教育基地的作用,我认为,首先应该从全面展示其历史的真实性和完整性入手,改进和提升展览内容。通过当年实景再现,增强其感染力和影响力。如:"西办"先后经历了秘密交通站、红军联络处、八路军驻陕办事处三个阶段,并在这三个不同阶段中发挥着不同的作用。但在陈列上和讲解内容上目前我们只是注重八路军办事处阶段的内容,而对前面两个阶段的展现手段和内容缺失或不完整。尤其是大门口现在只有两个时期的牌子，就是红军联络处和八路军办事处。而秘密交通站——以德国牙医博士冯海伯牙科诊所为掩护的门牌尚未展出，缺乏历史的完整性。根据这一史实，我们应在"八办"门口添加秘密交通站这一极为重要的历史阶段的牌子。使游客从三个牌子中了解到"八办"的三个历史发展阶段，以此展现出历史的完整性。

"八办"纪念馆的牌匾是叶剑英1979年的题词，现在此牌匾已在显要的位置出现三次，很容易误导观众此处是以纪念馆为主，而以旧址为辅。个人建议应将此牌匾迁至基本陈列展厅的门口。

游客一般是来看旧址的，在我刚从延安纪念馆来到"八办"时，我注意到讲解员不讲旧址，而侧重讲展馆。"八办"是一个旧址的复原，观众感兴趣的是实景的再现和当年发生的一些故事情节，纪念馆的基本陈列应该是对旧址背景的补充和完善，是个辅助陈列。重心应该放在旧址复原上。否则，会出现主次颠倒的现象，体现不出旧址的价值。

旧址反映的是当年工作人员的生活、工作场景。所以工作之重应是充实旧址内容，强化生活气息。我设想：1.所有一线人员可一律着"八办"当年的服装，与观众零距离接触，使观众很快进入角色。2.旧址陈列要努力再现当年的功能和情景。3.所有的房间门应该打开。让观众能够近距离感受当时的生活场面。避免出现观众与旧址、观众与藏品之间的人为阻隔。

体会之二：参与性和体验性是人文类博物馆不可或缺的手段。

英国博物馆有一个共性，在每个展区都设置有非常多的可供游客参与和体验的互动项目。比如，露天博物馆教室外有下课时孩子滚铁环所用的铁环，观众看完教室后可放松参与；在苏格兰博物馆，每一个展厅都有观众参与和互动的项目，每走几步都有为游客提供的不同服饰，游客可以穿着照相；在罗马城堡旁边有专门的场所让孩子们穿上当年的服装，想象、设计搭建城堡；而活着的城墙有可以供游客留言的区域。大家参观完活着的城墙后可以将自己的感想留下来；城墙博物馆展厅有互动屏，工作人员会给每一位游客发放一张卡，这张卡插入互动屏后，互动屏会给游客提出很多问题，根据游客的回答，判断性格，设计出游客在罗马时期是什么样的角色人物，进行角色扮演。有很多遗址博物馆针对小学生开发了一块供孩子们考古发掘的地方，孩子们亲自拿着铲子，就地而坐进行挖掘。他们通过亲身体验，也学会了如何保护文物。

旅游是一种求知求新求乐趣的活动。参与性的体验是提高游客兴趣的必然要求。为了满足游客的需求，我们应该从"八办"当年的工作职能出发，设置一些可供观众参与和体验的项目，如：根据国内游客喜欢在景点留言的特点，可结合当年的有志青年通过"八办"奔赴延安参加革命的情景，恢复设置接待室并复制当年奔赴延安的人员登记表，讲解员穿上八路军服让游客填写，并给填写者发放盖有当年公章样子的"奔赴延安的通行证"以资纪念。（下一步可考虑和延安大学、延安市旅游局合作，使持有通行证的游客在延安景区和延安窑洞住宿享有特殊优惠政策。再如：在"八办"内是否可恢复原有的食堂，开发一些当年的主食和菜品，让游客品尝（有偿）和购买，感受当年生活的艰苦。其次，为游客提供持当年样式的枪，穿八路服，坐"八办"当年雪弗莱小轿车等照相服务，只有这些项目开发后，我们的旧址才能复活起来。

体会之三：让静止的文物活起来（陈列手段的新颖化、多样化），是人文类博物馆提高游客的认知度和兴趣感的不二选择。

例如铁桥博物馆。它在展览面积小、实物少的情况下，如何展示文物的内涵？展出的文物用背景画、视频、照片、模型、连环画、不规则说明牌等多种方式、艺术的手段从不同角度、不同方位讲述了一个个文物背后的故事，使它的文物活起来。

轮船博物馆展示了一艘世界范围内第一个曾经用于商业和战争，并经过改建翻修之后保留下来作为文化遗产的船。它1870年从英国到上海时是用来运茶叶的商船。装载茶叶的主要工具就是麻袋。博物馆在展示手段上构思巧妙，在麻袋上投影视频，展示了当年的运输过程。比如运输茶叶的箱子，里面陈列着当年轮船进行贸易时的货物。在设计理念上，已经提示引导观众进行互动。例如，箱子的外面，写着"what is inside？"（里面装着什么？）等提示语启发观众参与。观众通过动手打开箱子，便可以看到文物和箱子盖上的解说词。这两种展示方式都非常吸引眼球，使人们不觉得疲乏。

"活着的城墙"是一个小博物馆，展厅也非常小。它把全世界的各种边界、栅栏或城墙用照片和视频在一面墙上来展示。通过展示场景，用动态的视频浓缩历史来揭示不同地域不同时代的战争场面，同时用大量的历史照片反映战争给人们带来的巨大痛苦和灾难，从而启发人们珍惜和平、远离战争。冷战结束后，城墙已经失去它原有的作用，它作为遗址供人观看游览。但是今天的世界并不太平，局部战争频频出现。版面试图通过一些期盼和平、远离战争的诗句如美国著名诗人罗伯特·弗罗斯特的《补墙》中的名句：

Before I built a wall I'd ask to know　我在造墙之前,先要弄个清楚,

What I was walling in or walling out, 圈进来的是什么,圈出去的是什么,

And to whom I was like to give offence. 并且我可能得罪的是些什么人家。

来启迪游客更深层次的思考。通过这面"活着的城墙",形象地展示了全世界人民期盼和平、远离战争的美好愿望。

启发之一:国内大多博物馆展览的陈列手段死板、教条、单一。就文物而展出文物,不讲它背后的背景和故事。许多不了解相关历史知识的观众因看不懂内涵而失去兴趣。二,文物的数量和级别代表博物馆的档次和分量,但是许多博物馆因考虑到文物的安全问题,所以很多上等级、有价值的文物没有直接对外展出,大都躺在库房里睡大觉了。文物的价值只是体现在给上级领导或给同行汇报之中,没有真正体现文物的自身价值。所以要丰富展览的内容,一定要让文物走出来说话,丰富陈列手段,让静止的文物活起来。这样才能留住观众、吸引观众。

"八办"所经历的三个不同时期在中国革命中发挥了重要作用,所留下的可直观的建筑和文物,是历史的见证,但是要全面展示"八办"在三个不同时期所发挥的重要作用,单靠这些文物肯定不够,还必须得挖掘它所承载的历史信息。以文物带人物和历史事件,以讲故事的方式让静止的文物活起来。如:对"八办"机要大厅的讲解,重点要放在它接收和发出了哪些重要电文,对当时的形势产生了什么样的影响,不能笼统地说接受中央红色电报及发放电报。如果可能,可以复制一些当年的电文稿,供游客阅览。陈列中的电话不仅仅只是一个电话摆设,拿起可听到它在特定时期的作用。例如,"八办"陈列的一部老电话机,1938年林伯渠曾经用此电话劝解张国焘,现在可在电话机中播放模拟二人的语音对话。对于曾在"八办"工作过的领导和工作人员,不仅要讲解他们的职务、职责和贡献,还应该讲他们生活中的一些逸闻趣事。

体会之四:注重个性化、针对性的讲解,是做好博物馆讲解的关键所在。

活着的城墙的展览,他们认为,大多数观众不需要那么多信息量,讲解词太长会引起观众的反感。因而他们的讲解是很简短的,使观众轻松、快捷地了解城墙的内容。如果想了解更多的信息,游客可以通过发给他们的卡片以及从触摸屏中了解更多。要想了解更翔实的史实内容,就需要邀请专家来讲解。专家的讲解,整个过程也是在一种互动式的、交流中完成,而不是填鸭式的。活着的城墙的展览,对不同身份、不同年龄的游客的讲解是引导式的、互动式的、交流式的,只客观地告

诉他们当年发生了这些事件,不发表结论,引发他们的发散性思维,启发游客自己思考,思考他们所看到的内容与我们现在的生活是否有关联,那些内容对我们的实际生活有什么样的影响。对于游客的思考以及留言,博物馆没有提供标准答案,因为他们认为每个人的背景、身份不同,都有着自己不同的答案。有的答案超出了设计者的设想。比如有的观众看完了活着的城墙,看到了那些全世界的各种栅栏、围墙、城墙等等一系列起屏障作用的边界,想到了以色列与巴勒斯坦,以及朝鲜半岛的问题。

讲解工作的完成,不仅需要讲解员,也需要引进一些电子讲解设备。比如国外的专家为我们介绍了三种不同的电子讲解系统,可以为人们提供三种不同层面的信息。便携式的语音导览系统可以为游客指路,进行一些解说;而针对听力有问题的人它有视觉的符号语言。叫达·芬奇密码的导览系统,带着各种各样的声音,让游客有一种数字声音的体验。第三种是一个手机软件,是在一个关于岩石的遗址中运用的。为游客在没有路标也没有导游的岩石群的遗址中导览。这种软件有一种手机信号,一旦进入到这个区域,将手机软件调到这个信号,就可以自动导游。

启发:现在国内大多数展览馆的讲解是通篇的,几乎没有针对性。我们应该对不同的观众设计出适合各种群体的讲词,并采取语音导览等多种形式讲解。在讲解之前,与游客沟通,了解他们的背景、职业、兴趣、要求,时间长短等。有这样一件事,很能说明这一问题:我馆刚来的讲解员很认真地给游客讲了一个小时,结束时征求他们的意见,游客竟然说出了令大家意想不到的话语——"我是硬着头皮耐心地听你骂了我一个小时"。后来才知道,他是一位台湾的国民党员。原来,讲解员在讲解中说了很多关于国民党反动派之类的话。所以,讲解之前须了解观众的背景和需求,以便达到因人施讲。

体会之五:舒适的参观环境是延长游客的逗留时间的有效途径。

第一,基础设施的完善决定了游客参观环境的舒适程度。英国博物馆不论规模大小,都有共同的特点:观众在疲惫的时候,都可以在最快的时间找到休息的场所。例如,铁桥博物馆非常人性化地在电子触摸屏的前面摆设凳子,使游客在浏览博物馆信息的同时得到了休息。这样避免了游客在参观博物馆时因不能及时找到休息的地方而坐到了台阶上,或者席地而坐甚至急于离开博物馆寻找休息场所的情况。

第二,英国博物馆休息设施都具有展陈内容的文化元素,非常有艺术性、个性化。如轮船博物馆的凳子坐上去好像人乘坐在轮船上,不停地摇晃着;维多利亚时期的罗伯特公园中的座椅非常具有时代特色。而我国很多博物馆内休息的设施和展览的背景没有任何直接关系,仅仅只供休息,没有任何艺术感和特色。这些虽然只是一些不起眼的细节,但与游客对博物馆的印象和感受有直接关联。

第三,英国博物馆的游客服务中心通常都设在博物馆出入口的必经之处。游客在入口处没有买到的东西在出口处也可以买到,不必走回头路。游客服务中心里面的文化产品和宣传资料非常丰富,并且是针对不同群体设计的,非常人性化。并且英国每个博物馆都有一个快捷的餐饮场所,观众累了、饿了、渴了可以在这里休息。这样既方便了游客,也带来了可观的经济效益。

第四,博物馆或博物馆周边都设有一定容量的停车场。

"八办"这些年来,在服务设施的完善上虽然做了大量的工作,但仍存在一些不尽人意的地方。如,至今没有专门的停车场,馆内的休息椅和饮水点偏少,游客服务中心在服务内容和设置位置上还需改进等。应以提高游客游览舒适度为目标,进一步完善服务设施,延长游客在馆内的停留时间。

体会之六:注重做好自我完善和自我宣传的工作,是提高博物馆知名度和影响力的重要条件。

讲解水平的高低,服务设施的完善与否,直接关系到博物馆的吸引力,而游客是最好的评判者。因此,要注重游客的问卷调查,及时了解他们的需求和意见,不断完善自我,提高游客的满意度。

英国博物馆就特别注重游客的问卷调查。他们及时搜集游客的意见,征求他们的需求,不断完善自我,提高游客的满意度。不仅如此,他们在制定很多项目和规划时,不仅仅是由博物馆的专家和领导做决定,而是由很多利益相关者,比如社区人员、学校人员、政府人员,以及其他与博物馆相关的人员共同商议、决定。而我国很多博物馆不注重观众的问卷调查表,只是作表面的应付。博物馆的陈列大纲、规划和基本设施的好坏不是由观众认可的,而是由业内人员和专家以及领导认定的,没有真正认识到博物馆是为谁服务的,服务的对象是谁,主体是谁。我们博物馆的所有工作都是为观众服务的,我们一定要认识到观众是我们的上帝,是我们的服务对象。我们博物馆工作的好坏是由观众做评价的,而不是自我评价。所以博物馆必须注重观众的问卷调查,及时了解他们的需求、建议和想法,不断完善自我,提高游客的满意度,使没来的观众想来参观,来过的观众也成为博物馆的宣传员,增加博物馆的游客量。

英国的博物馆还特别注重自我宣传,通过各种网络宣传以及加强与政府、社区、新闻媒体的合作,并结合重大节日组织开展相关的活动,扩大和提升博物馆的影响力。而我国一些博物馆自我宣传力度不足,导致很多本地的人对博物馆不够了解。比如我馆有一个外出宣讲团,讲完之后有个观众回执单,通过观众的回执,发现好多本地的人对"八办"根本不了解,很多人以为"八办"在建国路,以为"八办"是西安事变馆。由此可见,在宣传上,我们应更加注重网络宣传工作以及加强与外宣部门、教育部门、旅游部门和新媒体的合作,并结合重大节日组织开展相关活动,扩大和提升博物馆的影响力。

比如,我们可以在"八办"建馆纪念日、抗战胜利日、"5·23"等重要的日子,组织开展相关活动,扩大"八办"的影响。还可以邀请当年从"八办"走向延安参加革命、目前尚健在的老艺术家、老干部等,在"八办"举办能够传递正能量的、多主题的活动。在做好"请进来"相关工作的同时,还可以走出去,即结合当前开展的群众路线教育实践活动,挖掘一些相关历史故事和素材,到市政机关和区县机关,开展党的群众路线历史故事的宣讲,既配合了当前的群众路线教育活动,又扩大了"八办"的影响力和知名度,可谓是一举两得。

以上就是我赴英国考察学习的体会。不妥之处,请指正。

总之,本次参观的英国不同类型、各种特色的博物馆都是受到英国当地地理环境、文化背景、传统习惯的影响而设计的,对它们我采用了"拿来主义"的方法,取其精华、去其糟粕,将和我们的博物馆相通的地方、值得借鉴的东西拿来。

开发与利用

博物馆要为公众提供导向正确的文化产品

涿州市文物保管所　　杨卫东

内容提要：为公众提供导向正确的文化产品是博物馆的神圣职责，本文结合涿州博物馆(县市级)历史类基本陈列，从历史唯物主义的角度，围绕如何正确解读历史、展示历史、提炼对当今社会有现实意义的历史精神，进行了初步探讨和尝试。

关键词：博物馆　导向　文化产品

博物馆肩负着建设优秀传统文化传承体系、弘扬中华优秀传统文化、丰富人民群众精神文化生活的社会职能。本文结合笔者负责的涿州博物馆(县市级)历史类基本陈列，就如何为公众提供导向正确的文化产品问题，谈一下粗浅的认识和具体举措。

一、要向公众呈献最能经得住历史检验的历史

博物馆历史类基本陈列大纲编撰工作是一项既艰巨又严肃的任务，必须要对历史和下一代负责，如果曲解了历史，对于传承中华优秀传统文化将产生负面影响。国家文物局 2012 年印发的《关于加强博物馆陈列展览工作的意见》提出：博物馆举办陈列展览，要始终坚持社会效益第一的原则……着眼于中华文明和整个人类文明的发展，反映人类最美好的目标理想和价值追求。这一意见的提出，为博物馆举办陈列展览明确了最基本的原则。

笔者认为，博物馆历史类基本陈列应当按照这一原则做好几个"坚持"：

1. 坚持用历史唯物主义的立场解读历史。博物馆展示着本地区几千年来的历史进程，而有些博物馆的地方史却是一派繁荣、一路辉煌。中国五千年文明史是辉煌的，但充满了艰难曲折和多灾多难，所以不应顾此失彼。涿州博物馆按照这一立场客观地展示了地方史，比如对地方历史沿革的叙述：涿州自春秋战国为燕国之涿邑，历代均为郡、州、县之治所，我们把涿州历史上曾代管的今涞水县野三坡(涿州八景之"盘坡积雪")列入；从佛教文化角度，把涿州曾辖管的北方佛教圣地今北京市房山区云居寺列入；从地方革命史的角度，把抗战期间涿州与周边各县成立"抗日民主联合县"、成立中共涿县特支,领导涿县、涞水县、易县、良乡县党组织浴血奋战的历史纳入。我们认为,这样一部完整的地方史坚持了历史唯物主义的立场,对涿州、对周边县市也是一份应有的社会贡献。

2. 坚持用历史唯物主义的方法展示历史。人们都爱自己的家乡,所以有些地方喜欢把当地的历史尽量向前追溯,越早越好,越早越自豪,无论有无文物佐证,其基本陈列开篇均是原始人的聚落。实际上,历史不在于长短,只在于社会发展的成就;人类社会历史是客观存在的,博物馆应当从历史现实出发,通过实物反映真实的历史特征。否则,一部牵强的历史将贻害公众、误导子孙。

3. 坚持用历史唯物主义的观点正视历史。在中国社会发展漫长的历史时期中,草原民族曾几度入主中原,但人们习惯用"有违正统"的封建思想来看待。草原民族入主中原是因中原王朝腐朽衰败而将其推翻,其结果对中华民族和文明的发展起到了推动作用。这如同学术界把蚩尤与炎黄二帝共同列为中华始祖一样,要客观公正地尊重历史。涿州在公元 936 年,因后唐河东节度使石敬瑭割让燕云十六州,涿州自此归属契丹,以后又进入了元代,仍由草原民族辖管。涿州博物馆从民族交融与文化交流的角度来构建这一时期的历史,坚持了历史唯物主义的观点,不以所谓"正统"去衡量。

二、要向公众展示最丰富的人文蕴涵

《关于加强博物馆陈列展览工作的意见》还要求:"深入挖掘文物、标本的丰富内涵,反映最新研究成果,增加文化含量,创造导向正确、主题突出、有丰富语境、观点和故事的陈列展览。"笔者认为,这是对博物馆陈列展览提出的进一步要求,但在实践中还需有一个恰当的"把握"。比如:涿州是汉昭烈帝刘备和张飞的故里,刘关张桃园三结义的故事千古流传,但史学界一些观点对此提出了质疑。这个故事是否可以列入涿州博物馆的基本陈列,值得我们反复考量:

1. 传说不等于历史。这句话本身是无可非议的,博物馆必须以文物、标本为依托,坚持陈列的真实性。但我们也应该承认,真实的历史我们实际上是无法再现的:文物、标本承载着历史信息,但它不是历史的本身,不代表全部的历史,博物馆的历史只能是一部比较接近历史真实的历史。它的真实程度是"接近",任何一位史学家都不能说自己研究的历史与真实的历史完全吻合。

2. 历史包含着传说。正因为我们研究出的历史只是"接近",所以中华民族的文明史均把历史传说作为源头。如:被奉为人文始祖的黄帝、炎帝、蚩尤有很多历史传说,黄帝大战蚩尤于涿鹿之野,也是历史传说;原始先民的图腾、语言、文字、农耕、酿酒、制陶以及中医药等一系列文明的起源,也均来自于历史传说。所有这些历史传说在今天已和正史密不可分。如此,可以说历史包含着传说,传说包含着历史,博物馆的基本陈列很难将其排斥在外。

3. 涿州博物馆的观点。我们认为,应当将桃园三结义的故事列入,理由如下:

一是它有广泛的社会基础。我国古典文学名著《三国演义》开篇就是“宴桃园豪杰三结义,斩黄巾英雄首立功”,桃园三结义的故事千百年来广为传颂,名扬海内外,已升华为一种社会文化,成为中华民族宝贵的精神财富。

二是传说可能是历史的另一种表现形式。汉代司马迁编纂《五帝本纪》时,结合历史传说,同时实地调查,发现很多传说与古文献记载有相近之处,并非完全凭空捏造,于是选择了较为可信的记载,完成了《五帝本纪》。所以说,要客观对待历史传说。

三是要有一个恰当的“把握”。传说只要是顺应了历史,没有颠覆历史,没有“喧宾夺主”,只要能够对“创造导向正确、主题突出、有丰富语境、观点和故事的陈列展览”有益,可以考虑将其合理地列入。因为,历史不能离开传说色彩,历史因传说而更加厚重。

三、要向公众传播最值得敬崇的历史精神

博物馆担负着对社会的教育职能,其中历史名人是宝贵的教育资源和精神财富。涿州历代名人辈出,博物馆为此专门设置了展厅“名人堂”,按照“紧密结合素质教育”的要求,对历史名人给予了充分展示。

1. 缅怀历史名人的丰功伟绩。我们展示的有:汉昭烈帝刘备,宋太祖赵匡胤,东汉末年政治家、经学家卢植,三国蜀汉大将张飞,北魏水文地理学家、《水经注》著者郦道元,北宋著名易学家、哲学家邵雍等,主要展示他们在政治、经济、哲学、文化、科学等领域的成就,旨在激励今人对社会发展做出更大的贡献。

2. 提炼历史名人的“正能量”。凡历史名人对当今社会有着现实教育意义的,给予大力弘扬。我们首先用生动的语境讲述一个真实的故事。比如:涿州金门闸维修工程主持者、清宣统元年直隶永定河道员、二品衔总理吕佩芬“勤明廉干”的事迹。

清代多水患,永定河为分减洪水在涿州境内设闸,自乾隆至光绪,曾为减水石坝,后又由坝改闸,“数年一小修,三十年一大修”。宣统元年吕佩芬请示朝廷对减水石坝大修,同时选贤任能,由“久历河防”工程的河员张黼廷设计,通过精密核算,决定用修坝之资重建金门闸,并启用一批精于工程的河员。吕佩芬多方协调、现场勘查,做出了一系列重大决策。张黼廷等河员驻守工地,"凡五月如一日",始终与数百工匠同在"风沙烈日"之下,建成的金门闸辟闸涵15道,各涵设闸板,任意启闭,控制泄水,整个工程工繁而费省,所耗之资"节无可节",恰好接近吕佩芬向朝廷请示的修坝之资,金门闸从此完好保存至今。

在这个故事基础上,我们提炼出以下几点启示:①吕佩芬不辱使命,现场调研、勇于决策,没有尸位素餐;②用修坝之资重建金门闸,却不向朝廷请示追加拨款,且工程用款"节无可节",一派廉政清风;③选贤任能,以"精于工程"为用人原则,没有任人唯亲;④张黼廷等河员始终于"风沙烈日"之下,与民同劳,不搞特殊,真抓实干;⑤重建的金门闸百年来经住了地震和洪水的冲击,不歪闪、不开裂、不倾倒、不垮塌……这就是最值得我们敬崇的历史精神,这就是历史名人给予我们的"正能量"。

综上所述,为公众提供导向正确的文化产品,需要博物馆不断完善基本陈列和展览,需要博物馆工作者树立正确的思想理论及学术观点。职责神圣,任重道远,让我们携起手来,继续为社会及其发展服务,共同建设人类社会的精神家园。

文化产品开发与博物馆公共服务

武强年画博物馆 王玉鹏

内容提要：博物馆肩负着文化传承、审美培育、道德教化、礼仪引导、民俗蕴含等多方面的社会教育和公共服务功能，搞好博物馆文化产品创意开发，是延伸教育功能、巩固服务效果的重要载体，是提升博物馆知名度和影响力的有效手段，也是增强博物馆发展后劲的必然选择。在博物馆文化产品开发中，应注意把握以下几个原则：必须突出特色，彰显博物馆文化内涵。必须注重质量，打造精品，提升品牌形象。必须注重研发，不断推陈出新，积蓄发展后劲。必须加强创新，提高博物馆文化产品科技含量。

关键词：博物馆公共服务 文化产品开发 特色 精品 创新

博物馆属于公益性组织，其功能主要是收藏、保护、研究和展示各类文物、艺术品等，肩负着文化传承、审美培育、道德教化、礼仪引导、民俗蕴含等多方面的社会教育和公共服务功能，是人们了解历史、增长知识、增强民族自豪感和自信心的第二课堂。要想更好地、最大限度地发挥博物馆的公共服务功能，就需要我们在充分利用博物馆陈列展览主阵地的基础上，延伸触角，拉长链条，拓展领域，为社会、为公众提供更多的精神文化产品。通过多年来的实践我们认识到，搞好博物馆文化产品创意开发，是延伸教育功能、巩固服务效果的重要载体，是提升博物馆知名度和影响力的有效手段，也是增强博物馆发展后劲的必然选择。在博物馆文化产品开发中，应注意把握以下几个原则：

一必须突出特色，彰显博物馆文化内涵。特色是文化产品的生命，没有特色的文化产品是缺乏竞争力和生命力的。因此，在文化产品的开发过程中，我们紧紧围绕武强年画这一资源优势，打年画牌，唱年画戏，形成了独具特色的年画产业链。一是深入挖掘武强年画的艺术内涵。武强年画始于宋元，盛于明清，题材广泛，形式多样，在近千年的发展历程中，形成了独特的艺术风格，具有浓郁的乡土气息，被誉为"农耕社会的缩影""民俗生活的大观园"，其制作工艺采用木版套色水印，传承了中国古代四大发明之一的雕版印刷术。这一优秀的传统民间艺术，不仅在过去数百年间惠泽武强人民，且在当今时代也堪称武强经济社会发展的文化根脉。二是在文化产品开发中注重体现武强年画特色。我们在所有文化产品的开发中，无一不打上鲜明的年画印记，不论何种载体，何种形式，从产品到包装，从图案到文字，处处渗透着武强年画的古朴气息，展现着优美的年画符号，让人一看即爱不释手。三是不断提高年画文化产品的文化含量和文化品位。在产品研发制作中，我们力求将传统艺术与文化产品完美融合，使每一件商品都有一幅精美的年画作品跃然其上，都有一个动人的年画故事蕴含其中，使观众既买到了商品，又品到了文化，走出了一条"艺术品实用化，实用品艺术化"的新路子。

二是必须注重质量，打造精品，提升品牌形象。在博物馆文化产品开发中，必须克服粗制滥造、简单模仿或品种单一、产品同质化等短期行为或急功近利思想，而应在突出本博物馆特色的基础上，树立质量意识和精品意识，形成自己独特的品牌，才能占领和巩固市场。为打造武强年画文化产品品牌，我们主要抓了三点：一是加大产品推介力度。我们积极参加国家和省、市各级各部门组织的各种文化产品博览会、展销会及文化产品设计大赛等活动，宣传推广我们研制的武强年画新产品，并多次获奖。二是积极培育适合武强年画艺术成长的土壤和环境。我们在县电视台长期举办年画专题知识讲座，每年定期举办武强年画艺术培训班、武强年画创作大赛、武强年画产品创意设计大赛等活动，吸引更多的优秀人才投身到年画产业发展中来，为武强年画的传承、创新与发展搭建平台，积蓄力量。三是加强行业自律，规范年画市场。我们成立了武强年画协会，每年定期召开理事会和会员代表会，出台了《关于发展武强年画产业的实施意见》，建立了行业自律机制，规范管理，有序经营，有效遏制了粗制滥造、假冒伪劣、以次充好、恶性竞争等不良行为，保证了武强年画文化产品市场健康、有序运行。近年来，我馆开发的武强年画系列产品先后荣获"河北省文化产业产品十佳品牌""衡水市特色旅游商品""河北省十佳旅游纪念品"等荣誉称号。

三是必须注重研发，不断推陈出新，积蓄发展后劲。当前，博物馆文化产品已经成为文化传播的使者，对提升博物馆形象能够起到积极的宣传作用。但是，文化产品如果总是一成不变，势必造成消费者的审美疲劳，从而影响其市场消费。只有不断地开发新产品，增加新品种，不断地推陈出新、与时俱进，才能满足市场，满足消费者需要。在产品的创新研发方面，我们一是成立专门机构抓研发，成立了文化产品创意研发办公室，专门负责新产品的研究设计，每年都有 3~5 种新品上市，从而发挥了博物馆的龙头带动作用，引领了全县年画文化产品市场。二是加大投入保研发。我们每年都拿出数十万元研发经费,专门用于新产品的市场调研、创意设计、宣传推广等,使每一款新产品的上市都能引起轰动,带来效益。三是借助外力促研发。近年来,我们先后与天津美院、河北大学、河北科技大学等高校美术学院及河北玛雅影视艺术有限公司、石家庄方圆电子有限公司等单位合作,共同设计开发制作了一系列文化产品、工艺品、动漫衍生产品及武强年画时装等实用品,取得了较好的经济效益和社会效益。我馆开发的武强年画高档变色紫砂杯,一投入市场即受到广大消费者的热捧,并被市、县两级选定为政府官方礼品。

四是必须加强创新,提高博物馆文化产品科技含量。文化产品开发需要紧跟时代和形势,需要适应不同层次、不同文化、不同品位人群的需要,而现代科技的飞速发展,为博物馆文化产品开发提供了多种技术支撑和拓展空间。武强年画是一种传统版画艺术,本身具备文化艺术品的特性,但如果仍按传统的表现形式,以单一的纸片、画轴、书册等形式投入市场,显然已不能满足现代人的需要。而将其改变载体与介质,变成与人们日常生活息息相关的日用品时,便会焕发出新的生命力。我们将武强年画由纸质材料嫁接到玻璃、瓷器、刺绣、编织、雕刻、泥塑、竹木、特种金属等材质工艺上,开发出武强年画系列茶具、酒具、台历、挂历、背包、文化衫、变色杯、扑克、台布、杯垫等系列生活艺术品,极大地扩大了武强年画文化产品的市场份额和覆盖面。同时,我们还积极探索和尝试运用现代科技传媒手段,展示传播武强年画艺术,开辟新的文化产品领域。2007 年,我们与河北科技大学合作开发制作了武强年画动漫片《画乡传奇》,得到社会各界的普遍关注和好评。2012 年与河北玛雅影视艺术有限公司联合制作了又一部武强年画动漫片《十不足》,并先后开发出武强年画动漫系列衍生产品 50 多种,市场反映良好。最近,我们又在谋划拍摄武强年画题材的电影和电视连续剧,以及武强年画游戏光盘等。目前,我们开发的年画产品涵盖年画艺术品、工艺品、邮品、饰品及动漫衍生品等 20 余个系列 100 多个品种,畅销全国各地,并出口日本、美国、韩国、新加坡及港澳台等数十个国家和地区。在我馆的龙头带动和引领下,全县年画产业迅速发展和壮大。2012 年,全县年画及相关产业年产值达到 1.5 亿元,增加值达到 5000 万元。也正由于我们卓有成效的公共服务建设,我馆先后被评为国家重点博物馆、国家二级博物馆、国家 AAAA 景区、全国科普教育基地、河北省爱国主义教育基地、河北省国防教育基地,并被中央美院等 20 余所大专院校确定为美术教学实习基地。

品味镌刻在砖石上的记忆
寻找一座城市的灵魂
——浅议秦皇岛市玻璃博物馆建设与工业遗产保护的结合

秦皇岛市玻璃博物馆　　郭绘宇

内容提要：当高耸入云的烟囱从人们的视野中淡去，"工业时代"的特征逐渐被"信息革命"所取代。人们认识到，工业遗产已成为普遍意义上的文化遗产。保护工业遗产就是保持人类文化的传承，培植社会文化的根基，维护文化的多样性和创造性，促进社会不断向前发展。保护工业遗产，不仅是留住几栋历史建筑，也留住了镌刻在砖石上的记忆。2001年，随着城市的发展，秦皇岛耀华玻璃厂东厂区整体"退城进郊"，为了记录这段历史，保护城市文脉，一些有价值的历史建筑被保留下来。其中包括电灯房、水塔和水泵房等建筑。秦皇岛玻璃博物馆依托耀华厂遗址建造而成。

关键词：博物馆　工业遗产　多样性　创造性

20世纪初，是我国民族工业发展较为迅速的时期，新兴行业的工厂遍布交通便利的港口城市，舶来的西方先进生产技术与经营理念得到广泛的应用与实践。各行业工业建筑如雨后春笋，肆意生长，势不可当。百年后，保留着大量历史信息的工业建筑失去了原有功能，许多有价值的工业遗产面临被拆毁、遗弃的命运，对其的保护与利用成为每座城市避不开的话题。

保护工业遗产，不仅是留住几栋历史建筑，也留住了镌刻在砖石上的记忆。我们试着通过这些粼粼钉孔、斑驳墙体寻找一座城市曾经的故事。我们也尝试从一张张老照片中，寻找这座城市的灵魂所在。如今，我们又将记忆的残片拼凑呈展，以飨来众。这场记忆的演出可能会在很多方面收获奇效，但我们的初衷却是为这座城市的未来留个念想，叫我们这些在家的人和离乡的游子有个思念之所。

一、工业遗产与博物馆的定义

2003年，国际工业遗产保护联合会公布的《关于工业遗产的下塔吉尔宪章》

对工业遗产有这样一段描述:具有历史学、社会学、建筑学和科技、审美价值的工业文化遗存。包括工厂车间、磨坊、仓库、店铺等工业建筑物,矿山、相关加工冶炼场地、能源生产和传输及使用场所、交通设施、工业生产相关的社会活动场所,相关工业设备,以及工艺流程、数据记录、企业档案等物质和非物质文化遗产。[①] 今天,国际社会越来越认同多样化的理解文化遗产的概念和评价文化遗产价值。当高耸入云的烟囱从人们的视野中淡去,"工业时代"的特征逐渐被"信息革命"所取代。人们开始认识到,工业遗产已成为普遍意义上的文化遗产。保护工业遗产就是保持人类文化的传承,培植社会文化的根基,维护文化的多样性和创造性,促进社会不断向前发展。20 世纪 60 年代,工业遗产保护在西方兴起。1986 年,世界遗产名录里第一次有了工业遗产。现有的 812 处世界遗产中,有 34 处工业遗产。与西方国家相比,中国工业遗产保护相对滞后。[②] 在城市化进程加速发展的大背景下,工业遗产的保护带有抢救性意义。

博物馆在《国际博物馆协会章程》中是这样定义的:一个为社会及其发展服务的、向公众开放的非营利性常设机构,为教育、研究、欣赏的目的征集、保护、研究、传播并展出人类及人类环境的物质及非物质遗产。[③] 博物馆虽是人类财富的宝库,却非物欲载体。它是人类的心灵所向、智慧追求,让人虔诚皈依,过滤狂躁与轻浮。世间让我们耳熟能详的大艺术家毕竟是少数,对于大众来说,由于博物馆各种藏品的教化、熏染、浸润,人们获得的是知识的拓展,艺术的熏陶,审美的享受。如何将工业遗产保护与博物馆建设相结合,达到既保护遗产又实现展示功能的目的是我们探索的新课题。

二、秦皇岛市工业遗产资源情况

秦皇岛,中国唯一以皇帝帝号命名的城市。关山锁钥,景异物丰。有"中国长城海滨公园"美誉,负有"首批优秀旅游城市"盛名。是古今闻名的游览胜地,同时它还是中国早期的工业基地、我国北方综合性国际贸易口岸。秦皇岛港自 1898 年开埠以来,历经洋务运动、实业救国等重要历史变革时期,基础工业起步较早。19 世纪末 20 世纪初耀华玻璃公司、山海关桥梁厂、秦皇岛港务公司等工业企业应运而

---

①《关于工业遗产的下塔吉尔宪章》,塔吉尔,国际工业遗产保护联合会,2003 年 7 月 10 日。
②《世界遗产名录》,世界遗产委员会,1976 年。
③《国际博物馆协会章程》,维也纳,国际博物馆协会,2007 年 8 月 24 日。

生。现留存的 31 家省、市级工业遗产保护单位(详见附表1)中以 1894 年清政府投资 48 万两白银组建的山海关造桥厂、1898 年开坤的秦皇岛港,以及 1922 年民族实业家周学熙同比利时人合办的耀华玻璃厂最为著名。耀华玻璃厂是亚洲地区第一家用机器制造优质平板玻璃的企业,采用的是比利时"弗克法"先进专利技术,更是我国较早采用股份制的企业。产品投放市场后,不但彻底改变了我国依赖国外进口玻璃的落后状态,且远销欧美。耀华厂在解放后为新中国玻璃工业的成长和壮大做出了巨大贡献,被誉为中国玻璃工业的摇篮。④

三、保护工业遗产的重要性

2013 年 2 月,《求是》发表了署名中共国家文物局党委的文章《建设传承体系,保护文化遗产》。开篇即引用十八大报告原文"加强重大公共文化工程和文化项目建设,建设优秀传统文化的传承体系,弘扬中华优秀传统文化"。这一精神对加强国家重大文化和自然遗产、重点文物保护单位建设,抓好非物质文化遗产的保护与传承,不断增强中华文化的创造力与凝聚力有重要意义。我国的文化遗产事业科学发展取得了历史性成就。主要体现在文物保护责任进一步落实;形成了较为完备的文物保护法律制度;"中华文明探源工程""文物遗产保护关键技术研究"等国家重大科研项目顺利实施;博物馆数量大幅度增加,展示内容日益丰富,公共文化服务水平不断提高;文物对外交流与合作不断深化,为推动中华文明走向世界发挥出重要作用。⑤

近年来,随着现代科学技术的广泛运用、新兴经济体快速发展,传统工业企业日渐废置。在我们的观念里习惯把时间久远的遗存当作文物,对它们悉心保护,而把被淘汰、被废弃的近代工业厂房、矿山等当作废旧物和障碍物。较之年久文物来说,工业遗产只有百年或几十年历史,但是它们同样见证着历史的发展,承载着关于社会发展的信息,曾经对人口、经济和社会的影响,甚至比其他历史时期的文化遗产要大得多。所以工业遗产保护,对保持和彰显城市的文化底蕴和特色,推动地区经济社会可持续发展具有十分重要的意义,我们应该像重视古代文物那样重视工业遗产并加以保护。肩负传承历史文化责任的同时,工业遗产合理利用也必将对促进文化旅游事业起到积极作用。秦皇岛市大多数旅游景区为自然景区,辅之

---

④《耀华厂志》,中国建筑材料工业出版社,耀华玻璃厂厂志办公室,1992 年 02 月。
⑤《求是》,中国共产党中央委员会,2 月 16 日。

古代建筑群落,近代工业遗址多已残破,可供大众游览、休闲的场所更是屈指可数。秦皇岛市的工业遗产保护工作应沿着全市"旅游+文化+生态"的城市发展之路,在充分保护历史建筑并做好宣传展示的同时,加强休憩服务等设施建设,努力开创工业遗产保护的新思路,探索工业遗产保护的新途径。

四、秦皇岛市玻璃博物馆依托耀华玻璃厂工业遗址的建设、发展历程

1. 历史沿革

1921年,我国著名实业家周学熙与比利时伍德米财团共同出资创建我国首家机器法连续生产平板玻璃的企业——耀华机器制造玻璃股份有限公司。开了亚洲玻璃工业的先河,也为秦皇岛"玻璃之城"的称号奠定了基础。初建的耀华玻璃厂不仅打破了国外玻璃在我国的垄断地位,其玻璃产品还远销海外二十几个国家,产量曾达到我国玻璃使用量的2/3。几十年的发展过程中,随着业务面的扩展,厂房面积不断扩大,其中较为出名的是1933年"二号窑"的建设与"一五计划"时期厂房的扩建。20世纪末,耀华玻璃厂的发展到达顶峰,成为拥有玻璃纤维、玻璃管、钢化玻璃、防弹玻璃、镀膜玻璃等众多分厂的综合性玻璃生产企业,创造一个又一个业内第一的同时构建了庞大的工业遗产群落。随着工业化城市化迅猛发展,大量旧工业厂房面临被拆毁、遗弃的命运,在此形势下,2013年5月,耀华玻璃厂遗址群落被公布为第七批全国重点文物保护单位,并由政府出资对遗址进行管理、修缮和再利用。

2. 建设历程

1927年诺贝尔文学奖获得者伯格森曾说:"社会的进步是由这个社会已经下定决心进行试验后才一蹴而就的。"2008年1月,在政府的组织谋划下,召开了市玻璃博物馆展览大纲专家咨询会议,与会人员包括:相关部分领导,玻璃、博物馆行业专家,文化界精英。会议的一系列共识为博物馆的筹建工作提供了两方面理论支持:一是它有效地限定了市玻璃博物馆建设的宏观方向,即充分利用工业遗址建筑,建设一座充分展示我国玻璃工业历史及古玻璃文化的有秦皇岛地方特色的我国第一家国有玻璃博物馆。二是明确了工业遗址的使用范围,即遗址园区与博物馆展厅的使用面积、方式与遗址建筑修旧如旧的基本原则。

2008年10月,玻璃博物馆破土动工,3个月后博物馆主体建筑修缮及园区整治工程完成,随即开始了为期4年的文物征集。积极纵向寻求上级文物部门支持、帮助,横向联合兄弟博物馆出物借展,以"借梯上楼"的模式,本着"不求所有,但求所用"的原则,向省文保中心、定州博物馆、承德博物馆和民间收藏家借展文物 68 件,其中多为珍品、精品和孤品。

3. 工业遗产组成

电灯房:民族资本家周学熙与比利时乌德米财团共同出资建设,于 1923 年建成。是耀华厂重要的配套服务设施。原建筑共两层,总面积 2822 平方米,高 13.6 米,有法国哥特式建筑风格。曾为耀华玻璃厂生产、生活提供电力保障。之后为办公用房,浴池,经多次修缮,建筑保存完好。2008 年,秦皇岛市政府对其进行整体修缮加固,并作为玻璃博物馆主展厅。

水塔:于 1923 年建成,砖石砌筑,原塔高度为 16.7 米,占地面积 42.5 平方米,储水容量 95.69 立方米。1977 年,对塔身进行了加固、提升,提高后高度为 23.15 米。

水泵房:于 1923 年建成,是水塔的配套设施,由比利时设计师设计,欧式风格,总占地 260 平方米,其中控制室为单层圆形结构,占地 61.34 平方米;蓄水池为长方体结构,下有深水井,四季有水。

4. 博物馆的现实意义

博物馆以"传承文明、打造亮点、寓教于乐、服务社会"为目标,建成一座全面展示中国玻璃历史、玻璃文化和玻璃艺术精品的专题性博物馆。由博物馆区、服务区、临展区、辅助设施区四部分组成。展览面积 1500 平方米,展线长度 333 米,共收集展品 1767 件,其中三级以上展品 55 件,上展展品数量 842 件组。馆内布展陈列分为四个部分,分别为古代玻璃的诞生、玻璃工业的摇篮、当代玻璃工业、璀璨神奇的玻璃世界。

博物馆的展品品类繁盛、传承明晰,既包含我国玻璃文化开端,又涵盖我国历代玻璃工艺的演变,更有我市玻璃工业辉煌鼎盛时期的生产状态。既有反映民俗文化的琉璃饰品,又有体现当代艺术的玻璃艺术珍品,更有汇聚异国风情的舶来异宝,充分显现了玻璃在民众生活中的重要作用与独特的文化艺术魅力。

充分利用工业遗产,传承、发展工业文明,博物馆不仅在展出上推陈出新,并且对玻璃产品、玻璃工艺、互动项目有了很好的研发。与 30 余家玻璃企业合作,深入研发带有沿海旅游城市、玻璃之城特色的玻璃纪念品。引进秦皇岛歌华营地玻璃珠子 DIY、小型玻璃工艺品制作等项目,丰富博物馆参与项目。研发工作抓紧时代脉搏,充分发挥旅游城市、玻璃之都的地缘、资源优势,与玻璃艺术品开发创新相融合,打造有本市特色的文化旅游品牌,增加玻璃工业文化内涵,提升我市纪念品研发水平,也是对我市文化产业发展道路的有益探索。

五、通过玻璃博物馆筹建的经验,总结出工业遗址保护应做好以下几方面工作:

1. 同城市开发竞速争时,提案、立意早下手,早谋划

"工业遗产尽管是昨天发生的,但现在已经大量消失,很重要的遗产天天在消失。"北京大学景观设计学研究院院长俞孔坚教授说。由于新技术的采用和社会生活方式的转变,传统工业遭遇工业衰退和逆工业化过程;城市建设进入高速发展时期,一些尚未被界定为文物、未受到重视的工业建筑物和旧址正急速从城市里消失。将工业遗产列为文保单位,编制保护方案,制定利用措施需提前确定。2004年耀华遗址成为市级文物保护单位,秦皇岛市玻璃博物馆建馆建设议案也于本年通过。2008年耀华厂遗址成为省级文物保护单位。博物馆主体建筑同年开始建设,开馆筹备工作也全面启动。紧凑的安排为工业遗址的保留与修缮,文物展品的征集提供了宝贵时间。实践得出经验,一旦选定保护对象应尽快对我市工业遗产进行认定,将重要的工业遗产及时公布为文物保护单位,是工业遗址保护工作的当务之急。工业遗产认定后的一系列保护、开发措施也要紧密跟进。只有认定工作做在先、定得准,遗址开发、保护措施跟得上,有价值的工业遗存才能得到合理的保护、开发和利用。

2. 选择博物馆主题要结合遗址历史背景

工业遗址博物馆展示主题的确定应充分考虑原遗址的使用功能,尽量保存原有的工业信息、历史信息,这样既丰富了博物馆展陈内容,也延续了工业遗产新的生命。耀华是亚洲第一家浮克法机械制造玻璃企业,在其遗址上建立的玻璃博物馆是我市工业文化与自强不息精神的延续。秦皇岛市玻璃博物馆以人类创造、利用玻璃的历史为主线。将漫长、抽象的玻璃史浓缩为我馆"古代玻璃及发展""中国玻璃工业的摇篮""中国当代玻璃工业"和"璀璨神奇的玻璃世界"四个陈展部分。各部分陈展主题与遗址历史信息紧密结合,吸引观众驻足在过往的蛛丝马迹中,在参观中探寻曾经的故事。精心挑选的耀华老照片、老设备与品种繁多的玻璃文物在斑驳的近代工业建筑遗址间罗列,这是工业与文化的碰撞,是历史与艺术的交融。

3. 依照遗址公园的方式运营

工业遗址公园是工业遗产保护和再利用的主要形式。工业遗址公园的意义不

仅在于保存工业文明，更重要的是通过对场地生态环境及社会价值的重新塑造，传达一种对城市发展及环境保护进行理性思考的价值观。将工业遗产与现代设计观念、当代生活方式相结合，取得社会效益与经济效益的统一，实现工业遗址保护的本质目的。仅靠博物馆来保护工业遗产作用有限，尤其是对秦皇岛这座在中国近现代工业史上均留下重彩华章的城市而言。因为工业遗产大多以厂区、厂房及大型机械设备的形式而存在，博物馆现有功能很难对其实现保护，也很难让它与当代生活发生关联。遗址公园既保护遗产本身，还保护了遗址空间环境，是对遗址充分利用的最好方式。博物馆的作用是凭吊历史，公园则可实现人们在休闲游玩中触摸历史。让工业遗产成为"活态"，继续发挥功用，进而产生社会和经济价值。工业遗址公园是我市工业遗产保护方式的优先选择。

4. 从群众的需求出发，紧跟时代发展步伐。

秦皇岛有"夏都"美称，暑期是外地游客来秦旅游的高峰期，也是玻璃博物馆接待外地友人最繁忙的时期。每年暑期来秦游客逾千万。到馆游客虽多，但每天游览景点数少则数个多则 10 多个。游客受时间所限，不可能对博物馆展陈有深入的了解。最能吸引游客的除了精彩的展示，就是到博物馆商店买个纪念品带回家或是到咖啡厅一边观看遗址园区美景，一边品味博物馆文化。因此博物馆在加强展示的趣味性、直观性、互动性的同时，还应增强博物馆餐厅、商店、休闲区、娱乐互动区等服务设施建设，增强博物馆与群众的互动性，便民利民，服务社会，惠及民生的服务内容，让参观者在博物馆得到更多的体验，留下更多的美好回忆。

当城市建设让城市面孔千篇一律之时，工业遗产与其他文化遗产一起成为现代城市文化特质和文化根源的重要表现。工业遗产对于保持城市的勃勃生机，维护城市的历史风貌有特殊意义。博物馆在保护工业遗产的同时也记录了遗产背后的庞大人群，他们曾是这个城市的主人，也是那段历史的主人。我们要抱着虔诚而负责的态度留住它，保护它，努力将城市文化的根扎得更深。

(附表 1)

秦皇岛市近代工业遗产名单

名　称	位　置	现使用单位	年代
1. 中铁山桥集团有限公司原教育处办公楼	山海关桥梁厂	中铁山桥集团	1894 年
2. 山海关铁路外国工程师居所	山海关工人新村	中铁山桥集团	1910 年
3. 日本行车公寓	山海关南海道北端	中铁山桥集团	1938 年
4. 沈阳铁路局锦州分局老干部活动中心	山海关南海道东侧	沈阳铁路锦州分局	1894 年
5. 山海关机务段旧址	山海关路南铁路街中段	沈阳铁路公安局	1903 年
6. 秦皇岛开滦矿务局高级员司俱乐部	港务局党校院内	秦皇岛港务局	1912 年
7. 南山特等一号房	港务局老干部处	秦皇岛港务局	1904 年
8. 日本三菱、松昌洋行秦皇岛开滦矿务局办公楼	外轮理货公司院内	秦皇岛港务局	1918 年
9. 秦皇岛开滦矿务局车务处	港务局机厂内	秦皇岛港务局	1931 年
10. 开滦矿务局秦皇岛电厂	海港区东南山西北侧	秦皇岛港务局	1928 年
11. 南山饭店	港务局招待所院内	秦皇岛港务局	1915 年
12. 开平矿务局秦皇岛经理处	老港路与卫海路交叉路	秦皇岛西港海事处	1904 年
13. 秦皇岛开滦矿务局高级员司特等房	海港区海滨路 27 号	港口宾馆	1940 年
14. 秦皇岛开滦矿务局高级员司特等房	海港区海滨路 16 号		不详
15. 秦皇岛开滦矿务局高级员司特等房	海港区光明路 1 号楼对面	社区医疗服务中心	不详
16. 秦皇岛开滦外籍高级员司特等房	海港区光明路	友谊交流中心	不详
17. 耀华机器制造玻璃股份有限公司秦皇岛工厂	海港耀华老厂区院内		1922 年

名　　　称	位　　置	现使用单位	年代
18. 秦皇岛开滦矿务局高级员司特等房	求仙入海处	秦皇岛港务局	不详
19. 秦皇岛开滦矿务局高级员司特等房	求仙入海处	秦皇岛港务局	不详
20. 津榆铁路基址	海港区迎宾路引青园内	秦皇岛港务局	1881 年
21. 大小码头	港务局南山	秦皇岛港务局	1899 年
22. 南栈房	港务局一货区仓库	秦皇岛港务局	1905 年
23. 老船坞	港务局港口	秦皇岛港务局	1915 年
24. 南山信号台	港务局南山	秦皇岛港务局	1940 年
25. 锅伙	港务局煤厂院内	秦皇岛港务局	1917 年
26. 三等房、四等房	海港区海滨路、光明路	秦皇岛港务局	不详
27. 缸砖路及南起点	港务局厂区	秦皇岛港务局	1913 年
28. 老天桥道口	秦皇小区西南		不详
29. 老港站地磅房	港务局港区铁路开滦路站边	秦皇岛港务局	1917 年
30. 南山高级引水员住房	港口刑警队	秦皇岛港务局	不详
31. 开滦路一条街	开滦路		不详

行业博物馆型文化创意产业园的前景分析

中国煤炭博物馆　　侯婧辉

内容提要：处于世界变革浪潮中的博物馆面临着多方面的改革，单纯博物馆已经不符合发展趋势，综合性博物馆园区成为潮流。其中，博物馆型文化创意产业园区有着独特的魅力，但在我国的发展还停留在萌芽阶段。本文从行业博物馆入手，以四个角度分析了行业博物馆与创意产业同园区的可行性，论证了建设行业博物馆型文化创意产业园对于行业博物馆和创意产业是双赢的举措。

关键词：行业博物馆　创意产业　文化创意产业园区

一座城市的博物馆，是一个城市的文化符号，代表着城市的历史和文化，体现着城市的文化品位。2012 年 5 月 18 日，国际博协将"处于变革世界中的博物馆——新挑战，新启示"定为"博物馆日"的主题。的确，当今世界变化速度之快前所未有，新技术传达了新的思想、海量的信息以及不断变化的文化需求；观众素质的提高，对博物馆需求潜在希望值的提升，都迫使博物馆在自身建设中求变求新。

近几年来，随着国内博物馆界的发展，新理念的引入，观众的需求效应，国内博物馆也在世界变革浪潮中发生了明显的变化：从职能上来说，国内博物馆由以收藏和研究为主要目的逐步转向教育服务功能为主导；从展陈手段来说，网络、多媒体等技术的广泛应用取代了简单呆板的铺陈展览方法；从陈列方法来说，由固定的基本陈列向数字博物馆、流动展览转变；从博物馆园区建设来说，也由单体博物馆建筑向复合型、综合性博物馆园区发展。

国内博物馆园区的建设发展主要呈现两种趋势：一种是博物馆聚落。"聚落"，就是不是传统意义上的单纯的一座博物馆，而是将多个博物馆汇集在一起，同时还将各种业态的配套如酒店、客栈、茶馆、文物商店等汇集在一起，让这些配套设施呈现亚博物馆状态，形成一个集藏品展示、教育研究、旅游休闲、收藏交流、艺术博览、影视拍摄等多项功能于一体的新概念博物馆集群。位于四川省成都市大邑县的建川博物馆聚落就是国内博物馆聚落的典型，它将 25 个博物馆、2 个主题广场聚集在一起,匠心独具地突破了传统意义上的单纯的"博物馆"的概念。另一种是以博物馆为中心,建设文化创意产业园,也就是国外所说的博物馆型文化创意产业园。这种类型的文化创意产业园主要是以网络外形和最佳尺寸搜寻为基础而建立,通常围绕博物馆网络而建,各种创意工作室、创意产业以博物馆为中心辐射散开,并辅以艺术广场、绿化区等等建设而成。目前,文化创意产业园在我国的发展还处于胚胎期,博物馆型的文化创意产业园更是尚在起步阶段,但一些大胆的尝试已在进行,开滦国家矿山公园就是其中的领头羊。开滦国家矿山公园园区内就是以博物馆为中心,并以旧厂房和仓库为区位依附,准允创意文化产业的入驻,虽然其规模较小,园区建设主要还是以生态休闲娱乐产业链条为主,但其韵味已在其中。另外,中国水泥工业博物馆暨启新1889文化创意产业园项目也正在进行中,该文化创意产业园项目是唐山市"退二进三"重点项目和"唐山十大标志性建筑",坐落在中国第一桶水泥诞生地——启新水泥厂片区。

文化创意产业园最早兴起于英国,是指一个空间有限和具有明显地理区域,文化产业和设施高度集中的地方。这些集群由文化企业和一些自己经营或自由创作的创意个体组成。园区内特殊活动可包括儿童玩乐的场所、图书馆、开放和非正式的娱乐场地。在这些园区中鼓励文化运用和一定程度的生产和消费的集中。

中国的文化创意产业园多是产业型或艺术型的,这类园区产业集群发展比较成熟,有很强的原创能力,产业链条完整,形成了一个包括生产—发行—消费产供销一体的文化产业链。而以博物馆尤其是行业博物馆为核心的文化创意产业园却很少,不似国外的博物馆型文化创意产业园的蓬勃发展,为文化行业和第三产业带来了巨大的文化效应和经济效益。

其实,博物馆也是一种广义的文化创意产业,依傍博物馆建设文化创意产业园是一种创新思维的应用,同时也能为博物馆和创意产业带来双赢的局面。而博物馆中的行业博物馆很多都依傍工业遗址建立,具有极强的专业性,建筑风格雄伟工整,创意产业却走创新、个性、灵巧的路子,使得两者的融合具有更强烈的文化冲击和美学对比,更能彰显博物馆型文化创意产业园的魅力。

1. 从区位条件来说,行业博物馆型文化创意产业园是新与旧的创新应用

我国的行业博物馆的建设大多有着保护近现代工业遗迹的目的,其园址多依附于工业遗址的区位条件而建成。而其宽广的园区面积,园内废弃的旧厂房和仓库往往是创意产业的滋生之地。"新点子需要老房子",美国著名社会学家、城市

规划大师简·雅各布斯说。的确,行业博物馆中这些工业遗迹的旧厂房和老仓库带有无法替代的历史和文化特质,这是便宜的临时建筑或富丽堂皇的宫殿都不能比拟的。像工业设计、室内设计、时尚艺术、产品展示等类型的创意产业入驻后,可以根据自身需要对旧厂房、仓库进行改造、装修,营造自己满意的文化氛围。而且,在旧厂房工作的自由度更大,尤其对于传媒公司或广告公司来说,他们大多需要自带摄影棚,而旧厂房充足的空间、较高的挑高,能为他们创造一个良好的工作环境。同时,创意产业对旧厂房的装修改造,也能"旧景新貌",创造一个富有个性的文化创意产业园。比如上海世博会上很多展馆就是由旧厂房改造而来的,其中就有把旧烟囱改建成大"温度计"的创意设想,这个"信手拈来"的个性之举,让新与旧的结合迸发出新的火花。

2. 从美学意义来说,行业博物馆型文化创意产业园是动与静的碰撞突破

行业博物馆作为本行业文物、资料收集中心,是行业内最重要的文化殿堂之一,不仅反映了行业本身的历史流变和兴衰,也折射出与行业相关的社会行为和社会行动。因此,我们会发现行业博物馆不论从外形结构还是展陈内容都能体现出一种自然美:宏大的建筑主体带给我们的庄严美;行业生产劳动活动、生产技术带来的生产美;行业相关生活环境和生活实践带来的生活美;行业内劳动人民内心、行动带来的人性美;行业内理性认知活动和成果带来的科学美;展陈布置设计的形象语言带来的艺术美。这些自然美都贯穿在行业博物馆展陈设计的主线结构里,是对行业历史及现状的一种物化表现,这种美是客观存在的美,是一种静态的美。创意产业作为一种新兴的第三产业,是运用创造性智慧进行研究、开发、生产、交易的各种行业和环节的总和。从表面来看,创意产业是一个完整的经济产业链条,通过智慧和创新力带来盈利和收益,并不直接刺激人的视觉及感觉,带来美学冲击。但是,创意产业拥有不同于自然美而相对存在的一种认知美,认知美不同于静态的自然美,它是参观者在解读的同时所感受到的过程美与获知美,这种美是随着参观者的心理状态的不同而变化的,是一种动态的美。两者集中在同一园区内会有一种强烈的矛盾感,带给我们一种强烈的美学冲击。

3. 从文化辐射来说,行业博物馆型文化创意产业园是专与博的互补相融

行业博物馆是本行业内历史及其环境见证物的收藏、保护、科研、展示、传播、教育的中心,是一个行业文化折射的集中体现。从广义文化层面来说:行业博物馆不同于一般性博物馆,它会涉及很多专业术语、专业性极强的原理以及科技手段,

因此它体现出一定的垄断色彩和权威性,这是行业博物馆的"专";而创意产业是从个人的创造力、技能和天分中获取发展动力的企业,以及那些通过对知识产权的开发可创造潜在财富和就业机会的活动。包括广告、建筑艺术、手工艺品、时尚设计、电影与录像、交互式互动软件、出版业、软件及计算机服务等等。因此它体现出的是对行业涉猎的全面和广泛,这是创意产业的"博"。从纵向文化探讨来说:行业博物馆的展陈内容是行业广博的知识体系和结构,涉及行业的历史兴衰、生产生活、环境场所、生产技术等等,这从一定程度体现了行业博物馆"博"的形象;创意产业从文化本质来说就在于创新两字,反映了对旧领域的理论范式、现有机制、政策趋向和实际运作的调整或反拨,是一种文化上的反思与批评,从这个角度来讲体现了创意产业"专"的意境。正是由于行业博物馆和创意产业这种文化上的特点,可以在文化辐射面上形成互补与相融,使得它们在同一个园区,会给观众、游客从文化氛围的感受上带来新的刺激与体验,是一种共赢的效果。

4. 从管理发展来说,行业博物馆型文化创意产业园是陈与新的互相借力

从体制来看,行业博物馆多是公益性事业单位或是大型国有企业的下设文化机构,因此在管理体制方面有着事业单位和国有企业不可避免的陈旧管理定式。如制度形成机制不健全,"人治"色彩浓厚,制度监督考核机制缺失,管理制度流于形式、执行缺位等等。而创意产业不同,它是当下社会最新兴的服务产业,往往"中西合璧",有着最新兴的现代企业管理模式。管理制度从形成、执行到监督、管控都有着严格的流程,不仅具有强有力的执行能力,还体现着温情的人文关怀,可以说对行业博物馆的管理体制发展有着深刻的借鉴意义。同时,行业博物馆管理方式所透出的稳定、人际和谐和相对轻松的工作环境也是对创意产业这种新兴产业管理文化的一种人文补充。两者在同一园区的设立,必能使双方在管理层面上也互为镜子,看到不足,反省自身,互相学习,互为补充。

综上所述,行业博物馆和创意产业从多个层面上都有着对立的美感、矛盾的融合,就像是水墨画的着墨与留白,可以从多个方面互补、互鉴,它们的同园区符合世界博物馆界的变革潮流,是创新思维,是大势所趋。这种博物馆型的文化创意产业园必能引领产业发展的新变革,带来新一轮的产业发展高潮!

参考文献：

1. 杨彩云,康嘉,邹艳梅:《工业遗产保护与文化创意产业园建设研究——以唐山为例》,《改革与战略》,2012 年 01 期。

2. 董田春:《建设文化创意产业园带动文化产业大发展》,《榆林科技》,2011 年 03 期。

3. 张书:《我国文化创意产业园区的发展现状及存在问题》,《河海大学学报(哲学社会科学版)》,2011 年 02 期。

4. 张子康:《文化造城:当代博物馆与文化创意产业及城市发展》,广西师范大学出版社,2011 年。

民办博物馆之出路在于经营

——中国(广灵)剪纸艺术博物馆持续发展之点滴体会

中国广灵剪纸艺术博物馆　　张多堂

内容提要：国博在于管理，民博在于经营。国营博物馆"不愁吃，不愁穿"，只需要办好就行，强调的是社会效益，所以重在管理。而民营博物馆需要"土里刨食吃"，自己养活自己，所以必须经营好，管理好，实现社会效益和经济效益双赢。我们清醒地认识到，实现管理的规范化、制度化、科学化，体现人性化，企业才能生存，才能发展。计划、调度、管理是经营的完美结合，所以归根结底，民办博物馆的根本出路在于经营。科学有效地经营，使民办博物馆健康、持续地发展。

关键词：民办博物馆　经营　管理

传承、保护、创新、发展、做大做强广灵剪纸文化产业是我们永恒的理念；立足山西、面向全国、走向世界是我们的奋斗目标；设计生产、教学研究、旅游观光、展览销售一体化是我们打造中国最大的剪纸文化产业园区的发展思路。

正是在这种主导思想的指引下，经过十几年的奋斗、拼搏，在锲而不舍的精心经营下，将名不见经传、不能登大雅之堂的小花样、小窗花、小剪纸做成了大产业。其作品可与绘画、书法齐名，从而步入高雅艺术的殿堂，迈出国门，走向世界。

一、明确方向，找准定位，路子就在脚下

党的十六大以来，我国文化产业呈现出健康向上、蓬勃发展的良好态势，增势强劲、规模扩大、质量提升，新兴业态迅速崛起，正在成为推动社会主义文化大发展大繁荣的重要引擎和经济发展新的增长点。文化产业是市场经济条件下繁荣发展社会主义文化的重要载体，是满足人民群众多样化、多层次、多方面精神文化需求的重要途径，是推动经济结构调整、转变经济发展方式、保持经济平稳较快发展的重要着力点，是实现经济、政治、文化、社会全面协调可持续发展的重要内容，是推动中华文化走出去的主导力量。当前，文化产业正面临重要的发展机遇。综合国力不断提高，人民群众文化需求日益旺盛，文化消费快速增长，为文化产业发展提

供了广阔前景;党和政府高度重视,文化产业政策不断完善,文化体制改革深入推进,为文化产业发展提供了有力保障;科技迅猛发展,为文化产业创新业态、扩大传播、转型升级提供了有利条件;文化传播渠道不断拓展,为以内容创作生产为核心的文化产业提供了新的发展机遇;全球性金融危机凸显了文化产业逆势而上的特点,为文化产业发展提供了良好契机;中华文化影响力不断扩大,为中国文化产业提供了全面提升国际竞争力的平台。我们必须抓住机遇,迎难而上,锐意进取,有所作为,把广灵剪纸作为文化产业,尽全力推动其又好又快发展。

国博在于管理,民博在于经营。国营博物馆"不愁吃,不愁穿",只需要办好就行,强调的是社会效益,所以重在管理。而民营博物馆需要"土里刨食吃",自己养活自己,所以必须经营好,管理好,实现社会效益和经济效益双赢。

广灵剪纸艺术博物馆自建成运营以来,全年对外免费开放,节假日不休息,没有经济效益。仅靠销售剪纸艺术品的收入维持博物馆的正常运转,这就决定了我们必须走博物馆产业化的道路,拉大做强博物馆产业链,而博物馆仅仅是这个产业链中的一个薄弱环节。这是我国民办博物馆与国有博物馆的最大差别,这是生存意义上的差别,它决定了民办博物馆在博物馆化的道路上还有很长的路要走,很重的担子要挑。我们在想,民办博物馆的路子到底在哪里,如何去走?

广灵剪纸,历史悠久,源远流长,迄今已流传两千多年,在国内享有盛誉。特别是张氏剪纸世家,在清朝时独创的"刀刻宣纸、品色点染"的彩色剪纸,以其艳丽的色彩、生动的造型、纤细的细条、传神的表现力和细腻的刀法,独树一帜,自成一派,既有粗豪劲健之风,又不乏纤细秀美之情,融北方和江南水乡风格为一体。被誉为"中华民间艺术一绝",堪称中国剪纸第一家。

但是,在历史的长河中,广灵剪纸兴盛过,也沉寂过。剪纸一度在民间的生存很艰难,很多剪纸艺人像散兵游勇一样摆地摊、挂亮子单打独斗,销售惨淡,甚至自生自灭,老的去世,新的不学,脱档断线,濒临绝迹。目睹现状,作为广灵剪纸创始家族第四代、第五代传人,国家级非物质文化遗产——广灵剪纸代表传承人张多堂、张栋父子,1999 年,创立了"广灵剪纸文化艺术研究中心"和"广灵剪纸文化艺术发展有限公司"。2007 年投资 3000 多万元,建起占地 60 亩、建筑面积 3600 平方米的全国第一家剪纸艺术博物馆,同时在博物馆的旗帜下又新建了大同市广灵剪纸职业培训学校,组建了全国首家剪纸文化产业园区。积极展开了挖掘、保护、传承、创新广灵剪纸的工作,使广灵剪纸不仅尽快恢复了元气,而且步入了一个崭新的发展时期。事业兴旺发达,其产品从无到有、从小到大、从普到精、从传统到时尚,由原来的几十种扩展到 5000 多种,产品远销美国、日本、加拿大等 20 多个国家和地区,形成了规模化、多元化、品牌化发展格局,曾多次获得国家、省市奖励。2008 年 8 月,广灵剪纸被评为"全国优秀劳动品牌",2008 年 10 月,中国广灵剪纸文化产业园区被文化部命名为"国家文化产业示范基地",广灵剪纸被文化部、商务部、广电总局、新闻出版总署确定为国家文化出口重点项目,2010 年 5 月,广灵剪纸走进世博园,同年被评为"山西省十大文化品牌"。2011 年 1 月,山西省人民政府授予园区"山西省文化产业示范基地";2011 年 12 月,山西省委、省政府授予园区"山西省文化产业发展先进单位"。2010 年,园区总产值 1274.6 万元,销售收入 1158.9 万元,资产总额 1969.8 万元,出口创汇 155 万美元,比上年增长 14%。

回首过去,广灵剪纸刚起步时,为了摆脱资金不足、市场不稳的困境,我们付出了艰辛劳动,一个人拿着一大纸箱子广灵剪纸,跑遍了大江南北,参加了全国大型展会,一人一手分不开去饭店吃饭,就带些方便面干嚼着吃,鞋磨破了,人跑瘦了,衣服弄脏了,但从不在乎这些,就像着了迷、发了疯的"江湖人",夏季顶着骄阳背着剪纸到各个旅游景点去卖,连续跑了两年多,终于有了一些稳定的客户和资金来源,企业正是有这种苦拼苦干的精神,才走上了长足健康发展的轨道。顺应市场需求,在设计、刻制、染色、版本规格上进行探索,在内容上由传统题材扩展到全国著名文物、古迹、旅游景点、山水风光各个领域,其产品由传统的张贴装饰品发展为时尚的工艺品、旅游纪念册、剪纸挂历、剪纸台历、剪纸贺年卡、剪纸邀请函、剪纸画轴等具有观赏、收藏、实用价值的艺术珍品和国家级馈赠礼品、外事礼品。特别是新研究开发的采用现代写实手法生产的多层套色剪纸,投放市场即成为新宠。

路子找对了,胜利了,成功了!事业发达了,荣誉和利润接踵而来。但是没有任何理由骄傲自满。

困难面前未低头,成功路上不止步!

二、打开销路,发展生产,路越走越宽

1998 年,大同旅游局提出开发旅游纪念品的思路,作为剪纸传人,我就想,剪纸能成为旅游纪念品中的一项吗?于是趁着开发旅游纪念品的契机,拿出家里仅有的 3000 元存款,购买了纸、笔、刀、蜡板、磨石等所有器具,和几个剪纸爱好者组成了广灵剪纸星火团队，组建注册了广灵剪纸文化艺术研究中心，在第一届云冈旅游节上，就签订了5万元的剪纸订单，真是喜出望外，从而坚定了剪纸艺术走产业化发展的决心。果断地结束一家一户作坊式的生产模式，形成了从设计、刻制、染色到包装一条龙的经营模式。1999年又建起了广灵剪纸文化艺术发展有限公司，独辟蹊径，采用新的管理模式和运营机制，取得了明显的成效。推行了"公司+农户"的运作模式，公司作为主线，以公司带动农户，把过去零散的剪纸艺人"串"起来，这样既有集中又有分散。公司作为市场运营的主体，从市场开发、接受订单、新产品开发、设计样稿到技术工艺要求，都由公司负责，然后再分发给每个艺人，按照要求独立完成，再由公司统一验收把关，合格产品才能进入市场。我们深知，有了市场才有销路，有销路才有利润，于是抓住了精确的定位，由小到大，由弱到强，由国内到国外，由单一到多元化。剪纸本身满足的是人们的精神享受，尤其是把剪纸作为礼品，送给外地或者国外的朋友时，既具有艺术性，也显示出文化档次，出于这种心态，我们把剪纸定位为中高端市场，并重点开发会议礼品剪纸和高规格的大型博览会展品，摆脱了在旅游景点地摊市场的低价位争抢。10多年来，始终坚持"立足山西，面向全国，走向世界"的工作思路，先后开发精品《四大名著》、《京剧脸谱》、《山西历史人物》、《山西风光》、《晋商文化》和反映山西省十一个市文化特点的一系列广灵剪纸精品珍藏册和珍藏卷，精心打造大品牌。已实现年产15万套高、中、低档剪纸作品并向年产60万套奋斗，去占领国内外剪纸生产的半壁江山。

以前广灵剪纸出售时只是用纸夹着到集市上打亮子摆地摊，虽然广灵剪纸"天生条件"，但如此包装，广灵剪纸的美不仅体现不出来，而且品种单调，题材单一。制作的广灵剪纸——山西风光系列产品，不仅在题材上有了突破，而且在外包装上印有中英文简介，以全新的面目展现给世人，首次参加了在芜湖举办的全国首次旅游商品博览会，一举摘得"特别推荐的旅游商品"桂冠。第一次真切地体会到了包装对于剪纸这种地方特产的美化作用。于是，坚持靓女更要巧打扮，在包装形式上进行了不断的创新，由原来单张纸类型创新为有古代风格的线装本，有精美的画册，并配有中英文多种语言的介绍，还有素雅别致的画轴、挂件和精品长卷等一系列产品都创新包装，根据剪纸内容配有古朴典雅或时尚流行的木盒包装、锦缎盒包装。这样不仅保护了商品，而且能够宣传美化商品，同时在产品题材上也作了深度开发，涉及面逐渐扩大，积极推行多元素、多样化、多品位的"三多"产品，提高了产品身价,吸引了客商,扩大了销路,增加了售值,并在一定程度上显示了企业的文化,一举成为国家级馈赠礼品和外事礼品。与此同时,我们精心打造出四位一体中国剪纸文化产业园区。全力打造以广灵剪纸文化艺术研究中心为核心的产品研发基地;以广灵剪纸文化艺术发展有限公司为中轴的生产基地;以广灵剪纸艺术博物馆为窗口的产品展销基地;以大同市广灵剪纸职业培训学校为载体的人才培训基地,坚持"四轮驱动",形成了集设计生产、教学研究、旅游观光、展览销售为一体的剪纸产业链,构建成"一馆一链一园"式放射状发展,规模化生产,市场化运作,品牌化打造的格局,带动引领了广灵剪纸文化产业的快速发展。人们认为未来社会的发展趋势是文化与政治、经济相互交融,文化要经济化,经济也要文化化,文化经济一体化。深信在我省转型跨越的伟大实践中,古代的三晋民间文化艺术——广灵剪纸,定能绽放出璀璨夺目的时代魅力。

三、强化管理,科学运作,出路在于经营

中国(广灵)剪纸艺术博物馆的建设成为广灵迈出国门、走向世界的一艘航空母舰,让广灵剪纸率先在全国实现文化产业大发展、大繁荣。带动和辐射周边地区农民脱贫致富。逐步建设成为全国最大的非物质文化遗产工艺品传承、生产、销售、收藏、展览的集散地和批发市场。同时,我们要把广灵剪纸艺术博物馆建成中国剪纸艺术博物馆,把全国乃至全世界各地的剪纸艺术代表作品及各流派的历史沿革资料吸收入馆,真正使剪纸艺术博物馆成为全国艺术交流、信息共享、产业促进的枢纽。纵观民办博物馆的建设和发展,主要有三大特点:一是民办博物馆具有行业特性和区域特点;二是民办博物馆具有一方文化特色的代表性和唯一性;三是民办博物馆建设规模和管理体制不断健全,不断规范,潜力巨大。必须树立民办博物馆是博物馆事业的必要补充和重要组成部分的观念,提高民办博物馆的等级和品位。我们致力于建设现代文化产业基地和园区。建立高起点、规模化、代表国家水准和未来发展方向的文化产业示范基地和示范园区。通过科学规划、政策引导、合理规范,使广灵剪纸艺术博物馆真正成为文化科技创新的孵化器、文化企业快速成长的助推器、文化产业集约发展的大平台。建设现代文化市场体系。建立健全门类齐全的文化产品市场和文化要素市场。建立新型文化产品配送体系,大力发展连锁经营。规范运作,科学运作,向品牌化、专业化方向发展。运用高新科技促进文化产业升级,催生新的文化业态。只有经营的科学化、理性化,才能实现利润的最大化。2010 年广灵剪纸产业增值达到 4000 多万元,占全县 GDP 的 3.3%,户均收入 6000 元；2011 年实现广灵剪纸产值 2640 万元，出口创汇 186 万美元，比上年增长 20%；同时，我们又相继新建了 6600 多平方米的新产品研发实训基地楼。在国家文物局和省文物局的亲切关爱下，实施了"国博帮扶民办博物馆提升工程"，从而使中国广灵剪纸艺术博物馆提升为国家三级博物馆。2013 年，广灵剪纸预计产值达到 4000 万元，出口创汇达到 500 万美元。

制度是执行路线、完成任务的根本保证。一个单位一个组织没有严明的纪律，没有严格的制度，将一事无成。我们始终注重制度建设，博物馆从一开始就制定了博物馆管理制度、藏品保管办法、消防措施、用电安全守则、卫生制度、管理人员岗位责任制等。由于执行比较严格，因此几年来运行正常，从未发生意外。实践中，我们摸索出一套科学的办法管理广灵剪纸产业，并认真实践。为了保证广灵剪纸知识产权不受侵害，多渠道、全方位撑起保护伞，系好安全带，有"山西八大文化品牌""晋商文化""古都大同"等 5 个产品获得国家知识产权专利。有 142 个广灵剪纸作品取得山西省著作权，并注册了张栋剪纸商标，而且荣获大同市著名商标称号，同时又在申报广灵剪纸地理标志商标，为广灵剪纸长足健康发展铺平了道路。

我们清醒地认识到，实现管理的规范化、制度化、科学化，体现人性化，企业才能生存，才能发展。计划、调度、管理是经营的完美结合，所以归根结底，民办博物馆的根本出路在于经营。科学有效地经营，才能使民办博物馆健康、持续地发展。

民间文化艺术是历史文明的活化石，只有不断地发掘研究，积极地开发利用，才能焕发出蓬勃的生机；才能更好地服务于社会，服务于民众。在物质文明提升较快的今天，人民群众日益增长的文化需求催促着民间文化艺术的更新，让民间文化艺术从传统的凝聚人心的精神纽带，升华为关系民生的幸福纽带，造福社会、造福民众。

没有社会主义文化的繁荣发展，就没有社会主义现代化；中华民族的伟大复兴，中国梦的实现，必然伴随中华文化的繁荣兴盛。文化是民族的血脉，是人民的精神家园。博物馆的建设，是一项文化惠民工程。

我们要坚持服务社会、服务观众、服务客户的宗旨。实践使我们充分地认识到经营就是服务、生产就是服务、管理就是服务。中国广灵剪纸艺术博物馆几年来持续健康发展，使我们悟出了一个大道理：民办博物馆的出路在于经营。

关于国家考古遗址公园游憩功能的思考

——以汉阳陵国家考古遗址公园为例

汉阳陵博物馆　　张　云

内容提要：国家考古遗址公园是我国大遗址保护领域日趋成熟的一种考古遗址保护和利用模式，它践行了"在保护的前提下利用，在利用过程中促进保护"的理念，强调在保护的前提下，发挥科研、教育、游憩等功能，倡导文化遗产与人、与城市、与自然的和谐共生。本文以汉阳陵国家考古遗址公园为例，对国家考古遗址公园的游憩功能进行研究和探讨。

关键词：国家考古遗址公园　游憩功能　文化体验

国家考古遗址公园是我国大遗址保护领域日趋成熟的一种考古遗址保护和利用模式，它践行了"在保护的前提下利用，在利用过程中促进保护"的理念，对于整合遗产资源、促进旅游发展、美化生态环境、突出城市文化特色、改善民生等具有重要意义。

2009 年 12 月，国家文物局正式提出具有中国特色文化遗产保护新理念的"国家考古遗址公园"，"是指以重要考古遗址及其背景环境为主体，具有科研、教育、游憩等功能，在考古遗址保护和展示方面具有全国性示范意义的特定公共空间"。

2010 年 10 月，国家文物局公布了首批国家考古遗址公园，即圆明园考古遗址公园、周口店考古遗址公园、集安高句丽考古遗址公园、鸿山考古遗址公园、良渚考古遗址公园、殷墟考古遗址公园、隋唐洛阳城考古遗址公园、三星堆考古遗址公园、金沙考古遗址公园、阳陵考古遗址公园、秦始皇陵考古遗址公园、大明宫考古遗址公园，这 12 个国家考古遗址公园一半以上的前身都是遗址博物馆，它们既遵循着"依托考古遗址、以发掘、保护、研究、展示为主要功能"的遗址博物馆的定义，又恪守着"为教育、研究、欣赏的目的征集、保护、研究、传播并展出人类及人类环境的物质及非物质文化遗产"的一般博物馆的基本理念。二者结合涵盖了考古遗址公园的科研、教育功能，但却缺少了它的游憩功能，而这一功能正是一般博物馆所不具备的,同时也是观众在考古遗址公园最想得到的。

　　游憩功能是国家考古遗址公园的一个重要功能,而大多数考古遗址公园是依托遗址博物馆而存在的,更多地延续了博物馆的功能,并在发挥其科普、教育功能方面做了很多不同于一般博物馆的新的尝试,但对考古遗址公园本身的优势资源利用不够充分,发挥其游憩功能方面还不尽完善,所以我认为,国家考古遗址公园应深入挖掘遗址文化内涵,在保持其现有科普、教育优势的基础上同时挖掘其他文化旅游发展方式,以完善国家考古遗址公园的科研、教育及游憩等功能。

　　同时,国家考古遗址公园不能等同于国家遗址公园,也不同于功能简单的一般公园,它既要具备公园的一般功能,又要遵循大遗址保护的基本方针,所以考古遗址公园在导览路线的设计和游憩场地的设置方面应遵循让旅游者全面完整地了解遗址及其背景环境的目的,充分利用遗址所处的地形地貌特点,设计一些有特点的导览路线,使旅游者能更好地体验遗址与周边环境的关系,或是充分利用遗址的文化内涵设计一些体验性的活动,让旅游者更好地了解无声的遗址所蕴含的丰富文化。下面以汉阳陵国家考古遗址公园为例,谈谈对提升国家考古遗址公园游憩功能的一些设想。

一、提高观众对国家考古遗址公园的认知度

　　2013年5月,长安大学旅游管理专业的几名研究生在汉阳陵国家考古遗址公园进行了为期一周的观众调查,其中在对旅游者认知度的调查中,对汉阳陵的冠称了解方面,93.5%的观众选择“国家一级博物馆”,不足3%的观众选择“国家考古遗址公园”;在对汉阳陵突出表现的功能载体方面,“博物馆”占到83.9%,“遗址公园”仅占4.3%;由此可见,旅游者对于“汉阳陵国家考古遗址公园”冠称的认知度远远不及对于“汉阳陵博物馆”冠称的认知度,通过实地对观众的随机访谈同样也印证了这个结论,绝大多数旅游者脑海中的认知是“汉阳陵博物馆”,因此汉阳陵国家考古遗址公园应努力打造博物馆之外的服务功能,尤其是游憩功能,加大宣传力度,努力提高汉阳陵国家考古遗址公园的知名度和社会影响力。

二、完善考古遗址公园基础设施建设

　　汉阳陵国家考古遗址公园园区地域广阔,自然环境优美,四季植被品种丰富,可以利用的地域面积较大,但目前对这些优势资源利用还不充分,基础设施还不完备,观众调查中也反映出游客对这方面的不满,通过调研,我们认为汉阳陵国家考古遗址公园应在以下方面加以修正和完善,以便为游客提供更好的服务。

1. 形成封闭旅游环线

汉阳陵国家考古遗址公园现有考古陈列馆、宗庙遗址、南阙门遗址、帝陵外藏坑遗址保护展示厅以及东阙门遗址5个参观点，因为目前整个汉阳陵国家考古遗址公园被机场高速分割成两个片区，宗庙遗址和南阙门遗址之间没有连通的线路，所以5个参观点之间目前也未能形成一条封闭的参观环线，多数观众参观完考古陈列馆以后就直接乘坐景区观光车到达地下博物馆，很少有人参观宗庙遗址，这就对文化旅游资源造成了浪费，这也是在调查中观众反映较多的问题。

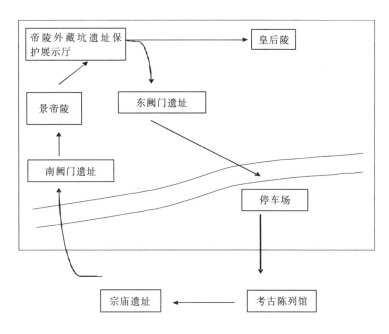

封闭环线示意图

所以汉阳陵国家考古遗址公园应考虑在宗庙遗址和南阙门遗址之间修筑连通道路，使现有的五大参观点形成完整的封闭旅游环线，并在环线步道和车行道两边种植植物景观，设计营造历史氛围的景观小品，放置可供游客临时休息的具有汉文化特色的座椅等，这样既可避免文化旅游资源的浪费，又可为旅游者提供生动有趣的景观体验。

2. 改善内部旅游交通体系

汉阳陵国家考古遗址公园被机场专用高速切割成两大片区，现在观众仅靠现有的两辆免费观光车往返南北区域,旅游旺季就会供不应求,汉阳陵博物馆也因此经常受到观众投诉,在新的旅游环线建成后,观众对旅游观光车的需求将会急剧增大,汉阳陵国家考古遗址公园应在增加旅游观光车数量的前提下,在管理上采取随叫随停的经营方式,使旅游观光车不间断地在旅游环线上巡回,最大程度地为参观者提供方便。同时,汉阳陵考古遗址公园还可根据考古资料复制不同等级的汉代马车,用马车拉着观众往返于五大参观点间,这样既可使观众感受传统文化,也可为汉阳陵考古遗址公园的文化产业另辟蹊径。

3. 设立餐饮区及游客休息区

阳陵国家考古遗址公园目前没有可为观众提供饮食的餐饮区及游客休息区,这就大大缩短了观众在此停留的时间,同时也制约了文化产业的进一步发展。

在汉阳陵国家考古遗址公园的建设过程中,应考虑设立游客餐饮区,为游客提供物美价廉的餐饮,同时也可推出具有汉文化特色的菜肴供游客选择。进而推出汉代婚宴等服务项目,使汉文化的独特魅力在各方面得以充分挖掘。

另外,汉阳陵国家考古遗址公园距咸阳国际机场开车仅用 15 分钟,汉阳陵国家考古遗址公园可利用这一优势建设游客休息区,并配套建设具有汉代建筑特色的客房,为游客提供简单的住宿或休息场所,这样既可延长前来参观的旅游者在园区的停留时间,又可将候机或延误班机的乘客留在汉阳陵。在这里,他们或参观、或休息、或就餐、或体验汉文化、或欣赏美景……试想,如果是我们自己,是愿意在密闭的候机厅里等待几个小时,还是愿意在天然氧吧里欣赏风景或感受文化?所以我觉得与旅行社、机场联手开发汉阳陵国家考古遗址公园餐饮中心和游客休息区应该列入汉阳陵国家考古遗址公园建设规划之中。

4. 建立游客购物中心

汉阳陵国家考古遗址公园现有的购物区设置在地下博物馆的出口处,销售文物复仿制品、历史文化图书、旅游纪念品等,尽管汉阳陵国家考古遗址公园近年来在开发旅游纪念品方面做了很多努力,但品种仍不够丰富,无法调动观众的购买欲,在未来的发展中,汉阳陵国家考古遗址公园应进一步加强旅游纪念品的开发和创新,同时拓展旅游购物区的占地面积,重新选址建设游客购物中心,同时在旅游环线建设旅游纪念品商店或具有汉文化风格的流动购物车,为游客购物提供方便。这一点可参考大唐芙蓉园、雁塔北广场等景点的一些成功经验。

5. 完善游客中心服务功能

　　游客服务中心是国家旅游局对旅游景区等级评定的必备要求，汉阳陵国家考古遗址公园在考古陈列馆对面和帝陵外藏坑遗址保护展示厅外的广场上各设一处小型的游客服务中心，但从目前来看利用率很低，主要是游客服务中心的功能不够完善，在国家考古遗址公园游客服务中心，应配置专门的服务人员回答旅游者的咨询、投诉；设立宣传栏并配有可供游客免费取阅的导览图、线路图、周边交通线路图等；配置一定数量的舒适座椅及免费的饮用水供游客做短暂的休息使用；同时，还要考虑到部分游客的需要，准备手机充电、无线上网等服务设施及轮椅、婴儿车等供特殊游客使用的代步工具。总之，游客服务中心的建立，应充分考虑各类游客的需要，真正为游客的方便着想，而不能仅仅为了应付某种检查的需要。

三、建立汉文化体验中心

　　考古遗址公园与遗址博物馆相比的最大优势就是它有足够的空间和优美的环境，可挖掘遗址丰富的文化内涵开发供游客进行文化体验的项目。如汉阳陵考古遗址公园就可对游客开展以下体验活动：

　　1. 汉代服饰体验

　　汉服是中国汉族的传统服饰，又称为汉装、华服。自炎黄时代黄帝垂衣而天下治，汉服已具基本形式，历经周朝的规范制式，到了汉朝已全面完善并普及，从汉阳陵出土的塑衣式陶俑上可看到完整的汉服。因此近年来汉服已成为汉阳陵博物馆讲解员的工作服装，每当身着汉服的讲解员为观众讲解完后，观众们都会邀请讲解员与之合影，显现出由衷的喜爱。因此，汉阳陵博物馆组织讲解员成立了汉服表演队，于重要节庆日在帝陵广场为观众进行汉服表演，这一活动已开展数十场，场场受到观众的欢迎。同时，该馆还在组织学生开展爱国主义教育活动时，为学生讲解汉服知识，让学生试穿汉服，感受汉代文化。因此，汉阳陵博物馆宣教部曾提出建立汉文化体验中心的设想，遗憾的是，由于场地、经费等诸多方面的原因，这一设想目前还未能实现，我们期望随着汉阳陵国家考古遗址公园的建设，使建立汉文化体验中心的愿望成为现实，真正让游客在这里能感受到汉文化的独特魅力。

　　2. 汉代礼仪学习体验

　　汉代礼仪有立容、坐容、行礼、迎宾、宴请等方面的礼仪，在汉阳陵考古遗址公园组织游客学习、体验汉代礼仪有着特殊的意义。在以往的博物馆教育活动中，讲解员会指导学生学习汉代礼仪，但由于经费等原因，还无法满足更多游客学习汉代礼仪的渴望。所以这也应是未来的汉阳陵考古遗址公园汉文化体验中心的必设项目。

在 2013 年国际博物馆日活动中,汉阳陵博物馆与相关公司联合以《女史箴图》为蓝本,举办了以女子梳妆为主的汉代成人礼展示活动,受到前来参观的观众的一致好评。

3. 汉代骑射体验

汉代是一个骁勇善战的朝代,这一点从汉阳陵出土的大量骑马俑就可证实。为了让游客体会到刘汉王朝打拼天下时马背上的威武,汉阳陵国家考古遗址公园可以开辟一块较为空旷的场地开展汉代骑射体验活动,使观众在参观完现代化的博物馆,了解到汉文化的博大精深、体会到现代科技在大遗址保护中的应用之后,也使身体得以舒展和放松,这是考古遗址公园应为游客想到的。

4. 汉代游戏体验

投壶、蹴鞠、六博、木射、射礼等都是具有汉代特色的游戏,汉阳陵就出土了当时的围棋盘和六博盘,为了让游客在参观完文物之后能亲自体验汉代游戏,汉阳陵博物馆不定期地于重大节庆日在汉文化广场组织游客体验投壶、蹴鞠、六博、木射、射礼等汉代游戏,以此增加他们对汉文化的了解。但是,这一体验活动目前还没有成为一项固定的体验项目,还无法满足游客的需要,相信这一体验项目也会随着汉阳陵国家考古遗址公园的建设成为游客可随时体验的活动。

5. 专业考古展示及模拟考古体验

国家考古遗址公园不同于一般公园,突出的是"考古"二字,只有在这里人们才能真正体会到考古工作的艰辛,同时分享到考古的成果。

传统的考古活动都是考古工作者在现场封闭的情况下进行的,对游客而言具有强烈的神秘感,为了寓教于乐,揭开这层神秘的面纱,近年来,考古工作者做了很多成功的尝试。如考古工地公众开放日、公众考古活动等,作为首批国家考古遗址公园,汉阳陵博物馆借助帝陵东阙门遗址考古工作启动这一契机,于 2011 年 5 月精心策划了"一把手铲,梦回西汉"公众考古活动,通过志愿者招募、参与者选拔等环节,最终有 24 位考古爱好者亲身参与了公众考古活动。这一活动的成功举办在社会上产生了强烈反响,被评为 2011 年度陕西省宣传思想文化工作创新奖。

为了让更多的观众体验考古发掘的艰辛和乐趣,在陕西省文物局的大力支持下,2012 年 5 月 17 日,占地 1200 平方米,设有外葬坑、建筑遗址、墓葬等 5 种模拟考古遗迹的"汉阳陵博物馆模拟考古基地"正式启用。当天,50 多名中外游客在身着汉服的讲解员带领下进入模拟考古基地,进行模拟考古发掘。6 月 9 日,该基地被陕西省教育厅授予"陕西省青少年模拟考古实践基地"称号,成为陕西省首家青少年校外社会实践基地。截至目前,已有来自30多所学校的2000多名学生在"陕西省青少年模拟考古实践基地"参加了模拟考古发掘活动。

在模拟考古基地,学生们用手铲和毛刷小心翼翼地清理探方内的"文物",体验考古发掘的艰辛和乐趣。一个叫杜鹏的考古专业的学生说:"过去只在书本上,在屏幕上,通过教授的讲授,学习考古的基本步骤和方法,今天亲手体验了,跟我过去的理解还是有些区别的,这次实践活动太及时,太有必要了。"一位女大学生表示,作为历史学院的学生,在校期间虽然了解了不少考古学基础知识,但在体验后还是与从课堂上和媒体上获得的知识感受大不一样,所有深奥的考古专业知识及神秘的考古发掘过程,在这里都化作一种快乐的体验,理论与实践得到了很好的有机结合。

可以说,模拟考古活动是汉阳陵考古遗址公园一项较为成熟的体验项目,也是考古遗址公园积极发挥自身优势,为公众提供优质文化服务的一项重要举措和考古遗址公园回馈社会,实现文化惠民的有益尝试。

6. 文物修复参观及体验

文物修复参观是汉阳陵国家考古遗址公园为文物古玩爱好者和收藏者提供的一项可以近距离观摩文物修复的体验项目,在修复场所内,文物专家通过现场演示的方式为体验者讲授文物修复的专业知识,并通过专业的修复手段现场向体验者展示对残损文物的修复工作,从而让观众真正体会到文物修复的神秘所在。但是由于场地有限,目前这项活动还仅限于对有特殊需求的观众进行预约参观。随着汉阳陵国家考古遗址公园建设的进一步推进,这项体验活动应让更多的观众体验,同时可开发利用复制文物让观众亲自体验文物修复的项目。

7. 制陶体验活动

在汉阳陵国家考古遗址公园南区,有一组仿汉建筑的陶艺馆,在此可观赏到汉阳陵出土的各种陶俑复制品,同时可参观制作陶俑的整个过程。

在以往的教育活动中,汉阳陵博物馆曾组织学生在陶艺馆开展"陶艺大比拼"活动,讲解员们通过精心准备,首先在《制陶DIY小课堂》利用动漫展示的形式为参加活动的学生们讲授陶俑的发展历史、制陶的基本步骤等知识。

小课堂结束之后,组织学生分组在汉阳陵陶艺馆进行制陶比赛,看哪个组制作的陶动物最生动,获奖者由汉阳陵博物馆颁发纪念品,这一活动的开展同模拟考古一样受到社会的关注,汉阳陵博物馆也因此被陕西省委省政府评为2012年"未成年人思想道德建设工作先进集体",被中国科学技术协会授予"全国科普教育基地"称号。

但是,制陶体验活动目前也仅限于有组织地对学生开展,人力、物力还不具备对游客全面开放的条件,但通过以上实践证明制陶体验也应是汉文化体验中心的重要体验内容。

四、汉代乐府诗歌演艺

以汉代乐府诗歌为代表的西汉文学艺术具有较高的成就。乐府是秦代就已存在的专门对乐工进行训练、对乐曲进行编排、对民间流传的诗歌进行采集的机构,汉代乐府指的就是汉代时期乐府所制作或采集的诗歌、民歌,汉代乐府把原本流传在民间的诗歌保存下来,后世文人称之为"乐府诗"。

汉代乐府诗歌中主要以女性题材作品为主,贴近现实生活,具有非常浓厚的生活气息,汉代乐府诗歌通过叙事的手法刻画出一个又一个生动的人物形象,用通俗的语言描绘着一个又一个动人的故事情节,《陌上桑》和《孔雀东南飞》是广为人知的汉代乐府诗歌代表。汉阳陵国家考古遗址公园可以参考华清池成功的发展模式,采用歌舞表演等形式发展汉代乐府诗歌演艺项目。这样,加之以上诸多的参观内容和体验项目,汉阳陵国家考古遗址公园很有可能成为古都西安的又一个"不夜城"。

五、开发高科技视觉体验

汉阳陵博物馆现有的幻影成像是一种裸眼的 3D 技术,它基于"实景造型"和"幻影"的光学成像结合。通过视觉冲击力极强的影视手段和逼真的演示,使观众仿佛穿越回两千多年前的历史场景,深受欢迎。

但是,幻影成像毕竟是 7 年前的最新技术,很多博物馆已经使用,汉阳陵国家考古遗址公园应在保持幻影成像的前提下,建设播放条件更好的、能容纳更多观众的放映厅,开发更具先进技术、更具震撼力的多媒体宣传片。

六、策划自然景色观赏摄影活动

汉阳陵国家考古遗址公园占地面积 3000 多亩,已绿化面积达到 2000 多亩,园区内栽种玫瑰、月季、菊花等 50 多个品种 100 余亩近 15 万株的花卉,建成了枫园、银杏园、梅园、侧柏园、松园以及各类专用苗圃等共 700 亩,此外还在司马道两侧等地栽植草坪 15 万平方米,园林绿化非常好。

另外,汉阳陵帝陵外藏坑遗址标识工程(一期)已于 2013 年 8 月 16 日通过竣工验收,该工程对陵园外藏坑、排水渠等主要遗迹进行地面标识,并对帝陵陵园进行环境整治。其中标识面积约 2800 平方米,塑木栈道 1100 米,塑料格栅道 1200 米,喷灌管道 4300 米,绿化面积约 36000 平方米。从而使汉阳陵景区环境更加趋于原始风貌,参观环境更加舒适。

同时,汉阳陵博物馆在不断提高文化遗产保护和展示利用水平的基础上,积极致力于考古遗址公园的环境改善和美化工作。目前,汉阳陵考古遗址公园已经逐步成为一处历史文化气息浓厚的公共休闲场所。

每年五月,月季花开之时,汉阳陵考古遗址公园月季园的几十个品种、百万余株月季竞相绽放,争奇斗艳,与陵园的古韵交相辉映。

金秋时节,高大挺拔的百亩银杏在微风中摇曳生姿,在深秋温馨恬静的阳光下演绎着金色浪漫。游客们置身银杏树下,呼吸着泥土的芬芳,欣赏着金黄的银杏,倾听着落叶沙沙之声,或摄影留念,或休闲小憩,尽情享受着童话般的美景。2012 年,汉阳陵考古遗址公园利用银杏林观赏期举办了摄影展,媒体、摄影者、游客热情关注,取得了很好的社会效益。

总之,汉阳陵考古遗址公园每个季节都有迷人的景色,可精心打造、充分利用,根据不同的季节策划不同的游园活动和主题摄影活动,甚至可开发影视基地或婚纱拍摄基地,充分发挥考古遗址公园的游憩功能。

以上结合汉阳陵国家考古遗址公园的实际从六个方面论述了国家考古遗址公园如何在保护文化遗产的前提下,在发挥遗址博物馆原有的科研、教育功能的基础上,利用国家考古遗址公园得天独厚的自然优势,进一步挖掘遗址的文化内涵,充分发挥考古遗址公园的游憩功能。

由于国家考古遗址公园是近几年才逐步发展起来的一项新的门类,又由于自己是 2011 年底因工作需要才来到汉阳陵博物馆工作的,因此对国家考古遗址公园的理解还存在很多局限性,撰写此文意在引起专家及同行对国家考古遗址公园公众服务的关注,使国家考古遗址公园更好地回馈社会、服务公众,不妥之处敬请批评指正。同时,此文的撰写受到长安大学旅游管理专业席岳婷老师带领学生到汉阳陵进行观众调查的启示,在此表示衷心的感谢。值得庆幸的是,在我撰写此文结束时得知汉阳陵国家考古遗址公园规划即将获批,但愿随着考古遗址公园的建设,本文所谈的部分休憩功能能够实现。

博物馆古代音乐文化遗产
的综合开发与传播的探索
——河南博物院华夏古乐团

河南博物院　　霍　锟

内容提要：中原自古为礼乐之邦,这片丰厚的土地上有着源远流长的历史文明。古代音乐是中华古代文化遗产的重要组成部分。2002 年国际博协亚太地区年会将"博物馆与无形文化遗产传播"定为主题,使文物的展示变为与观众的科学、艺术、历史对话的平台。河南博物院是中原传统文化保护、研究、展示、教育的中心,2000 年组建的华夏古乐团从事的工作即是中华古代音乐文化遗产的保护、传承和展演,带给中国和世界一种古老文明的文化记忆。从科研和多学科合作、创新展示理念、举办专题音乐会、创新社会教育形式、举办专题展览等方面,打造博物馆公众文化服务优质品牌。一种无形的文化遗产转化为有声的音乐实体,这个复原过程也是一个创作过程。每个项目都是一个科学和严肃的课题,每一步探索都是一种全新的尝试,每一种复原都连带着深远的历史文化背景。华夏古乐团在不断进步发展中,将努力以高品质的文化成果回报、服务于社会。

关键词：博物馆　音乐文化遗产　传播　华夏古乐

一、博物馆音乐文化遗产的研究、保护、传承模式的探索

中原自古为礼乐之邦,这片丰厚的土地上有着源远流长的历史文明、灿若星河的文物遗存和丰富多彩的音乐文化。古代音乐是中华古代文化遗产中的璀璨华章,对中国传统文化及情感、生活有着重要的影响。

2002 年国际博协亚太地区年会,将"博物馆与无形文化遗产传播"定为主题,博物馆的展览、文化服务形式不断创新、提升。近些年来的博物馆工作随着免费开放越来越面向普通大众。21 世纪的博物馆,已经成为多元文化交叉汇聚、综合传播的中心。展示历史与现实中的人文精华,以多种形式、不同视角保护和传播文化遗产,使文物的展示变为与观众的科学、艺术、历史对话的平台,这正是如今博物

馆业务所应追求的理想境界。河南博物院是中原传统文化保护、研究、展示、教育的中心,2000年组建的华夏古乐团从事的工作即是中华古代音乐文化遗产的保护、传承和展演,带给中国和世界一种古老文明的文化记忆,也给公众提供了一种古老音乐创新展示的公众文化服务品牌。

随着中国音乐考古和古代音乐史学研究的逐步发展,中国古代音乐的风采越来越受到世界的珍视。以复原音乐文物为主要载体而编配的古代音乐演出正开始被世人所熟知。近年来,湖北、湖南、西安等地出现了以复原音乐文物和音乐文化为主的古乐表演团体。其中,湖北凭借曾侯乙墓出土的大量音乐文物,形成风格独特的,以巫楚文化为背景的编钟古乐表演艺术,湖南以商代铙文化为主要特色,西安则以仿唐乐舞和传统鼓乐为主体。然而,一座墓葬、一个时代的音乐文物、文化资源,是无法与中原上下五千年丰富多彩的音乐文化长河相比拟的,在这一点上,河南无疑是在古乐研究复制方面最具资源优势和发展潜力的地方。

以博物馆学和音乐考古理论为主要依托,将音乐文物的基础资料和文献资料变为可视可听的演出实践,使博物馆的展示方式趋于形象化和立体化,并形成理论和实践相结合的综合性的新兴学科,必然会对博物馆文化展示、服务的功能进一步拓展并提升。用新的展示理念、新的运作方式去营造一种文化新视野,用平面与立体、静态与动态的结合,将文物所处的文化背景和文物本身所蕴含的丰富信息发掘出来,变为鲜活的艺术形象。这取决于博物馆文物展示方式的理念创新和文化创意的水平和取向。河南博物院在科研与保护、陈列、社会教育活动等一系列的策划中,探索着这种理念与实践的创新。

二、打造博物馆公众文化服务优质品牌

1. 立足科研,多学科合作综合开发。

华夏古乐团的成立与主要工作,是河南博物院对文物陈列延伸、考古成果复原研究和非物质文化遗产传承的一种创新与探索。是对相对沉寂的静态文物与无形的音乐文化遗产相结合的综合展示。华夏古乐的乐器、乐曲和服饰、演出的复原是考古研究成果的实验与再现,我们以尊重历史、复原历史的严肃态度为原则,对中原地区古代乐器、古代乐曲和历代服饰进行了多角度的研发和探索。

乐团对史前至唐宋古代乐器进行了复制研发。史前骨笛、骨哨,陶鼓、陶埙;商代陶埙排箫,特磬铜铙;两周的编钟编磬、木鼓木瑟;汉唐时期的琴筝阮笛、琵琶箫管等,共有十几个品类50余件套计150多件。华夏古乐的曲目复原、整理、移植创编是在古籍乐谱、琴谱及文史遗存的基础上,由国内多位著名音乐考古、史学、文化学专家和作曲家共同合作创编配译而成的。乐团创编复原了史前音乐《远古的回响》、《神人畅》;先秦时期宫廷雅乐《商颂·玄鸟》、《诗经·小雅·鹿鸣》、《诗经·郑风·子衿》、《诗经·卫风·淇奥》;诗经吟唱《关雎》、《采薇》;先秦编钟乐《神化引》、《幽兰》;汉代音乐《凤求凰》、《酒狂》、《咏怀》、《七盘舞》;唐代乐曲《倾杯乐》、《瑞鹧鸪》、《望月婆罗门》;诗词吟唱《春夜别友人》、《阳关唱别》、《渔翁调》、《子夜吴歌》、《鬲溪梅令》等近百首作品。在考古学和服饰造型专家的共同合作下,乐团还对古代服饰如先秦深衣、商代服饰、汉代曲裾、唐代男女衣装和相关发饰、佩饰等进行了研究复原。

目前我院与中国艺术研究院音乐研究所达成合作意向,将成立音乐考古科研基地,并向河南省文物局申报设立河南音乐考古重点科研基地,未来华夏古乐团将在河南以及中原地区的音乐文物研究、资料整理、音响数据库建设及相关国家课题方面展开工作。

2. 激活传统信息,创新展示理念,举办日常专题演出

在河南文物考古得天独厚的基础上,将中原文化中最能为大众所接受的考古成果变为有形有声的活的文化生命。以应用考古学的理论与手段作为主要依托,将考古文物的基础资料转变为实际的演示,使博物馆的展示方式趋于形象化和立体化。以此来更新博物馆的研究和展示方式,使博物馆由被动受教的课堂变为对话和参与的空间。河南博物院正在进行这一改变博物馆文化形象的新尝试。

华夏古乐团自 2000 年建团至今 13 年来,为海内外的观众演出 1 万余场次,观看演出的观众有 150 多万人次。华夏古乐团每天以固定场次的形式,为参观博物馆的观众提供两场演出,时间分别为上午 11 点、下午 16 点。演出主要内容包括古代雅乐、诗经音乐、汉唐乐舞等,同时也有展示古代乐器音乐性能的现代乐曲和世界名曲。在日常演出中我们还向观众演示、介绍重要的音乐文物,比如贾湖骨笛、殷墟陶埙、王孙诰编钟编磬、木瑟、古琴等。立足于河南博物院的这方舞台,向海内外的观众介绍河南的音乐文物,并以多样的舞台艺术形式展现历代的古曲,金石铿锵、管瑟齐鸣,风霜寒雨从未间断。

业内专家和广大观众对这种具有厚重文化意义和鲜明特色的演出给予了一致好评,华夏古乐团的日常演出使参观博物馆的观众不但浏览了重要的文物文化遗存,而且还能在相对集中的时间内观看到乐团立体化、动态化、趣味化的演出,

是对博物馆传统陈展模式、静态文化服务的有益补充和突破性的拓展。这种知识量大、信息量密集的特征也适应和满足了现代社会多元化、快节奏的审美需求。

3. 举办专题音乐会，传承优秀文化遗产

乐团利用自身优势和中原地区丰厚的文化资源，开发、创编了多种题材、内容的专题音乐会 100 余场。如《弦歌八千载》、《上元灯月——传统元宵节情景音乐会》、《词心宋韵——宋词音乐赏听会》、《长歌行·汉风——华夏古乐汉代专题音乐会》、《秋月华章》、《列国古风》、《唐风唐韵》、《高山流水谢知音》等文化专题音乐会及《华夏月明——中秋古乐欣赏会》、文化遗产日《中原古风》节庆专题音乐会等。

2011 年 1 月 26 日，华夏古乐联合国内一线创编团队推出的古乐专题音乐会《弦歌八千载》在国家大剧院演出。当晚，能容纳 1300 多人的国家大剧院戏剧场内座无虚席，不少观众之前从未听过华夏古乐演奏，带着对天籁雅乐的憧憬慕名而来，还有一些观众则是之前在河南博物院欣赏过华夏古乐的"回头客"，此次来听音乐会就是为了和华夏古乐再续前缘。生动的演出形式加之亦真亦幻的灯光舞美，仿佛时光真的可以倒流，让观众们见证了千年古乐的盛世再现。

近几年来，乐团又突破性地开创了以传统节庆文化为主题的情景音乐会，如上元节、中秋节、上巳节、春节等。《上元灯月——传统元宵节情景音乐会》用情景音乐会这种新的表现方式，在上元的"月上柳梢头，人约黄昏后"，少年男女在灯月婵娟中一见钟情，彼此相会、遐思、结缡。上元的人、诗、月在音乐中汇成一条流动的历史溪流，以新的乐曲风格、新的舞台呈现，使在座的每一位观众沉醉其中。情景音乐会是一种文化记忆的复活，对传统节庆文化遗产的传承、记忆，以文化情景音乐会的方式再现民族文化节庆丰富多彩的意境，将是我们今后的主要课题之一。

4. 创新社会教育形式，举办各类专题讲座，出版相关图书音像制品

音乐是全社会直入心灵的通用语言，与此相关的课题讲座很贴近社会各界公众的认知。乐团近年来一直致力于最广泛和优质的社会教育服务，分别举办了针对大学生、中小学生、机关干部等不同人群的专题音乐文化讲座 100 余场。

北京大学、吉林大学、中国音乐学院、河南大学、郑州大学等高校每年定期组织相关院系学生到我院参与专题讲座。乐团为河南省高校的学生素质教育开设题为《音乐史诗》的古代音乐史讲座，听取讲座的学生已达 3 万余人次。

乐团还在国家博物馆日、文化遗产日等节日举办各类面向公众的公益讲座、知音会专题讲座等，近年来，陆续出版发行《华夏遗韵——中原音乐文物》、《华夏

弦歌集》、《华夏古乐》等图书光盘 10 余种。

5. 举办专题展览

以《中原古代音乐文物》为题,河南博物院与国家大剧院联合主办的《华夏遗韵——中原古代音乐文物特展》,以时代为序,分为原始社会时期、夏商周三代、两汉魏晋、隋唐和宋元明清 5 个历史时期。集中了河南重点收藏的历代音乐文物精品 63 组 180 多件。从新石器时代早期一直延续到清代,绵延不断的谱系、丰富多彩的遗存、具有典型意义的实物与图像,特别是距今 8700 年的骨笛,5000 年前的陶埙、3000 年前的铜铙、特磬,2000 多年前的青铜乐钟,1000 多年前的歌舞乐俑,都显示出华夏古代音乐辉煌的往昔。而这些文物通过多种方式的解读发掘潜在的价值。在这个展览运作中,我们不仅将不同历史时期音乐文物的性能通过视频、音频来展示它作为乐器本身的真实音声和演奏方法,并通过展演一体的音乐会、讲座等多种观众直接参与的形式,将历史音乐文物复原演示,将观众带到音乐文物的传统音响氛围中,产生具有冲击力的视觉和听觉震撼。从这种实践感受和观众的反映上,可以见出音乐文物展成了中华音乐文化传播最直接的载体与平台。

《中原古代音乐文物展》展演一体的项目,是我们几年一直着力打造的一个原创陈列。近年来,河南及周边地区出土了大量音乐文物,特别是上古三代乐器实物,器类丰富,趣味性强。同时,河南博物院拥有一支建团十年的华夏古乐展演队伍,与音乐文物展览进行配套展演,是一个可以长期巡展的特色陈列展览。

三、中国古代音乐文化传播的使者

2007 年 10 月,华夏古乐团应邀参加香港中乐团建团 30 周年音乐会——《都会交响》,华夏民族流传数千年生生不息的传统古乐韵飞香江。香港文化中心音乐厅,古老的乐器,优雅的乐曲,来自中华民族的古老乐音,沉醉了海内外的各界观众。2011 年 1 月 26 日晚, 河南博物院华夏古乐团首度登上我国最高艺术殿堂——中国国家大剧院的舞台,带来一场名为"弦歌八千载——华夏古乐音乐会"的千年古乐盛宴。上古音乐的幽远,商代祭祀音乐的庄重,汉唐宫廷音乐的繁荣,诗词吟唱的清雅隽永, 让在场观赏演出的观众们领略到了华夏古典音乐博大、无穷的魅力。

作为独具特色的古乐团,我们还承担了上海世博会、河南省及文化部众多对外文化交流的演出任务。2013 年 1 月 12 日至 1 月 29 日,按照文化部"欢乐春节"系列活动安排,为促进中美文化交流,巩固河南省与俄勒冈州良好文化交流关系,河南博物院华夏古乐团赴美国进行了为期 18 天的访问演出。此次活动跨越美国俄勒冈州、加利福尼亚州、堪萨斯州等州，共演出 10 余场，期间应邀参加了北美最大的华人电视台 ICN 春节晚会的录制。访美演出内容为中原音乐文物复原展演和华夏古乐团新创作的古乐情景音乐剧《上元灯月》。这个来自博物馆的乐团，引起了美国各界的广泛关注，各界评论称这是一种融音乐、历史、文化情景为一体的艺术表演，领略到了河南乃至中华民族悠久的历史和优秀的古代音乐艺术魅力。这种充满文化内涵的演出方式，是对文化遗产生命力的一种解读。通过解读，博物馆文化走出了展厅，走向了大千世界。这是河南博物院人多年潜心探索所要达到的目标。此次访问演出的独特形式，受到了各个方面的一致赞誉，中华古代音乐文化作为华夏民族创造形成的核心文化之一，将其整理、复原、展演出来，独具特色并具有很高的价值和意义。相比于传统的剧目形式，更具有优势。今后乐团将和文化部等有关部门一起，共同研究将这种具有独特意义和优势的文化交流项目推进、提升。

　　一种无形的文化遗产转化为有声的音乐实体，这个复原过程也是一个创作过程。每个项目都是一个科学和严肃的课题，每一步探索都是一种全新的尝试，每一种复原都连带着深远的历史文化背景。我们期待观众不仅从这些古老的音乐文物中，也能从华夏古乐的演出中聆听到远古文明渐行渐近的足音。中华文明也就从古老的史书中、从锈迹斑斑的文物中、从穿越历史的乐音中走出来，变成鲜活而富有生命力的形象。给我们带来心灵深处的震撼和感动。华夏古典音乐的丰富内涵正以其独特的风格展示于中原大地，并展开了她飘逸的翅膀。这仅仅是我们拯救和复兴中原优秀无形文化遗产的起步，今后的路还很长，华夏古乐团将在不断的进步和发展中，努力以高品质的文化成果回报、服务于社会。

博物馆与新媒体

博物馆微博的实践与探索

段志沙

内容提要：博物馆作为一个国家文化发展程度的标志，随着国家经济的增长和人民生活水平的提高，势必在文化建设中发挥日益重要的作用，所以我们需要加强博物馆文化宣传普及工作。当下，微博作为网络社会化的新媒体，为每一位消费者提供了一个方便快捷的互动平台。国内一些博物馆开始尝试运用微博这一新兴工具开展工作，以期达到最快的传播速度与最大范围的覆盖面，推动博物馆文化公益性、公共性、公众性的实现，给公众带来博物馆文化的全新体验。本文结合山西博物院新浪、腾讯微博的实践运用，谈谈博物馆微博的内容及其相关问题。

关键词：微博　博物馆微博　博物馆文化

微博，译自 micro-blogging，就是简易版或者微小版的博客，是一个基于用户关系的信息分享、传播以及获取的平台，是传统博客的一种变体。用户可以通过多种方式向个人微博发布短消息，以 140 个字符左右的文字更新信息，并实现即时分享。2009 年 8 月 14 日，中国知名的门户网站新浪网推出"新浪微博"内测版，成为门户网站中第一家提供微博服务的网站，新浪微博将中国网民带进了"围脖时代"。

微博作为网络社会化新进程的一个环节，为每一位消费者提供了平等化的互动平台，去除中心化，实现社会化，微博所有的信息都是大家的状态和评论，在进行沟通互动的同时可以转发彼此感兴趣的内容。基于微博自身的传播特性，更多的人、更多的社会群体开始使用这一新媒体网络平台。截至目前，新浪微博注册用户数已超过 5.36 亿，人均好友超过 200 人，每天新微博量超过 1.2 亿条。

传播学大师麦克卢汉说："媒介是社会发展的基本动力，也是区分不同社会形态的标志，每一种新媒介的产生与运用，宣告我们进入了一个新时代。"微博这种全新的手段颠覆了以往人们对传统博物馆"高高在上"、远离现实的印象，国内一些博物馆开始尝试运用微博这一新兴工具开展一些工作。本文将结合山西博物院新浪、腾讯微博的使用情况,对博物馆微博的内容及其相关问题展开论述。

一、博物馆微博

博物馆是一个国家、一个民族宣传其文明成就和展现其发展水平的重要窗口,是一个地区历史、经济、社会进步的形象标志。当前,博物馆的功能已经不再局限于收藏、保护、研究和展示,随着社会形势的发展,博物馆坚持以人为本,与时俱进,正在积极地拓展其宣传教育等功能。让博物馆跟大众进行"亲密接触",让博物馆能够更好地为提高大众的文化生活、滋养大众的精神世界等起到积极的作用。总而言之,博物馆既是文化遗产的保护主体,也是文化遗产的传播主体。微博作为一种新型网络媒体,必然也会走进博物馆人的视野。因此,我们对其进行审视并且合理利用这一网络平台十分必要,使其更加有助于推动博物馆文化公益性、公共性、公众性的实现,为公众带来博物馆文化的全新体验。

博物馆承载着历史,承载着文化,承载着知识。作为一种新的网络现象,微博的出现为博物馆工作提供了新思路和新载体,利用其普及面广、操作简单、互动性强等特点,将微博作为博物馆工作中发布信息的有力网络平台,这对我们博物馆文化的宣传教育工作具有重要的现实意义与实践价值。

山西博物院开官方微博的初衷,是我们关注到微博作为一种新媒体有其独特而新颖的特点,能在很短的时间内实现和网友的沟通与互动。博物馆的传播理念和微博有着相通之处,都意在打造沟通和交流的平台。博物馆免费开放以来,越来越多的观众走进博物馆,博物馆逐渐从原来的"馆舍天地"走向"大千世界"。博物馆力图通过各种方式吸引更多的百姓关注,同时也希望拥有一大批热爱博物馆文化的忠实粉丝队伍。

然而,由于各个博物馆都有其地域的局限性,在一定程度上限制了百姓走进更多的博物馆。因此,微博的出现给博物馆的发展提供了一大机遇,让我们可以借助现代社会的新媒体推广传播文物知识、古代文化、文博动态等,让更多博物馆爱好者了解博物馆,了解文化遗产,也让文化遗产保护事业真正实现"文化遗产人人保护,保护成果人人共享"。

在互联网时代,大多数博物馆都拥有自己的官方网站,涵盖面广,内容翔实,形式规整;而博物馆的微博则内容相对灵活,形式相对自由,简单而不失精致。微博与官方网站、新闻报刊等其他多种媒体融合,形成强大的媒体聚合效应,并逐渐改变了之前的新闻采写传播方式,在微博里和公众更加接近,形成黏性互动。目前,全国已有多家博物馆开通了官方微博,其中既有故宫博物院、中国国家博物馆、湖南省博物馆等国家级博物馆,也有一些地方性博物馆、民营博物馆,譬如乾陵博物馆、衢州市博物馆、观复博物馆、中国紫檀博物馆等。这些博物馆通过官方微博,在较短的时间内扩大了其影响力,也拥有了一大批忠实的粉丝。博物馆微博在网上的关注度越高,日常到馆参观的公众数量也随之会有极大的提高,相对应的博物馆官方网站的点击率也就越高。对于博物馆开微博,许多网友及学者都很支持,微博改变了以往百姓对博物馆"阳春白雪""高雅殿堂"等远离群众日常生活的观念,使博物馆生动有趣起来。而值得我们思考的就是:如何利用好微博这一简易快捷的交互平台,我们应该怎么组织内容、编排形式,以便更好更多地吸引网民的关注,使博物馆真正走进民众生活,让文化遗产事业真正融入百姓生活。

二、博物馆微博的内容

微博这一个网络平台因其自身的大众特性,不需要很高的技术,只要简单的操作,就可以把自己的观点、想法等上传到网络,网友即可相互转载、点击评论。正因如此,微博的内容呈现辐射面广、即时性强、自由度高、交互性快的特性。随着微博的迅猛发展,它给人的感觉是越来越不"微",是更大信息量的大众化传播和交流。长期以来,博物馆通过报纸、广播电视、博物馆网站来发布信息,观众只是这些信息的被动接收者。而在微博平台上,大家既是传统的信息接收者,同时也具有主动性,可以与博物馆互动交流。

目前,各大博物馆的微博内容丰富多彩,形式多种多样。其内容既介绍馆藏文物的相关情况,也发布最新的展览讯息,还有国内外博物馆行业的相关学术会议等。除了这些比较正统的微博内容外,还有一些比较活泼、紧跟时代潮流的微博内容。山西博物院微博依据本院实际情况,在微博上开设文物欣赏、走进展厅、活动公告、新展预告、新展看看、外展讯息、文博动态等几大类栏目。栏目的设置,可以根据粉丝的需求适时调整。

其中,几乎所有的博物馆微博都有馆藏文物介绍的内容,每条微博虽有140字的限制,但足以让一件文物的基本信息得以展示,这样大家就可以在较短的时间内认识一件文物。若想了解此文物更多的信息,大家就可以发表评论或者发私信与博主交流,或者自己通过查阅相关资料得以全面了解。另外,很多博物馆由于馆内展示区域有限,不能把全部的藏品展现给公众,只能通过定期或者不定期地更换藏品来实现藏品的展现。藏品大都封存在博物馆的库房柜橱中,得不到合理利用,这无疑是一种文化资源的浪费。利用微博平台,可以很方便地实现藏品基本信息的展示,此时就需要我们博物馆微博编辑用心去选择,在展示陈列精品文物的同时,挑选一些观众在场馆展示区看不到的文物,这样既展示了自己馆内藏品,也丰富了大众视野。

在博物馆微博上,馆内临时展览的相关讯息也是重要的一部分。近几年来,博物馆免费开放的进程不断加快,各兄弟博物馆之间摒弃了"各自为政"的旧观念,力图举办更多更精彩的文物精品巡回展览和临时展览。山西博物院近年来在临时展览上狠下功夫,不断引进国内外各种类型的文物精品展,为山西百姓提供了不出家门就可以欣赏到国际、国内诸多地域文物精粹的便利条件。

临时展览和基本展览最大的区别就是有时间限制,临时展览多则三个月、半年,少则一个月甚至十几天、几天,所以对于临时展览的宣传必须具有时效性。博物馆微博就是一个时效性很强的宣传平台,同时还可以展示相关文物精品,普及文物知识。譬如山西博物院微博网站,在临时展览宣传方面,既做到了展品与知识的结合,也做到了展览与活动的互动,二者相得益彰。

此外,利用博物馆微博平台,馆际之间还可以举办"微"展览、"微"活动。譬如2011年8月,中国国家博物馆与英国V&A博物馆举办微博联展。利用微博互动的形式,分别在两家博物馆的新浪微博上展示了10余件馆藏的珍贵饰品。这些馆藏件件都是稀世珍宝,每件珍宝背后都有一个鲜活的故事,因此吸引了不少网民的关注。2012年5·18期间,山西博物院、中国国家博物馆、首都博物馆、湖南省博物馆、湖北省博物馆五家博物馆联起手来,在微博上掀起"博物馆联萌"活动。通过给文物配旁白、探求环保价值、秀出萌表情、融入日常生活等主题,以一种全新的方式去解读文物,吸引了很多粉丝的关注与参与。借助微博互动把文物推向大众,不仅激活了年轻人对传统文化的兴趣和热爱,也让大家在发表看法、有感而发中认识和传播传统文化。可以这样讲,微博打开了一扇窗户,为博物馆走进公众提供了良好的契机,也为我们微博编辑提供了更加广阔的思路。

微博平台除了即时性的特点之外,内容也十分自由。博物馆微博也正是利用这一优势,在内容表述上有了新的容颜,突破了往常"死板"的教条,走进了一个"淘气"的时代。很难想象,"萌"这个词能和几千年前的文物联系起来。然而,2011年4月,山西博物院馆藏青铜器商鸮卣的图片,在新浪微博上被网友疯转,网友称其外形酷似网络游戏里"愤怒的小鸟",被网友喻为最"萌"的文物。网友"北京阿年"发布这则最"萌"的文物微博后,网友们纷纷讨论起它的外形、功用。有的网友称它是"外星生物",有的则说它是"扑腾着翅膀的胖乎乎的小猫头鹰",还有的说它是古代版"愤怒的小鸟"。最后中国文物网官方微博指出:这件最"萌"文物是山西博物院馆藏的商代青铜器鸮卣。鸮是猫头鹰,鸮卣则是一种酒器,是商代晚期精美的艺术品。错失了第一时间为网友揭晓答案的机会,让山西博物院微博编辑意识到微博的公众参与热情远在之前想象的程度之上。对于馆内藏品,不能仅仅局限于单一的专业性介绍,更应多角度地去诠释其文化内涵与独特魅力。既然现代、新潮的解读文物方式颇受网友热捧,那就应该顺应时代潮流,用时代的语言让博物馆"活"起来。对于大多数人来说,或许就在彼此谈笑一瞬间,便激起了对文物的兴趣,对博物馆的热爱,对文化遗产的珍视。

在微博时代之前,博物馆已意识到与公众的交流不能只停留于传播与接受,开始建立多种互动平台,例如网上留言、网上沙龙、论坛等。然而,这些平台的利用效果并不是很理想,很多博物馆网站的论坛都需要网友注册、登录,经过审核之后实现交流,即时性相对较弱。而微博打破了之前一对多的线性传播模式,其网状传播方式可以实现一对一、一对多、多对一、多对多的交互传播。在微博上分享信息,往往都能够得到其他微博网友迅速、即时的反馈。与其他新媒体如博客、网站论坛等的交互传播方式相比,微博的准入门槛更低,自主性更强,交互起来更便捷,因而也显得更加"亲民"。微博独特的交互方式,为博物馆与公众之间提供了一个实用的互动平台。

山西博物院尝试将官方网站与山西博物院微博相互链接,一方面是建构一个自身推广的平台;另一方面也很好地实现了与公众的交流互动,不断扩大其辐射力和影响力。另外,这种交互方式也促成了博物馆文化更广泛的传播,博物馆微博编辑在发布本单位相关信息之外,也可以上传、转载国内外有关博物馆的最新学术文章、考古新发现、博物馆会议、博物馆学、考古学、历史、视频节目(譬如百集纪录片"故宫100——看见看不见的紫禁城""考古拼图"《中国记忆》——5·18国际博物馆日")等内容的链接,为网友提供一个了解更多博物馆文化的快捷窗口。

三、合理利用博物馆微博平台

在信息化进程中,数字化、网络化信息的优势,使得博物馆文化在公众面前变得越来越触手可及,而历史悠久的文化遗产和人民群众丰富多彩的物质的、非物质的文化创造,决定了各级各类博物馆聚集和保存了大量的藏品和丰富的信息。

面对如此大的信息量,我们在利用新技术的同时,同样也不能放弃传统的陈列展示解读研究。短短 140 字的"微型博物馆"能否很好地表达博物馆的内涵?有专家认为,博物馆的文化内涵深刻,而微博的单次表达信息量较少,如果作为信息发布平台,博物馆微博是很有作用的,但依靠其传播博物馆文化,微博可能还有所欠缺。我们需要把新技术与旧传统相结合,通过多种渠道来不断发掘和宣传博物馆的文化内涵。因此,对于微博平台这一新媒体,我们需客观对待,合理利用。

尽管微博是一方言论自由的平台,但作为文博机构的官方微博,在与大众交流、沟通时还应本着严谨的态度。在发布每一条微博内容时,我们必须明确给公众、给社会传播的内容是什么?因为微博的传播方式不是点对点,而是呈现一种裂变式传播,一条微博可以被其"粉丝"转发,再被"粉丝"的"粉丝"转发,不断蔓延。在微博内容编排中,过分专业的解说与过分娱乐化、趣味化对文化遗产价值、博物馆文化价值的消解和损害都是不可取的。

另外,微博编辑需要有信息管理的理念。微博依靠网络为传播的平台,网络传播的种种缺陷也会在微博传播过程中体现,所以加强信息管理十分必要,要争取最大限度地把不良信息扼杀在初始状态。微博注册开通很简单,信息发布门槛又低,有些个人或者群体利用微博评论发布一些不良信息,这样就容易引起混乱。

此外,在与网友交流过程中,如若遇到比较专业的问题,需要征求馆内专家学者的建议来回复相关问题,切勿信口开河,草草作答,这不仅误导公众,也会给公众留下不好的印象。因此,微博作为网络时代的自媒体传播手段之一,博物馆微博管理人员更应清醒地知晓面对的是哪些粉丝群体,更应重视综合效果而非一味追求粉丝量。在发布微博时,内容很重要,互动很重要,但态度更重要。

作为一个信息发布平台,微博虽对每一条微博内容有数字限制,但并不限制博主发布多少条,这样就出现了一大批"微博控",他们一上就是 10 多个小时,甚至放弃睡眠时间,微博成瘾。我们博物馆微博编辑也须正视这一现象,博物馆微博只是博物馆文化宣传教育的平台之一,我们在"织博物馆围脖"时一定要掌握好"度"。既然博物馆微博目的是给人们提供一个了解博物馆文化的快捷途径的窗口,那我们微博编辑就应该在发布微博内容时有所取舍,是信息的精华而非信息的堆砌。因为对博物馆、对文化遗产来说,一个最终的目标就是想方设法让人们来到现场,走进博物馆的展厅,身临其境,亲眼观看,直接感受,直接对话。微博的信息可以导引所有的人到博物馆去,激发所有的人投身到文化遗产的保护中去。

博物馆作为一个国家文化发展程度的标志,随着国家经济的增长和人民生活水平的提高,势必在文化建设中发挥日益重要的作用。在这样的社会大背景下,我们需要加强博物馆文化宣传普及工作,也应该尝试并运用好微博这一新兴工具,更好地开展工作。社会在发展,博物馆也在发展,微博等诸多新媒体正不断地改变着博物馆人的价值观念、管理理念和服务方式,也在改变着公众对博物馆的理解、需求和接受方式。今后,博物馆人也会紧随时代步伐,借助一系列新媒体使博物馆文化得到更为广泛的传播。

参考文献:

1.《第 28 次中国互联网络发展状况统计报告》,中国互联网信息中心,2011年 7 月 19 日。

2.《微博在博物馆中的应用发展探究》,《中国博物馆》,2012 年第 1 期。

3.《博物馆走进"微博时代"》,《北京晚报》,2011 年 2 月 9 日。

4.《微博的多级传播模式分析》,《现代视听》,2011 年第 2 期。

浅析新媒体如何在博物馆工作中发挥作用

河南博物院　　宋　华　　冯冬艳

摘要：近年来，新媒体在博物馆中的运用受到了许多博物馆的关注，本文分析了新媒体在博物馆展示中的定位，以及工作中的实际运用；同时提出了虚拟展区的开办、社交平台的应用，还有运用数字手段丰富陈列展览，对手机、平板电脑的功能进行积极地开发和利用等新媒体运用的方法；最后还总结了新媒体在国内博物馆中运用的一些问题。

关键词：博物馆　　新媒体　　数字展厅　　传递信息

在信息高速发展的时代中，信息成为社会发展的一个核心内容。博物馆是储藏信息的一大宝库，近年来，新媒体在博物馆中的运用受到了许多博物馆的关注，对博物馆今后发展模式也会产生巨大的影响。在传统传播媒体中，宣传页、广告条幅、宣传栏等方法被博物馆广为应用，这些作法虽然操作简便，但是信息普及面窄，宣传时效性差。自博物馆免费开放以来，观众人数大幅度增长，随之带来了不同层次游客对博物馆教育、服务功能的不同需求。如何展现博物馆的新形象，使游客获得更好的参观体验，从而喜欢上博物馆，一直是文博界探索的课题。目前，国内外许多博物馆已经开始或着手准备在展示与服务中融入数字和互动等新媒体元素，如数字化网站建设、展厅互动和移动设备互动软件开发等，试图为观众打造更具感染力、参与度更高、互动性更强的参观体验。在这里，笔者就新媒体在博物馆工作中如何有效利用，提出几点看法。

一、新媒体在博物馆展示中的定位

1. 新媒体的含义

媒体被认为是实现信息交流的介质或工具，在博物馆中，媒体则成为了向参观者传达展品信息的一种手段。新媒体的确切含义在学术界尚无统一的定论，但现代艺术的"新媒体"主要指计算机及其衍生物，即以电子语言为基础的技术总和。根据这一定义，博物馆中的新媒体有视频、投影、幻影成像、语音服务、数字化展品等,所呈现的展品以图像为主,而这一图像与传统媒介不同。

因此,博物馆展示中的新媒体可以概括为,它通常利用一种或多种光学、电子语言创造出展示装置或展品,通过呈现"虚拟"的视觉图像或影像向观众传播信息,实现传播目的。

2. 新媒体在博物馆展示中的分类

2.1 数字化查询

20世纪90年代初期,一些欧洲国家的大型博物馆率先开始藏品数字化建设,把珍贵文物的图片、文字资料等存储于光盘、服务器等电子媒介中。如今,大多数馆藏品的数据库基本完成,各国博物馆的数字化建设重点也从藏品档案的数字化,转移到如何实现这些数字化文化资源的展示教育。在藏品数字化基础上,出现了面向观众的展品展示与查询装置、数字化便携导览系统。这一集管理、展示和查询于一体的展品数字化,实现了博物馆为大众提供学习、研究的机会。

2.2.虚拟展示

随着新媒体技术的不断进步,也使得展品展示手段更加丰富多彩。虚拟现实就是新的展示手段的典型代表,它集合计算机图形学、人机交互、传感技术、人工智能等技术合成三维的虚拟环境,使置身其中的观众可以通过听、视、摸等感受"身临其境",并产生实时互动。其目的始终是让观众通过视觉、听觉、触觉等有身临其境的感觉。

二、新媒体在博物馆工作中的运用

1. 新式社交平台传递信息

近年来,国内许多博物馆充分利用论坛、微博等新兴社交平台,向观众们发送博物馆信息、分享心得、知识,与观众进行互动。

国家博物馆、天津自然博物馆、陕西历史博物馆、郑州博物馆、浙江省博物馆、上海儿童博物馆等都开通了微信和观众们互动交流。比如关注陕西历史博物馆,它会用当下很时尚的淘宝语"亲"和观众打招呼,并且提示回复"帮助",看看是否能够提供观众所需帮助。当观众输入"帮助"之后,微信会继续提示,可以输入一些关键词:开放时间、展览、门票、讲解导览、主题活动、概况……当观众再输入相应的关键词之后,将会得到详细的介绍。

国家博物馆、广东省博物馆、广西博物馆、湖北省博物馆、湖南省博物馆、宁夏博物馆、三星堆博物馆、首都博物馆、河南博物院志愿者团队等都开通了微博。

河南博物院的志愿者团队利用微博平台，经常会把每次志愿者活动通过微博传播出去,使得社会上的很多博友都能领略和感知到他们的志愿者服务。这也间接地为河南博物院作了很大的宣传，这也是河南博物院志愿者团队在社会上享有盛誉的法宝之一。

2. 新媒体与信息定位型展览

信息定位型展览是以信息传播为核心,通过文物以及一些辅助展品讲述一定主题内容的展览。这是现代应用较广的一种展示方式,在此方式中新媒体(如视频)等得到了广泛的应用,可谓是与信息定位型展览珠联璧合。新媒体中的视频在扩展展品信息方面有巨大的优势,因而应用十分广泛。很多实物展台旁边往往都会放置一个视频,一方面可以吸引观众的注意同时也可以有效的向观众传递信息,使观众更好的了解所展出的文物信息。

3. 互动模式改变传统参观理念

在传统的博物馆陈列展览中，单调的展示手段总会让人索然无味。现在,新媒体技术的出现,它的即时性、互动性强,形式新颖,趣味性强,为博物馆提升展览艺术效果、开展个性化和人性化服务、加强观众参观体验等注入了新鲜活力。

2011 年,国家博物馆的《复兴之路》基本陈列以新媒体的展示效果为亮点。为体现波澜壮阔、气势恢宏、庄重大气的展出氛围,《复兴之路》基本陈列在整体空间环境设计上,用展墙、通柜、展台、艺术造型、景观、大屏幕、空中连接等系列展示语言构筑了有起伏、有节奏、有光彩、有音响的参观路线,流畅而富于变化;在局部设计方面,注重整体风格的统一而又有所突破,打破了单调的感觉,使观众感到与众不同；在重要的辅助展品的设计上突出历史氛围，增强了主题的表现力。如通过展厅地面高低的变化将井冈山 LED 沙盘与下沉的山体塑型结合,配以投影介绍中国第一个农村根据地——井冈山革命根据地的创建过程,生动再现了历史的真实。与此同时,雕塑、油画、国画、场景、复原、沙盘、电动图表、模型、零距离触摸屏、电子翻书、高清全息投影等多种创新展览手段,也在《复兴之路》基本陈列中得以展现,令观众耳目一新。该陈列令观众在参观时有了更多的选择和更强的感官体验,受到了大众的喜爱。

4. 数字展厅必不可少

目前,数字展厅正成为中国博物馆界的热点议题。其中,首都博物馆、上海博物馆、南京博物院、新疆博物馆、湖南省博物馆等国内多家博物馆开发并推出了各具特色的"虚拟博物馆""网上体验馆"等项目。观众们借助网络,能够随意"拿起"展品旋转、放大细看,还能够借助相关文字介绍或多媒体互动充分理解展览内容,感受展品的文化艺术魅力。

以湖南省博物馆为例,观众可进入该馆网站的数字展厅,通过鼠标、方向键等进行前进、后退、转弯等操作,徜徉在逼真的馆藏珍品中;网友还可伴随着屏幕显示内容对应的讲解,随意"拿起"一件藏品旋转、放大细看,随时通过链接查找藏品的文字详细介绍;另外,在展品介绍的互动环节中,网友还可用鼠标为辽陈国公主穿戴奢华的衣饰,舞动神奇炫美的千手观音……切实体验一把虚拟互动式参观带来的新奇感受。同时,网站还开发了 10 余个与重要展品相关的趣味小游戏,如国宝连连看等,引导网友参与其中,寓教于乐。

5. 手机、平板电脑注入的活力

目前,国内不少博物馆正在纷纷推出支持苹果系统或安卓系统的博物馆主题应用。如国家博物馆和苏州博物馆、四川博物馆、广东博物馆、西安博物馆、南通博物馆等,其官方应用多为整个博物馆的介绍,能观摩馆藏品的高清图片,了解其基本陈列以及博物馆举办的最新活动。

史密森博物学院移动战略计划部主任南希·普洛特评论说,移动设备的联网优势使其成为一个社交平台,而正是这样的对话平台延续了博物馆信息和资源的生命。

美国卡尔斯巴德一家博物馆目前正在使用 iPad 来吸引以及取乐博物馆游客。这家博物馆设立了许多配有 iPad 的小"亭子",这种"小亭子"被称为 Lilitab iPad kiosks。在 Lilitab iPad kiosks 中,博物馆通过 iPad 来为游客们展示音乐视频,或特殊乐器的演奏,同时还向游客们传输音乐创作的好处以及传承等。Lilitab iPad kiosks 中的 iPad 采用多种摆设方式,如壁挂式、落地式或直接摆放在桌面上,以便不同的人群使用。除此之外,博物馆还特别准备了残疾人士 iPad 互动专区,让残疾人士也得以体验使用 iPad 获得知识的乐趣。

2012 年,上海博物馆试水 App,针对"竹镂文心——竹刻艺术特展"开展,上海博物馆开发了一款名为 "竹镂文心——上海博物馆竹刻艺术特展" 的 iPad 应用。它从展览展出的 160 余件竹刻展品中精选了 72 件精品,除了提供其高清的图像和翔实的文字介绍之外,使用者还能于其中看到竹刻拓片和竹刻工艺的视频,其主界面采用手绘古典风格的文人书房和庭院的场景。上博把所有的竹刻拓片做成一幅 3D 化的场景,其中的场景不再是凝固的,而变成了动画,人会走、船会行、树会摇。不仅如此,如果点击其中某一局部,则立刻进入某一特定展品的介绍页面。

三、新媒体在博物馆中运用亟待解决的问题

尽管目前我国有不少博物馆开始应用新媒体技术,但就现阶段而言,我国博物馆的新媒体技术运用还只是在一个起步阶段。

第一,有相当一部分博物馆人对新媒体的概念缺乏认识和了解,担心新媒体的运用会削弱博物馆传统陈列展览的魅力。第二,一些博物馆人担心新媒体的互动平台过于快捷,短短的几百个字是否会影响博物馆的权威。第三,因为一些已经取得阶段性效果的新媒体实例,直接影响了其他博物馆对新媒体的认识和思考,制约博物馆新媒体运用的发展。除此之外,国内网络环境、wifi 的覆盖区域,各大移动运营商的价格政策也影响着新媒体技术多方运用的环境。

综上所述,尽管博物馆刚刚加入到新媒体运用的队伍中,但是在大环境下,对新媒体的存在形式、概念和本质的理解,都将影响博物馆当下及未来的工作。博物馆人只有打破传统观念,积极学习新媒体知识,开拓思维,不断尝试和创新,才能让新媒体在博物馆中的运用更为广泛和实际。

参考文献:

1.徐晓川:《新媒体在博物馆展示中的运用》,《剑南文学(经典教苑)》,2011 年第 7 期。

2.宫承波:《新媒体概论》,中国广播电视出版社,2009 年。

3.宋向光:《博物馆进入服务时代》,《中国文物报》,2006 年 7 月 7 日。

4.潘思文:《论博物馆与新媒体应用》,《浙江文物》。

浅议微信导览的应用及利弊

鹤壁市博物馆 郑文君

摘 要:本文立足于当下博物馆微信导览这种新的科技形式,着重分析了其应用过程及优势,肯定了其发展的便捷性、互动性与经济性。同时,分析了其因为依托于网络的局限性与弊端,并对微信在未来的博物馆公共服务方面的发展做了客观的展望。

关键字:微信 导览 应用

微信作为一种新型传播媒体,以其方便、经济的优势迅速成为一种重要的交流沟通方式。由于智能手机的迅速发展,微信也迅速运用到企业营销、广告推广等各个领域。在博物馆日常工作中,微信主要作为一种导览方式应用于公共服务。

自 2012 年年底国家博物馆开通微信公众平台以来,全国的博物馆迅速接受了这一基于现代科技催生的新生事物。广东省博物馆、天津博物馆、郑州市博物馆等各地市博物馆纷纷采取了这种新的导览形式。较之以往的人工导览、电子导览,微信导览充分显示了其便捷性、互动性与经济性。

一、微信导览的应用过程及优势

1. 应用过程

微信导览的应用过程相对简单,这得益于微信公众平台的便捷性。作为公益性事业单位的博物馆,可以在微信公众平台上注册一个性质为"政府"的官方微信用户,通过一定信息的认证之后,就能获得一个公众平台官方号码,同时获得一个二维码。然后通过向观众公布二维码,吸引观众扫描并加博物馆官方平台为好友,就基本上实现了平台的搭建。

通过这个平台,博物馆可以实现以下几个功能,一是群发推送,即公众号主动向用户推送重要通知或趣味内容,这就实现了图片、语音、文字信息的宣传和推送。二是自动回复,即用户根据指定关键字,主动向公众号提取常规消息,博物馆可以设置好一些问题的自动回复内容,观众通过关键字索取一定的信息。三是实现一对一交流,即公众号针对用户的特殊疑问,为用户提供一对一的对话解答服务,换句话说,观众如果想咨询一些自动回复里没有的内容,可以向博物馆公众号提出疑问,达到一对一的交流效果。

博物馆作为官方平台公众号,为实现微信导览的良好效果,必须事先准备好优质的文博知识信息、图片信息以及语音解读,上传至公众账号,然后分享给朋友圈,那么观众自然可以获得导览服务。

2. 与传统的人工导览与电子导览相比,微信导览具有的优势

人工导览可以说是博物馆导览中最为传统的,需要建设专门的讲解员队伍,由讲解员带领观众走进文物,通过生动形象的讲解来达到教育宣传的目的。这势必需要大量的人力资源,同时近年来,关于人工导览的利弊讨论也屡屡被人们关注。在讲解过程中,讲解员的讲解会不会影响观众主体的欣赏思维,或者说使观众的主动参观变成了一种被动欣赏,还是有一定局限性的。同时,不同的讲解员即使通过相同程度的培训,其主观性也是比较强的,面对观众提问时候的临场应变、讲解的熟练程度以及工作状态,都会直接影响到人工导览的最终效果。但人工导览的好处之一就是观众与讲解员的互动咨询比较及时, 观众可以随时地面对面咨询问题。

而电子导览已在国内的大型景区普遍应用,如故宫,就向观众出租电子导览器,并且有各种语言、各种版本的电子讲解内容。观众只需要佩戴上电子导览器的耳机,随着游览行进的踪迹,通过智能电子导览系统,最终获得自助式的语音及视频多媒体服务。这种电子导览系统已经成为大型景区、博物馆必备的服务系统,并且以采用 RFID 无线识别技术的电子导览系统为主。它的操作原理即是在景区或者博物馆各展柜安装简易智能标识,然后通过计算机后台操作,通过射频信号识别目标对象并获取数据, 观众可以通过智能导览器定点听到相关的文物知识介绍。这种技术比较先进和实用,但是仍是需要投入不小的财力物力,直接涉及到的工作有智能系统的建立、设备的配备,如解锁器、智能标识、耳机、充电柜、智能导览器,同时需要设置专门的人员进行租赁点的管理与运行。

因此,微信导览相比上两种导览方式而言,在方便性与经济性上而言,无疑具有绝对的优势。首先是更为方便快捷,微信公众平台使用起来比较方便,只需要申请公众号并进行简单的信息推送操作即可完成资源的共享。其次是经济实用,不同于人工导览的大量人力投入,也不同于电子导览系统的财力投入,微信公众

平台目前仍旧是免费的,甚至连建立 APP(手机应用程序)客户端都需要投入一定的资金,还需考虑针对不同操作系统及不同终端设备开发多个版本的应用,但微信导览实现了最为经济的导览投入模式。博物馆是公益性事业单位,尽管会有一些免费开放的资金配备,但高科技的投入往往伴随着高成本,这也成为现在博物馆现代化发展的一项制约,微信导览可以说是突破了这种限制。

3. 与传统的建立博物馆官方网站、微博在博物馆宣传工作中的应用相较,微信导览所具有的优点

以往我们建立专门的博物馆官方网站、推广博物馆微博公众账号,都是应用新媒体技术来推广博物馆宣传的有效措施。但是,网站建设到目前为止并不是太理想,因为一是投资大,包括资金投入与技术投入,并且网站建设往往趋于更新缓慢、建设滞后,并未起到强有力的宣传效果。微博的运用也存在着内容单一、观众知悉度低等问题。

而微信导览除了更经济之外,同时很好地实现了及时的观众互动,观众可以通过一对一交流向公众号发出问题,并得到解答。同时随时随地都可以获得信息服务,并不局限于在博物馆内或者其他地域,只要输入编号,即可得到对应藏品的讲解信息。

二、微信导览存在的局限性

但是,任何事物的发展都具有两面性,微信导览在具备科技与经济优势的同时,也有其本身的弊端。

其一是此种导览方式隐含着较为局限的人群针对性。当下使用智能手机的人虽然日益增多,但是使用微信的大多是中青年观众。而对于老年观众和青少年,并不具备方便使用微信的条件。而博物馆因其特殊的教育功能,青少年观众占着不可比忽视的比重,博物馆也是实现"第二课堂"的有效场所。我们以往把课堂搬到博物馆来,或者让展览走进学校,都是为了满足青少年的文化需要。因此,即使采取微信导览,也并不代表着可以完全地撤销人工导览和电子导览。

其二是微信公众平台的使用是受网络条件限制的。毕竟图片、语音、视频等信息的分享是要依靠网络流量的,这势必会造成一些观众在网络使用上的一些顾虑。一些地方博物馆为了方便观众使用微信,如广东省博物馆,在"漆木精华潮州木雕艺术展览"中同时提供了 WIFI 连接。但是能提供这种服务也是需要向网络运营商付费,并不是所有中小型博物馆可以达到开办条件的。同时,由于微信

导览使用的是网络,那么必然会受到网络信号的影响,网络的好坏将直接影响到观众能否顺畅听到讲解内容。

其三,微信公众平台的操作过程也是具有一些局限性的。其一是公众账号无法主动去添加好友,换言之即是博物馆只能向观众提供公众账号,只能被观众添加好友,这就需要观众对这种导览方式的充分认可与主动参与。从2008年全国博物馆实行免费开放以来,很多博物馆已经实现了人工导览的全面免费,一些观众仍旧会选择具备亲切感的人工导览。其二是消息推送方面,会受到微信官方软件的条件限制,虽然通过一定的认证条件下,推送的图片、视频可以更为精美细致,可是因为很多有盈利目的的企业也是依靠平台推送消息的,因此在数据推送方面难免会有数量与质量的限制,这同时也使得微信导览受到了一些限制。其三是一对一对话方面,博物馆也是需要培养专门的技术人员进行回复的,这就受到了网络及对话量的限制。如果提问的观众太多,势必会造成对话的滞后,造成观众的疑问无法得到及时的回复。其四是微信导览的操作还较为单一,是依靠观众输入相应的编号来达到信息的分享,与电子导览器的感应又缺乏了一定的方便性。

总之,因为网络的经济性,确实使得微信导览成为一种简单易行的方式,但另一方面,因为依靠网络,也不得不收到网络本身缺陷带来的一些限制。但总体而言,权衡利弊,微信导览仍旧是现今科技发展条件下一种比较实用的导览方式,有其大力推广的价值。

三、微信在博物馆公共服务中应用的未来发展展望

微信公众平台以其特有的经济性与便捷性,已经成为博物馆一种重要的导览方式,但科技的应用远不仅仅止步于此,科技带动更多的思路、也为提升公共服务质量提供了更多的可能性。那么,在未来的发展中,微信在博物馆公共服务应用方面会具有哪些多元化的导向呢?

其一,应用范围会进一步拓宽。在微信导览普遍使用的基础上,一是可以增加信息咨询功能,比如说观众可以通过微信查询开放时间、门票、交通、电话、展览、讲座等一系列便民资讯;二是可以建立公众反馈机制,即观众通过一对一回复功能,来替代留言板、问卷调查等传统的沟通方式。

其二,与其他科技方式相配合,进一步体现博物馆公共服务的综合性、高效性。根据上文中提到的微信导览、人工导览、电子导览相互之间的共性与区别,作为一个充分考虑到观众需求的现代化博物馆,不应该把它们割裂开来,而是应该并驾齐驱,发挥各自的优越性,逐步建立起一个全面有效的公共服务系统。

其三,正如苏东海先生所言"在陈列展览中,技术是手段而不是目的。陈列展览运用现代技术产生奇妙效果的目的在于发扬遗产的内涵,而不是显示技术自己。一些博物馆专家已经呼吁在陈列展览中不要滥用新技术手段,不要喧宾夺主。博物馆的现代化最根本的是它的观念的现代化和思想上的现代化。"① 技术改革的同时,必须站在以人为本的基本立场上,因此微信导览作为一种技术,其发展的根本仍是回到"人"这个主体上来。微信导览只有在信息量充足丰富、人工回复及时正确的条件下,才能达到预想的服务效果。而这就需要博物馆专业人士对推送信息的倾力打造、对咨询问题的认真回复,追根到底,仍旧是要求博物馆工作人员本身公共服务能力的提高。因此,技术是凭借,人才才是根本。

总之,作为一种如此经济的技术手段,微信导览势必会得到比较大范围的推广,它实现了社会科技平台和博物馆教育功能的较好结合,同时也为以后的公共服务提供了很好的应用个例。借助这些现代科技的前提是继续不断地提高博物馆专业人才的业务素质和专业能力,内外结合,才能达到保障群众文化公共文化权益的最终目的。

---

① 苏东海:《博物馆的沉思(卷三)》,第 46 页,北京:文物出版,2010 年 9 月。

新传媒手段在博物馆公共服务中的应用

西安事变纪念馆　　谭银萍

摘要：博物馆作为收藏机构、宣传教育机构、科学研究机构，近年来，也为社会公共服务承担起了社会职责，发挥着重要的功能和效用。博物馆的公共服务是依靠多种多样的方式实现的，而新传媒手段的兴起，为博物馆公共服务的提升起到了非常重要的作用。网络科技的进步，让传统博物馆公共服务形式得到了新的飞跃。新传媒手段的应用使博物馆公共服务打破了时间、空间的限制，为博物馆的公共服务注入了新鲜的活力。

关键字：新传媒手段　博物馆　公共服务　数字网络技术　资源共享

一、博物馆的公共服务

博物馆是科学研究机构、文化教育机构、物质文化和精神文化遗存或自然标本的主要收藏场所，为科学研究服务，为广大人民服务。博物馆作为收藏机构、宣传教育机构、科学研究机构，具有收藏、教育和研究的功能。

公共服务是一种政府职能，指通过提供公共产品和创造公共环境以满足公共需要的过程。公共服务的种类可以根据其内容和形式分为基础性公共服务、经济性公共服务、社会性公共服务以及公共安全服务。博物馆的服务应该属于社会性公共服务。

近年来，博物馆为社会公共服务承担起社会职责，发挥着重要的功能和效用。博物馆公共服务行为的多样化以及公共服务的主动性和积极性，也体现出博物馆公共服务意识的提高。今天的博物馆已经以多种功能和多种层次服务于社会，在现代生活中占有不可忽视的地位。

1.博物馆公共服务的内容和形式

（1）社教服务：活动包括博物馆的日常开放参观讲解、流动博物馆宣传、博物馆进学校、博物馆进社区、馆内讲座、户外活动等各种观众参与的互动性活动。

（2）设施服务：设置观众咨询处、休息处、失物招领处、残障服务处等，藏品和展品及陈列展览的说明、图录以及导览手册、活动日程、资料中心,餐饮、购物等活动中心。

(3)场馆服务:利用博物馆的场馆、设施向外单位和个人根据具体情况提供无偿或有偿的服务。如名人讲演、继续教育、签名售书等文化和商业活动的场地。

(4)信息服务:含网络服务、网站资讯、资料查询、网上订票、论坛互动、活动信息发布等。

在这些博物馆公共服务的内容和形式中,向大众免费提供的现场服务以及所有信息服务都是非营利性的, 这是博物馆公共服务实现公益责任的必要途径,显示出博物馆在现代社会条件下对公众服务能力建设的重视。博物馆之所以把公共服务工作作为全馆工作的中心,是因为它是博物馆的立馆之本,是建立博物馆形象,赢得社会关注、支持,筹集运行经费的关键所在。

2. 博物馆公共服务的意义

(1)政治意义

博物馆公共服务水平的提高有利于缓解我国当前面临的社会问题,博物馆事业的发展,丰富了人民群众的文化生活。随着人民生活水平的日益提高,对公共服务的需求也就会越高,这就与社会中公共服务总体供给不足、质量低下之间产生了矛盾。博物馆公共服务水平的提高,可以强化政府公共服务职能,加快改善我国公共服务状况。

(2)经济意义

博物馆公共服务水平的提高有利于提高博物馆自身竞争力,从而提高其经济效益。公益性是博物馆公共性的基本属性,因此,博物馆的经济收益只能用在博物馆自身,这也是为博物馆今后的发展提供资金,为其长远发展奠定物质基础,使之能够为人们提供更好的公共服务。

(3)文化意义

博物馆公共服务水平的提高有利于促进优秀文化的传播,进一步丰富群众文化生活,提升整体的素质。博物馆作为文化基础设施,又是营造良好的文化环境,提高社会文明程度的重要条件,也是建设现代文明城市的主要标志。

二、新传媒手段在博物馆公共服务中的应用

传统的博物馆公共服务形式已经不能满足公众的需求, 随着网络科技的进步,新的传媒手段的兴起,势必让传统的博物馆公共服务形式得到质的飞跃。传统博物馆与数字网络技术的有机结合，不仅优化了博物馆的管理与信息的交换，有利于文化遗产实体的保存与交流，还大大拓展了博物馆服务的时间与空间，一定程度上实现了从"实物导向"向"信息导向"的延伸。

1.网站

博物馆的网站是面向社会公众介绍藏品、传播知识、进行交流的窗口。它没有时间和地域的约束，观众能够通过网站详细了解博物馆的馆藏、陈列、宣传、学术研究和博物馆动态等情况，同时可以网上预约订票。数字博物馆的功能，是博物馆发挥公益职能、服务社会大众的新途径。

随着上世纪末我国"建站风"的盛行，大部分的博物馆都开设了网站，对外宣传自己，但是这些网站往往"良莠不齐"。一些网站只是在网站上公布一些自己博物馆的讲解稿、图片，直到多媒体技术网站的出现，博物馆网站才得以继续发挥优势，全方位展示博物馆。

2.数字博物馆

数字博物馆具有传统博物馆所无法比拟的时空跨越能力，可以对藏品信息资源从时间和空间维度上进行任意延伸，从而达到一种独特的陈列展示和研究分析效果。譬如，通过适当的三维建模和图形处理技术，可以将器物的内部结构、原理、使用以及该器物在各个历史时期的变化状况，形象逼真地展现出来，给观众造成视觉和心理上的震撼。用数字方式让文物"活起来"，这是实现博物馆展览陈列方式创新的最直接的方式。

数字博物馆能更直观地让游客了解博物馆及其藏品的情况，例如"南京中国近代史遗址博物馆"的"景区虚拟游"，就可以用鼠标代替脚步"走"在总统府庭院里，图像逼真，犹如身临其境。这样的"虚拟游"非常适合大景区，可以让行动不便的老年人节省体力。

博物馆的藏品是实体博物馆存在的基础，由于藏品具有不可再生和无可替代的特点，所以各博物馆十分重视其安全，非常强调"保护为主"的原则，以求最大限度保持藏品原状，尽可能减少藏品的自然、人为损坏，实现长久保存。这便让数字化博物馆有了用武之地。数字化博物馆的信息可以以文字、符号、图像等形式，记录、描述、复制、加工在数字载体上，借助虚拟现实、三维空间、图像、声音、超文本链接等途径，来弥补文物实体因受到条件限制而不能经常更换或展出的缺陷。由于建立了数字档案，除展出、保养外，一般无须提取文物本身，大大减少了受损坏的风险,也有利于文物的保护。

3. 微博、公共主页

微博已成为公众参与博物馆活动的新途径,也使得之前博物馆与读者的单向交流变为双向交流,社会公众更加方便地把信息反馈回博物馆。如国博的官方微博近期开展的"东西方古代之'饰'美"的微博展览,用新媒体促进了博物馆公共服务职能的发挥。碎片化的信息,从另一个方面更加让博物馆文化"平民化""通俗化",更便捷的信息发送方式,打破了时空限制,更利于扩大博物馆的影响力。

微博的信息更新速度快,信息内容重点突出,可以让关注者对所发布的新闻一目了然。微博同样是现代网络交流的平台,关注者可以在微博上发表自己的看法,也可以相互交流、探讨。公共主页也同微博一样,可以随时关注博物馆的动态,了解博物馆的"行踪"。

4. 微信

首先,博物馆的公共服务效果,取决于来博物馆游览的人数,因此提升博物馆的知名度、增加客流,是每家博物馆的重要工作。很多博物馆开通了微信服务平台,最早的如广东博物院,最近的有陕西历史博物馆、碑林博物馆。用户可直接添加公众账号获取场馆的开放时间、门票、展览讲座、查询交通、电话等信息,更可以通过用微信扫描二维码来实现"语音导览机的功能"。

依靠微信平台开展的微信导览的全新服务平台,使博物馆既可以依靠微信平台强大的用户群进行体验分享,又能够依靠微信的强关系链逐步纵深渗透到更广泛的微信用户群中。同时,微信"一对一"的沟通特色使用户获得的专属服务体验,也进一步加深了博物馆与目标群的关系黏度,在非干扰性的互动中,达到品牌的宣传效果。

其次,微信的"一对一"的私密互动性当然是绝对优势之一,而且不论关键词互动也好,朋友圈分享也好,用户能感知到自己互动的对象是实实在在的人,而不仅仅是一款产品,因此主动传播欲更高。另一方面,通过与用户的实时互动,对用户舆情搜集,博物馆可以不断更新、完善全体系的产品服务,不仅仅实现对微信单一平台的优化,更是企业对外交流的窗口之一。

微信的存在,为有意愿涉足博物馆的公共服务提供了一个安全、创新、灵活的展示平台和沟通平台,通过一个入口,实现多维度跨界的公共服务体验。

5. APP 手机软件应用

随着智能手机的进一步普及,APP手机软件因其可以根据自身格调、用途、风格等进行内容设计的优势,也成为博物院的一个重要的服务窗口。故宫博物院的《胤禛美人图》免费应用软件今年5月上线,多数智能手机均能下载,上线的前两周,平均日下载约三四千次,网友评价很高。国博的导览APP软件,可实现按年月查询所有展训内容,此外,还可以根据展厅的位置,知道该展厅的展览内容。

但是随着微信完全开放API接口,满足了博物馆对所有自我需求设计的嵌入,而且在这个平台上,不但可以实现APP的所有功能,还具有微信无限延伸的产品潜力。在传播推广层面,微信导览全面超越了APP导览。

三、新传媒手段应用的意义

1. 新传媒手段对博物馆公共服务的优势和意义

(1)打破空间地域的局限

通过网络连接的博物馆彻底打破了实体博物馆地理意义上的距离概念,观众可以在家中方便地使用自己的电脑、手机,远距离访问远在千里之外的博物馆藏品。它打破传统陈列的空间限制,解决了只能通过单一展示手段了解单一信息的不足,让观众"可以得到直接观看展品所不能得到的展示信息,即展品增强展示"。

(2)打破时间界限的局限

新传媒手段的应用,使得博物馆不再有开馆与闭馆时间的限制,观众随时都可以用手机、电脑通过网站和微博浏览博物馆的陈列展览和新信息,大大节约了游客的时间,降低了社会教育功能的门槛。

(3)不受藏品展陈条件的限制

部分展陈物品由于本身易碎、易损,温度、湿度、光照度环境要求极为苛刻,体量细小或者超大,都可能影响其在实体博物馆中的展出,数字博物馆完全没有这种限制。观众可以随时上网浏览、欣赏数字藏品,甚至可以下载到自己的电脑上进行系统研究,对一些珍贵的、不外展的文物藏品也可以"一睹其芳容"。新传媒手段的运用,使得博物馆在不牺牲文物本身社会教育功能的基础上,对文物本身也是一种保护。

(4)打破了信息单向传递的限制

新传媒手段为博物馆提供了双向互动机制,实现了与观众的高度互动。微博、微信都是年轻人常用的网络通信方式,博物馆通过微博、微信等新传媒手段,发布新闻动态、活动图片,游客可在其动态之后留言,发表看法,提出建议,实现游客与博物馆的互动。

微博和微信的信息更新速度快、频率高,使观众实时了解博物馆动态,同样也改变了传统媒体等有时间差的宣传方式,实现了博物馆自身的及时宣传。

(5)提高了博物馆资源开放与共享程度

新传媒手段下的博物馆是完全开放的,使得博物馆之间的交流和资源共享变得极为容易,实体博物馆之间具有的复杂的馆际交流过程,通过网络可以在瞬间完成。博物馆资料的开放与共享,为爱好博物馆、喜爱文物的人群提供了学习的平台,成了学校的第二课堂,成了民众自我学习、搜集资料的新途径。

2. 新传媒手段对博物馆公共服务的劣势和不足

尽管新的传媒手段为博物馆的公共服务注入了新鲜的活力,使得博物馆的公共服务更加完善,更加贴近时代,但新传媒手段自身也有一定的劣势和不足。

(1)博物馆作为数字博物馆和新传媒手段的管理机构,承担藏品数字化信息资源采集和管理,数字博物馆基础设施建设、管理和维护,以及新传媒手段的建设与维护的功能。大型博物馆藏品数量多,级别高,信息的采集、管理和维护都需要时间的投入,而小型博物馆或者级别不高的博物馆又会受到财力和技术的限制,使得数字博物馆和新传媒手段难以做到全方位推行。

(2)数字虚拟展厅开发应用方面,博物馆经常忽视观众的使用习惯。用户要想进入"虚拟展厅"必须费时费力地下载、装载特定的插件,因网速、屏幕分辨率等的制约,博物馆预期的展示效果大打折扣。

(3)移动设备软件应用方面,有时需要装载特定的软件,只有一部分手机系统能通过下载指定客户端的方式享受手机平台资源,有财力配备智能手机的用户又难以接受国内昂贵的上网流量费。

(4)网络的虚幻性,可能使得信息失真,观众的回复、转发言论会影响他人的信息判断,类似的尴尬现象屡见不鲜,用户对新媒体"欲爱不能",这也为新媒体发展前景设置了重重障碍。

(5)新媒体技术,无论是数字化建设、软件开发、展厅新技术应用还是开辟社交媒体平台,除了需满足资金、设备和技术等"硬条件"外,还需要对展览内容做深层次的理解与挖掘、有优秀的创意、专业的策划与实施团队等一系列"软指标"。而盲目跟风模仿、缺乏新意与实质内容、"面子工程"正是国内博物馆目前面临的最大问题。

3. 新传媒手段下博物馆公共服务的发展展望

　　对博物馆的理解并不能仅仅局限于其对自然文化遗产的收藏、陈列和研究等具体功能的认识上,博物馆作为一个国家、一座城市的形象设施和建筑,还具有传统文化和历史文明"象征"的作用。传统博物馆作为公共服务的社会文化机构的性质并不会被改变,传统博物馆将具有永恒的社会和历史意义。

　　博物馆应重视新传媒手段的应用,它可以帮助博物馆在建设和维护社会公共服务职能上发挥重要作用。博物馆要把握新传媒手段交流的特点,有新的思路,新的交流方法。面对社会公众参与博物馆发展的热情,面对博物馆传播环境的改变,博物馆工作者需要重新思考博物馆与社会公众的关系,思考公众在博物馆中的位置与作用,真正弄明白如何在提升社会公共服务质量的同时,为公众参与博物馆发展提供更为有效的途径和方法,让公众在利用博物馆资源、享受博物馆服务的同时,有更多的机会了解和支持博物馆的发展。

　　新媒体手段为博物馆公共服务提供了新的途径,增强了观众的参与性和互动性,将博物馆与观众紧密地联系在了一起;而传媒手段只是博物馆公共服务的一小部分,博物馆更多的公共服务职能仍然需要其在发展中不断地探索。

新媒体、新技术影响下的博物馆公共服务

河南博物院　　刘　璐

摘要：新媒体、新技术的出现，改变着人类的生活方式，也对博物馆公共服务提出了更高的要求。文章结合新媒体、新技术在国内外博物馆公共服务中的应用现状及存在问题，为进一步规范博物馆公共服务工作、形成博物馆服务特色提出几点可供讨论的启示。

关键词：新媒体　新技术　博物馆公共服务

公共服务是一个庞大的社会体系，作为其中的一个关键分支，博物馆公共服务是履行自身"为社会及其发展服务"的重要职能和工作任务。近年来，随着社会经济的飞速发展，新媒体、新技术的不断出现，人类的生活方式也随之发生了新的变化。在文化的服务功能与认同价值日益受到关注的今天，让新媒体、新技术更好地融入具体的博物馆公共服务之中成为新的发展方向。

一、新媒体与新技术

新媒体，为公众第一时间传播、获取、反馈信息提供了新的渠道；新技术，为改善人类生活、促进社会进步提供了新的动能。

哈罗德·伊尼斯说："一种新媒介的长处，将导致一种新文明的产生。"[1] 基于计算机信息处理技术支撑体系下出现的新媒体，如数字杂志、数字报纸、数字广播、手机短信、移动电视、网络、桌面视窗、数字电视、数字电影、触摸媒体等，而时下流行的"微博"、"微信"即是新媒体的代表。相对于报刊、户外、广播、电视等"传统媒体"而言，形式自由、互动性强、覆盖率高、推广迅速的各类新媒体的出现，实现了"所有人对所有人的传播"。以微博为例，2009年8月，中国"新浪微博"内测版推出，微博正式进入中文上网主流人群视野。2011年10月，中国微博用户总数达到2.498亿。在人与人之间建立"点对点"的沟通平台，让政府、企业、团体、名人等利用新媒体工具与大众进行交流，是微博带来的趋势和变化，以微博为代表的"全民媒介化""新媒体效应"正在改变着我们传统的沟通方式。

---

[1] 哈罗德·伊尼斯：《传播的偏向》译者序言，中国人民大学出版社，2003年版。

现代化的生活离不开数字化高新科技的全面渗透、介入与支撑。"Wi-Fi""二维码""APP""街景地图""3D 打印""电子书"等新技术词汇越来越多地出现在我们的生活之中。新技术的推广和应用改变了我们的生活:网络技术的出现促使生活主体超越家庭、血缘、宗教的维系向工作、娱乐、兴趣的链接转变,新材料、新产品的研发使得生活中衣、食、住、行的资料选择呈现多样化、个性化,新技术、新服务所带来的便捷让生活时间、生活空间都得到了进一步的拓展。以"3D 打印"为例,其基本原理是断层扫描的逆过程,把某个物体"切"成无数叠加的片,采用分层加工、叠加成形,即通过逐层增加材料来生成 3D 实体,在制造、医疗、教育等诸多领域都有着较为广阔的应用前景。

二、博物馆利用新媒体、新技术开展公共服务的现状

早在 1990 年,美国博物馆协会在解释博物馆的定义时,就将"为公众服务"作为博物馆的两大核心要素之一。"进入新世纪,我国博物馆在经历了二十余年快速发展以后,数量和设施条件发生了显著变化,一些博物馆开始关注博物馆的运营效益,关注高质量的博物馆服务对吸引观众和提高观众满意度的作用,将建立规范的社会服务和观众服务体系作为博物馆发展的出发点。"[②] 为了让博物馆公共服务更好地与社会发展、观众需求同步,国内外博物馆借助新媒体、新技术已经进行了一些有益的尝试。

1. 利用新媒体构建博物馆文化传播与交流的服务平台

为适应新媒体、新技术的发展,博物馆"在展示与传播领域大范围引入各种工具,建立起适用于不同年龄和兴趣群体的移动网站、四通八达的社交平台"[③],越来越多的新媒体开始在博物馆的公共服务中发挥作用。美国博物馆基于 Facebook、Twitter、YouTube 等多种新媒体平台和社交网络,开展了如藏品展示、信息发布、在线教育和线上展览等各种服务项目。如史密森博物学院、印第安纳波利斯艺术博物馆等博物馆分别结合馆藏资源,利用新媒体进行藏品共享,为公众提供了直接与博物馆面对面交流的互动服务,观众甚至还可以将自己手机拍到的图片通过博物馆社交网络展开讨论、与人分享。近年来,中国的博物馆也依托新浪微博及腾讯微博,先后有百余家博物馆开通了各自的官方微博,其中既有如中国国家博物

---

②宋向光:《博物馆进入服务时代》,《物与识——当代中国博物馆理论与实践辨析》,第 198 页,科学出版社,2009 年版。

③、⑥田蕊:《基于移动技术的国外博物馆新型传播模式对图书馆服务的启示》,《情报资料工作》,第 90-91 页,2012 年第 5 期。

馆、故宫博物院等国家级博物馆，也不乏观复博物馆等民营博物馆的身影。微博的出现，是博物馆群体面向社会、主动服务的体现，是传播博物馆文化、扩大博物馆影响、改进博物馆服务的积极探索。

2. 应用新技术更新博物馆的服务形式与内容

借助于已经成熟的 Wi-Fi、二维码、APP 等新技术，博物馆已经或正在开展集教育、互动、娱乐、导赏为一体的综合服务项目，以满足公众的参观和学习需求。2011 年，美国博物馆联合会"移动技术"调查表明，"42%已提供移动服务的博物馆中，有 95%的项目是以应用程序、文本推送、二维码、增强现实应用、数字导览、游戏平台等为主的新型移动媒体。"④ "美国、加拿大、澳大利亚、法国、英国等在内的 738 家博物馆中有 29%已经提供移动工具，27%计划准备提供"。⑤ 国外先进博物馆基于新技术已经形成了"依托移动应用程序（如 APP、云技术）的移动馆藏推送服务、虚拟参观访问、基于输入—输出技术（如二维码、无线射频识别技术、近场通信技术）的即时获取服务、互动展览体验、公众科学素质拓展活动、数字导览技术"⑥ 等全新的公共服务类型。2011 年 10 月，苏州博物馆创意策划了"无线苏博、无限体验"的移动智能观众导览项目，其主要借助智能手机或 iPad 之类的智能终端，无论观众在馆内还是馆外，都可以轻松地进入智能平台，通过图片、文字、语音和声像，了解馆藏文物的多种信息，较好地实现了分享体验与互动服务，成为中国博物馆利用新技术优化博物馆公共服务的成功范例。

3. 应用新技术让公众收获全新的参观体验

"三维动画""虚拟影像"等技术在博物馆的推广、使用一度让公众获得了不同的参观体验。如今，一项名为"街景地图"的技术服务延伸至博物馆内，用户在互联网上全方位"游览"整座博物馆的同时，还可以通过链接获取相关知识。2012 年，谷歌与美国纽约大都会艺术博物馆、美国纽约当代艺术博物馆、法国凡尔赛宫、俄罗斯圣彼得堡冬宫博物馆等多家博物馆合作，推出"艺术项目"（Art Project）网站，依托街景地图技术，用户可以 360 度浏览各个博物馆的实景，对于某些艺术品，谷歌还与馆方合作，提供了高分辨率的图像供浏览，供用户查看以前难以察觉的细节。2013 年 5 月 30 日，腾讯 SOSO 街景地图发布了中国近百家博物馆的街景，用

④American Association of Museums.2011 mobile technology survey.

http://www.aam-us.org/upload/AAM_Mobile_Technology_Survey.pdf.

⑤Loic Tallen,Pocekt-Proof.2012 世界博物馆移动服务在线调查.

http://www.museums-mobile.org/survey-2012/.

户只要输入 SOSO 街景地图博物馆专题的网址（bowuguan.soso.com），就可以在网页上身临其境地"参观"全国近百家博物馆，近距离地欣赏文物藏品。目前，SOSO街景地图博物馆分为古迹、名人故居、民间、艺术、综合五大类型，为公众体验博物馆文化提供了新的选择。

三、新媒体、新技术与博物馆公共服务有效结合的几点启示

新媒体、新技术从一定程度上加快了博物馆公共服务与社会同步、与公众对接的进程，弥补了博物馆公共服务中存在的一些不足。未来，随着博物馆公共服务工作的不断深入，还存在着如何与新媒体、新技术有效结合等现实问题，以下几点启示可供讨论。

1. 开展针对"微观众"群体的需求调查

随着智能手机、ipad 等移动设备的普及应用，越来越多的公众选择借助网络工具浏览信息，通过微博、微信等进行交流，形成了"自我表达型""社交活跃型""参与讨论型""偏好潜水型"四类微博人群。对于"新"环境下的博物馆公共服务而言，除了为到馆观众做好导览、展示、教育等传统服务外，还必须做好对那些通过微博、微信等新媒体平台关注博物馆动态及信息的"微观众"群体的对接服务，而做好对接服务的基础就是针对"微观众"群体的需求调查。据 2011 年缔元信（万瑞数据）第三方网络数据机构所做的《中国微博使用人群分布》调查显示，微博用户的男女比例为 6:4，较资讯类网站，集中了更多的女性用户；用户年龄以 18~30岁的年轻用户为主，占比高达 67%，更趋于年轻化；大学本科以上学历为主，占有63% 的用户比例，趋于高学历化；用户网龄 5 年以上人群占到了 81.3%、每天上网的人群占到了 86%；在具体利用微博做什么方面，有 74.3% 的用户选择了"写微博，发表自己观点或宣泄情绪"项。从以上数据中不难看出，博物馆微博所拥有的"微观众"与传统的博物馆观众构成不同，其在性别、年龄、学历及生活习惯等方面趋于一致。通过对博物馆现有微博的访问，笔者发现博物馆微博的单线传播明显，互动性不强、信息反馈少，而出现这一问题很大程度上缘于微博的"脸对背"的传播方式。如果博物馆想借助微博发挥更大的服务功能，就必须通过调查弄清楚"微观众"的需求。

2. 形成具有博物馆特色新媒体服务

以微博为例，由于信息发布的随意、随时、随地，微博平台上每天都充斥着大量的"信息垃圾"。《魔鬼经济学》的作者史蒂芬·列维特说："在微博中，有价值的信息占到的比例仅有 4% 左右。"有调查数据显示，"有 1/3 的用户都表示微博的信息量太大，看不过来"。对于博物馆微博而言，要避免形式重复、内容堆积的情况出

现,应形成具有博物馆特色的新媒体服务模式。目前,我国博物馆的微博设置内容主要涉及展览讯息、藏品知识、活动公告、服务项目等,也有反映博物馆实时发生的事件,但在形式和内容上比较单一。同时,博物馆微博之间尽管相互关注,但少有联动,更缺少互动话题,很难形成"话题"、引起"围观"。当然,博物馆微博的存在不是为了"轰动效应",既然博物馆将微博之类的新媒体视为博物馆文化传播的新领域,就有义务把这项服务持续地开展下去,避免出现"三分钟热度"或"僵尸微博"等情况。微博的优势在于信息更新的速度、言简意赅的表达,但更需要不断创新内容和形式,拓展服务范围,改善服务方法。博物馆微博应立足于"公益"的传播定位,主动联合公益团体和那些真正有意于文化传播的"意见领袖",传递更多的"正能量",共同为社会公众尤其是弱势群体构建交流、互助的公益平台,让更多的人通过微博发现博物馆的社会价值,引领他们真正关注博物馆、爱上博物馆。此外,要正确处理新媒体与传统媒体的关系,两者之间既不是"顾此失彼"亦不是"厚此薄彼"的关系,而是紧密结合、相互促进的有机整体。博物馆借助新媒体开展的公共服务在规范建设、人员配置、互动交流等方面还存在一定问题。一方面,我们要结合博物馆自身的实际,通过新媒体及时、有效地为观众提供帮助;另一方面,应当承认我们缺少传媒理论和相关的实践经验,要在与传统媒体的合作过程中学习,以提升博物馆信息服务的品质。

3. 3D 打印技术与博物馆公共服务的有效结合

新技术需要应用,需要结合更多实际在不同行业中加以推广,在让生活变得高效、便捷的同时,必然对行业发展产生巨大的催化作用。最近,美国博物馆协会博物馆未来中心对 2013 年博物馆的动态和变化展开了研究与归纳,预测"3D 打印"技术将成为博物馆发展的六大趋势之一,在文化、艺术、教育类机构等领域实现技术推广。目前,在美国,史密森博物馆运用 3D 打印成功复制了托马斯·杰斐逊雕像,哈佛大学闪族博物馆也通过此技术修复文物,还有几家博物馆邀请艺术家和技术迷利用数字数据来复制藏品或进行创作;在国内,陕西历史博物馆、四川广汉三星堆博物馆将 3D 打印技术应用于文物复制,而中国第一家民营计算机、动漫主题博物馆——洛阳动漫博物馆也已经将其应用于互动展示和教育活动之中。可以预见,随着 3D 打印技术的日趋完善、设备自身的优化升级,其应用领域必将跳出专业局限,为观众提供如数字信息共享、展示辅助、互动教育、文化产品个性化定制、科技实验等全新的服务项目,为进一步拓展博物馆公共服务的内容和形式提供技术支持。

后　记

　　本书是第六届山西、陕西、河南、河北四省博物馆理论与实践研讨会入选论文的结集。按照四省研讨会以往的惯例,每省入选论文集的文章在15篇左右,先由各省文物局负责遴选,最后交由主办的省文物局负责整理出版。

　　本书出版得到陕西、河南、河北三省文物局的大力支持,山西省文物局的工作人员在文稿收集、整理方面做了大量细致的工作,在此谨向所有关心和支持本书出版的各位领导、各位同仁表示诚挚的谢意!

　　能将四省博物馆界同仁的研究成果付梓成书,能为所有作者的辛勤劳动搭建交流平台,甚感欣慰。祈望各位专家和学者指正。

编　者

2014 年 10 月